DEUTSCHE KLASSIKER

Bibliothek
der literarischen
Meisterwerke

Johann Wolfgang Goethe
1749–1832
Goethe in den ersten
Jahren in Weimar.
Gemälde von
Georg Oswald May
aus dem Jahr 1779

DEUTSCHE KLASSIKER

Johann Wolfgang Goethe

Wilhelm Meisters Lehrjahre

in zwei Bänden

Fünftes bis achtes Buch

Einmalige Sonderausgabe der
Manfred-Pawlak-Taschenbuch-VerlagsgesellschaftmbH,
Herrsching
nach dem Wortlaut des 3. Bandes der von
Herbert Reinoß unter Mitwirkung von Wolfdietrich Rasch
1982 herausgegebenen Ausgabe
Johann Wolfgang Goethe
WERKE IN VIER BÄNDEN

Umschlaggestaltung: Bine Cordes
unter Verwendung eines Gemäldes
von Joseph Anton Koch

Gesamtherstellung: Elsnerdruck GmbH, Berlin
Printed in Germany
ISBN: 3-8224-1137-X

FÜNFTES BUCH

Erstes Kapitel

So hatte Wilhelm zu seinen zwei kaum geheilten Wunden abermals eine frische dritte, die ihm nicht wenig unbequem war. Aurelie wollte nicht zugeben, daß er sich eines Wundarztes bediente; sie selbst verband ihn unter allerlei wunderlichen Reden, Zeremonien und Sprüchen, und setzte ihn dadurch in eine sehr peinliche Lage. Doch nicht er allein, sondern alle Personen, die sich in ihrer Nähe befanden, litten durch ihre Unruhe und Sonderbarkeit; niemand aber mehr als der kleine Felix. Das lebhafte Kind war unter einem solchen Druck höchst ungeduldig und zeigte sich immer unartiger, je mehr sie es tadelte und zurecht wies.

Der Knabe gefiel sich in gewissen Eigenheiten, die man auch Unarten zu nennen pflegt, und die sie ihm keineswegs nachzusehen gedachte. Er trank, zum Beispiel, lieber aus der Flasche als aus dem Glase, und offenbar schmeckten ihm die Speisen aus der Schüssel besser als von dem Teller. Eine solche Unschicklichkeit wurde nicht übersehen, und wenn er nun gar die Türe aufließ oder zuschlug, und, wenn ihm etwas befohlen wurde, entweder nicht von der Stelle wich oder ungestüm davon rannte, so mußte er eine große Lektion anhören, ohne daß er darauf je einige Besserung hätte spüren lassen. Vielmehr schien die Neigung zu Aurelien sich täglich mehr zu verlieren; in seinem Tone war nichts Zärtliches, wenn er sie Mutter nannte, er hing vielmehr leidenschaftlich an der alten Amme, die ihm denn freilich allen Willen ließ.

Aber auch diese war seit einiger Zeit so krank geworden, daß man sie aus dem Hause in ein stilles Quartier bringen mußte, und Felix hätte sich ganz allein gesehen, wäre nicht Mignon auch ihm als ein liebevoller Schutzgeist erschienen. Auf das artigste unterhielten sich beide Kinder mit einander; sie lehrte ihm kleine Lieder, und er, der ein sehr gutes Gedächtnis hatte, rezitierte sie oft zur Verwunderung der Zuhörer. Auch wollte sie ihm die Landkarten erklären, mit denen sie sich noch immer sehr abgab, wobei sie jedoch nicht mit der besten Methode verfuhr. Denn eigentlich schien sie bei den Ländern kein besonderes Interesse zu haben, als ob sie kalt oder warm seien. Von den Weltpolen, von dem schrecklichen Eise daselbst, und von der zunehmenden Wärme, je mehr man sich von ihnen entfernte, wußte sie sehr gut Rechenschaft zu geben. Wenn jemand reis'te, fragte sie nur, ob er nach Norden oder nach Süden gehe, und bemühte sich die Wege auf ihren kleinen Karten aufzufinden. Besonders wenn Wilhelm von Reisen sprach, war sie sehr aufmerksam, und schien sich immer zu betrüben, sobald das Gespräch auf eine andere Materie überging. So wenig man sie bereden konnte, eine Rolle zu übernehmen, oder auch nur, wenn gespielt wurde, auf das Theater zu gehen; so gern und fleißig lernte sie Oden und Lieder auswendig, und erregte, wenn sie ein solches Gedicht, gewöhnlich von der ernsten und feierlichen Art, oft unvermutet wie aus dem Stegreife deklamierte, bei jedermann Erstaunen.

Serlo, der auf jede Spur eines aufkeimenden Talentes zu achten gewohnt war, suchte sie aufzumuntern; am meisten aber empfahl sie sich ihm durch einen sehr artigen, mannichfaltigen und manchmal selbst muntern Gesang, und auf eben diesem Wege hatte sich der Harfenspieler seine Gunst erworben.

Serlo, ohne selbst Genie zur Musik zu haben, oder irgend ein Instrument zu spielen, wußte ihren hohen Wert zu schätzen; er suchte sich so oft als möglich diesen Genuß, der mit keinem andern verglichen werden kann, zu verschaffen. Er hatte wöchentlich einmal Konzert, und nun hatte sich ihm durch Mignon, den Harfenspieler und Laertes, der auf der Violine nicht ungeschickt war, eine wunderliche kleine Hauskapelle gebildet.

Er pflegte zu sagen: Der Mensch ist so geneigt, sich mit dem Gemeinsten abzugeben, Geist und Sinne stumpfen sich so leicht gegen die Eindrücke des Schönen und Vollkommenen ab, daß man die Fähigkeit, es zu empfinden, bei sich auf alle Weise erhalten sollte. Denn einen solchen Genuß kann niemand ganz entbehren, und nur die Ungewohntheit etwas Gutes zu genießen, ist Ursache, daß viele Menschen schon am Albernen und Abgeschmackten, wenn es nur neu ist, Vergnügen finden. Man sollte, sagte er, alle Tage wenigstens ein kleines Lied hören, ein gutes Gedicht lesen, ein treffliches Gemälde sehen, und, wenn es möglich zu machen wäre, einige vernünftige Worte sprechen.

Bei diesen Gesinnungen, die Serlo gewissermaßen natürlich waren, konnte es den Personen, die ihn umgaben, nicht an angenehmer Unterhaltung fehlen. Mitten in diesem vergnüglichen Zustande brachte man Wilhelmen eines Tags einen schwarzgesiegelten Brief. Werners Petschaft deutete auf eine traurige Nachricht, und er erschrak nicht wenig, als er den Tod seines Vaters nur mit einigen Worten angezeigt fand. Nach einer unerwarteten kurzen Krankheit war er aus der Welt gegangen, und hatte seine häuslichen Angelegenheiten in der besten Ordnung hinterlassen.

Diese unvermutete Nachricht traf Wilhelmen im Innersten. Er fühlte tief, wie unempfindlich man oft Freunde und Verwandte, so lange sie sich mit uns des irdischen Aufenthaltes erfreuen, vernachlässigt, und nur dann erst die Versäumnis bereut, wenn das schöne Verhältnis wenigstens für diesmal aufgehoben ist. Auch konnte der Schmerz über das zeitige Absterben des braven Mannes nur durch das Gefühl gelindert werden, daß er auf der Welt wenig geliebt, und durch die Überzeugung, daß er wenig genossen habe.

Wilhelms Gedanken wandten sich nun bald auf seine eigenen Verhältnisse, und er fühlte sich nicht wenig beunruhigt. Der Mensch kann in keine gefährlichere Lage versetzt werden, als wenn durch äußere Umstände eine große Veränderung seines Zustandes bewirkt wird, ohne daß seine Art zu empfinden und zu denken darauf vorbereitet ist. Es gibt alsdann eine Epoche ohne Epoche, und es entsteht nur ein desto größerer Widerspruch, je weniger der Mensch bemerkt, daß er zu dem neuen Zustande noch nicht ausgebildet sei.

Wilhelm sah sich in einem Augenblicke frei, in welchem er mit sich selbst noch nicht einig werden konnte. Seine Gesinnungen waren edel, seine Absichten lauter, und seine Vorsätze schienen nicht verwerflich. Das alles durfte er sich mit einigem Zutrauen selbst bekennen; allein er hatte Gelegenheit genug gehabt zu bemerken, daß es ihm an Erfahrung fehle, und er legte daher auf die Erfahrung anderer und auf die Resultate, die sie daraus mit Überzeugung ableiteten, einen übermäßigen Wert, und kam dadurch nur immer mehr in die Irre. Was ihm fehlte, glaubte er am ersten zu erwerben, wenn er alles Denkwürdige, was ihm in Büchern und im Gespräch vorkommen mochte, zu erhalten und zu sammeln unternähme. Er schrieb daher fremde und eigene Meinungen und Ideen, ja ganze Gespräche, die ihm interessant waren, auf, und hielt leider auf diese Weise das Falsche so gut als das Wahre fest, blieb viel zu lange an einer Idee, ja man möchte sagen an einer Sentenz hängen, und verließ dabei seine natürliche Denk- und Handelsweise, indem er oft fremden Lichtern als Leitsternen folgte. Aureliens Bitterkeit und seines Freundes Laertes kalte Verachtung der Menschen bestachen öfter als billig war sein Urteil: niemand aber war ihm gefährlicher gewesen als Jarno, ein Mann, dessen heller Verstand von gegenwärtigen Dingen ein richtiges strenges Urteil fällte, dabei aber den Fehler hatte, daß er diese einzelnen Urteile mit einer Art von Allgemeinheit aussprach, da doch die Aussprüche des Verstandes eigentlich nur einmal und zwar in dem bestimmtesten Falle gelten, und schon unrichtig werden, wenn man sie auf den nächsten anwendet.

So entfernte sich Wilhelm, indem er mit sich selbst einig zu werden strebte, immer mehr von der heilsamen Einheit, und bei dieser Verwirrung ward es seinen Leidenschaften um so leichter, alle Zurüstungen zu ihrem Vorteil zu gebrauchen, und ihn über das, was er zu tun hatte, nur noch mehr zu verwirren.

Serlo benutzte die Todespost zu seinem Vorteil, und wirklich hatte er auch täglich immer mehr Ursache, an eine andere Einrichtung seines Schauspiels zu denken. Er mußte entweder seine alten Kontrakte erneuern, wozu er keine große Lust hatte, indem mehrere Mitglieder, die sich für unentbehrlich hielten, täglich unleidlicher wurden; oder er mußte, wohin auch sein Wunsch ging, der Gesellschaft eine ganz neue Gestalt geben.

Ohne selbst in Wilhelmen zu dringen, regte er Aurelien und Philinen auf; und die übrigen Gesellen, die sich nach Engagement sehnten, ließen unserm Freunde gleichfalls keine Ruhe, so daß er mit ziemlicher Verlegenheit an einem Scheidewege stand. Wer hätte gedacht, daß ein Brief von Wernern, der ganz im entgegengesetzten Sinne geschrieben war, ihn endlich zu einer Entschließung hindrängen sollte. Wir lassen nur den Eingang weg und geben übrigens das Schreiben mit weniger Veränderung.

Zweites Kapitel

„– So war es und so muß es denn auch wohl recht sein, daß jeder bei jeder Gelegenheit seinem Gewerbe nachgeht und seine Tätigkeit zeigt. Der gute Alte war kaum verschieden, als auch in der nächsten Viertelstunde schon nichts mehr nach seinem Sinne im Hause geschah. Freunde, Bekannte und Verwandte drängten sich zu, besonders aber alle Menschenarten, die bei solchen Gelegenheiten etwas zu gewinnen haben. Man brachte, man trug, man zahlte, schrieb und rechnete; die einen holten Wein und Kuchen, die andern tranken und aßen; niemanden sah ich aber ernsthafter beschäftigt, als die Weiber, indem sie die Trauer aussuchten.

Du wirst mir also verzeihen, mein Lieber, wenn ich bei dieser Gelegenheit auch an *meinen* Vorteil dachte, mich deiner Schwester so hülfreich und tätig als möglich zeigte, und ihr, sobald es nur einigermaßen schicklich war, begreiflich machte, daß es nunmehr unsre Sache sei, eine Verbindung zu beschleunigen, die unsre Väter aus allzugroßer Umständlichkeit bisher verzögert hatten.

Nun mußt du aber ja nicht denken, daß es uns eingefallen sei, das große leere Haus in Besitz zu nehmen. Wir sind bescheidner und vernünftiger; unsern Plan sollst du hören. Deine Schwester zieht nach der Heirat gleich in unser Haus herüber, und sogar auch deine Mutter mit.

Wie ist das möglich? wirst du sagen; ihr habt ja selbst in dem Neste kaum Platz. Das ist eben die Kunst, mein Freund! Die geschickte Einrichtung macht alles möglich, und du glaubst nicht, wie viel Platz man findet, wenn man wenig Raum braucht. Das große Haus verkaufen wir, wozu sich sogleich eine gute Gelegenheit darbietet; das daraus gelös'te Geld soll hundertfältige Zinsen tragen.

Ich hoffe du bist damit einverstanden, und wünsche, daß du nichts von den unfruchtbaren Liebhabereien deines Vaters und Großvaters geerbt haben mögest. Dieser setzte seine höchste Glückseligkeit in eine Anzahl unscheinbarer Kunstwerke, die niemand, ich darf wohl sagen niemand, mit ihm genießen konnte: jener lebte in einer kostbaren Einrichtung, die er niemand mit sich genießen ließ. Wir wollen es anders machen, und ich hoffe deine Beistimmung.

Es ist wahr, ich selbst behalte in unserm ganzen Hause keinen Platz als den an meinem Schreibepulte, und noch seh' ich nicht ab, wo man künftig eine Wiege hinsetzen will; aber dafür ist der Raum außer dem Hause desto größer. Die Kaffeehäuser und Clubs für den Mann, die Spaziergänge und Spazierfahrten für die Frau, und die schönen Luftörter auf dem Lande für beide. Dabei ist der größte Vorteil, daß auch unser runder Tisch ganz besetzt ist, und es dem Vater unmöglich wird, Freunde zu sehen, die sich nur desto leichtfertiger über ihn aufhalten, je mehr er sich Mühe gegeben hat, sie zu bewirten.

Nur nichts Überflüssiges im Hause! nur nicht zu viel Möbeln, Gerätschaften, nur keine Kutsche und Pferde! Nichts als Geld, und dann auf eine vernünftige Weise jeden Tag getan, was dir beliebt. Nur keine Garderobe, immer das Neueste und Beste auf dem Leibe; der Mann mag seinen Rock abtragen und die Frau den ihrigen vertrödeln, sobald er nur einigermaßen aus der Mode kömmt. Es ist mir nichts unerträglicher, als so ein alter Kram von Besitztum. Wenn man mir den kostbarsten Edelstein schenken wollte, mit der Bedingung ihn täglich am Finger zu tragen, ich würde ihn nicht annehmen; denn wie läßt sich bei einem toten Kapital nur irgend eine Freude denken? Das ist also mein lustiges Glaubensbekenntnis: seine Geschäfte verrichtet, Geld geschafft, sich mit den Seinigen lustig gemacht, und um die übrige Welt sich nicht mehr bekümmert, als in sofern man sie nutzen kann.

Nun wirst du aber sagen: wie ist denn in eurem saubern Plane an *mich* gedacht? Wo soll ich unterkommen, wenn ihr mir das väterliche Haus verkauft, und in dem eurigen nicht der mindeste Raum übrig bleibt?

Das ist freilich der Hauptpunkt, Brüderchen, und auf den werde ich dir gleich dienen können, wenn ich dir vorher das gebührende Lob über deine vortrefflich angewendete Zeit werde entrichtet haben.

Sage nur, wie hast du es angefangen, in so wenigen Wochen ein Kenner aller nützlichen und interessanten Gegenstände zu werden? So viel Fähigkeiten ich an dir kenne, hätte ich dir doch solche Aufmerksamkeit und solchen Fleiß nicht zugetraut. Dein Tagebuch hat uns überzeugt, mit welchem Nutzen du die Reise gemacht hast; die Beschreibung der Eisen- und Kupferhämmer ist vortrefflich und zeigt von vieler Einsicht in die Sache. Ich habe sie ehemals auch besucht; aber meine Relation, wenn ich sie dagegen halte, sieht sehr stümpermäßig aus. Der ganze Brief über die Leinwandfabrikation ist lehrreich, und die Anmerkung über die Konkurrenz sehr treffend. An einigen Orten hast du Fehler in der Addition gemacht, die jedoch sehr verzeihlich sind.

Was aber mich und meinen Vater am meisten und höchsten freut, sind deine gründlichen Einsichten in die Bewirtschaftung und besonders in die Verbesserung der Feldgüter. Wir haben Hoffnung, ein großes Gut, das in Sequestration liegt, in einer sehr fruchtbaren Gegend zu erkaufen. Wir wenden das Geld, das wir aus dem väterlichen Hause lösen, dazu an; ein Teil wird geborgt, und ein Teil kann stehen bleiben; und wir rechnen auf dich, daß du dahin ziehst, den Verbesserungen vorstehst, und so kann, um nicht zu viel zu sagen, das Gut in einigen Jahren um ein Drittel an Wert steigen; man verkauft es wieder, sucht ein größeres, verbessert und handelt wieder, und dazu bist du der Mann. Unsere Federn sollen indes zu Hause nicht müßig sein, und wir wollen uns bald in einen beneidenswerten Zustand versetzen.

Jetzt lebe wohl! Genieße das Leben auf der Reise, und ziehe hin, wo du es vergnüglich und nützlich findest. Vor dem ersten halben Jahre bedürfen wir deiner nicht; du kannst dich also nach Belieben in der Welt umsehen: denn die beste Bildung findet ein gescheiter Mensch auf Reisen. Lebe wohl, ich freue mich, so nahe mit dir verbunden, auch nunmehr im Geist der Tätigkeit mit dir vereint zu werden."

So gut dieser Brief geschrieben war, und so viel ökonomische Wahrheiten er enthalten mochte, mißfiel er doch Wilhelmen auf mehr als eine Weise. Das Lob, das er über seine fingierten statistischen, technologischen und ruralischen Kenntnisse erhielt, war ihm ein stiller Vorwurf; und das Ideal, das ihm sein Schwager vom Glück des bürgerlichen Lebens vorzeichnete, reizte ihn keineswegs; vielmehr ward er durch einen heimlichen Geist des Widerspruchs mit Heftigkeit auf die entgegengesetzte Seite getrieben. Er überzeugte sich, daß er nur auf dem Theater die Bildung, die er sich zu geben wünschte, vollenden könne und schien in seinem Entschlusse nur destomehr bestärkt zu werden, je lebhafter Werner, ohne es zu wissen, sein Gegner geworden war. Er faßte darauf alle seine Argumente zusammen und bestätigte bei sich seine Meinung nur um destomehr, je mehr er Ursache zu haben glaubte, sie dem klugen Werner in einem günstigen Lichte darzustellen, und auf diese Weise entstand eine Antwort, die wir gleichfalls einrücken.

Drittes Kapitel

„Dein Brief ist so wohl geschrieben, und so gescheit und klug gedacht, daß sich nichts mehr dazu setzen läßt. Du wirst mir aber verzeihen, wenn ich sage, daß man gerade das Gegenteil davon meinen, behaupten und tun, und doch auch Recht haben kann. Deine Art zu sein und zu denken geht auf einen unbeschränkten Besitz und auf eine leichte lustige Art zu genießen hinaus, und ich brauche dir kaum zu sagen, daß ich daran nichts, was mich reizte, finden kann.

Zuerst muß ich dir leider bekennen, daß mein Tagebuch aus Not, um meinem Vater gefällig zu sein, mit Hülfe eines Freundes aus mehreren Büchern zusammengeschrieben ist, und daß ich wohl die darin enthaltenen Sachen und noch mehrere dieser Art weiß, aber keineswegs verstehe, noch mich damit abgeben mag. Was hilft es mir, gutes Eisen zu fabrizieren, wenn mein eigenes Inneres voller Schlacken ist? und was, ein Landgut in Ordnung zu bringen, wenn ich mit mir selber uneins bin?

Daß ich dir's mit Einem Worte sage, mich selbst, ganz wie ich da bin, auszubilden, das war dunkel von Jugend auf mein Wunsch und meine Absicht. Noch hege ich eben diese Gesinnungen, nur daß mir die Mittel, die mir es möglich machen werden, etwas deutlicher sind. Ich habe mehr Welt gesehen, als du glaubst, und sie besser benutzt, als du denkst. Schenke deswegen dem, was ich sage, einige Aufmerksamkeit, wenn es gleich nicht ganz nach deinem Sinne sein sollte.

Wäre ich ein Edelmann, so wäre unser Streit bald abgetan; da ich aber nur ein Bürger bin, so muß ich einen eigenen Weg nehmen, und ich wünsche, daß du mich verstehen mögest. Ich weiß nicht wie es in fremden Ländern ist, aber in

Deutschland ist nur dem Edelmann eine gewisse allgemeine, wenn ich sagen darf personelle, Ausbildung möglich. Ein Bürger kann sich Verdienst erwerben und zur höchsten Not seinen Geist ausbilden; seine Persönlichkeit geht aber verloren, er mag sich stellen wie er will. Indem es dem Edelmann, der mit den Vornehmsten umgeht, zur Pflicht wird, sich selbst einen vornehmen Anstand zu geben, indem dieser Anstand, da ihm weder Tür noch Tor verschlossen ist, zu einem freien Anstand wird, da er mit seiner Figur, mit seiner Person, es sei bei Hofe oder bei der Armee, bezahlen muß: so hat er Ursache, etwas auf sie zu halten, und zu zeigen, daß er etwas auf sie hält. Eine gewisse feierliche Grazie bei gewöhnlichen Dingen, eine Art von leichtsinniger Zierlichkeit bei ernsthaften und wichtigen kleidet ihn wohl, weil er sehen läßt, daß er überall im Gleichgewicht steht. Er ist eine öffentliche Person, und je ausgebildeter seine Bewegungen, je sonorer seine Stimme, je gehaltner und gemessener sein ganzes Wesen ist, desto vollkommner ist er. Wenn er gegen Hohe und Niedre, gegen Freunde und Verwandte immer eben derselbe bleibt, so ist nichts an ihm auszusetzen, man darf ihn nicht anders wünschen. Er sei kalt, aber verständig; verstellt, aber klug. Wenn er sich äußerlich in jedem Momente seines Lebens zu beherrschen weiß, so hat niemand eine weitere Forderung an ihn zu machen, und alles Übrige, was er an und um sich hat, Fähigkeit, Talent, Reichtum, alles scheinen nur Zugaben zu sein.

Nun denke dir irgend einen Bürger, der an jene Vorzüge nur einigen Anspruch zu machen gedächte; durchaus muß es ihm mißlingen, und er müßte desto unglücklicher werden, je mehr sein Naturell ihm zu jener Art zu sein Fähigkeit und Trieb gegeben hätte.

Wenn der Edelmann im gemeinen Leben gar keine Gränzen kennt, wenn man aus ihm Könige oder königähnliche Figuren erschaffen kann; so darf er überall mit einem stillen Bewußtsein vor Seinesgleichen treten; er darf überall vorwärts dringen, anstatt daß dem Bürger nichts besser ansteht, als das reine stille Gefühl der Gränzlinie, die ihm gezogen ist. Er darf nicht fragen: was bist du? sondern nur: was hast du? welche Einsicht, welche Kenntnis, welche Fähigkeit, wie viel Vermögen? Wenn der Edelmann durch die Darstellung seiner Person alles gibt, so gibt der Bürger durch seine Persönlichkeit nichts und soll nichts geben. Jener darf und soll scheinen; dieser soll nur sein, und was er scheinen will, ist lächerlich und abgeschmackt. Jener soll tun und wirken, dieser soll leisten und schaffen; er soll einzelne Fähigkeiten ausbilden, um brauchbar zu werden, und es wird schon vorausgesetzt, daß in seinem Wesen keine Harmonie sei, noch sein dürfe, weil er, um sich auf eine Weise brauchbar zu machen, alles Übrige vernachlässigen muß.

An diesem Unterschiede ist nicht etwa die Anmaßung der Edelleute und die Nachgiebigkeit der Bürger, sondern die Verfassung der Gesellschaft selbst Schuld; ob sich daran einmal etwas ändern wird und was sich ändern wird, bekümmert mich wenig; genug, ich habe, wie die Sachen jetzt stehen, an mich selbst zu denken, und wie ich mich selbst und das, was mir ein unerläßliches Bedürfnis ist, rette und erreiche.

Ich habe nun einmal gerade zu jener harmonischen Ausbildung meiner Natur, die mir meine Geburt versagt, eine unwiderstehliche Neigung. Ich habe, seit ich dich verlassen, durch Leibesübung viel gewonnen; ich habe viel von meiner gewöhnlichen Verlegenheit abgelegt und stelle mich so ziemlich dar. Eben so habe ich meine Sprache und Stimme ausgebildet, und ich darf ohne Eitelkeit sagen, daß ich in Gesellschaften nicht mißfalle. Nun leugne ich dir nicht, daß mein Trieb täglich unüberwindlicher wird, eine öffentliche Person zu sein, und in einem weitern Kreise zu gefallen und zu wirken. Dazu kömmt meine Neigung zur Dichtkunst und zu allem, was mit ihr in Verbindung steht, und das Bedürfnis, meinen Geist und Geschmack auszubilden, damit ich nach und nach auch bei dem Genuß, den ich nicht entbehren kann, nur das Gute wirklich für gut und das Schöne für schön halte. Du siehst wohl, daß das alles für mich nur auf dem Theater zu finden ist, und daß ich mich in diesem einzigen Elemente nach Wunsch rühren und ausbilden kann. Auf den Brettern erscheint der gebildete Mensch so gut persönlich in seinem Glanz, als in den obern Klassen; Geist und Körper müssen bei jeder Bemühung gleichen Schritt gehen, und ich werde da so gut sein und scheinen können, als irgend anderswo. Suche ich daneben noch Beschäftigungen, so gibt es dort mechanische Quälereien genug, und ich kann meiner Geduld tägliche Übung verschaffen.

Disputiere mit mir nicht darüber; denn eh' du mir schreibst, ist der Schritt schon geschehen. Wegen der herrschenden Vorurteile will ich meinen Namen verändern, weil ich mich ohnehin schäme als Meister aufzutreten. Lebe wohl. Unser Vermögen ist in so guter Hand, daß ich mich darum gar nicht bekümmere; was ich brauche, verlange ich gelegentlich von dir; es wird nicht viel sein, denn ich hoffe, daß mich meine Kunst auch nähren soll."

Der Brief war kaum abgeschickt, als Wilhelm auf der Stelle Wort hielt und zu Serlo's und der Übrigen großen Verwunderung sich auf einmal erklärte: daß er sich zum Schauspieler widme und einen Kontrakt auf billige Bedingungen eingehen wolle. Man war hierüber bald einig, denn Serlo hatte schon früher sich so erklärt, daß Wilhelm und die Übrigen damit gar wohl zufrieden sein konnten. Die ganze verunglückte Gesellschaft, mit der wir uns so lange unterhalten haben, ward auf einmal angenommen, ohne daß jedoch, außer etwa Laertes, sich einer gegen Wilhelmen dankbar erzeigt hätte. Wie sie ohne Zutrauen gefordert hatten, so empfingen sie ohne Dank. Die meisten wollten lieber ihre Anstellung dem Einflusse Philinens zuschreiben, und richteten ihre Danksagungen an sie. Indessen wurden die ausgefertigten Kontrakte unterschrieben, und durch eine unerklärliche Verknüpfung von Ideen entstand vor Wilhelms Einbildungskraft, in dem Augenblicke, als er seinen fingierten Namen unterzeichnete, das Bild jenes Waldplatzes, wo er verwundet in Philinens Schoß gelegen. Auf einem Schimmel kam die liebenswürdige

Amazone aus den Büschen, nahte sich ihm und stieg ab. Ihr menschenfreundliches Bemühen hieß sie gehen und kommen; endlich stand sie vor ihm. Das Kleid fiel von ihren Schultern; ihr Gesicht, ihre Gestalt fing an zu glänzen und sie verschwand. So schrieb er seinen Namen nur mechanisch hin, ohne zu wissen was er tat, und fühlte erst, nachdem er unterzeichnet hatte, daß Mignon an seiner Seite stand, ihn am Arm hielt und ihm die Hand leise wegzuziehen versucht hatte.

Viertes Kapitel

Eine der Bedingungen, unter denen Wilhelm sich auf's Theater begab, war von Serlo nicht ohne Einschränkung zugestanden worden. Jener verlangte, daß Hamlet ganz und unzerstückt aufgeführt werden sollte, und dieser ließ sich das wunderliche Begehren in so fern gefallen, als es *möglich* sein würde. Nun hatten sie hierüber bisher manchen Streit gehabt; denn was möglich oder nicht möglich sei, und was man von dem Stück weglassen könne, ohne es zu zerstücken, darüber waren beide sehr verschiedener Meinung.

Wilhelm befand sich noch in den glücklichen Zeiten, da man nicht begreifen kann, daß an einem geliebten Mädchen, an einem verehrten Schriftsteller irgend etwas mangelhaft sein könne. Unsere Empfindung von ihnen ist so ganz, so mit sich selbst übereinstimmend, daß wir uns auch in ihnen eine solche vollkommene Harmonie denken müssen. Serlo hingegen sonderte gern und beinah zu viel; sein scharfer Verstand wollte in einem Kunstwerke gewöhnlich nur ein mehr oder weniger unvollkommenes Ganze erkennen. Er glaubte, so wie man die Stücke finde, habe man wenig Ursache mit ihnen so gar bedächtig umzugehen, und so mußte auch Shakespear, so mußte besonders Hamlet vieles leiden.

Wilhelm wollte gar nicht hören, wenn jener von der Absonderung der Spreu von dem Weizen sprach. Es ist nicht Spreu und Weizen durch einander, rief dieser, es ist ein

Stamm, Äste, Zweige, Blätter, Knospen, Blüten und Früchte. Ist nicht eins mit dem andern und durch das andere? Jener behauptete, man bringe nicht den ganzen Stamm auf den Tisch; der Künstler müsse goldene Äpfel in silbernen Schalen seinen Gästen reichen. Sie erschöpften sich in Gleichnissen, und ihre Meinungen schienen sich immer weiter von einander zu entfernen.

Gar verzweifeln wollte unser Freund, als Serlo ihm einst nach langem Streit das einfachste Mittel anriet, sich kurz zu resolvieren, die Feder zu ergreifen und in dem Trauerspiele, was eben nicht gehen wolle, noch könne, abzustreichen, mehrere Personen in Eine zu drängen, und wenn er mit dieser Art noch nicht bekannt genug sei, oder noch nicht Herz genug dazu habe, so solle er ihm die Arbeit überlassen, und er wolle bald fertig sein.

Das ist nicht unserer Abrede gemäß, versetzte Wilhelm. Wie können Sie bei so viel Geschmack so leichtsinnig sein?

Mein Freund, rief Serlo aus, Sie werden es auch schon werden. Ich kenne das Abscheuliche dieser Manier nur zu wohl, die vielleicht noch auf keinem Theater in der Welt statt gefunden hat. Aber wo ist auch eins so verwahrlos't, als das unsere? Zu dieser ekelhaften Verstümmelung zwingen uns die Autoren, und das Publikum erlaubt sie. Wie viel Stücke haben wir denn, die nicht über das Maß des Personals, der Dekorationen und Theatermechanik, der Zeit, des Dialogs und der physischen Kräfte des Acteurs hinausschritten? und doch sollen wir spielen, und immer spielen, und immer neu spielen. Sollen wir uns dabei nicht unsers Vorteils bedienen, da wir mit zerstückelten Werken eben so viel ausrichten als mit ganzen? Setzt uns das Publikum doch selbst in den Vorteil! Wenig Deutsche, und vielleicht nur wenige Menschen aller neuern Nationen, haben Gefühl für ein ästhetisches Ganze; sie loben und tadeln nur stellenweise; sie entzücken sich nur stellenweise: und für wen ist das ein größeres Glück als für den Schauspieler, da das Theater immer nur ein gestoppeltes und gestückeltes Wesen bleibt.

Ist! versetzte Wilhelm; aber *muß* es denn auch so bleiben, muß denn alles bleiben was ist? Überzeugen Sie mich ja nicht, daß Sie recht haben; denn keine Macht in der Welt würde mich bewegen können, einen Kontrakt zu halten, den ich nur im gröbsten Irrtum geschlossen hätte.

Serlo gab der Sache eine lustige Wendung und ersuchte Wilhelmen, ihre öftern Gespräche über Hamlet nochmals zu bedenken, und selbst die Mittel zu einer glücklichen Bearbeitung zu ersinnen.

Nach einigen Tagen, die er in der Einsamkeit zugebracht hatte, kam Wilhelm mit frohem Blicke zurück. Ich müßte mich sehr irren, rief er aus, wenn ich nicht gefunden hätte, wie dem Ganzen zu helfen ist; ja ich bin überzeugt, daß Shakespear es selbst so würde gemacht haben, wenn sein Genie nicht auf die Hauptsache so sehr gerichtet, und nicht vielleicht durch die Novellen, nach denen er arbeitete, verführt worden wäre.

Lassen Sie hören, sagte Serlo, indem er sich gravitätisch auf's Kanapee setzte; ich werde ruhig aufhorchen, aber auch desto strenger richten.

Wilhelm versetzte: Mir ist nicht bange; hören Sie nur. Ich unterscheide, nach der genausten Untersuchung, nach der reiflichsten Überlegung, in der Komposition dieses Stücks zweierlei: das erste sind die großen innern Verhältnisse der Personen und der Begebenheiten, die mächtigen Wirkungen, die aus den Charakteren und Handlungen der Hauptfiguren entstehen, und diese sind einzeln vortrefflich, und die Folge, in der sie aufgestellt sind, unverbesserlich. Sie können durch keine Art von Behandlung zerstört, ja kaum verunstaltet werden. Diese sind's, die jedermann zu sehen verlangt, die niemand anzutasten wagt, die sich tief in die Seele eindrücken, und die man, wie ich höre, beinahe alle auf das deutsche Theater gebracht hat. Nur hat man, wie ich glaube, darin gefehlt, daß man das zweite, was bei diesem Stück zu bemerken ist, ich meine die äußern Verhältnisse der Personen, wodurch sie von einem Orte zum andern gebracht, oder auf diese und jene Weise durch gewisse zufällige Begebenheiten verbunden werden, für allzu unbedeutend angesehen, nur im Vorbeigehn davon gesprochen, oder sie gar weggelassen hat. Freilich sind diese Fäden nur dünn und lose, aber sie gehen doch durch's ganze Stück, und halten zusammen, was sonst aus einander fiele, auch wirklich aus einander fällt, wenn man sie wegschneidet, und ein Übriges getan zu haben glaubt, daß man die Enden stehen läßt.

Zu diesen äußern Verhältnissen zähle ich die Unruhen in Norwegen, den Krieg mit dem jungen Fortinbras, die Gesandtschaft an den alten Oheim, den geschlichteten Zwist, den Zug des jungen Fortinbras nach Polen und seine Rückkehr am Ende; ingleichen die Rückkehr des Horatio von Wittenberg, die Lust Hamlets dahin zu gehen, die Reise des Laertes nach Frankreich, seine Rückkunft, die Verschickung Hamlets nach England, seine Gefangenschaft bei'm Seeräuber, der Tod der beiden Hofleute auf den Uriasbrief: alles dieses sind Umstände und Begebenheiten, die einen Roman weit und breit machen können, die aber der Einheit dieses Stücks, in dem besonders der Held keinen Plan hat, auf das äußerste schaden und höchst fehlerhaft sind.

So höre ich Sie einmal gerne! rief Serlo.

Fallen Sie mir nicht ein, versetzte Wilhelm, Sie möchten mich nicht immer loben. Diese Fehler sind wie flüchtige Stützen eines Gebäudes, die man nicht wegnehmen darf, ohne vorher eine feste Mauer unterzuziehen. Mein Vorschlag ist also, an jenen ersten großen Situationen gar nicht zu rühren, sondern sie sowohl im Ganzen als Einzelnen möglichst zu schonen, aber diese äußern, einzelnen, zerstreuten und zerstreuenden Motive alle auf einmal weg zu werfen und ihnen ein einziges zu substituieren.

Und das wäre? fragte Serlo, indem er sich aus seiner ruhigen Stellung aufhob.

Es liegt auch schon im Stücke, erwiederte Wilhelm, nur mache ich den rechten Gebrauch davon. Es sind die Unruhen in Norwegen. Hier haben Sie meinen Plan zur Prüfung.

Nach dem Tode des alten Hamlet werden die ersteroberten Norweger unruhig. Der dortige Statthalter schickt seinen Sohn Horatio, einen alten Schulfreund Hamlets, der aber an Tapferkeit und Lebensklugheit allen andern vorgelaufen ist, nach Dänemark, auf die Ausrüstung der Flotte zu dringen, welche unter dem neuen, der Schwelgerei ergebenen König nur saumselig von statten geht. Horatio kennt den alten König, denn er hat seinen letzten Schlachten beigewohnt, hat bei ihm in Gunsten gestanden, und die erste Geisterszene wird dadurch nicht verlieren. Der neue König gibt sodann dem Horatio Audienz und schickt den Laertes nach Norwegen mit der Nachricht, daß die Flotte bald anlanden werde, indes Horatio den Auftrag erhält, die Rüstung derselben zu beschleunigen; dagegen will die Mutter nicht einwilligen, daß Hamlet, wie er wünschte, mit Horatio zur See gehe.

Gott sei Dank! rief Serlo, so werden wir auch Wittenberg und die hohe Schule los, die mir immer ein leidiger Anstoß war. Ich finde Ihren Gedanken recht gut: denn außer den zwei einzigen fernen Bildern, Norwegen und der Flotte, braucht der Zuschauer sich nichts zu *denken*; das Übrige *sieht* er alles, das Übrige geht alles vor, anstatt daß sonst seine Einbildungskraft in der ganzen Welt herumgejagt würde.

Sie sehen leicht, versetzte Wilhelm, wie ich nunmehr auch das Übrige zusammenhalten kann. Wenn Hamlet dem Horatio die Missetat seines Stiefvaters entdeckt, so rät ihm dieser, mit nach Norwegen zu gehen, sich der Armee zu versichern und mit gewaffneter Hand zurück zu kehren. Da Hamlet dem König und der Königin zu gefährlich wird, haben sie kein näheres Mittel, ihn los zu werden, als ihn nach der Flotte zu schicken, und ihm Rosenkranz und Güldenstern zu Beobachtern mitzugeben; und da indes Laertes zurück kommt, soll dieser bis zum Meuchelmord erhitzte Jüngling ihm nachgeschickt werden. Die Flotte bleibt wegen ungünstigen Windes liegen; Hamlet kehrt nochmals zurück, seine Wanderung über den Kirchhof kann vielleicht glücklich motiviert werden; sein Zusammentreffen mit Laertes in Opheliens Grabe ist ein großer unentbehrlicher Moment. Hierauf mag der König bedenken, daß es besser sei, Hamlet auf der Stelle los zu werden; das Fest der Abreise, der scheinbaren Versöhnung mit Laertes wird nun feierlich begangen, wobei man Ritterspiele hält und auch Hamlet und Laertes fechten. Ohne die vier Leichen kann ich das Stück nicht schließen; es darf niemand übrig bleiben. Hamlet gibt, da nun das Wahlrecht des Volks wieder eintritt, seine Stimme sterbend dem Horatio.

Nur geschwind, versetzte Serlo, setzen Sie sich hin und arbeiten das Stück aus; die Idee hat völlig meinen Beifall; nur daß die Lust nicht verraucht.

Fünftes Kapitel

Wilhelm hatte sich schon lange mit einer Übersetzung Hamlets abgegeben; er hatte sich dabei der geistvollen Wieland'schen Arbeit bedient, durch die er überhaupt Shakespearn zuerst kennen lernte. Was in derselben ausgelassen war, fügte er hinzu, und so war er im Besitz eines vollständigen Exemplars in dem Augenblicke, da er mit Serlo über die Behandlung so ziemlich einig geworden war. Er fing nun an, nach seinem Plane auszuheben und einzuschieben, zu trennen und zu verbinden, zu verändern und oft wiederherzustellen; denn so zufrieden er auch mit seiner Idee war, so schien ihm doch bei der Ausführung immer, daß das Original nur verdorben werde.

Sobald er fertig war, las er es Serlo und der übrigen Gesellschaft vor. Sie bezeugten sich sehr zufrieden damit; besonders machte Serlo manche günstige Bemerkung.

Sie haben, sagte er unter andern, sehr richtig empfunden, daß äußere Umstände dieses Stück begleiten, aber einfacher sein müssen, als sie uns der große Dichter gegeben hat. Was außer dem Theater vorgeht, was der Zuschauer nicht sieht, was er sich vorstellen muß, ist wie ein Hintergrund, vor dem die spielenden Figuren sich bewegen. Die große einfache

Aussicht auf die Flotte und Norwegen wird dem Stücke sehr gut tun; nähme man sie ganz weg, so ist es nur eine Familienszene, und der große Begriff, daß hier ein ganzes königliches Haus durch innere Verbrechen und Ungeschicklichkeiten zu Grunde geht, wird nicht in seiner ganzen Würde dargestellt. Bliebe aber jener Hintergrund selbst mannichfaltig, beweglich, konfus: so täte er dem Eindrucke der Figuren Schaden.

Wilhelm nahm nun wieder die Partie Shakespears, und zeigte, daß er für Insulaner geschrieben habe, für Engländer, die selbst im Hintergrunde nur Schiffe und Seereisen, die Küste von Frankreich und Kaper zu sehen gewohnt sind, und daß, was jenen etwas ganz Gewöhnliches sei, uns schon zerstreue und verwirre.

Serlo mußte nachgeben, und beide stimmten darin überein, daß, da das Stück nun einmal auf das deutsche Theater solle, dieser ernstere einfachere Hintergrund für unsre Vorstellungsart am besten passen werde.

Die Rollen hatte man schon früher ausgeteilt; den Polonius übernahm Serlo; Aurelie, Ophelien; Laertes war durch seinen Namen schon bezeichnet; ein junger, untersetzter, muntrer, neuangekommener Jüngling erhielt die Rolle des Horatio; nur wegen des Königs und des Geistes war man in einiger Verlegenheit. Für beide Rollen war nur der alte Polterer da. Serlo schlug den Pedanten zum Könige vor; wogegen Wilhelm aber auf's äußerste protestierte. Man konnte sich nicht entschließen. Ferner hatte Wilhelm in seinem Stücke die beiden Rollen von Rosenkranz und Güldenstern stehen lassen. Warum haben Sie diese nicht in Eine verbunden? fragte Serlo; diese Abbreviatur ist doch so leicht gemacht.

Gott bewahre mich vor solchen Verkürzungen, die zugleich Sinn und Wirkung aufheben! versetzte Wilhelm. Das, was diese beiden Menschen sind und tun, kann nicht durch Einen vorgestellt werden. In solchen Kleinigkeiten zeigt sich Shakespears Größe. Dieses leise Auftreten, dieses Schmiegen und Biegen, dies Jasagen, Streicheln und Schmeicheln, diese

Behendigkeit, dies Schwänzeln, diese Allheit und Leerheit, diese rechtliche Schurkerei, diese Unfähigkeit, wie kann sie durch Einen Menschen ausgedrückt werden? Es sollten ihrer wenigstens ein Dutzend sein, wenn man sie haben könnte; denn sie sind bloß in Gesellschaft etwas, sie sind die Gesellschaft, und Shakespear war sehr bescheiden und weise, daß er nur zwei solche Repräsentanten auftreten ließ. Überdies brauche ich sie in meiner Bearbeitung als ein Paar, das mit dem Einen, guten, trefflichen Horatio kontrastiert.

Ich verstehe Sie, sagte Serlo, und wir können uns helfen. Den einen geben wir Elmiren (so nannte man die älteste Tochter des Polterers); es kann nicht schaden, wenn sie gut aussehen, und ich will die Puppen putzen und dressieren, daß es eine Lust sein soll.

Philine freute sich außerordentlich, daß sie die Herzogin in der kleinen Komödie spielen sollte. Das will ich so natürlich machen, rief sie aus, wie man in der Geschwindigkeit einen Zweiten heiratet, nachdem man den Ersten ganz außerordentlich geliebt hat. Ich hoffe mir den größten Beifall zu erwerben, und jeder Mann soll wünschen, der Dritte zu werden.

Aurelie machte ein verdrießliches Gesicht bei diesen Äußerungen; ihr Widerwille gegen Philinen nahm mit jedem Tage zu.

Es ist recht Schade, sagte Serlo, daß wir kein Ballet haben; sonst sollten Sie mir mit Ihrem ersten und zweiten Manne ein Pas de deux tanzen, und der Alte sollte nach dem Takt einschlafen, und Ihre Füßchen und Wädchen würden sich dort hinten auf dem Kindertheater ganz allerliebst ausnehmen.

Von meinen Wädchen wissen Sie ja wohl nicht viel, versetzte sie schnippisch, und was meine Füßchen betrifft, rief sie, indem sie schnell unter den Tisch reichte, ihre Pantöffelchen herauf holte und neben einander vor Serlo hinstellte: hier sind die Stelzchen, und ich gebe Ihnen auf, niedlichere zu finden.

Es war Ernst! sagte er, als er die zierlichen Halbschuhe betrachtete. Gewiß, man konnte nicht leicht etwas Artigers sehen.

Sie waren Pariser Arbeit; Philine hatte sie von der Gräfin zum Geschenk erhalten, einer Dame, deren schöner Fuß berühmt war.

Ein reizender Gegenstand! rief Serlo; das Herz hüpft mir, wenn ich sie ansehe.

Welche Verzuckungen! sagte Philine.

Es geht nichts über ein Paar Pantöffelchen von so feiner schöner Arbeit, rief Serlo; doch ist ihr Klang noch reizender, als ihr Anblick. Er hub sie auf und ließ sie einigemal hinter einander wechselsweise auf den Tisch fallen.

Was soll das heißen? Nur wieder her damit! rief Philine.

Darf ich sagen, versetzte er mit verstellter Bescheidenheit und schalkhaftem Ernst, wir andern Junggesellen, die wir Nachts meist allein sind, und uns doch wie andre Menschen fürchten, und im Dunkeln uns nach Gesellschaft sehnen, besonders in Wirtshäusern und fremden Orten, wo es nicht ganz geheuer ist, wir finden es gar tröstlich, wenn ein gutherziges Kind uns Gesellschaft und Beistand leisten will. Es ist Nacht, man liegt im Bette, es raschelt, man schaudert, die Türe tut sich auf, man erkennt ein liebes pisperndes Stimmchen, es schleicht was herbei, die Vorhänge rauschen, klipp! klapp! die Pantoffeln fallen, und husch! man ist nicht mehr allein. Ach der liebe, der einzige Klang, wenn die Absätzchen auf den Boden aufschlagen! Je zierlicher sie sind, je feiner klingt's. Man spreche mir von Philomelen, von rauschenden Bächen, vom Säuseln der Winde, und von allem, was je georgelt und gepfiffen worden ist, ich halte mich an das Klipp! Klapp! – Klipp! Klapp! ist das schönste Thema zu einem Rondeau, das man immer wieder von vorne zu hören wünscht.

Philine nahm ihm die Pantoffeln aus den Händen und sagte: Wie ich sie krumm getreten habe! Sie sind mir viel zu weit. Dann spielte sie damit und rieb die Sohlen gegen einander. Was das heiß wird! rief sie aus, indem sie die eine Sohle flach an die Wange hielt, dann wieder rieb und sie gegen Serlo hinreichte. Er war gutmütig genug nach der Wärme zu fühlen, und Klipp! Klapp! rief sie, indem sie ihm einen derben Schlag mit dem Absatz versetzte, daß er schreiend die Hand zurück zog. Ich will euch lehren bei meinen Pantoffeln was anders denken, sagte Philine lachend.

Und ich will dich lehren alte Leute wie Kinder anführen! rief Serlo dagegen, sprang auf, faßte sie mit Heftigkeit und raubte ihr manchen Kuß, deren jeden sie sich mit ernstlichem Widerstreben gar künstlich abzwingen ließ. Über dem Balgen fielen ihre langen Haare herunter und wickelten sich um die Gruppe, der Stuhl schlug an den Boden, und Aurelie, die von diesem Unwesen innerlich beleidigt war, stand mit Verdruß auf.

Sechstes Kapitel

Obgleich bei der neuen Bearbeitung Hamlets manche Personen weggefallen waren, so blieb die Anzahl derselben doch immer noch groß genug, und fast wollte die Gesellschaft nicht hinreichen.

Wenn das so fort geht, sagte Serlo, wird unser Souffleur auch noch aus dem Loche hervorsteigen müssen, unter uns wandeln, und zur Person werden.

Schon oft habe ich ihn an seiner Stelle bewundert, versetzte Wilhelm.

Ich glaube nicht, daß es einen vollkommenern Einhelfer gibt, sagte Serlo. Kein Zuschauer wird ihn jemals hören; wir auf dem Theater verstehen jede Sylbe. Er hat sich gleichsam ein eigen Organ dazu gemacht, und ist wie ein Genius, der uns in der Not vernehmlich zulispelt. Er fühlt, welchen Teil seiner Rolle der Schauspieler vollkommen inne hat, und ahnet von weitem, wenn ihn das Gedächtnis verlassen will. In einigen Fällen, da ich die Rolle kaum überlesen konnte, da er sie mir Wort vor Wort vorsagte, spielte ich sie mit Glück; nur hat er Sonderbarkeiten, die jeden andern unbrauchbar machen würden: er nimmt so herzlichen Anteil an den Stücken, daß er pathetische Stellen nicht eben deklamiert, aber doch affektvoll rezitiert. Mit dieser Unart hat er mich mehr als einmal irre gemacht.

So wie er mich, sagte Aurelie, mit einer andern Sonderbarkeit einst an einer sehr gefährlichen Stelle stecken ließ.

Wie war das bei seiner Aufmerksamkeit möglich? fragte Wilhelm.

Er wird, versetzte Aurelie, bei gewissen Stellen so gerührt, daß er heiße Tränen weint, und einige Augenblicke ganz aus der Fassung kommt; und es sind eigentlich nicht die sogenannten rührenden Stellen, die ihn in diesen Zustand versetzen; es sind, wenn ich mich deutlich ausdrücke, die *schönen* Stellen, aus welchen der reine Geist des Dichters gleichsam aus hellen offenen Augen hervorsieht, Stellen, bei denen wir andern uns nur höchstens freuen, und worüber viele Tausende wegsehen.

Und warum erscheint er mit dieser zarten Seele nicht auf dem Theater?

Ein heiseres Organ und ein steifes Betragen schließen ihn von der Bühne, und seine hypochondrische Natur von der Gesellschaft aus, versetzte Serlo. Wie viel Mühe habe ich mir gegeben, ihn an mich zu gewöhnen! aber vergebens. Er lies't vortrefflich, wie ich nicht wieder habe lesen hören; niemand hält wie er die zarte Gränzlinie zwischen Deklamation und affektvoller Rezitation.

Gefunden! rief Wilhelm, gefunden! Welch eine glückliche Entdeckung! Nun haben wir den Schauspieler, der uns die Stelle vom *rauhen Pyrrhus* rezitieren soll.

Man muß so viel Leidenschaft haben wie Sie, versetzte Serlo, um alles zu seinem Endzwecke zu nutzen.

Gewiß, ich war in der größten Sorge, rief Wilhelm, daß vielleicht diese Stelle wegbleiben müßte, und das ganze Stück würde dadurch gelähmt werden.

Das kann ich doch nicht einsehen, versetzte Aurelie.

Ich hoffe, Sie werden bald meiner Meinung sein, sagte

Wilhelm. Shakespear führt die ankommenden Schauspieler zu einem doppelten Endzweck herein. Erst macht der Mann, der den Tod des Priamus mit so viel eigner Rührung deklamiert, tiefen Eindruck auf den *Prinzen* selbst; er schärft das Gewissen des jungen schwankenden Mannes: und so wird diese Szene das Präludium zu jener, in welcher das kleine Schauspiel so große Wirkung auf den *König* tut. Hamlet fühlt sich durch den Schauspieler beschämt, der an fremden, an fingierten Leiden so großen Teil nimmt; und der Gedanke, auf eben die Weise einen Versuch auf das Gewissen seines Stiefvaters zu machen, wird dadurch bei ihm sogleich erregt. Welch ein herrlicher Monolog ist's, der den zweiten Akt schließt! Wie freue ich mich darauf, ihn zu rezitieren:

„O! welch ein Schurke, welch ein niedriger Sklave bin ich! – Ist es nicht ungeheuer, daß dieser Schauspieler hier, nur durch Erdichtung, durch einen Traum von Leidenschaft, seine Seele so nach seinem Willen zwingt, daß ihre Wirkung sein ganzes Gesicht entfärbt: – Tränen im Auge! Verwirrung im Betragen! Gebrochene Stimme! Sein ganzes Wesen von Einem Gefühl durchdrungen! und das alles um nichts – um Hekuba! – Was ist Hekuba für ihn oder er für Hekuba, daß er um sie weinen sollte?"

Wenn wir nur unsern Mann auf das Theater bringen können, sagte Aurelie.

Wir müssen, versetzte Serlo, ihn nach und nach hineinführen. Bei den Proben mag er die Stelle lesen, und wir sagen, daß wir einen Schauspieler, der sie spielen soll, erwarten, und so sehen wir, wie wir ihm näher kommen.

Nachdem sie darüber einig waren, wendete sich das Gespräch auf den *Geist*. Wilhelm konnte sich nicht entschließen, die Rolle des lebenden Königs dem Pedanten zu überlassen, damit der Polterer den Geist spielen könne, und meinte vielmehr, daß man noch einige Zeit warten sollte, indem sich doch noch einige Schauspieler gemeldet hätten, und sich unter ihnen der rechte Mann finden könnte.

Man kann sich daher denken, wie verwundert Wilhelm war, als er unter der Adresse seines Theaternamens Abends folgendes Billet mit wunderbaren Zügen, versiegelt, auf seinem Tische fand!

„Du bist, o sonderbarer Jüngling, wir wissen es, in großer Verlegenheit. Du findest kaum Menschen zu deinem Hamlet, geschweige Geister. Dein Eifer verdient ein Wunder; Wunder können wir nicht tun, aber etwas Wunderbares soll geschehen. Hast du Vertrauen, so soll zur rechten Stunde der Geist erscheinen! Habe Mut und bleibe gefaßt! Es bedarf keiner Antwort; dein Entschluß wird uns bekannt werden."

Mit diesem seltsamen Blatte eilte er zu Serlo zurück, der es las und wieder las, und endlich mit bedenklicher Miene versicherte: die Sache sei von Wichtigkeit; man müsse wohl überlegen, ob man es wagen dürfe und könne. Sie sprachen vieles hin und wieder; Aurelie war still und lächelte von Zeit zu Zeit, und als nach einigen Tagen wieder davon die Rede war, gab sie nicht undeutlich zu verstehen, daß sie es für einen Scherz von Serlo halte. Sie bat Wilhelmen, völlig außer Sorge zu sein, und den Geist geduldig zu erwarten.

Überhaupt war Serlo von dem besten Humor; denn die abgehenden Schauspieler gaben sich alle mögliche Mühe gut zu spielen, damit man sie ja recht vermissen sollte, und von der Neugierde auf die neue Gesellschaft konnte er auch die beste Einnahme erwarten.

Sogar hatte der Umgang Wilhelms auf ihn einigen Einfluß gehabt. Er fing an mehr über Kunst zu sprechen, denn er war am Ende doch ein Deutscher, und diese Nation gibt sich gern Rechenschaft von dem, was sie tut. Wilhelm schrieb sich manche solche Unterredung auf; und wir werden, da die Erzählung hier nicht so oft unterbrochen werden darf, denjenigen unsrer Leser, die sich dafür interessieren, solche dramaturgische Versuche bei einer andern Gelegenheit vorlegen.

Besonders war Serlo eines Abends sehr lustig, als er von der Rolle des Polonius sprach, wie er sie zu fassen gedachte. Ich verspreche, sagte er, diesmal einen recht würdigen Mann zum Besten zu geben; ich werde die gehörige Ruhe und Sicherheit, Leerheit und Bedeutsamkeit, Annehmlichkeit und geschmackloses Wesen, Freiheit und Aufpassen, treuherzige Schalkheit und erlogene Wahrheit, da wo sie hin gehören, recht zierlich aufstellen. Ich will einen solchen grauen, redlichen, ausdauernden, der Zeit dienenden Halbschelm auf's allerhöflichste vorstellen und vortragen, und dazu sollen mir die etwas rohen und groben Pinselstriche unsers Autors gute Dienste leisten. Ich will reden wie ein Buch, wenn ich mich vorbereitet habe, und wie ein Tor, wenn ich bei guter Laune bin. Ich werde abgeschmackt sein, um jedem nach dem Maule zu reden, und immer so fein, es nicht zu merken, wenn mich die Leute zum Besten haben. Nicht leicht habe ich eine Rolle mit solcher Lust und Schalkheit übernommen.

Wenn ich nur auch von der meinigen so viel hoffen könnte, sagte Aurelie. Ich habe weder Jugend noch Weichheit genug, um mich in diesen Charakter zu finden. Nur eins weiß ich leider: das Gefühl, das Ophelien den Kopf verrückt, wird mich nicht verlassen.

Wir wollen es ja nicht so genau nehmen, sagte Wilhelm: denn eigentlich hat mein Wunsch, den Hamlet zu spielen, mich bei allem Studium des Stücks, auf's äußerste irre geführt. Je mehr ich mich in die Rolle studiere, desto mehr sehe ich, daß in meiner ganzen Gestalt kein Zug der Physiognomie ist, wie Shakespear seinen Hamlet aufstellt. Wenn ich es recht überlege, wie genau in der Rolle alles zusammen hängt, so getraue ich mir kaum, eine leidliche Wirkung hervor zu bringen.

Sie treten mit großer Gewissenhaftigkeit in Ihre Laufbahn, versetzte Serlo. Der Schauspieler schickt sich in die Rolle wie er kann, und die Rolle richtet sich nach ihm wie sie muß. Wie hat aber Shakespear seinen Hamlet vorgezeichnet? Ist er Ihnen denn so ganz unähnlich?

Zuvörderst ist Hamlet blond, erwiderte Wilhelm.

Das heiß' ich weit gesucht, sagte Aurelie. Woher schließen Sie das?

Als Däne, als Nordländer, ist er blond von Hause aus, und hat blaue Augen.

Sollte Shakespear daran gedacht haben?

Bestimmt find' ich es nicht ausgedrückt, aber in Verbindung mit andern Stellen scheint es mir unwidersprechlich. Ihm wird das Fechten sauer, der Schweiß läuft ihm vom Gesichte, und die Königin spricht: Er ist fett, laßt ihn zu Atem kommen. Kann man sich ihn da anders als blond und wohlbehäglich vorstellen: denn braune Leute sind in ihrer Jugend selten in diesen Falle. Paßt nicht auch seine schwankende Melancholie, seine weiche Trauer, seine tätige Unentschlossenheit besser zu einer solchen Gestalt, als wenn Sie sich einen schlanken braunlockigen Jüngling denken, von dem man mehr Entschlossenheit und Behendigkeit erwartet.

Sie verderben mir die Imagination, rief Aurelie, weg mit Ihrem fetten Hamlet! stellen Sie uns ja nicht Ihren wohlbeleibten Prinzen vor! Geben Sie uns lieber irgend ein Quiproquo, das uns reizt, das uns rührt. Die Intention des Autors liegt uns nicht so nahe, als unser Vergnügen, und wir verlangen einen Reiz, der uns homogen ist.

Siebentes Kapitel

Einen Abend stritt die Gesellschaft, ob der Roman oder das Drama den Vorzug verdiene? Serlo versicherte, es sei ein vergeblicher mißverstandener Streit; beide könnten in ihrer Art vortrefflich sein, nur müßten sie sich in den Gränzen ihrer Gattung halten.

Ich bin selbst noch nicht ganz im Klaren darüber, versetzte Wilhelm.

Wer ist es auch? sagte Serlo, und doch wäre es der Mühe wert, daß man der Sache näher käme.

Sie sprachen viel herüber und hinüber, und endlich war Folgendes ungefähr das Resultat ihrer Unterhaltung:

Im Roman wie im Drama sehen wir menschliche Natur und Handlung. Der Unterschied beider Dichtungsarten liegt nicht bloß in der äußern Form, nicht darin, daß die Personen in dem einen sprechen, und daß in dem andern gewöhnlich von ihnen erzählt wird. Leider viele Dramen sind nur dialogierte Romane, und es wäre nicht unmöglich, ein Drama in Briefen zu schreiben.

Im Roman sollen vorzüglich Gesinnungen und Begebenheiten vorgestellt werden; im Drama Charaktere und Taten. Der Roman muß langsam gehen, und die Gesinnungen der Hauptfigur müssen, es sei auf welche Weise es wolle, das Vordringen des Ganzen zur Entwickelung aufhalten. Das Drama soll eilen, und der Charakter der Hauptfigur muß sich nach dem Ende drängen, und nur aufgehalten werden. Der Romanheld muß leidend, wenigstens nicht im hohen Grade wirkend sein; von dem dramatischen verlangt man Wirkung und Tat. Grandison, Clarisse, Pamela, der Landpriester von Wakefield, Tom Jones selbst sind, wo nicht leidende, doch retardierende Personen, und alle Begebenheiten werden gewissermaßen nach ihren Gesinnungen gemodelt. Im Drama modelt der Held nichts nach sich, alles widersteht ihm, und er räumt und rückt die Hindernisse aus dem Wege, oder unterliegt ihnen.

So vereinigte man sich auch darüber, daß man dem Zufall im Roman gar wohl sein Spiel erlauben könne; daß er aber immer durch die Gesinnungen der Personen gelenkt und geleitet werden müsse; daß hingegen das Schicksal, das die Menschen, ohne ihr Zutun, durch unzusammenhängende äußere Umstände zu einer unvorgesehenen Katastrophe hindrängt, nur im Drama statt habe; daß der Zufall wohl pathetische, niemals aber tragische Situationen hervorbringen dürfe; das Schicksal hingegen müsse immer fürchterlich sein, und werde im höchsten Sinne tragisch, wenn es schuldige und unschuldige, von einander unabhängige Taten in eine unglückliche Verknüpfung bringt.

Diese Betrachtungen führten wieder auf den wunderlichen Hamlet, und auf die Eigenheiten dieses Stücks. Der Held, sagte man, hat eigentlich auch nur Gesinnungen; es sind nur

Begebenheiten, die zu ihm stoßen, und deswegen hat das Stück etwas von dem Gedehnten des Romans; weil aber das Schicksal den Plan gezeichnet hat, weil das Stück von einer fürchterlichen Tat ausgeht, und der Held immer vorwärts zu einer fürchterlichen Tat gedrängt wird, so ist es im höchsten Sinne tragisch, und leidet keinen andern als einen tragischen Ausgang.

Nun sollte Leseprobe gehalten werden, welche Wilhelm eigentlich als ein Fest ansah. Er hatte die Rollen vorher kollationiert, daß also von dieser Seite kein Anstoß sein konnte. Die sämtlichen Schauspieler waren mit dem Stücke bekannt, und er suchte sie nur, ehe sie anfingen, von der Wichtigkeit einer Leseprobe zu überzeugen. Wie man von jedem Musikus verlange, daß er, bis auf einen gewissen Grad, vom Blatte spielen könne, so solle auch jeder Schauspieler, ja jeder wohlerzogene Mensch, sich üben, vom Blatte zu lesen, einem Drama, einem Gedicht, einer Erzählung sogleich ihren Charakter abzugewinnen, und sie mit Fertigkeit vorzutragen. Alles Memorieren helfe nichts, wenn der Schauspieler nicht vorher in den Geist und Sinn des guten Schriftstellers eingedrungen sei; der Buchstabe könne nichts wirken.

Serlo versicherte, daß er jeder andern Probe, ja der Hauptprobe nachsehen wolle, sobald der Leseprobe ihr Recht widerfahren sei: denn gewöhnlich, sagte er, ist nichts lustiger, als wenn Schauspieler von Studieren sprechen; es kommt mir eben so vor, als wenn die Freimäurer von Arbeiten reden.

Die Probe lief nach Wunsch ab, und man kann sagen, daß der Ruhm und die gute Einnahme der Gesellschaft sich auf diese wenigen wohlangewandten Stunden gründete.

Sie haben wohl getan, mein Freund, sagte Serlo, nachdem sie wieder allein waren, daß Sie unsern Mitarbeitern so ernstlich zusprachen, wenn ich gleich fürchte, daß sie Ihre Wünsche schwerlich erfüllen werden.

Wie so? versetzte Wilhelm.

Ich habe gefunden, sagte Serlo, daß so leicht man der Menschen Imagination in Bewegung setzen kann, so gern sie sich Märchen erzählen lassen, eben so selten ist es, eine Art von produktiver Imagination bei ihnen zu finden. Bei den Schauspielern ist dieses sehr auffallend. Jeder ist sehr wohl zufrieden, eine schöne, lobenswürdige, brillante Rolle zu übernehmen; selten aber tut einer mehr, als sich mit Selbstgefälligkeit an die Stelle des Helden setzen, ohne sich im mindesten zu bekümmern, ob ihn auch jemand dafür halten werde. Aber mit Lebhaftigkeit zu umfassen, was sich der Autor bei'm Stück gedacht hat, was man von seiner Individualität hingeben müsse, um einer Rolle genug zu tun, wie man durch eigene Überzeugung, man sei ein ganz anderer Mensch, den Zuschauer gleichfalls zur Überzeugung hinreiße, wie man, durch eine innere Wahrheit der Darstellungskraft, diese Bretter in Tempel, diese Pappen in Wälder verwandelt, ist wenigen gegeben. Diese innere Stärke des Geistes, wodurch ganz allein der Zuschauer getäuscht wird, diese erlogene Wahrheit, die ganz allein Wirkung hervorbringt, wodurch ganz allein die Illusion erzielt wird, wer hat davon einen Begriff?

Lassen Sie uns daher ja nicht zu sehr auf Geist und Empfindung dringen! Das sicherste Mittel ist, wenn wir unsern Freunden mit Gelassenheit zuerst den Sinn des Buchstabens erklären, und ihnen den Verstand eröffnen. Wer Anlage hat, eilt alsdann selbst dem geistreichen und empfindungsvollen Ausdrucke entgegen; und wer sie nicht hat, wird wenigstens niemals ganz falsch spielen und rezitieren. Ich habe aber bei Schauspielern, so wie überhaupt, keine schlimmere Anmaßung gefunden, als wenn jemand Ansprüche an Geist macht, so lange ihm der Buchstabe noch nicht deutlich und geläufig ist.

Achtes Kapitel

Wilhelm kam zur ersten Theaterprobe sehr zeitig und fand sich auf den Brettern allein. Das Lokal überraschte ihn, und gab ihm die wunderbarsten Erinnerungen. Die Wald- und

Dorfdekoration stand genau so, wie auf der Bühne seiner Vaterstadt; auch bei einer Probe, als ihm an jenem Morgen Mariane lebhaft ihre Liebe bekannte, und ihm die erste glückliche Nacht zusagte. Die Bauernhäuser glichen sich auf dem Theater wie auf dem Lande; die wahre Morgensonne beschien, durch einen halb offenen Fensterladen hereinfallend, einen Teil der Bank, die neben der Türe schlecht befestigt war; nur leider schien sie nicht wie damals auf Marianens Schoß und Busen. Er setzte sich nieder, dachte dieser wunderbaren Übereinstimmung nach, und glaubte zu ahnen, daß er sie vielleicht auf diesem Platze bald wieder sehen werde. Ach, und es war weiter nichts, als daß ein Nachspiel, zu welchem diese Dekoration gehörte, damals auf dem deutschen Theater sehr oft gegeben wurde.

In diesen Betrachtungen störten ihn die übrigen ankommenden Schauspieler, mit denen zugleich zwei Theater- und Garderobenfreunde herein traten, und Wilhelmen mit Enthusiasmus begrüßten. Der eine war gewissermaßen an Madame Melina attachiert; der andere aber ein ganz reiner Freund der Schauspielkunst, und beide von der Art, wie sich jede gute Gesellschaft Freunde wünschen sollte. Man wußte nicht zu sagen, ob sie das Theater mehr kannten oder liebten. Sie liebten es zu sehr, um es recht zu kennen; sie kannten es genug, um das Gute zu schätzen und das Schlechte zu verbannen. Aber bei ihrer Neigung war ihnen das Mittelmäßige nicht unerträglich, und der herrliche Genuß, mit dem sie das Gute vor und nach kosteten, war über allen Ausdruck. Das Mechanische machte ihnen Freude, das Geistige entzückte sie, und ihre Neigung war so groß, daß auch eine zerstückelte Probe sie in eine Art von Illusion versetzte. Die Mängel schienen ihnen jederzeit in die Ferne zu treten, das Gute berührte sie wie ein naher Gegenstand. Kurz sie waren Liebhaber, wie sie sich der Künstler in seinem Fache wünscht. Ihre liebste Wanderung war von den Kulissen in's Parterre, vom Parterre in die Kulissen, ihr angenehmster Aufenthalt in der Garderobe, ihre emsigste Beschäftigung an der Stellung,

Kleidung, Rezitation und Deklamation der Schauspieler etwas zuzustutzen, ihr lebhaftestes Gespräch über den Effekt, den man hervorgebracht hatte, und ihre beständigste Bemühung, den Schauspieler aufmerksam, tätig und genau zu erhalten, ihm etwas zu Gute oder zu Liebe zu tun, und, ohne Verschwendung, der Gesellschaft manchen Genuß zu verschaffen. Sie hatten sich beide das ausschließliche Recht verschafft, bei Proben und Aufführungen auf dem Theater zu erscheinen. Sie waren, was die Aufführung Hamlets betraf, mit Wilhelmen nicht bei allen Stellen einig; hie und da gab er nach, meistens aber behauptete er seine Meinung, und im Ganzen diente diese Unterhaltung sehr zur Bildung seines Geschmacks. Er ließ die beiden Freunde sehen, wie sehr er sie schätze, und sie dagegen weissagten nichts weniger von diesen vereinten Bemühungen, als eine neue Epoche für's deutsche Theater.

Die Gegenwart dieser beiden Männer war bei den Proben sehr nützlich. Besonders überzeugten sie unsre Schauspieler, daß man bei der Probe Stellung und Aktion, wie man sie bei der Aufführung zu zeigen gedenke, immerfort mit der Rede verbinden und alles zusammen durch Gewohnheit mechanisch vereinigen müsse. Besonders mit den Händen solle man ja bei der Probe einer Tragödie keine gemeine Bewegung vornehmen; ein tragischer Schauspieler, der in der Probe Tabak schnupft, mache sie immer bange: denn höchst wahrscheinlich werde er an einer solchen Stelle, bei der Aufführung, die Prise vermissen. Ja, sie hielten dafür, daß niemand in Stiefeln probieren solle, wenn die Rolle in Schuhen zu spielen sei. Nichts aber, versicherten sie, schmerze sie mehr, als wenn die Frauenzimmer in den Proben ihre Hände in die Rockfalten versteckten.

Außerdem ward durch das Zureden dieser Männer noch etwas sehr Gutes bewirkt, daß nämlich alle Mannspersonen exerzieren lernten. Da so viele Militärrollen vorkommen, sagten sie, sieht nichts betrübter aus, als Menschen, die nicht die mindeste Dressur zeigen, in Hauptmanns- und

Majors-Uniform auf dem Theater herumschwanken zu sehen.

Wilhelm und Laertes waren die ersten, die sich der Pädagogik eines Unteroffiziers unterwarfen, und setzten dabei ihre Fechtübungen mit großer Anstrengung fort.

So viel Mühe gaben sich beide Männer mit der Ausbildung einer Gesellschaft, die sich so glücklich zusammengefunden hatte. Sie sorgten für die künftige Zufriedenheit des Publikums, indes sich dieses über ihre entschiedene Liebhaberei gelegentlich aufhielt. Man wußte nicht, wie viel Ursache man hatte ihnen dankbar zu sein, besonders da sie nicht versäumten, den Schauspielern oft den Hauptpunkt einzuschärfen, daß es nämlich ihre Pflicht sei, laut und vernehmlich zu sprechen. Sie fanden hierbei mehr Widerstand und Unwillen, als sie anfangs gedacht hatten. Die meisten wollten so gehört sein, wie sie sprachen, und wenige bemühten sich so zu sprechen, daß man sie hören könnte. Einige schoben den Fehler auf's Gebäude, andere sagten, man könne doch nicht schreien, wenn man natürlich, heimlich oder zärtlich zu sprechen habe.

Unsre Theaterfreunde, die eine unsägliche Geduld hatten, suchten auf alle Weise diese Verwirrung zu lösen, diesem Eigensinne beizukommen. Sie sparten weder Gründe noch Schmeicheleien, und erreichten zuletzt doch ihren Endzweck, wobei ihnen das gute Beispiel Wilhelms besonders zu statten kam. Er bat sich aus, daß sie sich bei den Proben in die entferntesten Ecken setzen, und sobald sie nicht vollkommen verstünden, mit dem Schlüssel auf die Bank pochen möchten. Er artikulierte gut, sprach gemäßigt aus, steigerte den Ton stufenweise, und überschrie sich nicht in den heftigsten Stellen. Die pochenden Schlüssel hörte man bei jeder Probe weniger; nach und nach ließen sich die andern dieselbe Operation gefallen, und man konnte hoffen, daß das Stück endlich in allen Winkeln des Hauses von jedermann würde verstanden werden.

Man sieht aus diesem Beispiel, wie gern die Menschen ihren Zweck nur auf ihre eigene Weise erreichen möchten, wie viel Not man hat, ihnen begreiflich zu machen, was sich eigentlich von selbst versteht, und wie schwer es ist, denjenigen, der etwas zu leisten wünscht, zur Erkenntnis der ersten Bedingungen zu bringen, unter denen sein Vorhaben allein möglich wird.

Neuntes Kapitel

Man fuhr nun fort, die nötigen Anstalten zu Dekorationen und Kleidern und was sonst erforderlich war zu machen. Über einige Szenen und Stellen hatte Wilhelm besondere Grillen, denen Serlo nachgab, teils in Rücksicht auf den Kontrakt, teils aus Überzeugung, und weil er hoffte, Wilhelmen durch diese Gefälligkeit zu gewinnen, und in der Folge destomehr nach seinen Absichten zu lenken.

So sollte zum Beispiel König und Königin bei der ersten Audienz auf dem Throne sitzend erscheinen, die Hofleute an den Seiten und Hamlet unbedeutend unter ihnen stehen. Hamlet, sagte er, muß sich ruhig verhalten; seine schwarze Kleidung unterscheidet ihn schon genug. Er muß sich eher verbergen als zum Vorschein kommen. Nur dann, wenn die Audienz geendigt ist, wenn der König mit ihm als Sohn spricht, dann mag er herbei treten und die Szene ihren Gang gehen.

Noch eine Hauptschwierigkeit machten die beiden Gemälde, auf die sich Hamlet in der Szene mit seiner Mutter so heftig bezieht. Mir sollen, sagte Wilhelm, in Lebensgröße beide im Grunde des Zimmers neben der Haupttüre sichtbar sein, und zwar muß der alte König in völliger Rüstung, wie der Geist, auf eben der Seite hängen, wo dieser hervortritt. Ich wünsche, daß die Figur mit der rechten Hand eine befehlende Stellung annehme, etwas gewandt sei und gleichsam über die Schulter sehe, damit sie dem Geiste völlig gleiche, in dem Augenblicke, da dieser zur Türe hinaus geht. Es wird eine sehr große Wirkung tun, wenn in diesem Augenblick

Hamlet nach dem Geiste und die Königin nach dem Bilde sieht. Der Stiefvater mag dann im königlichen Ornat, doch unscheinbarer als jener, vorgestellt werden.

So gab es noch verschiedene Punkte, von denen wir zu sprechen vielleicht Gelegenheit haben.

Sind Sie auch unerbittlich, daß Hamlet am Ende sterben muß? fragte Serlo.

Wie kann ich ihn am Leben erhalten, sagte Wilhelm, da ihn das ganze Stück zu Tode drückt? Wir haben ja schon so weitläufig darüber gesprochen.

Aber das Publikum wünscht ihn lebendig.

Ich will ihm gern jeden andern Gefallen tun, nur diesmal ist's unmöglich. Wir wünschen auch, daß ein braver nützlicher Mann, der an einer chronischen Krankheit stirbt, noch länger leben möge. Die Familie weint und beschwört den Arzt, der ihn nicht halten kann: und so wenig als dieser einer Naturnotwendigkeit zu widerstehen vermag, so wenig können wir einer anerkannten Kunstnotwendigkeit gebieten. Es ist eine falsche Nachgiebigkeit gegen die Menge, wenn man ihnen die Empfindungen erregt, die sie haben *wollen,* und nicht die sie haben *sollen.*

Wer das Geld bringt, kann die Ware nach seinem Sinne verlangen.

Gewissermaßen; aber ein großes Publikum verdient, daß man es achte, daß man es nicht wie Kinder, denen man das Geld abnehmen will, behandle. Man bringe ihm nach und nach, durch das Gute, Gefühl und Geschmack für das Gute bei, und es wird sein Geld mit doppeltem Vergnügen einlegen, weil ihm der Verstand, ja die Vernunft selbst bei dieser Ausgabe nichts vorzuwerfen hat. Man kann ihm schmeicheln wie einem geliebten Kinde, schmeicheln, um es zu bessern, um es künftig aufzuklären; nicht wie einem Vornehmen und Reichen, um den Irrtum, den man nutzt, zu verewigen.

So handelten sie noch manches ab, das sich besonders auf die Frage bezog: was man noch etwa an dem Stücke verändern dürfe, und was unberührt bleiben müsse? Wir lassen uns hierauf nicht weiter ein, sondern legen vielleicht künftig die neue Bearbeitung Hamlets selbst demjenigen Teile unsrer Leser vor, der sich etwa dafür interessieren könnte.

Zehntes Kapitel

Die Hauptprobe war vorbei; sie hatte übermäßig lange gedauert. Serlo und Wilhelm fanden noch manches zu besorgen: denn ungeachtet der vielen Zeit, die man zur Vorbereitung verwendet hatte, waren doch sehr notwendige Anstalten bis auf den letzten Augenblick verschoben worden.

So waren zum Beispiel die Gemälde der beiden Könige noch nicht fertig, und die Szene zwischen Hamlet und seiner Mutter, von der man einen so großen Effekt hoffte, sah noch sehr mager aus, indem weder der Geist noch sein gemaltes Ebenbild dabei gegenwärtig war. Serlo scherzte bei dieser Gelegenheit und sagte: Wir wären doch im Grunde recht übel angeführt, wenn der Geist ausbliebe, die Wache wirklich mit der Luft fechten, und unser Souffleur aus der Kulisse den Vortrag des Geistes supplieren müßte.

Wir wollen den wunderbaren Freund nicht durch unsern Unglauben verscheuchen, versetzte Wilhelm; er kommt gewiß zur rechten Zeit, und wird uns so gut als die Zuschauer überraschen.

Gewiß, rief Serlo, ich werde froh sein, wenn das Stück morgen gegeben ist: es macht uns mehr Umstände, als ich geglaubt habe.

Aber niemand in der Welt wird froher sein als ich, wenn das Stück morgen gespielt ist, versetzte Philine, so wenig mich meine Rolle drückt. Denn immer und ewig von Einer Sache reden zu hören, wobei doch nichts weiter heraus kommt, als eine Repräsentation, die, wie so viele hundert andere, vergessen werden wird, dazu will meine Geduld nicht hinreichen. Macht doch in Gottesnamen nicht so viel Umstände! Die Gäste, die vom Tische aufstehen, haben nachher an jedem Gerichte was auszusetzen; ja wenn man sie zu Hause reden hört, so ist es ihnen kaum begreiflich, wie sie eine solche Not haben ausstehen können.

Lassen Sie mich Ihr Gleichnis zu meinem Vorteile brauchen, schönes Kind, versetzte Wilhelm. Bedenken Sie, was Natur und Kunst, was Handel, Gewerke und Gewerbe zusammen schaffen müssen, bis ein Gastmahl gegeben werden kann. Wie viel Jahre muß der Hirsch im Walde, der Fisch im Fluß oder Meere zubringen, bis er unsre Tafel zu besetzen würdig ist, und was hat die Hausfrau, die Köchin nicht alles in der Küche zu tun! Mit welcher Nachlässigkeit schlürft man die Sorge des entferntesten Winzers, des Schiffers, des Kellermeisters bei'm Nachtische hinunter, als müsse es nur so sein. Und sollten deswegen alle diese Menschen nicht arbeiten, nicht schaffen und bereiten, sollte der Hausherr das alles nicht sorgfältig zusammen bringen und zusammen halten, weil am Ende der Genuß nur vorübergehend ist? Aber kein Genuß ist vorübergehend: denn der Eindruck, den er zurückläßt, ist bleibend, und was man mit Fleiß und Anstrengung tut, teilt dem Zuschauer selbst eine verborgene Kraft mit, von der man nicht wissen kann, wie weit sie wirkt.

Mir ist alles einerlei, versetzte Philine, nur muß ich auch diesmal erfahren, daß Männer immer im Widerspruch mit sich selbst sind. Bei all eurer Gewissenhaftigkeit, den großen Autor nicht verstümmeln zu wollen, laßt ihr doch den schönsten Gedanken aus dem Stücke.

Den schönsten? rief Wilhelm.

Gewiß den schönsten, auf den sich Hamlet selbst was zu Gute tut.

Und der wäre? rief Serlo.

Wenn Sie eine Perücke auf hätten, versetzte Philine, würde ich sie Ihnen ganz säuberlich abnehmen: denn es scheint nötig, daß man Ihnen das Verständnis eröffne.

Die andern dachten nach, und die Unterhaltung stockte. Man war aufgestanden, es war schon spät, man schien aus einander gehen zu wollen. Als man so unentschlossen da stand, fing Philine ein Liedchen, auf eine sehr zierliche und gefällige Melodie, zu singen an.

Singet nicht in Trauertönen
Von der Einsamkeit der Nacht;
Nein, sie ist, o holde Schönen,
Zur Geselligkeit gemacht.

Wie das Weib dem Mann gegeben
Als die schönste Hälfte war,
Ist die Nacht das halbe Leben,
Und die schönste Hälfte zwar.

Könnt ihr euch des Tages freuen,
Der nur Freuden unterbricht?
Er ist gut, sich zu zerstreuen;
Zu was anderm taugt er nicht.

Aber wenn in nächt'ger Stunde
Süßer Lampe Dämmrung fließt,
Und vom Mund zum nahen Munde
Scherz und Liebe sich ergießt;

Wenn der rasche lose Knabe,
Der sonst wild und feurig eilt,
Oft bei einer kleinen Gabe
Unter leichten Spielen weilt;

Wenn die Nachtigall Verliebten
Liebevoll ein Liedchen singt,
Das Gefangnen und Betrübten
Nur wie Ach und Wehe klingt:

Mit wie leichtem Herzensregen
Horchet ihr der Glocke nicht,
Die mit zwölf bedächt'gen Schlägen
Ruh und Sicherheit verspricht!

Darum an dem langen Tage
Merke dir es, liebe Brust:
Jeder Tag hat seine Plage
Und die Nacht hat ihre Lust.

Sie machte eine leichte Verbeugung, als sie geendigt hatte, und Serlo rief ihr ein lautes Bravo zu. Sie sprang zur Tür hinaus und eilte mit Gelächter fort. Man hörte sie die Treppe hinunter singen und mit den Absätzen klappern.

Serlo ging in das Seitenzimmer, und Aurelie blieb vor Wilhelmen, der ihr eine gute Nacht wünschte, noch einige Augenblicke stehen und sagte:

Wie sie mir zuwider ist! recht meinem innern Wesen zuwider! bis auf die kleinsten Zufälligkeiten. Die rechte braune Augenwimper bei den blonden Haaren, die der Bruder so reizend findet, mag ich gar nicht ansehen, und die Schramme auf der Stirne hat mir so was Widriges, so was Niedriges, daß ich immer zehn Schritte von ihr zurücktreten möchte. Sie erzählte neulich als einen Scherz, ihr Vater habe ihr in ihrer Kindheit einen Teller an den Kopf geworfen, davon sie noch das Zeichen trage. Wohl ist sie recht an Augen und Stirne gezeichnet, daß man sich vor ihr hüten möge.

Wilhelm antwortete nichts, und Aurelie schien mit mehr Unwillen fortzufahren:

Es ist mir beinahe unmöglich, ein freundliches höfliches Wort mit ihr zu reden, so sehr hasse ich sie, und doch ist sie so anschmiegend. Ich wollte, wir wären sie los. Auch Sie, mein Freund, haben eine gewisse Gefälligkeit gegen dieses Geschöpf, ein Betragen, das mich in der Seele kränkt, eine Aufmerksamkeit, die an Achtung gränzt, und die sie, bei Gott, nicht verdient!

Wie sie ist, bin ich ihr Dank schuldig, versetzte Wilhelm; ihre Aufführung ist zu tadeln; ihrem Charakter muß ich Gerechtigkeit widerfahren lassen.

Charakter! rief Aurelie: glauben Sie, daß so eine Kreatur

einen Charakter hat? O ihr Männer, daran erkenne ich euch! Solcher Frauen seid ihr wert!

Sollten Sie mich in Verdacht haben, meine Freundin? versetzte Wilhelm. Ich will von jeder Minute Rechenschaft geben, die ich mit ihr zugebracht habe.

Nun, nun, sagte Aurelie, es ist spät, wir wollen nicht streiten. Alle wie einer, einer wie alle! Gute Nacht, mein Freund! gute Nacht, mein feiner Paradiesvogel!

Wilhelm fragte, wie er zu diesem Ehrentitel komme?

Ein andermal, versetzte Aurelie, ein andermal. Man sagt, sie hätten keine Füße, sie schwebten in der Luft, und nährten sich vom Äther. Es ist aber ein Märchen, fuhr sie fort, eine poetische Fiktion. Gute Nacht, laßt euch was Schönes träumen, wenn ihr Glück habt.

Sie ging in ihr Zimmer und ließ ihn allein; er eilte auf das seinige.

Halb unwillig ging er auf und nieder. Der scherzende aber entschiedne Ton Aureliens hatte ihn beleidigt: er fühlte tief, wie Unrecht sie ihm tat. Philine konnte er nicht widrig, nicht unhold begegnen; sie hatte nichts gegen ihn verbrochen, und dann fühlte er sich so fern von jeder Neigung zu ihr, daß er recht stolz und standhaft vor sich selbst bestehen konnte.

Eben war er im Begriffe sich auszuziehen, nach seinem Lager zu gehen und die Vorhänge aufzuschlagen, als er zu seiner größten Verwunderung ein Paar Frauenpantoffeln vor dem Bett erblickte; der eine stand, der andere lag. – Es waren Philinens Pantoffeln, die er nur zu gut erkannte; er glaubte auch eine Unordnung an den Vorhängen zu sehen, ja es schien als bewegten sie sich; er stand und sah mit unverwandten Augen hin.

Eine neue Gemütsbewegung, die er für Verdruß hielt, versetzte ihm den Atem; und nach einer kurzen Pause, in der er sich erholt hatte, rief er gefaßt:

Stehen Sie auf, Philine! Was soll das heißen? Wo ist Ihre Klugheit, Ihr gutes Betragen? Sollen wir morgen das Märchen des Hauses werden?

Es rührte sich nichts.

Ich scherze nicht, fuhr er fort, diese Neckereien sind bei mir übel angewandt.

Kein Laut! Keine Bewegung!

Entschlossen und unmutig ging er endlich auf das Bette zu, und riß die Vorhänge von einander. Stehen Sie auf, sagte er, wenn ich Ihnen nicht das Zimmer diese Nacht überlassen soll.

Mit großem Erstaunen fand er sein Bette leer, die Kissen und Decken in schönster Ruhe. Er sah sich um, suchte nach, suchte alles durch, und fand keine Spur von dem Schalk. Hinter dem Bette, dem Ofen, den Schränken war nichts zu sehen; er suchte emsiger und emsiger; ja, ein boshafter Zuschauer hätte glauben mögen, er suche um zu finden.

Kein Schlaf stellte sich ein; er setzte die Pantoffeln auf seinen Tisch, ging auf und nieder, blieb manchmal bei dem Tische stehen, und ein schelmischer Genius, der ihn belauschte, will versichern: er habe sich einen großen Teil der Nacht mit den allerliebsten Stelzchen beschäftigt; er habe sie mit einem gewissen Interesse angesehen, behandelt, damit gespielt, und sich erst gegen Morgen in seinen Kleidern auf's Bette geworfen, wo er unter den seltsamsten Phantasien einschlummerte.

Und wirklich schlief er noch, als Serlo herein trat und rief: Wo sind Sie? Noch im Bette? Unmöglich! Ich suchte Sie auf dem Theater, wo noch so mancherlei zu tun ist.

Eilftes Kapitel

Vor- und Nachmittag verflossen eilig. Das Haus war schon voll und Wilhelm eilte, sich anzuziehen. Nicht mit der Behaglichkeit, mit der er die Maske zum erstenmal anprobierte, konnte er sie gegenwärtig anlegen; er zog sich an, um fertig zu werden. Als er zu den Frauen in's Versammlungszimmer kam, beriefen sie ihn einstimmig, daß nichts recht sitze; der schöne Federbusch sei verschoben, die Schnalle passe nicht; man fing wieder an aufzutrennen, zu nähen, zusammen zu stecken. Die Symphonie ging an, Philine hatte etwas gegen die Krause einzuwenden, Aurelie viel an dem Mantel auszusetzen. Laßt mich, ihr Kinder! rief er, diese Nachlässigkeit wird mich erst recht zum Hamlet machen. Die Frauen ließen ihn nicht los und fuhren fort zu putzen. Die Symphonie hatte aufgehört und das Stück war angegangen. Er besah sich im Spiegel, drückte den Hut tiefer in's Gesicht und erneuerte die Schminke.

In diesem Augenblick stürzte jemand herein und rief: Der Geist! der Geist!

Wilhelm hatte den ganzen Tag nicht Zeit gehabt, an die Hauptsorge zu denken, ob der Geist auch kommen werde. Nun war sie ganz weggenommen, und man hatte die wunderlichste Gastrolle zu erwarten. Der Theatermeister kam und fragte über dieses und jenes; Wilhelm hatte nicht Zeit, sich nach dem Gespenst umzusehen, und eilte nur sich am Throne einzufinden, wo König und Königin schon von ihrem Hofe umgeben in aller Herrlichkeit glänzten; er hörte nur noch die letzten Worte des Horatio, der über die Erscheinung des Geistes ganz verwirrt sprach, und fast seine Rolle vergessen zu haben schien.

Der Zwischenvorhang ging in die Höhe und er sah das volle Haus vor sich. Nachdem Horatio seine Rede gehalten und vom Könige abgefertigt war, drängte er sich an Hamlet, und als ob er sich ihm, dem Prinzen, präsentiere, sagte er: Der Teufel steckt in dem Harnische! Er hat uns alle in Furcht gejagt.

In der Zwischenzeit sah man nur zwei große Männer in weißen Mänteln und Kapuzen in den Kulissen stehen, und Wilhelm, dem in der Zerstreuung, Unruhe und Verlegenheit der erste Monolog, wie er glaubte, mißglückt war, trat, ob ihn gleich ein lebhafter Beifall bei'm Abgehen begleitete, in der schauerlichen dramatischen Winternacht wirklich recht unbehaglich auf. Doch nahm er sich zusammen und sprach die so zweckmäßig angebrachte Stelle, über das Schmausen und Trinken der Nordländer, mit der gehörigen Gleichgültigkeit, vergaß, so wie die Zuschauer, darüber des Geistes und erschrak wirklich, als Horatio ausrief: Seht her, es kommt! Er fuhr mit Heftigkeit herum, und die edle große Gestalt, der leise unhörbare Tritt, die leichte Bewegung in der schwerscheinenden Rüstung, machten einen so starken Eindruck auf ihn, daß er wie versteinert da stand, und nur mit halber Stimme: Ihr Engel und himmlischen Geister beschützt uns! ausrufen konnte. Er starrte ihn an, holte einigemal Atem, und brachte die Anrede an den Geist so verwirrt, zerstückt und gezwungen vor, daß die größte Kunst sie nicht so trefflich hätte ausdrücken können.

Seine Übersetzung dieser Stelle kam ihm sehr zu statten. Er hatte sich nahe an das Original gehalten, dessen Wortstellung ihm die Verfassung eines überraschten, erschreckten, von Entsetzen ergriffenen Gemüts einzig auszudrücken schien.

„Sei du ein guter Geist, sei ein verdammter Kobold, bringe Düfte des Himmels mit dir oder Dämpfe der Hölle, sei Gutes oder Böses dein Beginnen, du kommst in einer so würdigen Gestalt, ja ich rede mit dir, ich nenne dich Hamlet, König, Vater, o antworte mir!" –

Man spürte im Publico die größte Wirkung. Der Geist winkte, der Prinz folgte ihm unter dem lautesten Beifall.

Das Theater verwandelte sich, und als sie auf den entfernten Platz kamen, hielt der Geist unvermutet inne und wandte sich um; dadurch kam ihm Hamlet etwas zu nahe zu stehen. Mit Verlangen und Neugierde sah Wilhelm sogleich zwischen das niedergelassene Visier hinein, konnte aber nur tiefliegende Augen neben einer wohlgebildeten Nase erblicken. Furchtsam ausspähend stand er vor ihm; allein als die ersten Töne aus dem Helme hervordrangen, als eine wohlklingende, nur ein wenig rauhe Stimme sich in den Worten hören ließ: Ich bin der Geist deines Vaters, trat Wilhelm einige Schritte schaudernd zurück, und das ganze Publikum schauderte. Die Stimme schien jedermann bekannt, und Wilhelm glaubte eine Ähnlichkeit mit der Stimme seines Vaters zu bemerken. Diese wunderbaren Empfindungen und Erinnerungen, die Neugierde, den seltsamen Freund zu entdecken, und die Sorge, ihn zu beleidigen, selbst die Unschicklichkeit, ihm als Schauspieler in dieser Situation zu nahe zu treten, bewegten Wilhelmen nach entgegengesetzten Seiten. Er veränderte während der langen Erzählung des Geistes seine Stellung so oft, schien so unbestimmt und verlegen, so aufmerksam und so zerstreut, daß sein Spiel eine allgemeine Bewunderung, so wie der Geist ein allgemeines Entsetzen erregte. Dieser sprach mehr mit einem tiefen Gefühl des Verdrusses, als des Jammers, aber eines geistigen, langsamen und unübersehlichen Verdrusses. Es war der Mißmut einer großen Seele, die von allem Irdischen getrennt ist, und doch unendlichen Leiden unterliegt. Zuletzt versank der Geist, aber auf eine sonderbare Art: denn ein leichter, grauer, durchsichtiger Flor, der wie ein Dampf aus der Versenkung zu steigen schien, legte sich über ihn weg und zog sich mit ihm hinunter.

Nun kamen Hamlets Freunde zurück und schwuren auf das Schwert. Da war der alte Maulwurf so geschäftig unter der Erde, daß er ihnen, wo sie auch stehen mochten, immer unter den Füßen rief: Schwört! und sie, als ob der Boden unter ihnen brennte, schnell von einem Ort zum andern eilten. Auch erschien da, wo sie standen, jedesmal eine kleine Flamme aus dem Boden, vermehrte die Wirkung, und hinterließ bei allen Zuschauern den tiefsten Eindruck.

Nun ging das Stück unaufhaltsam seinen Gang fort, nichts mißglückte, alles geriet; das Publikum bezeigte seine Zufriedenheit; die Lust und der Mut der Schauspieler schien mit jeder Szene zuzunehmen.

Zwölftes Kapitel

Der Vorhang fiel und der lebhafteste Beifall erscholl aus allen Ecken und Enden. Die vier fürstlichen Leichen sprangen behend in die Höhe und umarmten sich vor Freuden.

Polonius und Ophelia kamen auch aus ihren Gräbern hervor und hörten noch mit lebhaftem Vergnügen, wie Horatio, als er zum Ankündigen heraustrat, auf das heftigste beklatscht wurde. Man wollte ihn zu keiner Anzeige eines andern Stücks lassen, sondern begehrte mit Ungestüm die Wiederholung des heutigen.

Nun haben wir gewonnen, rief Serlo, aber auch heute Abend kein vernünftig Wort mehr! Alles kommt auf den ersten Eindruck an. Man soll ja keinem Schauspieler übel nehmen, wenn er bei seinen Debüts vorsichtig und eigensinnig ist.

Der Kassier kam und überreichte ihm eine schwere Kasse. Wir haben gut debütiert, rief er aus, und das Vorurteil wird uns zu statten kommen. Wo ist denn nun das versprochene Abendessen? Wir dürfen es uns heute schmecken lassen.

Sie hatten ausgemacht, daß sie in ihren Theaterkleidern beisammen bleiben und sich selbst ein Fest feiern wollten. Wilhelm hatte unternommen das Lokal, und Madame Melina das Essen zu besorgen.

Ein Zimmer, worin man sonst zu malen pflegte, war auf's beste gesäubert, mit allerlei kleinen Dekorationen umstellt und so herausgeputzt worden, daß es halb einem Garten, halb einem Säulengange ähnlich sah. Bei'm Hereintreten wurde die Gesellschaft von dem Glanz vieler Lichter geblendet, die einen feierlichen Schein durch den Dampf des süßesten Räucherwerks, das man nicht gespart hatte, über eine wohl geschmückte und bestellte Tafel verbreiteten. Mit Ausrufungen lobte man die Anstalten und nahm wirklich mit Anstand Platz; es schien, als wenn eine königliche Familie im Geisterreiche zusammen käme. Wilhelm saß zwischen Aurelien und Madame Melina; Serlo zwischen Philinen und Elmiren; niemand war mit sich selbst noch mit seinem Platze unzufrieden.

Die beiden Theaterfreunde, die sich gleichfalls eingefunden hatten, vermehrten das Glück der Gesellschaft. Sie waren einigemal während der Vorstellung auf die Bühne gekommen, und konnten nicht genug von ihrer eignen und von des Publikums Zufriedenheit sprechen; nunmehr ging's aber an's Besondere; jedes ward für seinen Teil reichlich belohnt.

Mit einer unglaublichen Lebhaftigkeit ward ein Verdienst nach dem andern, eine Stelle nach der andern herausgehoben. Dem Souffleur, der bescheiden am Ende der Tafel saß, ward ein großes Lob über seinen rauhen Pyrrhus; die Fechtübung Hamlets und Laertes konnte man nicht genug erheben; Opheliens Trauer war über allen Ausdruck schön und erhaben; von Polonius Spiel durfte man gar nicht sprechen; jeder Gegenwärtige hörte sein Lob in dem andern und durch ihn.

Aber auch der abwesende Geist nahm seinen Teil Lob und Bewunderung hinweg. Er hatte die Rolle mit einem sehr glücklichen Organ und in einem großen Sinne gesprochen, und man wunderte sich am meisten, daß er von allem, was bei der Gesellschaft vorgegangen war, unterrichtet schien. Er glich völlig dem gemalten Bilde, als wenn er dem Künstler gestanden hätte, und die Theaterfreunde konnten nicht genug rühmen, wie schauerlich es ausgesehen habe, als er unfern von dem Gemälde hervorgetreten und vor seinem Ebenbilde vorbeigeschritten sei. Wahrheit und Irrtum habe sich dabei so sonderbar vermischt, und man habe wirklich sich überzeugt, daß die Königin die eine Gestalt nicht sehe. Madame Melina ward bei dieser Gelegenheit sehr gelobt, daß sie bei dieser Stelle in die Höhe nach dem Bilde gestarrt, indes Hamlet nieder auf den Geist gewiesen.

Man erkundigte sich, wie das Gespenst habe hereinschleichen können, und erfuhr vom Theatermeister, daß zu einer hintern Türe, die sonst immer mit Dekorationen verstellt sei, diesen Abend aber, weil man den gotischen Saal gebraucht, frei geworden, zwei große Figuren in weißen Mänteln und Kapuzen hereingekommen, die man von einander nicht unterscheiden können, und so seien sie nach geendigtem dritten Akt wahrscheinlich auch wieder hinausgegangen.

Serlo lobte besonders an ihm, daß er nicht so schneidermäßig gejammert und sogar am Ende eine Stelle, die einem so großen Helden besser zieme, seinen Sohn zu befeuern, angebracht habe. Wilhelm hatte sie im Gedächtnis behalten und versprach sie in's Manuskript nachzutragen.

Man hatte in der Freude des Gastmahls nicht bemerkt, daß die Kinder und der Harfenspieler fehlten; bald aber machten sie eine sehr angenehme Erscheinung. Denn sie traten zusammen herein, sehr abenteuerlich ausgeputzt; Felix schlug den Triangel, Mignon das Tamburin und der Alte hatte die schwere Harfe umgehangen und spielte sie, indem er sie vor sich trug. Sie zogen um den Tisch und sangen allerlei Lieder. Man gab ihnen zu essen, und die Gäste glaubten den Kindern eine Wohltat zu erzeigen, wenn sie ihnen so viel süßen Wein gäben, als sie nur trinken wollten; denn die Gesellschaft selbst hatte die köstlichen Flaschen nicht geschont, welche diesen Abend, als ein Geschenk der Theaterfreunde, in einigen Körben angekommen waren. Die Kinder sprangen und sangen fort, und besonders war Mignon ausgelassen, wie man sie niemals gesehen. Sie schlug das Tamburin mit aller möglichen Zierlichkeit und Lebhaftigkeit, indem sie bald mit druckendem Finger auf dem Felle schnell hin und her schnurrte, bald mit dem Rücken der Hand, bald mit den Knöcheln darauf pochte, ja mit abwechselnden Rhythmen das Pergament bald wider die Knie, bald wider den Kopf schlug, bald schüttelnd die Schellen allein klingen ließ, und so aus dem einfachsten Instrumente gar verschiedene Töne hervorlockte. Nachdem sie lange gelärmt hatten, setzten sie sich in einen Lehnsessel, der gerade Wilhelmen gegenüber am Tische leer geblieben war.

Bleibt von dem Sessel weg! rief Serlo, er steht vermutlich für den Geist da; wenn er kommt, kann's euch übel gehen.

Ich fürchte ihn nicht, rief Mignon; kommt er, so stehen wir auf. Es ist mein Oheim, er tut mir nichts zu Leide. Diese Rede verstand niemand, als wer wußte, daß sie ihren vermeintlichen Vater den großen Teufel genannt hatte.

Die Gesellschaft sah einander an, und ward noch mehr in

dem Verdacht bestärkt, daß Serlo um die Erscheinung des Geistes wisse. Man schwatzte und trank, und die Mädchen sahen von Zeit zu Zeit furchtsam nach der Türe.

Die Kinder, die, in dem großen Sessel sitzend, nur wie Pulcinellpuppen aus dem Kasten, über den Tisch hervorragten, fingen an, auf diese Weise ein Stück aufzuführen. Mignon machte den schnarrenden Ton sehr artig nach, und sie stießen zuletzt die Köpfe dergestalt zusammen und auf die Tischkante, wie es eigentlich nur Holzpuppen aushalten können. Mignon ward bis zur Wut lustig, und die Gesellschaft, so sehr sie anfangs über den Scherz gelacht hatte, mußte zuletzt Einhalt tun. Aber wenig half das Zureden, denn nun sprang sie auf und ras'te, die Schellentrommel in der Hand, um den Tisch herum. Ihre Haare flogen, und indem sie den Kopf zurück und alle ihre Glieder gleichsam in die Luft warf, schien sie einer Mänade ähnlich, deren wilde und beinah unmögliche Stellungen uns auf alten Monumenten noch oft in Erstaunen setzen.

Durch das Talent der Kinder und ihren Lärm aufgereizt, suchte jedermann zur Unterhaltung der Gesellschaft etwas beizutragen. Die Frauenzimmer sangen einige Kanons, Laertes ließ eine Nachtigall hören, und der Pedant gab ein Konzert pianissimo auf der Maultrommel. Indessen spielten die Nachbarn und Nachbarinnen allerlei Spiele, wobei sich die Hände begegnen und vermischen, und es fehlte manchem Paare nicht am Ausdruck einer hoffnungsvollen Zärtlichkeit. Madame Melina besonders schien eine lebhafte Neigung zu Wilhelmen nicht zu verhehlen. Es war spät in der Nacht, und Aurelie, die fast allein noch Herrschaft über sich behalten hatte, ermahnte die Übrigen, indem sie aufstand, aus einander zu gehen.

Serlo gab noch zum Abschied ein Feuerwerk, indem er mit dem Munde, auf eine fast unbegreifliche Weise, den Ton der Raketen, Schwärmer und Feuerräder nachzuahmen wußte. Man durfte die Augen nur zumachen, so war die Täuschung vollkommen. Indessen war jedermann aufgestanden, und man reichte den Frauenzimmern den Arm, sie nach Hause zu führen. Wilhelm ging zuletzt mit Aurelien. Auf der Treppe begegnete ihnen der Theatermeister, und sagte: Hier ist der Schleier, worin der Geist verschwand. Er ist an der Versenkung hängen geblieben und wir haben ihn eben gefunden. Eine wunderbare Reliquie! rief Wilhelm, und nahm ihn ab.

In dem Augenblicke fühlte er sich am linken Arme ergriffen und zugleich einen sehr heftigen Schmerz. Mignon hatte sich versteckt gehabt, hatte ihn angefaßt und ihn in den Arm gebissen. Sie fuhr an ihm die Treppe hinunter und verschwand.

Als die Gesellschaft in die freie Luft kam, merkte fast jedes, daß man für diesen Abend des Guten zu viel genossen hatte. Ohne Abschied zu nehmen verlor man sich aus einander.

Wilhelm hatte kaum seine Stube erreicht, als er seine Kleider abwarf und nach ausgelöschtem Licht in's Bett eilte. Der Schlaf wollte sogleich sich seiner bemeistern; allein ein Geräusch, das in seiner Stube hinter dem Ofen zu entstehen schien, machte ihn aufmerksam. Eben schwebte vor seiner erhitzten Phantasie das Bild des geharnischten Königs; er richtete sich auf, das Gespenst anzureden, als er sich von zarten Armen umschlungen, seinen Mund mit lebhaften Küssen verschlossen, und eine Brust an der seinigen fühlte, die er wegzustoßen nicht Mut hatte.

Dreizehntes Kapitel

Wilhelm fuhr des andern Morgens mit einer unbehaglichen Empfindung in die Höhe, und fand sein Bett leer. Von dem nicht völlig ausgeschlafenen Rausche war ihm der Kopf düster, und die Erinnerung an den unbekannten nächtlichen Besuch machte ihn unruhig. Sein erster Verdacht fiel auf Philinen, und doch schien der liebliche Körper, den er in seine Arme geschlossen hatte, nicht der ihrige gewesen zu sein. Unter lebhaften Liebkosungen war unser Freund an der Seite dieses seltsamen stummen Besuches eingeschlafen und nun war weiter keine Spur mehr davon zu entdecken. Er sprang auf, und indem er sich anzog, fand er seine Türe, die er sonst zu verriegeln pflegte, nur angelehnt, und wußte sich nicht zu erinnern, ob er sie gestern Abend zugeschlossen hatte.

Am wunderbarsten aber erschien ihm der Schleier des Geistes, den er auf seinem Bette fand. Er hatte ihn mit herauf gebracht und wahrscheinlich selbst dahin geworfen. Es war ein grauer Flor, an dessen Saum er eine Schrift mit schwarzen Buchstaben gestickt sah. Er entfaltete sie und las die Worte: *Zum ersten und letztenmal! Flieh! Jüngling, flieh!* Er war betroffen und wußte nicht was er sagen sollte.

In eben dem Augenblick trat Mignon herein und brachte ihm das Frühstück. Wilhelm erstaunte über den Anblick des Kindes, ja man kann sagen, er erschrak. Sie schien diese Nacht größer geworden zu sein; sie trat mit einem hohen edlen Anstand vor ihn hin und sah ihm sehr ernsthaft in die Augen, so daß er den Blick nicht ertragen konnte. Sie rührte ihn nicht an, wie sonst, da sie gewöhnlich ihm die Hand drückte, seine Wange, seinen Mund, seinen Arm, oder seine Schulter küßte, sondern ging, nachdem sie seine Sachen in Ordnung gebracht, stillschweigend wieder fort.

Die Zeit einer angesetzten Leseprobe kam nun herbei; man versammelte sich, und alle waren durch das gestrige Fest verstimmt. Wilhelm nahm sich zusammen, so gut er konnte, um nicht gleich anfangs gegen seine so lebhaft gepredigten Grundsätze zu verstoßen. Seine große Übung half ihm durch; denn Übung und Gewohnheit müssen in jeder Kunst die Lücken ausfüllen, welche Genie und Laune so oft lassen würden.

Eigentlich aber konnte man bei dieser Gelegenheit die Bemerkung recht wahr finden, daß man keinen Zustand, der länger dauern, ja der eigentlich ein Beruf, eine Lebensweise werden soll, mit einer Feierlichkeit anfangen dürfe. Man feire nur, was glücklich vollendet ist; alle Zeremonien zum Anfange erschöpfen Lust und Kräfte, die das Streben hervor bringen und uns bei einer fortgesetzten Mühe beistehen sollen. Unter allen Festen ist das Hochzeitfest das unschicklichste; keines sollte mehr in Stille, Demut und Hoffnung begangen werden als dieses.

So schlich der Tag nun weiter, und Wilhelmen war noch keiner jemals so alltäglich vorgekommen. Statt der gewöhnlichen Unterhaltung Abends fing man zu gähnen an; das Interesse an Hamlet war erschöpft, und man fand eher unbequem, daß er des folgenden Tages zum zweitenmal vorgestellt werden sollte. Wilhelm zeigte den Schleier des Geistes vor; man mußte daraus schließen, daß er nicht wieder kommen werde. Serlo war besonders dieser Meinung; er schien mit den Ratschlägen der wunderbaren Gestalt sehr vertraut zu sein; dagegen ließen sich aber die Worte: Flieh! Jüngling, flieh! nicht erklären. Wie konnte Serlo mit jemanden einstimmen, der den vorzüglichsten Schauspieler seiner Gesellschaft zu entfernen die Absicht zu haben schien.

Notwendig war es nunmehr, die Rolle des Geistes dem Polterer und die Rolle des Königs dem Pedanten zu geben. Beide erklärten, daß sie schon einstudiert seien, und es war kein Wunder, denn bei den vielen Proben und der weitläufigen Behandlung dieses Stücks waren alle so damit bekannt geworden, daß sie sämtlich gar leicht mit den Rollen hätten wechseln können. Doch probierte man einiges in der Geschwindigkeit, und als man spät genug aus einander ging, flüsterte Philine bei'm Abschiede Wilhelmen leise zu: Ich muß meine Pantoffeln holen; du schiebst doch den Riegel nicht vor? Diese Worte setzten ihn, als er auf seine Stube kam, in ziemliche Verlegenheit; denn die Vermutung, daß der Gast der vorigen Nacht Philine gewesen, ward dadurch bestärkt, und wir sind auch genötigt, uns zu dieser Meinung zu schlagen, besonders da wir die Ursachen, welche ihn hierüber zweifelhaft machten und ihm einen andern sonderbaren Argwohn einflößen mußten, nicht entdecken können. Er ging unruhig einigemal in seinem Zimmer auf und ab, und hatte wirklich den Riegel noch nicht vorgeschoben.

Auf einmal stürzte Mignon in das Zimmer, faßte ihn an und rief: Meister! Rette das Haus! Es brennt! Wilhelm sprang vor die Türe und ein gewaltiger Rauch drängte sich die obere Treppe herunter ihm entgegen. Auf der Gasse hörte man schon das Feuergeschrei, und der Harfenspieler kam, sein Instrument in der Hand, durch den Rauch atemlos die Treppe herunter. Aurelie stürzte aus ihrem Zimmer und warf den kleinen Felix in Wilhelms Arme.

Retten Sie das Kind! rief sie; wir wollen nach dem Übrigen greifen.

Wilhelm, der die Gefahr nicht für so groß hielt, gedachte zuerst nach dem Ursprunge des Brandes hinzudringen, um ihn vielleicht noch im Anfange zu ersticken. Er gab dem Alten das Kind, und befahl ihm, die steinerne Wendeltreppe hinunter, die durch ein kleines Gartengewölbe in den Garten führte, zu eilen, und mit den Kindern im Freien zu bleiben. Mignon nahm ein Licht, ihm zu leuchten. Wilhelm bat darauf Aurelien, ihre Sachen auf eben diesem Wege zu retten. Er selbst drang durch den Rauch hinauf; aber vergebens setzte er sich der Gefahr aus. Die Flamme schien von dem benachbarten Hause herüber zu dringen und hatte schon das Holzwerk des Bodens und eine leichte Treppe gefaßt; andre, die zur Rettung herbeieilten, litten, wie er, vom Qualm und Feuer. Doch sprach er ihnen Mut ein und rief nach Wasser; er beschwor sie, der Flamme nur Schritt vor Schritt zu weichen, und versprach, bei ihnen zu bleiben. In diesem Augenblick sprang Mignon herauf und rief: Meister! Rette deinen Felix! Der Alte ist rasend! der Alte bringt ihn um! Wilhelm sprang, ohne sich zu besinnen, die Treppe hinab und Mignon folgte ihm an den Fersen.

Auf den letzten Stufen, die in's Gartengewölbe führten, blieb er mit Entsetzen stehen. Große Bündel Stroh und Reisholz, die man daselbst aufgehäuft hatte, brannten mit heller Flamme; Felix lag am Boden und schrie; der Alte stand mit niedergesenktem Haupte seitwärts an der Wand. Was machst du, Unglücklicher? rief Wilhelm. Der Alte schwieg, Mignon hatte den Felix aufgehoben, und schleppte mit Mühe den Knaben in den Garten, indes Wilhelm das Feuer aus einander zu zerren und zu dämpfen strebte, aber dadurch nur die Gewalt und Lebhaftigkeit der Flamme vermehrte. Endlich mußte er mit verbrannten Augenwimpern und Haaren auch in den Garten fliehen, indem er den Alten mit durch die Flamme riß, der ihm mit versengtem Barte unwillig folgte.

Wilhelm eilte sogleich, die Kinder im Garten zu suchen. Auf der Schwelle eines entfernten Lusthäuschens fand er sie, und Mignon tat ihr Möglichstes, den Kleinen zu beruhigen. Wilhelm nahm ihn auf den Schoß, fragte ihn, befühlte ihn und konnte nichts Zusammenhängendes aus beiden Kindern herausbringen.

Indessen hatte das Feuer gewaltsam mehrere Häuser ergriffen und erhellte die ganze Gegend. Wilhelm besah das Kind bei'm roten Schein der Flamme; er konnte keine Wunde, kein Blut, ja keine Beule wahrnehmen. Er betastete es überall, es gab kein Zeichen von Schmerz von sich, es beruhigte sich vielmehr nach und nach, und fing an sich über die Flamme zu verwundern, ja sich über die schönen, der Ordnung nach, wie eine Illumination, brennenden Sparren und Gebälke zu erfreuen.

Wilhelm dachte nicht an die Kleider und was er sonst verloren haben konnte; er fühlte stark, wie wert ihm diese beiden menschlichen Geschöpfe seien, die er einer so großen Gefahr entronnen sah. Er drückte den Kleinen mit einer ganz neuen Empfindung an sein Herz, und wollte auch Mignon mit freudiger Zärtlichkeit umarmen, die es aber sanft ablehnte, ihn bei der Hand nahm und sie fest hielt.

Meister, sagte sie (noch niemals, als diesen Abend, hatte sie ihm diesen Namen gegeben, denn anfangs pflegte sie ihn Herr, und nachher Vater zu nennen), Meister! wir sind einer großen Gefahr entronnen: dein Felix war am Tode.

Durch viele Fragen erfuhr endlich Wilhelm, daß der Harfenspieler, als sie in das Gewölbe gekommen, ihr das Licht aus der Hand gerissen und das Stroh sogleich angezündet habe. Darauf habe er den Felix niedergesetzt, mit wunderlichen Gebärden die Hände auf des Kindes Kopf gelegt und ein Messer gezogen, als wenn er ihn opfern wolle. Sie sei zugesprungen und habe ihm das Messer aus der Hand gerissen; sie habe geschrieen, und einer vom Hause, der einige Sachen nach dem Garten zu gerettet, sei ihr zu Hülfe gekommen, der müsse aber in der Verwirrung wieder weggegangen sein, und den Alten und das Kind allein gelassen haben.

Zwei bis drei Häuser standen in vollen Flammen. In den Garten hatte sich niemand retten können, wegen des Brandes im Gartengewölbe. Wilhelm war verlegen wegen seiner Freunde, weniger wegen seiner Sachen. Er getraute sich nicht die Kinder zu verlassen, und sah das Unglück sich immer vergrößern.

Er brachte einige Stunden in einer bänglichen Lage zu. Felix war auf seinem Schoße eingeschlafen, Mignon lag neben ihm und hielt seine Hand fest. Endlich hatten die getroffenen Anstalten dem Feuer Einhalt getan. Die ausgebrannten Gebäude stürzten zusammen, der Morgen kam herbei, die Kinder fingen an zu frieren, und ihm selbst ward in seiner leichten Kleidung der fallende Tau fast unerträglich. Er führte sie zu den Trümmern des zusammengestürzten Gebäudes, und sie fanden neben einem Kohlen- und Aschenhaufen eine sehr behagliche Wärme.

Der anbrechende Tag brachte nun alle Freunde und Bekannte nach und nach zusammen. Jedermann hatte sich gerettet, niemand hatte viel verloren.

Wilhelms Koffer fand sich auch wieder, und Serlo trieb, als es gegen zehn Uhr ging, zur Probe von Hamlet, wenigstens einiger Szenen, die mit neuen Schauspielern besetzt waren. Er hatte darauf noch einige Debatten mit der Polizei. Die Geistlichkeit verlangte: daß nach einem solchen Strafgerichte Gottes das Schauspielhaus geschlossen bleiben sollte, und Serlo behauptete: daß teils zum Ersatz dessen, was er diese Nacht verloren, teils zur Aufheiterung der erschreckten Gemüter, die Aufführung eines interessanten Stückes mehr als jemals am Platz sei. Diese letzte Meinung drang durch, und das Haus war gefüllt. Die Schauspieler spielten mit seltenem Feuer und mit mehr leidenschaftlicher Freiheit als das erstemal. Die Zuschauer, deren Gefühl durch die schreckliche nächtliche Szene erhöht, und durch die Langeweile eines zerstreuten und verdorbenen Tages noch mehr auf eine interessante Unterhaltung gespannt war, hatten mehr Empfänglichkeit für das Außerordentliche. Der größte Teil waren neue, durch den Ruf des Stücks herbeigezogene Zuschauer, die keine Vergleichung mit dem ersten Abend anstellen konnten. Der Polterer spielte ganz im Sinne des unbekannten Geistes, und der Pedant hatte seinem Vorgänger gleichfalls gut aufgepaßt; daneben kam ihm seine Erbärmlichkeit sehr zu statten, daß ihm Hamlet wirklich nicht Unrecht tat, wenn er ihn, trotz seines Purpurmantels und Hermelinkragens, einen zusammengeflickten Lumpen-König schalt.

Sonderbarer als er, war vielleicht niemand zum Throne gelangt; und obgleich die Übrigen, besonders aber Philine, sich über seine neue Würde äußerst lustig machten, so ließ er doch merken, daß der Graf, als ein großer Kenner, das und noch viel mehr von ihm bei'm ersten Anblick voraus gesagt habe; dagegen ermahnte ihn Philine zur Demut und versicherte: sie werde ihm gelegentlich die Rockärmel pudern, damit er sich jener unglücklichen Nacht im Schlosse erinnern, und die Krone mit Bescheidenheit tragen möge.

Vierzehntes Kapitel

Man hatte sich in der Geschwindigkeit nach Quartieren umgesehen, und die Gesellschaft war dadurch sehr zerstreut worden. Wilhelm hatte das Lusthaus in dem Garten, bei dem er die Nacht zugebracht, liebgewonnen; er erhielt leicht die Schlüssel dazu und richtete sich daselbst ein; da aber Aurelie in ihrer neuen Wohnung sehr eng war, mußte er den Felix bei sich behalten und Mignon wollte den Knaben nicht verlassen.

Die Kinder hatten ein artiges Zimmer in dem ersten Stocke eingenommen, Wilhelm hatte sich in dem untern Saale eingerichtet. Die Kinder schliefen, aber er konnte keine Ruhe finden.

Neben dem anmutigen Garten, den der eben aufgegangene Vollmond herrlich erleuchtete, standen die traurigen Ruinen, von denen hier und da noch Dampf aufstieg; die Luft war angenehm und die Nacht außerordentlich schön. Philine hatte, bei'm Herausgehen aus dem Theater, ihn mit dem Ellenbogen angestrichen und ihm einige Worte zugelispelt, die er aber nicht verstanden hatte. Er war verwirrt und verdrießlich, und wußte nicht, was er erwarten oder tun sollte. Philine hatte ihn einige Tage gemieden und ihm nur diesen Abend wieder ein Zeichen gegeben. Leider war nun die Türe verbrannt, die er nicht zuschließen sollte, und die Pantöffelchen waren in Rauch aufgegangen. Wie die Schöne in den Garten kommen wollte, wenn es ihre Absicht war, wußte er nicht. Er wünschte sie nicht zu sehen, und doch hätte er sich gar zu gern mit ihr erklären mögen.

Was ihm aber noch schwerer auf dem Herzen lag, war das Schicksal des Harfenspielers, den man nicht wieder gesehen hatte. Wilhelm fürchtete, man würde ihn bei'm Aufräumen tot unter dem Schutte finden. Wilhelm hatte gegen jedermann den Verdacht verborgen, den er hegte, daß der Alte Schuld an dem Brande sei. Denn er kam ihm zuerst von dem brennenden und rauchenden Boden entgegen, und die Verzweiflung im Gartengewölbe schien die Folge eines solchen unglücklichen Ereignisses zu sein. Doch war es bei der Untersuchung, welche die Polizei sogleich anstellte, wahrscheinlich geworden, daß nicht in dem Hause, wo sie wohnten, sondern in dem dritten davon der Brand entstanden sei, der sich auch sogleich unter den Dächern weggeschlichen hatte.

Wilhelm überlegte das alles in einer Laube sitzend, als er in einem nahen Gange jemanden schleichen hörte. An dem traurigen Gesange, der sogleich angestimmt ward, erkannte er den Harfenspieler. Das Lied, das er sehr wohl verstehen konnte, enthielt den Trost eines Unglücklichen, der sich dem Wahnsinne ganz nahe fühlt. Leider hat Wilhelm davon nur die letzte Strophe behalten.

An die Türen will ich schleichen,
Still und sittsam will ich stehn,
Fromme Hand wird Nahrung reichen,
Und ich werde weiter gehn.
Jeder wird sich glücklich scheinen,
Wenn mein Bild vor ihm erscheint,
Eine Träne wird er weinen,
Und ich weiß nicht was er weint.

Unter diesen Worten war er an die Gartentüre gekommen, die nach einer entlegenen Straße ging; er wollte, da er sie verschlossen fand, an den Spalieren übersteigen; allein Wilhelm hielt ihn zurück und redete ihn freundlich an. Der Alte bat ihn, aufzuschließen, weil er fliehen wolle und müsse. Wilhelm stellte ihm vor: daß er wohl aus dem Garten, aber nicht aus der Stadt könne, und zeigte ihm, wie sehr er sich durch einen solchen Schritt verdächtig mache; allein vergebens! Der Alte bestand auf seinem Sinne. Wilhelm gab nicht nach und drängte ihn endlich halb mit Gewalt in's Gartenhaus, schloß sich daselbst mit ihm ein und führte ein wunderbares Gespräch mit ihm, das wir aber, um unsere Leser nicht mit unzusammenhängenden Ideen und bänglichen Empfindungen zu quälen, lieber verschweigen als ausführlich mitteilen.

Funfzehntes Kapitel

Aus der großen Verlegenheit, worin sich Wilhelm befand, was er mit dem unglücklichen Alten beginnen sollte, der so deutliche Spuren des Wahnsinns zeigte, riß ihn Laertes noch am selbigen Morgen. Dieser, der nach seiner alten Gewohnheit überall zu sein pflegte, hatte auf dem Kaffeehaus einen Mann gesehen, der vor einiger Zeit die heftigsten Anfälle von

Melancholie erduldete. Man hatte ihn einem Landgeistlichen anvertraut, der sich ein besonders Geschäft daraus machte, dergleichen Leute zu behandeln. Auch diesmal war es ihm gelungen; noch war er in der Stadt, und die Familie des Wiederhergestellten erzeigte ihm große Ehre.

Wilhelm eilte sogleich den Mann aufzusuchen, vertraute ihm den Fall und ward mit ihm einig. Man wußte unter gewissen Vorwänden ihm den Alten zu übergeben. Die Scheidung schmerzte Wilhelmen tief, und nur die Hoffnung, ihn wieder hergestellt zu sehen, konnte sie ihm einigermaßen erträglich machen, so sehr war er gewohnt, den Mann um sich zu sehen und seine geistreichen und herzlichen Töne zu vernehmen. Die Harfe war mit verbrannt; man suchte eine andere, die man ihm auf die Reise mitgab.

Auch hatte das Feuer die kleine Garderobe Mignons verzehrt, und als man ihr wieder etwas Neues schaffen wollte, tat Aurelie den Vorschlag, daß man sie doch endlich als Mädchen kleiden solle.

Nun gar nicht! rief Mignon aus und bestand mit großer Lebhaftigkeit auf ihrer alten Tracht, worin man ihr denn auch willfahren mußte.

Die Gesellschaft hatte nicht viel Zeit, sich zu besinnen; die Vorstellungen gingen ihren Gang.

Wilhelm horchte oft in's Publikum, und nur selten kam ihm eine Stimme entgegen, wie er sie zu hören wünschte, ja öfters vernahm er, was ihn betrübte oder verdroß. So erzählte zum Beispiel, gleich nach der ersten Aufführung Hamlets, ein junger Mensch mit großer Lebhaftigkeit, wie zufrieden er an jenem Abend im Schauspielhause gewesen. Wilhelm lauschte und hörte, zu seiner großen Beschämung, daß der junge Mann zum Verdruß seiner Hintermänner den Hut aufbehalten und ihn hartnäckig das ganze Stück hindurch nicht abgetan hatte, welcher Heldentat er sich mit dem größten Vergnügen erinnerte.

Ein anderer versicherte: Wilhelm habe die Rolle des Laertes sehr gut gespielt; hingegen mit dem Schauspieler, der den

Hamlet unternommen, könne man nicht eben so zufrieden sein. Diese Verwechslung war nicht ganz unnatürlich, denn Wilhelm und Laertes glichen sich, wiewohl in einem sehr entfernten Sinne.

Ein dritter lobte sein Spiel, besonders in der Szene mit der Mutter, auf's lebhafteste, und bedauerte nur: daß eben in diesem feurigen Augenblick ein weißes Band unter der Weste hervorgesehen habe, wodurch die Illusion äußerst gestört worden sei.

In dem Innern der Gesellschaft gingen indessen allerlei Veränderungen vor. Philine hatte seit jenem Abend nach dem Brande Wilhelmen auch nicht das geringste Zeichen einer Annäherung gegeben. Sie hatte, wie es schien vorsätzlich, ein entfernteres Quartier gemietet, vertrug sich mit Elmiren und kam seltener zu Serlo, womit Aurelie wohl zufrieden war. Serlo, der ihr immer gewogen blieb, besuchte sie manchmal, besonders da er Elmiren bei ihr zu finden hoffte, und nahm eines Abends Wilhelmen mit sich. Beide waren im Hereintreten sehr verwundert, als sie Philinen in dem zweiten Zimmer in den Armen eines jungen Offiziers sahen, der eine rote Uniform und weiße Unterkleider an hatte, dessen abgewendetes Gesicht sie aber nicht sehen konnten. Philine kam ihren besuchenden Freunden in das Vorzimmer entgegen und verschloß das andere. Sie überraschen mich bei einem wunderbaren Abenteuer! rief sie aus.

So wunderbar ist es nicht, sagte Serlo: lassen Sie uns den hübschen, jungen, beneidenswerten Freund sehen; Sie haben uns ohnedem schon so zugestutzt, daß wir nicht eifersüchtig sein dürfen.

Ich muß Ihnen diesen Verdacht noch eine Zeitlang lassen, sagte Philine scherzend; doch kann ich Sie versichern, daß es nur eine gute Freundin ist, die sich einige Tage unbekannt bei mir aufhalten will. Sie sollen ihre Schicksale künftig erfahren, ja vielleicht das interessante Mädchen selbst kennen lernen, und ich werde wahrscheinlich alsdann Ursache haben, meine Bescheidenheit und Nachsicht zu üben; denn ich fürchte, die Herren werden über ihre neue Bekanntschaft ihre alte Freundin vergessen.

Wilhelm stand versteinert da; denn gleich bei'm ersten Anblick hatte ihn die rote Uniform an den so sehr geliebten Rock Marianens erinnert; es war ihre Gestalt, es waren ihre blonden Haare, nur schien ihm der gegenwärtige Offizier etwas größer zu sein.

Um des Himmels Willen! rief er aus, lassen Sie uns mehr von Ihrer Freundin wissen, lassen Sie uns das verkleidete Mädchen sehen. Wir sind nun einmal Teilnehmer des Geheimnisses; wir wollen versprechen, wir wollen schwören, aber lassen Sie uns das Mädchen sehen!

O wie er in Feuer ist! rief Philine, nur gelassen, nur geduldig, heute wird einmal nichts draus.

So lassen Sie uns nur ihren Namen wissen! rief Wilhelm.

Das wäre alsdann ein schönes Geheimnis, versetzte Philine.

Wenigstens nur den Vornamen.

Wenn Sie ihn raten, meinetwegen. Dreimal dürfen Sie raten, aber nicht öfter; Sie könnten mich sonst durch den ganzen Kalender durchführen.

Gut, sagte Wilhelm: Cecilie also?

Nichts von Cecilien!

Henriette?

Keineswegs! Nehmen Sie sich in Acht! Ihre Neugierde wird ausschlafen müssen.

Wilhelm zauderte und zitterte; er wollte seinen Mund auftun, aber die Sprache versagte ihm. Mariane? stammelte er endlich, Mariane!

Bravo! rief Philine, getroffen! indem sie sich nach ihrer Gewohnheit auf dem Absatze herum drehte.

Wilhelm konnte kein Wort hervorbringen, und Serlo, der seine Gemütsbewegung nicht bemerkte, fuhr fort in Philinen zu dringen, daß sie die Türe öffnen sollte.

Wie verwundert waren daher beide, als Wilhelm auf einmal heftig ihre Neckerei unterbrach, sich Philinen zu Füßen warf und sie mit dem lebhaftesten Ausdrucke der Leidenschaft bat und beschwor. Lassen Sie mich das Mädchen sehen, rief er aus, sie ist mein, es ist meine Mariane! Sie, nach der ich mich alle Tage meines Lebens gesehnt habe, sie, die mir noch immer statt aller andern Weiber in der Welt ist! Gehen Sie wenigstens zu ihr hinein, sagen Sie ihr, daß ich hier bin, daß der Mensch hier ist, der seine erste Liebe und das ganze Glück seiner Jugend an sie knüpfte. Er will sich rechtfertigen, daß er sie unfreundlich verließ, er will sie um Verzeihung bitten, er will ihr vergeben, was sie auch gegen ihn gefehlt haben mag, er will sogar keine Ansprüche an sie mehr machen, wenn er sie nur noch einmal sehen kann, wenn er nur sehen kann, daß sie lebt und glücklich ist!

Philine schüttelte den Kopf und sagte: Mein Freund, reden Sie leise! Betrügen wir uns nicht; und ist das Frauenzimmer wirklich Ihre Freundin, so müssen wir sie schonen, denn sie vermutet keinesweges, Sie hier zu sehen. Ganz andere Angelegenheiten führen sie hierher, und das wissen Sie doch, man möchte oft lieber ein Gespenst als einen alten Liebhaber zur unrechten Zeit vor Augen sehen. Ich will sie fragen, ich will sie vorbereiten und wir wollen überlegen, was zu tun ist. Ich schreibe Ihnen morgen ein Billet, zu welcher Stunde Sie kommen sollen, oder ob Sie kommen dürfen; gehorchen Sie mir pünktlich, denn ich schwöre, niemand soll gegen meinen und meiner Freundin Willen dieses liebenswürdige Geschöpf mit Augen sehen. Meine Türen werde ich besser verschlossen halten, und mit Axt und Beil werden Sie mich nicht besuchen wollen.

Wilhelm beschwor sie, Serlo redete ihr zu; vergebens! Beide Freunde mußten zuletzt nachgeben, das Zimmer und das Haus räumen.

Welche unruhige Nacht Wilhelm zubrachte, wird sich jedermann denken. Wie langsam die Stunden des Tages dahinzogen, in denen er Philinens Billet erwartete, läßt sich begreifen. Unglücklicherweise mußte er selbigen Abend spielen; er hatte niemals eine größere Pein ausgestanden. Nach geendigtem Stücke eilte er zu Philinen, ohne nur zu fragen, ob er eingeladen worden. Er fand ihre Türe verschlossen, und die Hausleute sagten: Mademoiselle sei heute früh mit einem jungen Offizier weggefahren; sie habe zwar gesagt, daß sie in einigen Tagen wiederkomme, man glaube es aber nicht, weil sie alles bezahlt und ihre Sachen mitgenommen habe.

Wilhelm war außer sich über diese Nachricht. Er eilte zu Laertes, und schlug ihm vor, ihr nachzusetzen, und, es koste was es wolle, über ihren Begleiter Gewißheit zu erlangen. Laertes dagegen verwies seinem Freunde seine Leidenschaft und Leichtgläubigkeit. Ich will wetten, sagte er, es ist niemand anders als Friedrich. Der Junge ist von gutem Hause, ich weiß es recht wohl; er ist unsinnig in das Mädchen verliebt, und hat wahrscheinlich seinen Verwandten so viel Geld abgelockt, daß er wieder eine Zeitlang mit ihr leben kann.

Durch diese Einwendungen ward Wilhelm nicht überzeugt, doch zweifelhaft. Laertes stellte ihm vor, wie unwahrscheinlich das Märchen sei, das Philine ihnen vorgespiegelt hatte, wie Figur und Haar sehr gut auf Friedrichen passe, wie sie bei zwölf Stunden Vorsprung so leicht nicht einzuholen sein würden, und hauptsächlich wie Serlo keinen von ihnen beiden bei'm Schauspiele entbehren könne.

Durch alle diese Gründe wurde Wilhelm endlich nur so weit gebracht, daß er Verzicht darauf tat, selbst nachzusetzen. Laertes wußte noch in selbiger Nacht einen tüchtigen Mann zu schaffen, dem man den Auftrag geben konnte. Es war ein gesetzter Mann, der mehreren Herrschaften auf Reisen als Kurier und Führer gedient hatte, und eben jetzt ohne Beschäftigung stille lag. Man gab ihm Geld, man unterrichtete ihn von der ganzen Sache, mit dem Auftrage, daß er die Flüchtlinge aufsuchen und einholen, sie alsdann nicht aus den Augen lassen und die Freunde sogleich, wo und wie er sie fände, benachrichtigen solle. Er setzte sich in derselbigen Stunde zu Pferde und ritt dem zweideutigen Paare nach, und Wilhelm war durch diese Anstalt wenigstens einigermaßen beruhigt.

Sechzehntes Kapitel

Die Entfernung Philinens machte keine auffallende Sensation weder auf dem Theater noch im Publico. Es war ihr mit allem wenig Ernst; die Frauen haßten sie durchgängig, und die Männer hätten sie lieber unter vier Augen als auf dem Theater gesehen, und so war ihr schönes und für die Bühne selbst glückliches Talent verloren. Die übrigen Glieder der Gesellschaft gaben sich desto mehr Mühe; Madame Melina besonders tat sich durch Fleiß und Aufmerksamkeit sehr hervor. Sie merkte, wie sonst, Wilhelmen seine Grundsätze ab, richtete sich nach seiner Theorie und seinem Beispiel, und hatte zeither ein ich weiß nicht was in ihrem Wesen, das sie interessanter machte. Sie erlangte bald ein richtiges Spiel und gewann den natürlichen Ton der Unterhaltung vollkommen, und den der Empfindung bis auf einen gewissen Grad. Sie wußte sich in Serlo's Launen zu schicken, und befliß sich des Singens ihm zu Gefallen, worin sie auch bald so weit kam, als man dessen zur geselligen Unterhaltung bedarf.

Durch einige neu angenommene Schauspieler ward die Gesellschaft noch vollständiger, und indem Wilhelm und Serlo jeder in seiner Art wirkte, jener bei jedem Stücke auf den Sinn und Ton des Ganzen drang, dieser die einzelnen Teile gewissenhaft durcharbeitete, belebte ein lobenswürdiger Eifer auch die Schauspieler, und das Publikum nahm an ihnen einen lebhaften Anteil.

Wir sind auf einem guten Wege, sagte Serlo einst, und wenn wir so fortfahren, wird das Publikum auch bald auf dem rechten sein. Man kann die Menschen sehr leicht durch tolle und unschickliche Darstellungen irre machen; aber man lege ihnen das Vernünftige und Schickliche auf eine interessante Weise vor, so werden sie gewiß darnach greifen.

Was unserm Theater hauptsächlich fehlt, und warum weder Schauspieler noch Zuschauer zur Besinnung kommen, ist, daß es darauf im Ganzen zu bunt aussieht, und daß man nirgends eine Gränze hat, woran man sein Urteil anlehnen könnte. Es scheint mir kein Vorteil zu sein, daß wir unser Theater gleichsam zu einem unendlichen Naturschauplatze ausgeweitet haben; doch kann jetzt weder Direktor noch Schauspieler sich in die Enge ziehen, bis vielleicht der Geschmack der Nation in der Folge den rechten Kreis selbst bezeichnet. Eine jede gute Sozietät existiert nur unter gewissen Bedingungen, so auch ein gutes Theater. Gewisse Manieren und Redensarten, gewisse Gegenstände und Arten des Betragens müssen ausgeschlossen sein. Man wird nicht ärmer, wenn man sein Hauswesen zusammen zieht.

Sie waren hierüber mehr oder weniger einig und uneinig. Wilhelm und die meisten waren auf der Seite des englischen, Serlo und einige auf der Seite des französischen Theaters.

Man ward einig in leeren Stunden, deren ein Schauspieler leider so viele hat, in Gesellschaft die berühmtesten Schauspiele beider Theater durchzugehen, und das Beste und Nachahmenswerte derselben zu bemerken. Man machte auch wirklich einen Anfang mit einigen französischen Stükken. Aurelie entfernte sich jedesmal, sobald die Vorlesung anging. Anfangs hielt man sie für krank; einst aber fragte sie Wilhelm darüber, dem es aufgefallen war.

Ich werde bei keiner solchen Vorlesung gegenwärtig sein, sagte sie, denn wie soll ich hören und urteilen, wenn mir das Herz zerrissen ist? Ich hasse die französische Sprache von ganzer Seele.

Wie kann man einer Sprache feind sein, rief Wilhelm aus, der man den größten Teil seiner Bildung schuldig ist, und der wir noch viel schuldig werden müssen, ehe unser Wesen eine Gestalt gewinnen kann?

Es ist kein Vorurteil! versetzte Aurelie: ein unglücklicher Eindruck, eine verhaßte Erinnerung an meinen treulosen Freund hat mir die Lust an dieser schönen und ausgebildeten Sprache geraubt. Wie ich sie jetzt von ganzem Herzen hasse! Während der Zeit unserer freundschaftlichen Verbindung schrieb er Deutsch, und welch ein herzliches, wahres, kräftiges Deutsch! Nun da er mich los sein wollte, fing er an Französisch zu schreiben, das vorher manchmal nur im Scherze geschehen war. Ich fühlte, ich merkte, was es bedeuten sollte. Was er in seiner Muttersprache zu sagen errötete, konnte er nun mit gutem Gewissen hinschreiben. Zu Reservationen, Halbheiten und Lügen ist es eine treffliche Sprache; sie ist eine perfide Sprache! ich finde, Gott sei Dank! kein deutsches Wort, um perfid in seinem ganzen Umfange auszudrücken. Unser armseliges *treulos* ist ein unschuldiges Kind dagegen. Perfid ist treulos mit Genuß, mit Übermut und Schadenfreude. O, die Ausbildung einer Nation ist zu beneiden, die so feine Schattierungen in Einem Worte auszudrükken weiß! Französisch ist recht die Sprache der Welt, wert, die allgemeine Sprache zu sein, damit sie sich nur alle unter einander recht betrügen und belügen können! Seine französischen Briefe ließen sich noch immer gut genug lesen. Wenn man sich's einbilden wollte, klangen sie warm und selbst leidenschaftlich; doch genau besehen, waren es Phrasen, vermaledeite Phrasen! Er hat mir alle Freude an der ganzen Sprache, an der französischen Literatur, selbst an dem schönen und köstlichen Ausdruck edler Seelen in dieser Mundart verdorben; mich schaudert, wenn ich ein französisches Wort höre!

Auf diese Weise konnte sie stundenlang fortfahren ihren Unmut zu zeigen und jede andere Unterhaltung zu unterbrechen oder zu verstimmen. Serlo machte früher oder später ihren launischen Äußerungen mit einiger Bitterkeit ein Ende; aber gewöhnlich war für diesen Abend das Gespräch zerstört.

Überhaupt ist es leider der Fall, daß alles was durch mehrere zusammentreffende Menschen und Umstände hervorgebracht werden soll, keine lange Zeit sich vollkommen erhalten kann. Von einer Theatergesellschaft so gut wie von einem Reiche, von einem Zirkel Freunde so gut wie von einer Armee, läßt sich gewöhnlich der Moment angeben, wenn sie auf der höchsten Stufe ihrer Vollkommenheit, ihrer Übereinstimmung, ihrer Zufriedenheit und Tätigkeit standen; oft aber verändert sich schnell das Personal, neue Glieder treten hinzu, die Personen passen nicht mehr zu den Umständen, die Umstände nicht mehr zu den Personen; es wird alles anders, und was vorher verbunden war, fällt nunmehr bald aus einander. So konnte man sagen, daß Serlo's Gesellschaft eine Zeitlang so vollkommen war, als irgend eine deutsche sich hätte rühmen können. Die meisten Schauspieler standen an ihrem Platze; alle hatten genug zu tun, und alle taten gern was zu tun war. Ihre persönlichen Verhältnisse waren leidlich, und jedes schien in seiner Kunst viel zu versprechen, weil jedes die ersten Schritte mit Feuer und Munterkeit tat. Bald aber entdeckte sich, daß ein Teil doch nur Automaten waren, die nur das erreichen konnten, wohin man ohne Gefühl gelangen kann, und bald mischten sich die Leidenschaften dazwischen, die gewöhnlich jeder guten Einrichtung im Wege stehen und alles so leicht aus einander zerren, was vernünftige und wohldenkende Menschen zusammen zu halten wünschen.

Philinens Abgang war nicht so unbedeutend als man anfangs glaubte. Sie hatte mit großer Geschicklichkeit Serlo zu unterhalten, und die Übrigen mehr oder weniger zu reizen gewußt. Sie ertrug Aureliens Heftigkeit mit großer Geduld, und ihr eigenstes Geschäft war, Wilhelmen zu schmeicheln. So war sie eine Art von Bindungsmittel für's Ganze, und ihr Verlust mußte bald fühlbar werden.

Serlo konnte ohne eine kleine Liebschaft nicht leben. Elmire, die in weniger Zeit herangewachsen und man könnte beinahe sagen schön geworden war, hatte schon lange seine Aufmerksamkeit erregt, und Philine war klug genug, diese Leidenschaft, die sie merkte, zu begünstigen. Man muß sich, pflegte sie zu sagen, bei Zeiten auf's Kuppeln legen; es bleibt uns doch weiter nichts übrig, wenn wir alt werden. Dadurch hatten sich Serlo und Elmire dergestalt genähert, daß sie nach Philinens Abschiede bald einig wurden, und der kleine Roman interessierte sie beide um so mehr, als sie ihn vor dem Alten, der über eine solche Unregelmäßigkeit keinen Scherz verstanden hätte, geheim zu halten alle Ursache hatten. Elmirens Schwester war mit im Verständnis, und Serlo mußte beiden Mädchen daher vieles nachsehen. Eine ihrer größten Untugenden war eine unmäßige Näscherei, ja wenn man will, eine unleidliche Gefräßigkeit, worin sie Philinen keineswegs glichen, die dadurch einen neuen Schein von Liebenswürdigkeit erhielt, daß sie gleichsam nur von der Luft lebte, sehr wenig aß, und nur den Schaum eines Champagnerglases mit der größten Zierlichkeit wegschlürfte.

Nun aber mußte Serlo, wenn er seiner Schönen gefallen wollte, das Frühstück mit dem Mittagessen verbinden, und an dieses durch ein Vesperbrot das Abendessen anknüpfen. Dabei hatte Serlo einen Plan, dessen Ausführung ihn beunruhigte. Er glaubte eine gewisse Neigung zwischen Wilhelmen und Aurelien zu entdecken, und wünschte sehr, daß sie ernstlich werden möchte. Er hoffte den ganzen mechanischen Teil der Theaterwirtschaft Wilhelmen aufzubürden, und an ihm, wie an seinem ersten Schwager, ein treues und fleißiges Werkzeug zu finden. Schon hatte er ihm nach und nach den größten Teil der Besorgung unmerklich übertragen, Aurelie führte die Kasse, und Serlo lebte wieder wie in früheren Zeiten ganz nach seinem Sinne. Doch war etwas, was sowohl ihn als seine Schwester heimlich kränkte.

Das Publikum hat eine eigene Art, gegen öffentliche Menschen von anerkanntem Verdienste zu verfahren; es fängt nach und nach an gleichgültig gegen sie zu werden, und begünstigt viel geringere aber neu erscheinende Talente; es macht an jene übertriebene Forderungen, und läßt sich von diesen alles gefallen.

Serlo und Aurelie hatten Gelegenheit genug hierüber Betrachtungen anzustellen. Die neuen Ankömmlinge, besonders die jungen und wohlgebildeten, hatten alle Aufmerksamkeit, allen Beifall auf sich gezogen, und beide Geschwister mußten die meiste Zeit, nach ihren eifrigsten Bemühungen, ohne den willkommenen Klang der zusammenschlagenden Hände abtreten. Freilich kamen dazu noch besondere

Ursachen. Aureliens Stolz war auffallend, und von ihrer Verachtung des Publikums waren viele unterrichtet. Serlo schmeichelte zwar jedermann im Einzelnen, aber seine spitzen Reden über das Ganze waren doch auch öfters herumgetragen und wiederholt worden. Die neuen Glieder hingegen waren teils fremd und unbekannt, teils jung, liebenswürdig und hülfsbedürftig, und hatten also auch sämtlich Gönner gefunden.

Nun gab es auch bald innerliche Unruhen und manches Mißvergnügen; denn kaum bemerkte man, daß Wilhelm die Beschäftigung eines Regisseurs übernommen hatte, so fingen die meisten Schauspieler um desto mehr an unartig zu werden, als er nach seiner Weise etwas mehr Ordnung und Genauigkeit in das Ganze zu bringen wünschte, und besonders darauf bestand, daß alles Mechanische vor allen Dingen pünktlich und ordentlich gehen solle.

In kurzer Zeit war das ganze Verhältnis, das wirklich eine Zeitlang beinahe idealisch gehalten hatte, so gemein, als man es nur irgend bei einem herumreisenden Theater finden mag. Und leider in dem Augenblicke, als Wilhelm durch Mühe, Fleiß und Anstrengung sich mit allen Erfordernissen des Metiers bekannt gemacht und seine Person sowohl als seine Geschäftigkeit vollkommen dazu gebildet hatte, schien es ihm endlich in trüben Stunden, daß dieses Handwerk weniger, als irgend ein andres, den nötigen Aufwand von Zeit und Kräften verdiene. Das Geschäft war lästig und die Belohnung gering. Er hätte jedes andere lieber übernommen, bei dem man doch, wenn es vorbei ist, der Ruhe des Geistes genießen kann, als dieses, wo man nach überstandenen mechanischen Mühseligkeiten noch durch die höchste Anstrengung des Geistes und der Empfindung erst das Ziel seiner Tätigkeit erreichen soll. Er mußte die Klagen Aureliens über die Verschwendung des Bruders hören, er mußte die Winke Serlo's mißverstehen, wenn dieser ihn zu einer Heirat mit der Schwester von ferne zu leiten suchte. Er hatte dabei seinen Kummer zu verbergen, der ihn auf das tiefste drückte, indem der nach dem zweideutigen Offizier fortgeschickte Bote nicht zurückkam, auch nichts von sich hören ließ, und unser Freund daher seine Mariane zum zweitenmal verloren zu haben fürchten mußte.

Zu eben der Zeit fiel eine allgemeine Trauer ein, wodurch man genötigt ward, das Theater auf einige Wochen zu schließen. Er ergriff diese Zwischenzeit, um jenen Geistlichen zu besuchen, bei welchem der Harfenspieler in der Kost war. Er fand ihn in einer angenehmen Gegend, und das Erste, was er in dem Pfarrhofe erblickte, war der Alte, der einem Knaben auf seinem Instrumente Lektion gab. Er bezeugte viel Freude, Wilhelmen wieder zu sehen, stand auf und reichte ihm die Hand und sagte: Sie sehen, daß ich in der Welt doch noch zu etwas nütze bin; Sie erlauben, daß ich fortfahre, denn die Stunden sind eingeteilt.

Der Geistliche begrüßte Wilhelmen auf das freundlichste und erzählte ihm, daß der Alte sich schon recht gut anlasse, und daß man Hoffnung zu seiner völligen Genesung habe.

Ihr Gespräch fiel natürlich auf die Methode, Wahnsinnige zu kurieren.

Außer dem Physischen, sagte der Geistliche, das uns oft unüberwindliche Schwierigkeiten in den Weg legt und worüber ich einen denkenden Arzt zu Rate ziehe, finde ich die Mittel vom Wahnsinne zu heilen sehr einfach. Es sind eben dieselben, wodurch man gesunde Menschen hindert, wahnsinnig zu werden. Man errege ihre Selbsttätigkeit, man gewöhne sie an Ordnung, man gebe ihnen einen Begriff, daß sie ihr Sein und Schicksal mit so vielen gemein haben, daß das außerordentliche Talent, das größte Glück und das höchste Unglück nur kleine Abweichungen von dem gewöhnlichen sind; so wird sich kein Wahnsinn einschleichen, und wenn er da ist, nach und nach wieder verschwinden. Ich habe des alten Mannes Stunden eingeteilt, er unterrichtet einige Kinder auf der Harfe, er hilft im Garten arbeiten, und ist schon viel heiterer. Er wünscht von dem Kohle zu genießen, den er pflanzt, und wünscht meinen Sohn, dem er die Harfe auf den

Todesfall geschenkt hat, recht emsig zu unterrichten, damit sie der Knabe ja auch brauchen könne. Als Geistlicher suche ich ihm über seine wunderbaren Skrupel nur wenig zu sagen, aber ein tätiges Leben führt so viele Ereignisse herbei, daß er bald fühlen muß, daß jede Art von Zweifel nur durch Wirksamkeit gehoben werden kann. Ich gehe sachte zu Werke; wenn ich ihm aber noch seinen Bart und seine Kutte wegnehmen kann, so habe ich viel gewonnen: denn es bringt uns nichts näher dem Wahnsinn, als wenn wir uns vor andern auszeichnen, und nichts erhält so sehr den gemeinen Verstand, als im allgemeinen Sinne mit vielen Menschen zu leben. Wie vieles ist leider nicht in unserer Erziehung und in unsern bürgerlichen Einrichtungen, wodurch wir uns und unsere Kinder zur Tollheit vorbereiten.

Wilhelm verweilte bei diesem vernünftigen Manne einige Tage, und erfuhr die interessantesten Geschichten, nicht allein von verrückten Menschen, sondern auch von solchen, die man für klug, ja für weise zu halten pflegt, und deren Eigentümlichkeiten nahe an den Wahnsinn gränzen.

Dreifach belebt aber ward die Unterhaltung, als der Medikus eintrat, der den Geistlichen, seinen Freund, öfters zu besuchen, und ihm bei seinen menschenfreundlichen Bemühungen beizustehen pflegte. Es war ein ältlicher Mann, der bei einer schwächlichen Gesundheit viele Jahre in Ausübung der edelsten Pflichten zugebracht hatte. Er war ein großer Freund vom Landleben und konnte fast nicht anders als in freier Luft sein; dabei war er äußerst gesellig und tätig, und hatte seit vielen Jahren eine besondere Neigung, mit allen Landgeistlichen Freundschaft zu stiften. Jedem, an dem er eine nützliche Beschäftigung kannte, suchte er auf alle Weise beizustehen; andern, die noch unbestimmt waren, suchte er eine Liebhaberei einzureden; und da er zugleich mit den Edelleuten, Amtmännern und Gerichtshaltern in Verbindung stand, so hatte er in Zeit von zwanzig Jahren sehr viel im Stillen zur Kultur mancher Zweige der Landwirtschaft beigetragen, und alles, was dem Felde, Tieren und Menschen ersprießlich ist, in Bewegung gebracht, und so die wahrste Aufklärung befördert. Für den Menschen, sagte er, sei nur das Eine ein Unglück, wenn sich irgend eine Idee bei ihm festsetze, die keinen Einfluß in's tätige Leben habe oder ihn wohl gar vom tätigen Leben abziehe. Ich habe, sagte er, gegenwärtig einen solchen Fall an einem vornehmen und reichen Ehepaar, wo mir bis jetzt noch alle Kunst mißglückt ist; fast gehört der Fall in Ihr Fach, lieber Pastor, und dieser junge Mann wird ihn nicht weiter erzählen.

In der Abwesenheit eines vornehmen Mannes verkleidete man, mit einem nicht ganz lobenswürdigen Scherze, einen jungen Menschen in die Hauskleidung dieses Herrn. Seine Gemahlin sollte dadurch angeführt werden, und ob man mir es gleich nur als eine Posse erzählt hat, so fürchte ich doch sehr, man hatte die Absicht, die edle, liebenswürdige Dame vom rechten Wege abzuleiten. Der Gemahl kommt unvermutet zurück, tritt in sein Zimmer, glaubt sich selbst zu sehen, und fällt von der Zeit an in eine Melancholie, in der er die Überzeugung nährt, daß er bald sterben werde.

Er überläßt sich Personen, die ihm mit religiösen Ideen schmeicheln, und ich sehe nicht, wie er abzuhalten ist, mit seiner Gemahlin unter die Herrenhuter zu gehen, und den größten Teil seines Vermögens, da er keine Kinder hat, seinen Verwandten zu entziehen.

Mit seiner Gemahlin? rief Wilhelm, den diese Erzählung nicht wenig erschreckt hatte, ungestüm aus.

Und leider, versetzte der Arzt, der in Wilhelms Ausrufung nur eine menschenfreundliche Teilnahme zu hören glaubte, ist diese Dame mit einem noch tiefern Kummer behaftet, der ihr eine Entfernung von der Welt nicht widerlich macht. Eben dieser junge Mensch nimmt Abschied von ihr, sie ist nicht vorsichtig genug, eine aufkeimende Neigung zu verbergen; er wird kühn, schließt sie in seine Arme, und drückt ihr das große mit Brillanten besetzte Portrait ihres Gemahls gewaltsam wider die Brust. Sie empfindet einen heftigen Schmerz, der nach und nach vergeht, erst eine kleine Röte und dann keine Spur zurück läßt. Ich bin als Mensch überzeugt, daß sie sich nichts weiter vorzuwerfen hat; ich bin als Arzt gewiß, daß dieser Druck keine üblen Folgen haben werde, aber sie läßt sich nicht ausreden, es sei eine Verhärtung da, und wenn man ihr durch das Gefühl den Wahn benehmen will, so behauptet sie, nur in diesem Augenblick sei nichts zu fühlen; sie hat sich fest eingebildet, es werde dieses Übel mit einem Krebsschaden sich endigen, und so ist ihre Jugend, ihre Liebenswürdigkeit für sie und andere völlig verloren.

Ich Unglückseliger! rief Wilhelm, indem er sich vor die Stirne schlug und aus der Gesellschaft in's Feld lief. Er hatte sich noch nie in einem solchen Zustande befunden.

Der Arzt und der Geistliche, über diese seltsame Entdekkung höchlich erstaunt, hatten Abends genug mit ihm zu tun, als er zurückkam und bei dem umständlichern Bekenntnis dieser Begebenheit sich auf's lebhafteste anklagte. Beide Männer nahmen den größten Anteil an ihm, besonders da er ihnen seine übrige Lage nun auch mit schwarzen Farben der augenblicklichen Stimmung malte.

Den andern Tag ließ sich der Arzt nicht lange bitten, mit ihm nach der Stadt zu gehen, um ihm Gesellschaft zu leisten, um Aurelien, die ihr Freund in bedenklichen Umständen zurückgelassen hatte, wo möglich Hülfe zu verschaffen.

Sie fanden sie auch wirklich schlimmer, als sie vermuteten. Sie hatte eine Art von überspringendem Fieber, dem um so weniger beizukommen war, als sie die Anfälle nach ihrer Art vorsätzlich unterhielt und verstärkte. Der Fremde ward nicht als Arzt eingeführt, und betrug sich sehr gefällig und klug. Man sprach über den Zustand ihres Körpers und ihres Geistes, und der neue Freund erzählte manche Geschichten, wie Personen, ungeachtet einer solchen Kränklichkeit, ein hohes Alter erreichen könnten; nichts aber sei schädlicher in solchen Fällen, als eine vorsätzliche Erneuerung leidenschaftlicher Empfindungen. Besonders verbarg er nicht, daß er diejenigen Personen sehr glücklich gefunden habe, die bei einer nicht ganz herzustellenden kränklichen Anlage wahrhaft religiöse Gesinnungen bei sich zu nähren bestimmt gewesen wären. Er sagte das auf eine sehr bescheidene Weise und gleichsam historisch, und versprach dabei seinen neuen Freunden eine sehr interessante Lektüre an einem Manuskript zu verschaffen, das er aus den Händen einer nunmehr abgeschiedenen vortrefflichen Freundin erhalten habe. Es ist mir unendlich wert, sagte er, und ich vertraue Ihnen das Original selbst an. Nur der Titel ist von meiner Hand: *Bekenntnisse einer schönen Seele.*

Über diätetische und medizinische Behandlung der unglücklichen aufgespannten Aurelie vertraute der Arzt Wilhelmen noch seinen besten Rat, versprach zu schreiben und wo möglich selbst wieder zu kommen.

Inzwischen hatte sich in Wilhelms Abwesenheit eine Veränderung vorbereitet, die er nicht vermuten konnte. Wilhelm hatte während der Zeit seiner Regie das ganze Geschäft mit einer gewissen Freiheit und Liberalität behandelt, vorzüglich auf die Sache gesehen, und besonders bei Kleidungen, Dekorationen und Requisiten alles reichlich und anständig angeschafft, auch, um den guten Willen der Leute zu erhalten, ihrem Eigennutze geschmeichelt, da er ihnen durch edlere Motive nicht beikommen konnte; und er fand sich hierzu um so mehr berechtigt, als Serlo selbst keine Ansprüche machte, ein genauer Wirt zu sein, den Glanz seines Theaters gerne loben hörte und zufrieden war, wenn Aurelie, welche die ganze Haushaltung führte, nach Abzug aller Kosten, versicherte, daß sie keine Schulden habe, und noch so viel hergab, als nötig war, die Schulden abzutragen, die Serlo unterdessen durch außerordentliche Freigebigkeit gegen seine Schönen und sonst etwa auf sich geladen haben mochte.

Melina, der indessen die Garderobe besorgte, hatte, kalt und heimtückisch wie er war, der Sache im Stillen zugesehen, und wußte, bei der Entfernung Wilhelms und bei der zunehmenden Krankheit Aureliens, Serlo fühlbar zu machen, daß man eigentlich mehr einnehmen, weniger ausgeben, und entweder etwas zurücklegen oder doch am Ende nach Willkür noch lustiger leben könne. Serlo hörte das gern und Melina wagte sich mit seinem Plane hervor.

Ich will, sagte er, nicht behaupten, daß einer von den Schauspielern gegenwärtig zu viel Gage hat: es sind verdienstvolle Leute, und sie würden an jedem Orte willkommen sein; allein für die Einnahme, die sie uns verschaffen, erhalten sie doch zu viel. Mein Vorschlag wäre eine Oper einzurichten, und was das Schauspiel betrifft, so muß ich Ihnen sagen, Sie sind der Mann, allein ein ganzes Schauspiel auszumachen. Müssen Sie jetzt nicht selbst erfahren, daß man Ihre Verdienste verkennt. Nicht, weil Ihre Mitspieler vortrefflich, sondern weil sie gut sind, läßt man Ihrem außerordentlichen Talente keine Gerechtigkeit mehr widerfahren.

Stellen Sie sich, wie wohl sonst geschehen ist, nur allein hin, suchen Sie mittelmäßige, ja ich darf sagen schlechte Leute für geringe Gage an sich zu ziehen, stutzen Sie das Volk, wie Sie es so sehr verstehen, im Mechanischen zu, wenden Sie das Übrige an die Oper, und Sie werden sehen, daß Sie mit derselben Mühe und mit denselben Kosten mehr Zufriedenheit erregen, und ungleich mehr Geld als bisher gewinnen werden.

Serlo war zu sehr geschmeichelt, als daß seine Einwendungen einige Stärke hätten haben sollen. Er gestand Melina'n gern zu, daß er bei seiner Liebhaberei zur Musik längst so etwas gewünscht habe; doch sehe er freilich ein, daß die Neigung des Publikums dadurch noch mehr auf Abwege geleitet, und daß bei so einer Vermischung eines Theaters, das nicht recht Oper nicht recht Schauspiel sei, notwendig der Überrest von Geschmack an einem bestimmten und ausführlichen Kunstwerke sich völlig verlieren müsse.

Melina scherzte nicht ganz fein über Wilhelms pedantische Ideale dieser Art, über die Anmaßung das Publikum zu bilden, statt sich von ihm bilden zu lassen, und beide vereinigten sich mit großer Überzeugung, daß man nur Geld einnehmen, reich werden oder sich lustig machen solle, und verbargen sich kaum, daß sie nur jener Personen los zu sein wünschten, die ihrem Plane im Wege standen. Melina bedauerte, daß die schwächliche Gesundheit Aureliens ihr kein langes Leben verspreche, dachte aber gerade das Gegenteil. Serlo schien zu beklagen, daß Wilhelm nicht Sänger sei, und gab dadurch zu verstehen, daß er ihn für bald entbehrlich halte. Melina trat mit einem ganzen Register von Ersparnissen, die zu machen seien, hervor, und Serlo sah in ihm seinen ersten Schwager dreifach ersetzt. Sie fühlten wohl, daß sie sich über diese Unterredung das Geheimnis zuzusagen hatten, wurden dadurch nur noch mehr an einander geknüpft und nahmen Gelegenheit, insgeheim über alles, was vorkam, sich zu besprechen, was Aurelie und Wilhelm unternahmen zu tadeln, und ihr neues Projekt in Gedanken immer mehr auszuarbeiten.

So verschwiegen auch beide über ihren Plan sein mochten, und so wenig sie durch Worte sich verrieten, so waren sie doch nicht politisch genug, in dem Betragen ihre Gesinnungen zu verbergen. Melina widersetzte sich Wilhelmen in manchen Fällen, die in seinem Kreise lagen, und Serlo, der niemals glimpflich mit seiner Schwester umgegangen war, ward nur bitterer, jemehr ihre Kränklichkeit zunahm, und jemehr sie bei ihren ungleichen leidenschaftlichen Launen Schonung verdient hätte.

Zu eben dieser Zeit nahm man Emilie Galotti vor. Dieses Stück war sehr glücklich besetzt, und alle konnten in dem beschränkten Kreise dieses Trauerspiels die ganze Mannichfaltigkeit ihres Spieles zeigen. Serlo war als Marinelli an seinem Platze, Odoardo ward sehr gut vorgetragen, Madame Melina spielte die Mutter mit vieler Einsicht, Elmire zeichnete sich in der Rolle Emiliens zu ihrem Vorteil aus, Laertes trat als Appiani mit vielem Anstand auf, und Wilhelm hatte ein Studium von mehreren Monaten auf die Rolle des Prinzen verwendet. Bei dieser Gelegenheit hatte er, sowohl mit sich selbst als mit Serlo und Aurelien, die Frage oft abgehandelt: welch ein Unterschied sich zwischen einem edlen und vornehmen Betragen zeige, und in wiefern jenes in diesem, dieses aber nicht in jenem enthalten zu sein brauche?

Serlo, der selbst als Marinelli den Hofmann rein, ohne Karikatur vorstellte, äußerte über diesen Punkt manchen guten Gedanken. Der vornehme Anstand, sagte er, ist schwer nachzuahmen, weil er eigentlich negativ ist, und eine lange anhaltende Übung voraussetzt. Denn man soll nicht etwa in seinem Benehmen etwas darstellen, das Würde anzeigt: denn leicht fällt man dadurch in ein förmliches stolzes Wesen; man soll vielmehr nur alles vermeiden, was unwürdig, was gemein ist; man soll sich nie vergessen, immer auf sich und andere Acht haben, sich nichts vergeben, andern nicht zu viel, nicht zu wenig tun, durch nichts gerührt scheinen, durch nichts bewegt werden, sich niemals übereilen, sich in jedem Momente zu fassen wissen, und so ein äußeres Gleichgewicht erhalten, innerlich mag es stürmen wie es will. Der edle Mensch kann sich in Momenten vernachlässigen, der vornehme nie. Dieser ist wie ein sehr wohlgekleideter Mann: er wird sich nirgends anlehnen, und jedermann wird sich hüten, an ihn zu streichen; er unterscheidet sich vor andern, und doch darf er nicht allein stehen bleiben; denn wie in jeder Kunst, also auch in dieser, soll zuletzt das Schwerste mit Leichtigkeit ausgeführt werden; so soll der Vornehme, ungeachtet aller Absonderung, immer mit andern verbunden scheinen, nirgends steif, überall gewandt sein, immer als der erste erscheinen, und sich nie als ein solcher aufdringen.

Man sieht also, daß man, um vornehm zu scheinen, wirklich vornehm sein müsse; man sieht, warum Frauen im Durchschnitt sich eher dieses Ansehen geben können als Männer, warum Hofleute und Soldaten am schnellsten zu diesem Anstande gelangen.

Wilhelm verzweifelte nun fast an seiner Rolle, allein Serlo half ihm wieder auf, indem er ihm über das Einzelne die feinsten Bemerkungen mitteilte, und ihn dergestalt ausstattete, daß er bei der Aufführung, wenigstens in den Augen der Menge, einen recht feinen Prinzen darstellte.

Serlo hatte versprochen ihm nach der Vorstellung die Bemerkungen mitzuteilen, die er noch allenfalls über ihn machen würde; allein ein unangenehmer Streit zwischen Bruder und Schwester hinderte jede kritische Unterhaltung. Aurelie hatte die Rolle der Orsina auf eine Weise gespielt, wie man sie wohl niemals wieder sehen wird. Sie war mit der Rolle überhaupt sehr bekannt, und hatte sie in den Proben gleichgültig behandelt; bei der Aufführung selbst aber zog sie, möchte man sagen, alle Schleusen ihres individuellen Kummers auf, und es ward dadurch eine Darstellung, wie sie sich kein Dichter in dem ersten Feuer der Empfindung hätte denken können. Ein unmäßiger Beifall des Publikums belohnte ihre schmerzlichen Bemühungen, aber sie lag auch halb ohnmächtig in einem Sessel, als man sie nach der Aufführung aufsuchte.

Serlo hatte schon über ihr übertriebenes Spiel, wie er es nannte, und über die Entblößung ihres innersten Herzens vor dem Publikum, das doch mehr oder weniger mit jener fatalen Geschichte bekannt war, seinen Unwillen zu erkennen gegeben, und, wie er es im Zorn zu tun pflegte, mit den Zähnen geknirscht und mit den Füßen gestampft. Laßt sie, sagte er, als er sie von den übrigen umgeben in dem Sessel fand, sie wird noch eh'stens ganz nackt auf das Theater treten, und dann wird erst der Beifall recht vollkommen sein.

Undankbarer! rief sie aus, Unmenschlicher! Man wird mich bald nackt dahin tragen, wo kein Beifall mehr zu unsern Ohren kommt! Mit diesen Worten sprang sie auf und eilte nach der Türe. Die Magd hatte versäumt, ihr den Mantel zu bringen, die Portechaise war nicht da; es hatte geregnet und ein sehr rauher Wind zog durch die Straßen. Man redete ihr vergebens zu, denn sie war übermäßig erhitzt; sie ging vorsätzlich langsam und lobte die Kühlung, die sie recht begierig einzufangen schien. Kaum war sie zu Hause, als sie vor Heiserkeit kaum ein Wort mehr sprechen konnte; sie gestand aber nicht, daß sie im Nacken und den Rücken hinab eine völlige Steifigkeit fühlte. Nicht lange, so überfiel sie eine Art von Lähmung der Zunge, so daß sie ein Wort für's andere sprach; man brachte sie zu Bette, durch häufig angewandte Mittel legte sich ein Übel, indem sich das andere zeigte. Das Fieber ward stark und ihr Zustand gefährlich.

Den andern Morgen hatte sie eine ruhige Stunde. Sie ließ Wilhelm rufen und übergab ihm einen Brief. Dieses Blatt, sagte sie, wartet schon lange auf diesen Augenblick. Ich fühle, daß das Ende meines Lebens bald heran naht; versprechen Sie mir, daß Sie es selbst abgeben und daß Sie durch wenige Worte meine Leiden an dem Ungetreuen rächen wollen. Er ist nicht fühllos, und wenigstens soll ihn mein Tod einen Augenblick schmerzen.

Wilhelm übernahm den Brief, indem er sie jedoch tröstete und den Gedanken des Todes von ihr entfernen wollte.

Nein, versetzte sie, benehmen Sie mir nicht meine nächste Hoffnung. Ich habe ihn lange erwartet und will ihn freudig in die Arme schließen.

Kurz darauf kam das vom Arzt versprochene Manuskript an. Sie ersuchte Wilhelmen, ihr daraus vorzulesen, und die Wirkung, die es tat, wird der Leser am besten beurteilen können, wenn er sich mit dem folgenden Buche bekannt gemacht hat. Das heftige und trotzige Wesen unsrer armen Freundin ward auf einmal gelindert. Sie nahm den Brief zurück und schrieb einen andern, wie es schien in sehr sanfter Stimmung; auch forderte sie Wilhelmen auf, ihren Freund, wenn er irgend durch die Nachricht ihres Todes betrübt werden sollte, zu trösten, ihn zu versichern, daß sie ihm verziehen habe, und daß sie ihm alles Glück wünsche.

Von dieser Zeit an war sie sehr still und schien sich nur mit wenigen Ideen zu beschäftigen, die sie sich aus dem Manuskript eigen zu machen suchte, woraus ihr Wilhelm von Zeit zu Zeit vorlesen mußte. Die Abnahme ihrer Kräfte war nicht sichtbar, und unvermutet fand sie Wilhelm eines Morgens tot, als er sie besuchen wollte.

Bei der Achtung, die er für sie gehabt, und bei der Gewohnheit, mit ihr zu leben, war ihm ihr Verlust sehr schmerzlich. Sie war die einzige Person, die es eigentlich gut mit ihm meinte, und die Kälte Serlo's in der letzten Zeit hatte er nur allzusehr gefühlt. Er eilte daher, die aufgetragene Botschaft auszurichten und wünschte sich auf einige Zeit zu entfernen. Von der andern Seite war für Melina diese Abreise sehr erwünscht: denn dieser hatte sich bei der weitläufigen Korrespondenz, die er unterhielt, gleich mit einem Sänger und einer Sängerin eingelassen, die das Publikum einstweilen durch Zwischenspiele zur künftigen Oper vorbereiten sollten. Der Verlust Aureliens und Wilhelms Entfernung sollten auf diese Weise in der ersten Zeit übertragen werden, und unser Freund war mit allem zufrieden, was ihm seinen Urlaub auf einige Wochen erleichterte.

Er hatte sich eine sonderbar wichtige Idee von seinem Auftrage gemacht. Der Tod seiner Freundin hatte ihn tief gerührt, und da er sie so frühzeitig von dem Schauplatze abtreten sah, mußte er notwendig gegen den, der ihr Leben verkürzt, und dieses kurze Leben ihr so qualvoll gemacht, feindselig gesinnt sein.

Ungeachtet der letzten gelinden Worte der Sterbenden, nahm er sich doch vor, bei Überreichung des Briefs ein strenges Gericht über den ungetreuen Freund ergehen zu lassen, und da er sich nicht einer zufälligen Stimmung vertrauen wollte, dachte er an eine Rede, die in der Ausarbeitung pathetischer als billig ward. Nachdem er sich völlig von der guten Komposition seines Aufsatzes überzeugt hatte, machte er, indem er ihn auswendig lernte, Anstalt zu seiner Abreise. Mignon war bei'm Einpacken gegenwärtig und fragte ihn, ob er nach Süden oder nach Norden reise? und als sie das letzte von ihm erfuhr, sagte sie: So will ich dich hier wieder erwarten. Sie bat ihn um die Perlenschnur Marianens, die er dem lieben Geschöpf nicht versagen konnte; das Halstuch hatte sie schon. Dagegen steckte sie ihm den Schleier des Geistes in den Mantelsack, ob er ihr gleich sagte, daß ihm dieser Flor zu keinem Gebrauch sei.

Melina übernahm die Regie, und seine Frau versprach auf

die Kinder ein mütterliches Auge zu haben, von denen sich Wilhelm ungern losriß. Felix war sehr lustig bei'm Abschied, und als man ihn fragte: was er wolle mitgebracht haben, sagte er: Höre! bringe mir einen Vater mit. Mignon nahm den Scheidenden bei der Hand, und indem sie, auf die Zehen gehoben, ihm einen treuherzigen und lebhaften Kuß, doch ohne Zärtlichkeit, auf die Lippen drückte, sagte sie: Meister! vergiß uns nicht und komm bald wieder.

Und so lassen wir unsern Freund unter tausend Gedanken und Empfindungen seine Reise antreten, und zeichnen hier noch zum Schlusse ein Gedicht auf, das Mignon mit großem Ausdruck einigemal rezitiert hatte, und das wir früher mitzuteilen durch den Drang so mancher sonderbaren Ereignisse verhindert wurden.

Heiß mich nicht reden, heiß mich schweigen,
Denn mein Geheimnis ist mir Pflicht;
Ich möchte dir mein ganzes Innre zeigen,
Allein das Schicksal will es nicht.

Zur rechten Zeit vertreibt der Sonne Lauf
Die finstre Nacht, und sie muß sich erhellen,
Der harte Fels schließt seinen Busen auf,
Mißgönnt der Erde nicht die tiefverborgnen Quellen.

Ein jeder sucht im Arm des Freundes Ruh,
Dort kann die Brust in Klagen sich ergießen;
Allein ein Schwur drückt mir die Lippen zu,
Und nur èin Gott vermag sie aufzuschließen.

SECHSTES BUCH

Bekenntnisse einer schönen Seele

Bis in mein achtes Jahr war ich ein ganz gesundes Kind, weiß mich aber von dieser Zeit so wenig zu erinnern, als von dem Tage meiner Geburt. Mit dem Anfange des achten Jahres bekam ich einen Blutsturz, und in dem Augenblick war meine Seele ganz Empfindung und Gedächtnis. Die kleinsten Umstände dieses Zufalls stehn mir noch vor Augen, als hätte er sich gestern ereignet.

Während des neunmonatlichen Krankenlagers, das ich mit Geduld aushielt, ward, so wie mich dünkt, der Grund zu meiner ganzen Denkart gelegt, indem meinem Geiste die ersten Hülfsmittel gereicht wurden, sich nach seiner eigenen Art zu entwickeln.

Ich litt und liebte, das war die eigentliche Gestalt meines Herzens. In dem heftigsten Husten und abmattenden Fieber war ich stille wie eine Schnecke, die sich in ihr Haus zieht; sobald ich ein wenig Luft hatte, wollte ich etwas Angenehmes fühlen, und da mir aller übrige Genuß versagt war, suchte ich mich durch Augen und Ohren schadlos zu halten. Man brachte mir Puppenwerk und Bilderbücher, und wer Sitz an meinem Bette haben wollte, mußte mir etwas erzählen.

Von meiner Mutter hörte ich die biblischen Geschichten gern an; der Vater unterhielt mich mit Gegenständen der Natur. Er besaß ein artiges Kabinett. Davon brachte er gelegentlich eine Schublade nach der andern herunter, zeigte mir die Dinge und erklärte sie mir nach der Wahrheit. Getrocknete Pflanzen und Insekten und manche Arten von anatomischen Präparaten, Menschenhaut, Knochen, Mumien und dergleichen kamen auf das Krankenbette der Kleinen; Vögel und Tiere, die er auf der Jagd erlegte, wurden mir vorgezeigt, ehe sie nach der Küche gingen; und damit doch auch der Fürst der Welt eine Stimme in dieser Versammlung behielte, erzählte mir die Tante Liebesgeschichten und Feenmärchen. Alles ward angenommen, und alles faßte Wurzel. Ich hatte Stunden, in denen ich mich lebhaft mit dem unsichtbaren Wesen unterhielt; ich weiß noch einige Verse, die ich der Mutter damals in die Feder diktierte.

Oft erzählte ich dem Vater wieder, was ich von ihm gelernt hatte. Ich nahm nicht leicht eine Arzenei, ohne zu fragen, wo wachsen die Dinge, aus denen sie gemacht ist? wie sehen sie aus? wie heißen sie? Aber die Erzählungen meiner Tante waren auch nicht auf einen Stein gefallen. Ich dachte mich in schöne Kleider und begegnete den allerliebsten Prinzen, die nicht ruhen noch rasten konnten, bis sie wußten, wer die unbekannte Schöne war. Ein ähnliches Abenteuer mit einem reizenden kleinen Engel, der in weißem Gewand und goldnen Flügeln sich sehr um mich bemühte, setzte ich so lange fort, daß meine Einbildungskraft sein Bild fast bis zur Erscheinung erhöhte.

Nach Jahresfrist war ich ziemlich wieder hergestellt; aber es war mir aus der Kindheit nichts Wildes übrig geblieben. Ich konnte nicht einmal mit Puppen spielen, ich verlangte nach Wesen, die meine Liebe erwiderten. Hunde, Katzen und Vögel, dergleichen mein Vater von allen Arten ernährte, vergnügten mich sehr; aber was hätte ich nicht gegeben, ein Geschöpf zu besitzen, das in einem der Märchen meiner Tante eine sehr wichtige Rolle spielte. Es war ein Schäfchen, das von einem Bauermädchen in dem Walde aufgefangen und ernährt worden war, aber in diesem artigen Tiere stak ein verwünschter Prinz, der sich endlich wieder als schöner Jüngling zeigte und seine Wohltäterin durch seine Hand belohnte. So ein Schäfchen hätte ich gar zu gerne besessen!

Nun wollte sich aber keines finden, und da alles neben mir so ganz natürlich zuging, mußte mir nach und nach die Hoffnung auf einen so köstlichen Besitz fast vergehen. Unterdessen tröstete ich mich, indem ich solche Bücher las, in denen wunderbare Begebenheiten beschrieben wurden. Unter allen war mir der Christliche deutsche Herkules der liebste; die andächtige Liebesgeschichte war ganz nach meinem Sinne. Begegnete seiner Valiska irgend etwas, und es begegneten ihr grausame Dinge, so betete er erst, eh' er ihr zu Hülfe eilte, und die Gebete standen ausführlich im Buche. Wie wohl gefiel mir das! Mein Hang zu dem Unsichtbaren, den ich immer auf eine dunkle Weise fühlte, ward dadurch nur vermehrt; denn ein für allemal sollte Gott auch mein Vertrauter sein.

Als ich weiter heran wuchs, las ich, der Himmel weiß was, alles durch einander; aber die Römische Octavia behielt vor allen den Preis. Die Verfolgungen der ersten Christen, in einen Roman gekleidet, erregten bei mir das lebhafteste Interesse.

Nun fing die Mutter an, über das stete Lesen zu schmälen; der Vater nahm ihr zu Liebe mir einen Tag die Bücher aus der Hand und gab sie mir den andern wieder. Sie war klug genug zu bemerken, daß hier nichts auszurichten war, und drang nur darauf, daß auch die Bibel eben so fleißig gelesen wurde. Auch dazu ließ ich mich nicht treiben, und ich las die heiligen Bücher mit vielem Anteil. Dabei war meine Mutter immer sorgfältig, daß keine verführerischen Bücher in meine Hände kämen, und ich selbst würde jede schändliche Schrift aus der Hand geworfen haben; denn meine Prinzen und Prinzessinnen waren alle äußerst tugendhaft, und ich wußte übrigens von der natürlichen Geschichte des menschlichen Geschlechts mehr, als ich merken ließ, und hatte es meistens aus der Bibel gelernt. Bedenkliche Stellen hielt ich mit Worten und Dingen, die mir vor Augen kamen, zusammen, und brachte bei meiner Wißbegierde und Kombinationsgabe die Wahrheit glücklich heraus. Hätte ich von Hexen gehört, so hätte ich auch mit der Hexerei bekannt werden müssen.

Meiner Mutter und dieser Wißbegierde hatte ich es zu danken, daß ich bei dem heftigen Hang zu Büchern doch kochen lernte; aber dabei war etwas zu sehen. Ein Huhn, ein Ferkel aufzuschneiden war für mich ein Fest. Dem Vater brachte ich die Eingeweide, und er redete mit mir darüber, wie mit einem jungen Studenten, und pflegte mich oft mit inniger Freude seinen mißratenen Sohn zu nennen.

Nun war das zwölfte Jahr zurückgelegt. Ich lernte Französisch, Tanzen und Zeichnen, und erhielt den gewöhnlichen Religionsunterricht. Bei dem letzten wurden manche Empfindungen und Gedanken rege, aber nichts was sich auf meinen Zustand bezogen hätte. Ich hörte gern von Gott reden, ich war stolz darauf, besser als Meinesgleichen von ihm reden zu können; ich las nun mit Eifer manche Bücher, die mich in den Stand setzten, von Religion zu schwatzen, aber nie fiel es mir ein zu denken, wie es denn mit mir stehe, ob meine Seele auch so gestaltet sei, ob sie einem Spiegel gleiche, von dem die ewige Sonne widerglänzen könnte; das hatte ich ein für allemal schon vorausgesetzt.

Französisch lernte ich mit vieler Begierde. Mein Sprachmeister war ein wackerer Mann. Er war nicht ein leichtsinniger Empiriker, nicht ein trockner Grammatiker; er hatte Wissenschaften, er hatte die Welt gesehen. Zugleich mit dem Sprachunterrichte sättigte er meine Wißbegierde auf mancherlei Weise. Ich liebte ihn so sehr, daß ich seine Ankunft immer mit Herzklopfen erwartete. Das Zeichnen fiel mir nicht schwer, und ich würde es weiter gebracht haben, wenn mein Meister Kopf und Kenntnisse gehabt hätte; er hatte aber nur Hände und Übung.

Tanzen war anfangs nur meine geringste Freude; mein Körper war zu empfindlich und ich lernte nur in der Gesellschaft meiner Schwester. Durch den Einfall unsers Tanzmeisters, allen seinen Schülern und Schülerinnen einen Ball zu geben, ward aber die Lust zu dieser Übung ganz anders belebt.

Unter vielen Knaben und Mädchen zeichneten sich zwei Söhne des Hofmarschalls aus: der jüngste so alt wie ich, der andere zwei Jahr älter, Kinder von einer solchen Schönheit, daß sie nach dem allgemeinen Geständnis alles übertrafen, was man je von schönen Kindern gesehen hatte. Auch ich hatte sie kaum erblickt, so sah ich niemand mehr vom ganzen Haufen. In dem Augenblicke tanzte ich mit Aufmerksamkeit und wünschte schön zu tanzen. Wie es kam, daß auch diese Knaben unter allen andern mich vorzüglich bemerkten? – Genug, in der ersten Stunde waren wir die besten Freunde, und die kleine Lustbarkeit ging noch nicht zu Ende, so hatten wir schon ausgemacht, wo wir uns nächstens wieder sehen wollten. Eine große Freude für mich! Aber ganz entzückt war ich, als beide den andern Morgen, jeder in einem galanten Billet, das mit einem Blumenstrauß begleitet war, sich nach meinem Befinden erkundigten. So fühlte ich nie mehr, wie ich da fühlte! Artigkeiten wurden mit Artigkeiten, Briefchen mit Briefchen erwidert. Kirche und Promenaden wurden von nun an zu Rendezvous; unsre jungen Bekannten luden uns schon jederzeit zusammen ein, wir aber waren schlau genug, die Sache dergestalt zu verdecken, daß die Eltern nicht mehr davon einsahen, als wir für gut hielten.

Nun hatte ich auf einmal zwei Liebhaber bekommen. Ich war für keinen entschieden; sie gefielen mir beide, und wir standen auf's beste zusammen. Auf einmal ward der ältere sehr krank; ich war selbst schon oft sehr krank gewesen, und wußte den Leidenden durch Übersendung mancher Artigkeiten und für einen Kranken schicklicher Leckerbissen zu erfreuen, daß seine Eltern die Aufmerksamkeit dankbar erkannten, der Bitte des lieben Sohns Gehör gaben und mich samt meinen Schwestern, sobald er nur das Bette verlassen hatte, zu ihm einluden. Die Zärtlichkeit, womit er mich empfing, war nicht kindisch, und von dem Tage an war ich für ihn entschieden. Er warnte mich gleich, vor seinem Bruder geheim zu sein; allein das Feuer war nicht mehr zu verbergen, und die Eifersucht des jüngern machte den Roman vollkommen. Er spielte uns tausend Streiche; mit Lust vernichtete er unsre Freude, und vermehrte dadurch die Leidenschaft, die er zu zerstören suchte.

Nun hatte ich denn wirklich das gewünschte Schäfchen gefunden, und diese Leidenschaft hatte, wie sonst eine Krankheit, die Wirkung auf mich, daß sie mich still machte und mich von der schwärmenden Freude zurückzog. Ich war einsam und gerührt und Gott fiel mir wieder ein. Er blieb mein Vertrauter, und ich weiß wohl, mit welchen Tränen ich für den Knaben, der fortkränkelte, zu beten anhielt.

So viel Kindisches in dem Vorgang war, so viel trug er zur Bildung meines Herzens bei. Unserm französischen Sprachmeister mußten wir täglich, statt der sonst gewöhnlichen Übersetzung, Briefe von unsrer eignen Erfindung schreiben. Ich brachte meine Liebesgeschichte unter dem Namen Phyllis und Damon zu Markte. Der Alte sah bald durch, und um mich treuherzig zu machen, lobte er meine Arbeit gar sehr. Ich wurde immer kühner, ging offenherzig heraus und war bis in's Detail der Wahrheit getreu. Ich weiß nicht mehr, bei welcher Stelle er einst Gelegenheit nahm, zu sagen: Wie das artig, wie das natürlich ist! Aber die gute Phyllis mag sich in Acht nehmen, es kann bald ernsthaft werden.

Mich verdroß, daß er die Sache nicht schon für ernsthaft hielt, und fragte ihn pikiert, was er unter ernsthaft verstehe? Er ließ sich nicht zweimal fragen, und erklärte sich so deutlich, daß ich meinen Schrecken kaum verbergen konnte. Doch da sich gleich darauf bei mir der Verdruß einstellte, und ich ihm übel nahm, daß er solche Gedanken hegen könne, faßte ich mich, wollte meine Schöne rechtfertigen und sagte mit feuerroten Wangen: Aber, mein Herr, Phyllis ist ein ehrbares Mädchen!

Nun war er boshaft genug, mich mit meiner ehrbaren Heldin aufzuziehen, und, indem wir Französisch sprachen, mit dem „honnête" zu spielen, um die Ehrbarkeit der Phyllis durch alle Bedeutungen durchzuführen. Ich fühlte das Lächerliche und war äußerst verwirrt. Er, der mich nicht furchtsam machen wollte, brach ab, brachte aber das Gespräch bei andern Gelegenheiten wieder auf die Bahn. Schauspiele und kleine Geschichten, die ich bei ihm las und übersetzte, gaben ihm oft Anlaß zu zeigen, was für ein schwacher Schutz die sogenannte Tugend gegen die Aufforderungen eines Affekts sei. Ich widersprach nicht mehr, ärgerte mich aber immer heimlich, und seine Anmerkungen wurden mir zur Last.

Mit meinem guten Damon kam ich auch nach und nach aus aller Verbindung. Die Chikanen des jüngern hatten unsern Umgang zerrissen. Nicht lange Zeit darauf starben beide blühende Jünglinge. Es tat mir weh, aber bald waren sie vergessen.

Phyllis wuchs nun schnell heran, war ganz gesund und fing an die Welt zu sehen. Der Erbprinz vermählte sich und trat bald darauf nach dem Tode seines Vaters die Regierung an. Hof und Stadt waren in lebhafter Bewegung. Nun hatte meine Neugierde mancherlei Nahrung. Nun gab es Komödien, Bälle und was sich daran anschließt, und ob uns gleich die Eltern so viel als möglich zurück hielten, so mußte man doch bei Hof, wo ich eingeführt war, erscheinen. Die Fremden strömten herbei, in allen Häusern war große Welt, an uns selbst waren einige Kavaliere empfohlen und andre introduziert, und bei meinem Oheim waren alle Nationen anzutreffen.

Mein ehrlicher Mentor fuhr fort mich auf eine bescheidene und doch treffende Weise zu warnen, und ich nahm es ihm immer heimlich übel. Ich war keinesweges von der Wahrheit seiner Behauptung überzeugt, und vielleicht hatte ich auch damals Recht, vielleicht hatte er Unrecht, die Frauen unter allen Umständen für so schwach zu halten; aber er redete zugleich so zudringlich, daß mir einst bange wurde, er möchte Recht haben, da ich denn sehr lebhaft zu ihm sagte: Weil die Gefahr so groß und das menschliche Herz so schwach ist, so will ich Gott bitten, daß er mich bewahre.

Die naive Antwort schien ihn zu freuen, er lobte meinen Vorsatz; aber es war bei mir nichts weniger als ernstlich gemeint; diesmal war es nur ein leeres Wort: denn die Empfindungen für den Unsichtbaren waren bei mir fast ganz verloschen. Der große Schwarm, mit dem ich umgeben war, zerstreute mich und riß mich wie ein starker Strom mit fort. Es waren die leersten Jahre meines Lebens. Tagelang von nichts zu reden, keinen gesunden Gedanken zu haben, und nur zu schwärmen, das war meine Sache. Nicht einmal der geliebten Bücher wurde gedacht. Die Leute, mit denen ich umgeben war, hatten keine Ahnung von Wissenschaften; es waren deutsche Hofleute, und diese Klasse hatte damals nicht die mindeste Kultur.

Ein solcher Umgang, sollte man denken, hätte mich an den Rand des Verderbens führen müssen. Ich lebte in sinnlicher Munterkeit nur so hin, ich sammelte mich nicht, ich betete nicht, ich dachte nicht an mich noch an Gott; aber ich seh' es als eine Führung an, daß mir keiner von den vielen schönen, reichen und wohlgekleideten Männern gefiel. Sie waren liederlich und versteckten es nicht, das schreckte mich zurück; ihr Gespräch zierten sie mit Zweideutigkeiten, das beleidigte mich, und ich hielt mich kalt gegen sie; ihre Unart überstieg manchmal allen Glauben, und ich erlaubte mir grob zu sein.

Überdies hatte mir mein Alter einmal vertraulich eröffnet, daß mit den meisten dieser leidigen Bursche nicht allein die Tugend, sondern auch die Gesundheit eines Mädchens in Gefahr sei. Nun graute mir erst vor ihnen, und ich war schon besorgt, wenn mir einer auf irgend eine Weise zu nahe kam. Ich hütete mich vor Gläsern und Tassen, wie vor dem Stuhle, von dem einer aufgestanden war. Auf diese Weise war ich moralisch und physisch sehr isoliert, und alle die Artigkeiten, die sie mir sagten, nahm ich stolz für schuldigen Weihrauch auf.

Unter den Fremden, die sich damals bei uns aufhielten, zeichnete sich ein junger Mann besonders aus, den wir im Scherz Narciß nannten. Er hatte sich in der diplomatischen Laufbahn guten Ruf erworben, und hoffte bei verschiedenen Veränderungen, die an unserm neuen Hofe vorgingen, vorteilhaft plaziert zu werden. Er ward mit meinem Vater bald bekannt, und seine Kenntnisse und sein Betragen öffneten ihm den Weg in eine geschlossene Gesellschaft der würdigsten Männer. Mein Vater sprach viel zu seinem Lobe, und seine schöne Gestalt hätte noch mehr Eindruck gemacht, wenn sein ganzes Wesen nicht eine Art von Selbstgefälligkeit gezeigt hätte. Ich hatte ihn gesehen, dachte gut von ihm, aber wir hatten uns nie gesprochen.

Auf einem großen Balle, auf dem er sich auch befand, tanzten wir eine Menuett zusammen; auch das ging ohne nähere Bekanntschaft ab. Als die heftigen Tänze angingen, die ich meinem Vater zu Liebe, der für meine Gesundheit besorgt war, zu vermeiden pflegte, begab ich mich in ein Nebenzimmer, und unterhielt mich mit ältern Freundinnen, die sich zum Spiele gesetzt hatten.

Narciß, der eine Weile mit herumgesprungen war, kam auch einmal in das Zimmer, in dem ich mich befand, und fing, nachdem er sich von einem Nasenbluten, das ihn bei'm Tanzen überfiel, erholt hatte, mit mir über mancherlei zu sprechen an. Binnen einer halben Stunde war der Diskurs so interessant, ob sich gleich keine Spur von Zärtlichkeit drein mischte, daß wir nur beide das Tanzen nicht mehr vertragen konnten. Wir wurden bald von den andern darüber geneckt, ohne daß wir uns dadurch irre machen ließen. Den andern Abend konnten wir unser Gespräch wieder anknüpfen und schonten unsre Gesundheit sehr.

Nun war die Bekanntschaft gemacht. Narciß wartete mir und meinen Schwestern auf, und nun fing ich erst wieder an, gewahr zu werden, was ich alles wußte, worüber ich gedacht, was ich empfunden hatte, und worüber ich mich im Gespräche auszudrücken verstand. Mein neuer Freund, der von jeher in der besten Gesellschaft gewesen war, hatte außer dem historischen und politischen Fache, das er ganz übersah, sehr ausgebreitete literarische Kenntnisse, und ihm blieb nichts Neues, besonders was in Frankreich herauskam, unbekannt. Er brachte und sendete mir manch angenehmes Buch, doch das mußte geheimer als ein verbotenes Liebesverständnis gehalten werden. Man hatte die gelehrten Weiber lächerlich gemacht, und man wollte auch die unterrichteten nicht leiden, wahrscheinlich weil man für unhöflich hielt, so viel unwissende Männer beschämen zu lassen. Selbst mein Vater, dem diese neue Gelegenheit, meinen Geist auszubilden, sehr erwünscht war, verlangte ausdrücklich, daß dieses literarische Kommerz ein Geheimnis bleiben sollte.

So währte unser Umgang beinahe Jahr und Tag, und ich konnte nicht sagen, daß Narciß auf irgend eine Weise Liebe oder Zärtlichkeit gegen mich geäußert hätte. Er blieb artig und verbindlich, aber zeigte keinen Affekt; vielmehr schien der Reiz meiner jüngsten Schwester, die damals außerordentlich schön war, ihn nicht gleichgültig zu lassen. Er gab ihr im Scherze allerlei freundliche Namen aus fremden Sprachen, deren mehrere er sehr gut sprach, und deren eigentümliche Redensarten er gern in's deutsche Gespräch mischte. Sie erwiderte seine Artigkeiten nicht sonderlich; sie war von einem andern Fädchen gebunden, und da sie überhaupt sehr rasch und er empfindlich war, so wurden sie nicht selten über Kleinigkeiten uneins. Mit der Mutter und den Tanten wußte er sich gut zu halten, und so war er nach und nach ein Glied der Familie geworden.

Wer weiß wie lange wir noch auf diese Weise fortgelebt hätten, wären durch einen sonderbaren Zufall unsere Verhältnisse nicht auf einmal verändert worden. Ich ward mit meinen Schwestern in ein gewisses Haus gebeten, wohin ich nicht gerne ging. Die Gesellschaft war zu gemischt, und es fanden sich dort oft Menschen wo nicht vom rohsten doch vom plattsten Schlage mit ein. Diesmal war Narciß auch mit geladen, und um seinetwillen war ich geneigt hin zu gehen: denn ich war doch gewiß, jemanden zu finden, mit dem ich mich auf meine Weise unterhalten konnte. Schon bei Tafel hatten wir manches auszustehen, denn einige Männer hatten stark getrunken; nach Tische sollten und mußten Pfänder gespielt werden. Es ging dabei sehr rauschend und lebhaft zu. Narciß hatte ein Pfand zu lösen; man gab ihm auf, der ganzen Gesellschaft etwas in's Ohr zu sagen, das jedermann angenehm wäre. Er mochte sich bei meiner Nachbarin, der Frau eines Hauptmanns, zu lange verweilen. Auf einmal gab ihm dieser eine Ohrfeige, daß mir, die ich gleich daran saß, der

Puder in die Augen flog. Als ich die Augen ausgewischt und mich vom Schrecken einigermaßen erholt hatte, sah ich beide Männer mit bloßen Degen. Narciß blutete, und der andere, außer sich von Wein, Zorn und Eifersucht, konnte kaum von der ganzen übrigen Gesellschaft zurück gehalten werden. Ich nahm Narcissen bei'm Arm und führte ihn zur Türe hinaus eine Treppe hinauf in ein ander Zimmer, und weil ich meinen Freund vor seinem tollen Gegner nicht sicher glaubte, riegelte ich die Türe sogleich zu.

Wir hielten beide die Wunde nicht für ernsthaft, denn wir sahen nur einen leichten Hieb über die Hand; bald aber wurden wir einen Strom von Blut, der den Rücken hinunterfloß, gewahr, und es zeigte sich eine große Wunde auf dem Kopfe. Nun ward mir bange. Ich eilte auf den Vorplatz, um nach Hülfe zu schicken, konnte aber niemand ansichtig werden, denn alles war unten geblieben, den rasenden Menschen zu bändigen. Endlich kam eine Tochter des Hauses heraufgesprungen, und ihre Munterkeit ängstigte mich nicht wenig, da sie sich über den tollen Spektakel und über die verfluchte Komödie fast zu Tode lachen wollte. Ich bat sie dringend, mir einen Wundarzt zu schaffen, und sie, nach ihrer wilden Art, sprang gleich die Treppe hinunter, selbst einen zu holen.

Ich ging wieder zu meinem Verwundeten, band ihm mein Schnupftuch um die Hand, und ein Handtuch, das an der Türe hing, um den Kopf. Er blutete noch immer heftig: der Verwundete erblaßte und schien in Ohnmacht zu sinken. Niemand war in der Nähe, der mir hätte beistehen können; ich nahm ihn sehr ungezwungen in den Arm und suchte ihn durch Streicheln und Schmeicheln aufzumuntern. Es schien die Wirkung eines geistigen Heilmittels zu tun; er blieb bei sich, aber saß totenbleich da.

Nun kam endlich die tätige Hausfrau und wie erschrak sie, als sie den Freund in dieser Gestalt in meinen Armen liegen und uns alle beide mit Blut überströmt sah: denn niemand hatte sich vorgestellt, daß Narciß verwundet sei; alle meinten, ich habe ihn glücklich hinaus gebracht.

Nun war Wein, wohlriechendes Wasser und was nur erquicken und erfrischen konnte, im Überfluß da, nun kam auch der Wundarzt und ich hätte wohl abtreten können; allein Narciß hielt mich fest bei der Hand, und ich wäre ohne gehalten zu werden stehen geblieben. Ich fuhr während des Verbandes fort, ihn mit Wein anzustreichen und achtete es wenig, daß die ganze Gesellschaft nunmehr umher stand. Der Wundarzt hatte geendigt, der Verwundete nahm einen stummen verbindlichen Abschied von mir und wurde nach Hause getragen.

Nun führte mich die Hausfrau in ihr Schlafzimmer; sie mußte mich ganz auskleiden, und ich darf nicht verschweigen, daß ich, da man sein Blut von meinem Körper abwusch, zum erstenmal zufällig im Spiegel gewahr wurde, daß ich mich auch ohne Hülle für schön halten durfte. Ich konnte keines meiner Kleidungsstücke wieder anziehn, und da die Personen im Hause alle kleiner oder stärker waren als ich, so kam ich in einer seltsamen Verkleidung zum größten Erstaunen meiner Eltern nach Hause. Sie waren über mein Schrekken, über die Wunden des Freundes, über den Unsinn des Hauptmanns, über den ganzen Vorfall äußerst verdrießlich. Wenig fehlte, so hätte mein Vater selbst, seinen Freund auf der Stelle zu rächen, den Hauptmann herausgefordert. Er schalt die anwesenden Herren, daß sie ein solches meuchlerisches Beginnen nicht auf der Stelle geahndet; denn es war nur zu offenbar, daß der Hauptmann sogleich, nachdem er geschlagen, den Degen gezogen und Narcissen von hinten verwundet habe; der Hieb über die Hand war erst geführt worden, als Narciß selbst zum Degen griff. Ich war unbeschreiblich alteriert und affiziert, oder wie soll ich es ausdrücken; der Affekt, der im tiefsten Grunde des Herzens ruhte, war auf einmal losgebrochen, wie eine Flamme, welche Luft bekömmt. Und wenn Lust und Freude sehr geschickt sind, die Liebe zuerst zu erzeugen und im Stillen zu nähren, so wird sie, die von Natur herzhaft ist, durch den Schrecken am leichtesten angetrieben, sich zu entscheiden und zu erklären. Man gab dem Töchterchen Arznei ein und legte es zu Bette. Mit dem frühesten Morgen eilte mein Vater zu dem verwundeten Freund, der an einem starken Wundfieber recht krank darnieder lag.

Mein Vater sagte mir wenig von dem, was er mit ihm geredet hatte, und suchte mich wegen der Folgen, die dieser Vorfall haben könnte, zu beruhigen. Es war die Rede, ob man sich mit einer Abbitte begnügen könne, ob die Sache gerichtlich werden müsse und was dergleichen mehr war. Ich kannte meinen Vater zu wohl, als daß ich ihm geglaubt hätte, daß er diese Sache ohne Zweikampf geendigt zu sehen wünschte; allein ich blieb still, denn ich hatte von meinem Vater früh gelernt, daß Weiber in solche Händel sich nicht zu mischen hätten. Übrigens schien es nicht, als wenn zwischen den beiden Freunden etwas vorgefallen wäre, das mich betroffen hätte; doch bald vertraute mein Vater den Inhalt seiner weitern Unterredung meiner Mutter. Narciß, sagte er, sei äußerst gerührt von meinem geleisteten Beistand, habe ihn umarmt, sich für meinen ewigen Schuldner erklärt, bezeigt, er verlange kein Glück, wenn er es nicht mit mir teilen sollte; er habe sich die Erlaubnis ausgebeten, ihn als Vater ansehn zu dürfen. Mama sagte mir das alles treulich wieder, hängte aber die wohlmeinende Erinnerung daran, auf so etwas, das in der ersten Bewegung gesagt worden, dürfe man so sehr nicht achten. Ja freilich, antwortete ich mit angenommener Kälte, und fühlte der Himmel weiß was und wieviel dabei.

Narciß blieb zwei Monate krank, konnte wegen der Wunde an der rechten Hand nicht einmal schreiben, bezeigte mir aber inzwischen sein Andenken durch die verbindlichste Aufmerksamkeit. Alle diese mehr als gewöhnlichen Höflichkeiten hielt ich mit dem, was ich von der Mutter erfahren hatte, zusammen, und beständig war mein Kopf voller Grillen. Die ganze Stadt unterhielt sich von der Begebenheit. Man sprach mit mir davon in einem besondern Tone, man zog Folgerungen daraus, die, so sehr ich sie abzulehnen suchte, mir immer sehr nahe gingen. Was vorher Tändelei und Gewohnheit gewesen war, ward nun Ernst und Neigung. Die Unruhe, in der ich lebte, war um so heftiger, je sorgfältiger ich sie vor allen Menschen zu verbergen suchte. Der Gedanke, ihn zu verlieren, erschreckte mich, und die Möglichkeit einer nähern Verbindung machte mich zittern. Der Gedanke des Ehestandes hat für ein halbkluges Mädchen gewiß etwas Schreckhaftes.

Durch diese heftigen Erschütterungen ward ich wieder an mich selbst erinnert. Die bunten Bilder eines zerstreuten Lebens, die mir sonst Tag und Nacht vor den Augen schwebten, waren auf einmal weggeblasen. Meine Seele fing wieder an sich zu regen; allein die sehr unterbrochene Bekanntschaft mit dem unsichtbaren Freunde war so leicht nicht wieder hergestellt. Wir blieben noch immer in ziemlicher Entfernung; es war wieder etwas, aber gegen sonst ein großer Unterschied.

Ein Zweikampf, worin der Hauptmann stark verwundet wurde, war vorüber, ohne daß ich etwas davon erfahren hatte, und die öffentliche Meinung war in jedem Sinne auf der Seite meines Geliebten, der endlich wieder auf dem Schauplatze erschien. Vor allen Dingen ließ er sich mit verbundnem Haupt und eingewickelter Hand in unser Haus tragen. Wie klopfte mir das Herz bei diesem Besuche! Die ganze Familie war gegenwärtig; es blieb auf beiden Seiten nur bei allgemeinen Danksagungen und Höflichkeiten; doch fand er Gelegenheit, mir einige geheime Zeichen seiner Zärtlichkeit zu geben, wodurch meine Unruhe nur zu sehr vermehrt ward. Nachdem er sich völlig wieder erholt, besuchte er uns den ganzen Winter auf eben dem Fuß wie ehemals, und bei allen leisen Zeichen von Empfindung und Liebe, die er mir gab, blieb alles unerörtert.

Auf diese Weise ward ich in steter Übung gehalten. Ich konnte mich keinem Menschen vertrauen und von Gott war ich zu weit entfernt. Ich hatte diesen während vier wilder Jahre ganz vergessen; nun dachte ich dann und wann wieder an ihn, aber die Bekanntschaft war erkaltet; es waren nur Zeremonienvisiten, die ich ihm machte, und da ich überdies, wenn ich vor ihm erschien, immer schöne Kleider anlegte, meine Tugend, Ehrbarkeit und Vorzüge, die ich vor andern zu haben glaubte, ihm mit Zufriedenheit vorwies; so schien er mich in dem Schmucke gar nicht zu bemerken.

Ein Höfling würde, wenn sein Fürst, von dem er sein Glück erwartet, sich so gegen ihn betrüge, sehr beunruhigt werden; mir aber war nicht übel dabei zu Mute. Ich hatte was ich brauchte, Gesundheit und Bequemlichkeit; wollte sich Gott mein Andenken gefallen lassen, so war es gut; wo nicht, so glaubte ich doch meine Schuldigkeit getan zu haben.

So dachte ich freilich damals nicht von mir; aber es war doch die wahrhafte Gestalt meiner Seele. Meine Gesinnungen zu ändern und zu reinigen, waren aber auch schon Anstalten gemacht.

Der Frühling kam heran, und Narciß besuchte mich unangemeldet zu einer Zeit, da ich ganz allein zu Hause war. Nun erschien er als Liebhaber und fragte mich, ob ich ihm mein Herz, und, wenn er eine ehrenvolle wohlbesoldete Stelle erhielte, auch dereinst meine Hand schenken wollte?

Man hatte ihn zwar in unsre Dienste genommen; allein anfangs hielt man ihn, weil man sich vor seinem Ehrgeiz fürchtete, mehr zurück, als daß man ihn schnell empor gehoben hätte, und ließ ihn, weil er eignes Vermögen hatte, bei einer kleinen Besoldung.

Bei aller meiner Neigung zu ihm wußte ich, daß er der Mann nicht war, mit dem man ganz gerade handeln konnte. Ich nahm mich daher zusammen und verwies ihn an meinen Vater, an dessen Einwilligung er nicht zu zweifeln schien, und mit mir erst auf der Stelle einig sein wollte. Endlich sagte ich Ja, indem ich die Beistimmung meiner Eltern zur notwendigen Bedingung machte. Er sprach alsdann mit beiden förmlich; sie zeigten ihre Zufriedenheit, man gab sich das Wort auf den bald zu hoffenden Fall, daß man ihn weiter avancieren werde. Schwestern und Tanten wurden davon benachrichtigt, und ihnen das Geheimnis auf das strengste anbefohlen.

Nun war aus einem Liebhaber ein Bräutigam geworden. Die Verschiedenheit zwischen beiden zeigte sich sehr groß. Könnte jemand die Liebhaber aller wohldenkenden Mädchen in Bräutigame verwandeln, so wäre es eine große Wohltat für unser Geschlecht, selbst wenn auf dieses Verhältnis keine Ehe erfolgen sollte. Die Liebe zwischen beiden Personen nimmt dadurch nicht ab, aber sie wird vernünftiger. Unzählige kleine Torheiten, alle Koketterien und Launen fallen gleich hinweg. Äußert uns der Bräutigam, daß wir ihm in einer Morgenhaube besser als in dem schönsten Aufsatze gefallen, dann wird einem wohldenkenden Mädchen gewiß die Frisur gleichgültig und es ist nichts natürlicher, als daß er auch solid denkt, und lieber sich eine Hausfrau, als der Welt eine Putzdocke zu bilden wünscht. Und so geht es durch alle Fächer durch.

Hat ein solches Mädchen dabei das Glück, daß ihr Bräutigam Verstand und Kenntnisse besitzt, so lernt sie mehr, als hohe Schulen und fremde Länder geben können. Sie nimmt nicht nur alle Bildung gern an, die er ihr gibt, sondern sie sucht sich auch auf diesem Wege so immer weiter zu bringen. Die Liebe macht vieles Unmögliche möglich, und endlich geht die dem weiblichen Geschlecht so nötige und anständige Unterwerfung sogleich an; der Bräutigam herrscht nicht wie der Ehemann; er bittet nur, und seine Geliebte sucht ihm abzumerken, was er wünscht, um es noch eher zu vollbringen als er bittet.

So hat mich die Erfahrung gelehrt, was ich nicht um vieles missen möchte. Ich war glücklich, wahrhaft glücklich, wie man es in der Welt sein kann, das heißt, auf kurze Zeit.

Ein Sommer ging unter diesen stillen Freuden hin. Narciß gab mir nicht die mindeste Gelegenheit zu Beschwerden; er ward mir immer lieber, meine ganze Seele hing an ihm, das wußte er wohl und wußte es zu schätzen. Inzwischen entspann sich aus anscheinenden Kleinigkeiten etwas, das unserm Verhältnisse nach und nach schädlich wurde.

Narciß ging als Bräutigam mit mir um, und nie wagte er es,

das von mir zu begehren, was uns noch verboten war. Allein über die Gränzen der Tugend und Sittsamkeit waren wir sehr verschiedener Meinung. Ich wollte sicher gehen und erlaubte durchaus keine Freiheit, als welche allenfalls die ganze Welt hätte wissen dürfen. Er, an Näschereien gewöhnt, fand diese Diät sehr streng, hier setzte es nun beständigen Widerspruch; er lobte mein Verhalten und suchte meinen Entschluß zu untergraben.

Mir fiel das *ernsthaft* meines alten Sprachmeisters wieder ein, und zugleich das Hülfsmittel, das ich damals dagegen angegeben hatte.

Mit Gott war ich wieder ein wenig bekannter geworden. Er hatte mir so einen lieben Bräutigam gegeben und dafür wußte ich ihm Dank. Die irdische Liebe selbst konzentrierte meinen Geist und setzte ihn in Bewegung, und meine Beschäftigung mit Gott widersprach ihr nicht. Ganz natürlich klagte ich ihm, was mich bange machte, und bemerkte nicht, daß ich selbst das, was mich bange machte, wünschte und begehrte. Ich kam mir sehr stark vor und betete nicht etwa: Bewahre mich vor Versuchung! über die Versuchung war ich meinen Gedanken nach weit hinaus. In diesem losen Flitterschmuck eigner Tugend erschien ich dreist vor Gott; er stieß mich nicht weg; auf die geringste Bewegung zu ihm hinterließ er einen sanften Eindruck in meiner Seele, und dieser Eindruck bewegte mich, ihn immer wieder aufzusuchen.

Die ganze Welt war mir außer Narcissen tot, nichts hatte außer ihm einen Reiz für mich. Selbst meine Liebe zum Putz hatte nur den Zweck, ihm zu gefallen; wußte ich, daß er mich nicht sah, so konnte ich keine Sorgfalt darauf wenden. Ich tanzte gern; wenn er aber nicht dabei war, so schien mir, als wenn ich die Bewegung nicht vertragen könnte. Auf ein brillantes Fest, bei dem er nicht zugegen war, konnte ich mir weder etwas Neues anschaffen, noch das Alte der Mode gemäß aufstutzen. Einer war mir so lieb als der andere, doch möchte ich lieber sagen, einer so lästig als der andere. Ich glaubte meinen Abend recht gut zugebracht zu haben, wenn ich mir mit ältern Personen ein Spiel ausmachen konnte, wozu ich sonst nicht die mindeste Lust hatte, und wenn ein alter guter Freund mich etwa scherzhaft darüber aufzog, lächelte ich vielleicht das erstemal den ganzen Abend. So ging es mit Promenaden und allen gesellschaftlichen Vergnügungen, die sich nur denken lassen.

Ich hatt' ihn einzig mir erkoren;
Ich schien mir nur für ihn geboren,
Begehrte nichts als seine Gunst.

So war ich oft in der Gesellschaft einsam, und die völlige Einsamkeit war mir meistens lieber. Allein mein geschäftiger Geist konnte weder schlafen noch träumen; ich fühlte und dachte, und erlangte nach und nach eine Fertigkeit, von meinen Empfindungen und Gedanken mit Gott zu reden. Da entwickelten sich Empfindungen anderer Art in meiner Seele, die jenen nicht widersprachen. Denn meine Liebe zu Narciß war dem ganzen Schöpfungsplane gemäß und stieß nirgend gegen meine Pflichten an. Sie widersprachen sich nicht und waren doch unendlich verschieden. Narciß war das einzige Bild, das mir vorschwebte, auf das sich meine ganze Liebe bezog; aber das andere Gefühl bezog sich auf kein Bild und war unaussprechlich angenehm. Ich habe es nicht mehr und kann es mir nicht mehr geben.

Mein Geliebter, der sonst alle meine Geheimnisse wußte, erfuhr nichts hiervon. Ich merkte bald, daß er anders dachte; er gab mir öfters Schriften, die alles, was man Zusammenhang mit dem Unsichtbaren heißen kann, mit leichten und schweren Waffen bestritten. Ich las die Bücher, weil sie von ihm kamen, und wußte am Ende kein Wort von allem dem, was darin gestanden hatte.

Über Wissenschaften und Kenntnisse ging es auch nicht ohne Widerspruch ab; er machte es wie alle Männer, spottete über gelehrte Frauen und bildete unaufhörlich an mir. Über alle Gegenstände, die Rechtsgelehrsamkeit ausgenommen, pflegte er mit mir zu sprechen, und indem er mir Schriften von allerlei Art beständig zubrachte, wiederholte er oft die bedenkliche Lehre: daß ein Frauenzimmer sein Wissen heimlicher halten müsse, als der Calvinist seinen Glauben im katholischen Lande; und indem ich wirklich auf eine ganz natürliche Weise vor der Welt mich nicht klüger und unterrichteter als sonst zu zeigen pflegte, war er der erste, der gelegentlich der Eitelkeit nicht widerstehen konnte, von meinen Vorzügen zu sprechen.

Ein berühmter und damals wegen seines Einflusses, seiner Talente und seines Geistes sehr geschätzter Weltmann fand an unserm Hofe großen Beifall. Er zeichnete Narcissen besonders aus und hatte ihn beständig um sich. Sie stritten auch über die Tugend der Frauen. Narciß vertraute mir weitläufig ihre Unterredung; ich blieb mit meinen Anmerkungen nicht dahinten, und mein Freund verlangte von mir einen schriftlichen Aufsatz. Ich schrieb ziemlich geläufig Französisch: ich hatte bei meinem Alten einen guten Grund gelegt. Die Korrespondenz mit meinem Freunde war in dieser Sprache geführt, und eine feinere Bildung konnte man überhaupt damals nur aus französischen Büchern nehmen. Mein Aufsatz hatte dem Grafen gefallen; ich mußte einige kleine Lieder hergeben, die ich vor kurzem gedichtet hatte. Genug, Narciß schien sich auf seine Geliebte ohne Rückhalt etwas zu Gute zu tun, und die Geschichte endigte zu seiner großen Zufriedenheit mit einer geistreichen Epistel in französischen Versen, die ihm der Graf bei seiner Abreise zusandte, worin ihres freundschaftlichen Streites gedacht war, und mein Freund am Ende glücklich gepriesen wurde, daß er nach so manchen Zweifeln und Irrtümern in den Armen einer reizenden und tugendhaften Gattin was Tugend sei am sichersten erfahren würde.

Dieses Gedicht ward mir vor allen und dann aber auch fast jedermann gezeigt, und jeder dachte dabei, was er wollte. So ging es in mehreren Fällen, und so mußten alle Fremden, die er schätzte, in unserm Hause bekannt werden.

Eine gräfliche Familie hielt sich wegen unsres geschickten

Arztes eine Zeitlang hier auf. Auch in diesem Hause war Narciß wie ein Sohn gehalten; er führte mich daselbst ein, man fand bei diesen würdigen Personen eine angenehme Unterhaltung für Geist und Herz, und selbst die gewöhnlichen Zeitvertreibe der Gesellschaft schienen in diesem Hause nicht so leer wie anderwärts. Jedermann wußte wie wir zusammen standen; man behandelte uns, wie es die Umstände mit sich brachten, und ließ das Hauptverhältnis unberührt. Ich erwähne dieser einen Bekanntschaft, weil sie in der Folge meines Lebens manchen Einfluß auf mich hatte.

Nun war fast ein Jahr unserer Verbindung verstrichen, und mit ihm war auch unser Frühling dahin. Der Sommer kam und alles wurde ernsthafter und heißer.

Durch einige unerwartete Todesfälle waren Ämter erledigt, auf die Narciß Anspruch machen konnte. Der Augenblick war nahe, in dem sich mein ganzes Schicksal entscheiden sollte, und indes Narciß und alle Freunde sich bei Hofe die möglichste Mühe gaben, gewisse Eindrücke, die ihm ungünstig waren, zu vertilgen, und ihm den erwünschten Platz zu verschaffen, wendete ich mich mit meinem Anliegen zu dem unsichtbaren Freunde. Ich ward so freundlich aufgenommen, daß ich gern wiederkam. Ganz frei gestand ich meinen Wunsch, Narciß möchte zu der Stelle gelangen; allein meine Bitte war nicht ungestüm, und ich forderte nicht, daß es um meines Gebets willen geschehen sollte.

Die Stelle ward durch einen viel geringern Konkurrenten besetzt. Ich erschrak heftig über die Zeitung, und eilte in mein Zimmer, das ich fest hinter mir zumachte. Der erste Schmerz lös'te sich in Tränen auf; der nächste Gedanke war: Es ist aber doch nicht von ungefähr geschehen, und sogleich folgte die Entschließung, es mir recht wohl gefallen zu lassen, weil auch dieses anscheinende Übel zu meinem wahren Besten gereichen würde. Nun drangen die sanftesten Empfindungen, die alle Wolken des Kummers zerteilten, herbei; ich fühlte, daß sich mit dieser Hülfe alles ausstehen ließ. Ich ging heiter zu Tische, zum Erstaunen meiner Hausgenossen.

Narciß hatte weniger Kraft als ich, und ich mußte ihn trösten. Auch in seiner Familie begegneten ihm Widerwärtigkeiten, die ihn sehr drückten, und bei dem wahren Vertrauen, das unter uns statt hatte, vertraute er mir alles. Seine Negoziationen in fremde Dienste zu gehen waren auch nicht glücklicher; alles fühlte ich tief um seinet- und meinetwillen, und alles trug ich zuletzt an den Ort, wo mein Anliegen so wohl aufgenommen wurde.

Je sanfter diese Erfahrungen waren, desto öfter suchte ich sie zu erneuern, und den Trost immer da, wo ich ihn so oft gefunden hatte; allein ich fand ihn nicht immer: es war mir wie einem, der sich an der Sonne wärmen will, und dem etwas im Wege steht, das Schatten macht. Was ist das? fragte ich mich selbst. Ich spürte der Sache eifrig nach, und bemerkte deutlich, daß alles von der Beschaffenheit meiner Seele abhing; wenn die nicht ganz in der geradesten Richtung zu Gott gekehrt war, so blieb ich kalt; ich fühlte seine Rückwirkung nicht, und konnte seine Antwort nicht vernehmen. Nun war die zweite Frage: Was verhindert diese Richtung? Hier war ich in einem weiten Feld, und verwickelte mich in eine Untersuchung, die beinahe das ganze zweite Jahr meiner Liebesgeschichte fortdauerte. Ich hätte sie früher endigen können, denn ich kam bald auf die Spur; aber ich wollte es nicht gestehen, und suchte tausend Ausflüchte.

Ich fand sehr bald, daß die gerade Richtung meiner Seele durch törichte Zerstreuung und Beschäftigung mit unwürdigen Sachen gestört werde; das Wie und Wo war mir bald klar genug. Nun aber wie herauskommen in einer Welt, wo alles gleichgültig oder toll ist? Gern hätte ich die Sache an ihren Ort gestellt sein lassen, und hätte auf Geratewohl hingelebt wie andere Leute auch, die ich ganz wohlauf sah; allein ich durfte nicht: mein Inneres widersprach mir zu oft. Wollte ich mich der Gesellschaft entziehen und meine Verhältnisse verändern, so konnte ich nicht. Ich war nun einmal in einen Kreis hinein gesperrt; gewisse Verbindungen konnte ich nicht los werden, und in der mir so angelegenen Sache drängten und häuften sich die Fatalitäten. Ich legte mich oft mit Tränen zu Bette, und stand nach einer schlaflosen Nacht auch wieder so auf; ich bedurfte einer kräftigen Unterstützung, und die verlieh mir Gott nicht, wenn ich mit der Schellenkappe herumlief.

Nun ging es an ein Abwiegen aller und jeder Handlungen; Tanzen und Spielen wurden am ersten in Untersuchung genommen. Nie ist etwas für oder gegen diese Dinge geredet, gedacht oder geschrieben worden, das ich nicht aufsuchte, besprach, las, erwog, vermehrte, verwarf, und mich unerhört herumplagte. Unterließ ich diese Dinge, so war ich gewiß, Narcissen zu beleidigen; denn er fürchtete sich äußerst vor dem Lächerlichen, das uns der Anschein ängstlicher Gewissenhaftigkeit von der Welt gibt. Weil ich nun das, was ich für Torheit, für schädliche Torheit hielt, nicht einmal aus Geschmack, sondern bloß um seinetwillen tat, so wurde mir alles entsetzlich schwer.

Ohne unangenehme Weitläufigkeiten und Wiederholungen würde ich die Bemühungen nicht darstellen können, welche ich anwendete, um jene Handlungen, die mich nun einmal zerstreuten und meinen innern Frieden störten, so zu verrichten, daß dabei mein Herz für die Einwirkungen des unsichtbaren Wesens offen bliebe, und wie schmerzlich ich empfinden mußte, daß der Streit auf diese Weise nicht beigelegt werden könne. Denn sobald ich mich in das Gewand der Torheit kleidete, blieb es nicht bloß bei der Maske, sondern die Narrheit durchdrang mich sogleich durch und durch.

Darf ich hier das Gesetz einer bloß historischen Darstellung überschreiten, und einige Betrachtungen über dasjenige machen, was in mir vorging? Was konnte das sein, das meinen Geschmack und meine Sinnesart so änderte, daß ich im zwei und zwanzigsten Jahre, ja früher, kein Vergnügen an Dingen fand, die Leute von diesem Alter unschuldig belustigen können? Warum waren sie mir nicht unschuldig? Ich darf wohl antworten: Eben weil sie mir nicht unschuldig waren, weil ich nicht, wie andre Meinesgleichen, unbekannt mit meiner Seele war. Nein, ich wußte aus Erfahrungen, die ich ungesucht erlangt hatte, daß es höhere Empfindungen gebe, die uns ein Vergnügen wahrhaftig gewährten, das man vergebens bei Lustbarkeiten sucht, und daß in diesen höhern Freuden zugleich ein geheimer Schatz zur Stärkung im Unglück aufbewahrt sei.

Aber die geselligen Vergnügungen und Zerstreuungen der Jugend mußten doch notwendig einen starken Reiz für mich haben, weil es mir nicht möglich war, sie zu tun, als täte ich sie nicht. Wie manches könnte ich jetzt mit großer Kälte tun, wenn ich nur wollte, was mich damals irre machte, ja Meister über mich zu werden drohte. Hier konnte kein Mittelweg gehalten werden: ich mußte entweder die reizenden Vergnügungen oder die erquickenden innerlichen Empfindungen entbehren.

Aber schon war der Streit in meiner Seele ohne mein eigentliches Bewußtsein entschieden. Wenn auch etwas in mir war, das sich nach den sinnlichen Freuden hinsehnte, so konnte ich sie doch nicht mehr genießen. Wer den Wein noch so sehr liebt, dem wird alle Lust zum Trinken vergehen, wenn er sich bei vollen Fässern in einem Keller befände, in welchem die verdorbene Luft ihn zu ersticken drohte. Reine Luft ist mehr als Wein, das fühlte ich nur zu lebhaft, und es hätte gleich von Anfang an wenig Überlegung bei mir gekostet, das Gute dem Reizenden vorzuziehen, wenn mich die Furcht, Narcissens Gunst zu verlieren, nicht abgehalten hätte. Aber da ich endlich nach tausendfältigem Streit, nach immer wiederholter Betrachtung, auch scharfe Blicke auf das Band warf, das mich an ihm festhielt, entdeckte ich, daß es nur schwach war, daß es sich zerreißen lasse. Ich erkannte auf einmal, daß es nur eine Glasglocke sei, die mich in den luftleeren Raum sperrte; nur noch so viel Kraft sie entzwei zu schlagen, und du bist gerettet!

Gedacht gewagt. Ich zog die Maske ab und handelte jedesmal, wie mir's um's Herz war. Narcissen hatte ich immer zärtlich lieb; aber das Thermometer, das vorher im heißen

Wasser gestanden, hing nun an der natürlichen Luft; es konnte nicht höher steigen, als die Atmosphäre warm war.

Unglücklicherweise erkältete sie sich sehr. Narciß fing an, sich zurückzuziehen und fremd zu tun; das stand ihm frei; aber mein Thermometer fiel, so wie er sich zurückzog. Meine Familie bemerkte es, man befragte mich, man wollte sich verwundern. Ich erklärte mit männlichem Trotz, daß ich mich bisher genug aufgeopfert habe, daß ich bereit sei, noch ferner und bis an's Ende meines Lebens alle Widerwärtigkeiten mit ihm zu teilen; daß ich aber für meine Handlungen völlige Freiheit verlange, daß mein Tun und Lassen von meiner Überzeugung abhängen müsse; daß ich zwar niemals eigensinnig auf meiner Meinung beharren, vielmehr jede Gründe gerne anhören wolle, aber da es mein eignes Glück betreffe, müsse die Entscheidung von mir abhängen, und keine Art von Zwang würde ich dulden. So wenig das Raisonnement des größten Arztes mich bewegen würde, eine, sonst vielleicht ganz gesunde, und von vielen sehr geliebte Speise zu mir zu nehmen, sobald mir meine Erfahrung bewiese, daß sie mir jederzeit schädlich sei, wie ich den Gebrauch des Kaffee's zum Beispiel anführen könnte, so wenig und noch viel weniger würde ich mir irgend eine Handlung, die mich verwirrte, als für mich moralisch zuträglich aufdemonstrieren lassen.

Da ich mich so lange im Stillen vorbereitet hatte, so waren mir die Debatten hierüber eher angenehm als verdrießlich. Ich machte meinem Herzen Luft, und fühlte den ganzen Wert meines Entschlusses. Ich wich nicht ein Haar breit, und wem ich nicht kindlichen Respekt schuldig war, der wurde derb abgefertigt. In meinem Hause siegte ich bald. Meine Mutter hatte von Jugend auf ähnliche Gesinnungen, nur waren sie bei ihr nicht zur Reife gediehen; keine Not hatte sie gedrängt und den Mut, ihre Überzeugung durchzusetzen, erhöht. Sie freute sich, durch mich ihre stillen Wünsche erfüllt zu sehen. Die jüngere Schwester schien sich an mich anzuschließen; die zweite war aufmerksam und still. Die Tante hatte am meisten einzuwenden. Die Gründe, die sie vorbrachte, schienen ihr unwiderleglich, und waren es auch, weil sie ganz gemein waren. Ich war endlich genötigt, ihr zu zeigen, daß sie in keinem Sinne eine Stimme in dieser Sache habe, und sie ließ nur selten merken, daß sie auf ihrem Sinne verharre. Auch war sie die einzige, die diese Begebenheit von nahem ansah und ganz ohne Empfindung blieb. Ich tue ihr nicht zu viel, wenn ich sage, daß sie kein Gemüt und die eingeschränktesten Begriffe hatte.

Der Vater benahm sich ganz seiner Denkart gemäß. Er sprach weniges, aber öfter mit mir über die Sache, und seine Gründe waren verständig, und als *seine* Gründe unwiderleglich; nur das tiefe Gefühl meines Rechts gab mir Stärke, gegen ihn zu disputieren. Aber bald veränderten sich die Szenen; ich mußte an sein Herz Anspruch machen. Gedrängt von seinem Verstande brach ich in die affektvollsten Vorstellungen aus. Ich ließ meiner Zunge und meinen Tränen freien Lauf. Ich zeigte ihm, wie sehr ich Narcissen liebte, und welchen Zwang ich mir seit zwei Jahren angetan hatte, wie gewiß ich sei, daß ich recht handle, daß ich bereit sei, diese Gewißheit mit dem Verlust des geliebten Bräutigams und anscheinenden Glücks, ja wenn es nötig wäre, mit Hab und Gut zu versiegeln; daß ich lieber mein Vaterland, Eltern und Freunde verlassen, und mein Brot in der Fremde verdienen, als gegen meine Einsichten handeln wolle. Er verbarg seine Rührung, schwieg einige Zeit stille und erklärte sich endlich öffentlich für mich.

Narciß vermied seit jener Zeit unser Haus, und nun gab mein Vater die wöchentliche Gesellschaft auf, in der sich dieser befand. Die Sache machte Aufsehn bei Hofe und in der Stadt. Man sprach darüber, wie gewöhnlich in solchen Fällen, an denen das Publikum heftigen Teil zu nehmen pflegt, weil es verwöhnt ist, auf die Entschließungen schwacher Gemüter einigen Einfluß zu haben. Ich kannte die Welt genug, und wußte, daß man oft von eben den Personen über das getadelt wird, wozu man sich durch sie hat bereden lassen, und auch ohne das würden mir bei meiner innern Verfassung alle solche vorübergehende Meinungen weniger als nichts gewesen sein.

Dagegen versagte ich mir nicht, meiner Neigung zu Narcissen nachzuhängen. Er war mir unsichtbar geworden, und mein Herz hatte sich nicht gegen ihn geändert. Ich liebte ihn zärtlich, gleichsam auf das neue und viel gesetzter als vorher. Wollte er meine Überzeugung nicht stören, so war ich die seine; ohne diese Bedingung hätte ich ein Königreich mit ihm ausgeschlagen. Mehrere Monate lang trug ich diese Empfindungen und Gedanken mit mir herum, und da ich mich endlich still und stark genug fühlte, um ruhig und gesetzt zu Werke zu gehen, so schrieb ich ihm ein höfliches, nicht zärtliches Billet, und fragte ihn, warum er nicht mehr zu mir komme?

Da ich seine Art kannte, sich selbst in geringern Dingen nicht gern zu erklären, sondern stillschweigend zu tun, was ihm gut deuchte, so drang ich gegenwärtig mit Vorsatz in ihn. Ich erhielt eine lange und wie mir schien abgeschmackte Antwort, in einem weitläufigen Stil und unbedeutenden Phrasen: daß er ohne bessere Stellen sich nicht einrichten, und mir seine Hand anbieten könne, daß ich am besten wisse, wie hinderlich es ihm bisher gegangen, daß er glaube, ein so lang fortgesetzter fruchtloser Umgang könne meiner Renommée schaden, ich würde ihm erlauben, sich in der bisherigen Entfernung zu halten; sobald er im Stande wäre, mich glücklich zu machen, würde ihm das Wort, das er mir gegeben, heilig sein.

Ich antwortete ihm auf der Stelle: da die Sache aller Welt bekannt sei, möge es zu spät sein, meine Renommée zu menagieren, und für diese wären mir mein Gewissen und meine Unschuld die sichersten Bürgen; ihm aber gäbe ich hiermit sein Wort ohne Bedenken zurück, und wünschte, daß er dabei sein Glück finden möchte. In eben der Stunde erhielt ich eine kurze Antwort, die im Wesentlichen mit der ersten völlig gleichlautend war. Er blieb dabei, daß er nach erhaltener

Stelle bei mir anfragen würde, ob ich sein Glück mit ihm teilen wollte.

Mir hieß das nun so viel als nichts gesagt. Ich erklärte meinen Verwandten und Bekannten, die Sache sei abgetan, und sie war es auch wirklich. Denn als er neun Monate hernach auf das erwünschteste befördert wurde, ließ er mir seine Hand nochmals antragen, freilich mit der Bedingung, daß ich als Gattin eines Mannes, der ein Haus machen müßte, meine Gesinnungen würde zu ändern haben. Ich dankte höflich, und eilte mit Herz und Sinn von dieser Geschichte weg, wie man sich aus dem Schauspielhause heraus sehnt, wenn der Vorhang gefallen ist. Und da er kurze Zeit darauf, wie es ihm nun sehr leicht war, eine reiche und ansehnliche Partie gefunden hatte, und ich ihn nach seiner Art glücklich wußte, so war meine Beruhigung ganz vollkommen.

Ich darf nicht mit Stillschweigen übergehen, daß einigemal, noch eh' er eine Bedienung erhielt, auch nachher, ansehnliche Heiratsanträge an mich getan wurden, die ich aber ganz ohne Bedenken ausschlug, so sehr Vater und Mutter mehr Nachgiebigkeit von meiner Seite gewünscht hätten.

Nun schien mir nach einem stürmischen März und April das schönste Maiwetter beschert zu sein. Ich genoß bei einer guten Gesundheit eine unbeschreibliche Gemütsruhe; ich mochte mich umsehen, wie ich wollte, so hatte ich bei meinem Verluste noch gewonnen. Jung und voll Empfindung wie ich war, deuchte mir die Schöpfung tausendmal schöner als vorher, da ich Gesellschaften und Spiele haben mußte, damit mir die Weile in dem schönen Garten nicht zu lang wurde. Da ich mich einmal meiner Frömmigkeit nicht schämte, so hatte ich Herz, meine Liebe zu Künsten und Wissenschaften nicht zu verbergen. Ich zeichnete, malte, las, und fand Menschen genug, die mich unterstützten: statt der großen Welt, die ich verlassen hatte, oder vielmehr, die mich verließ, bildete sich eine kleinere um mich her, die weit reicher und unterhaltender war. Ich hatte eine Neigung zum gesellschaftlichen Leben, und ich leugne nicht, daß mir, als ich meine ältern Bekanntschaften aufgab, vor der Einsamkeit grauete. Nun fand ich mich hinlänglich, ja vielleicht zu sehr entschädigt. Meine Bekanntschaften wurden erst recht weitläufig, nicht nur mit Einheimischen, deren Gesinnungen mit den meinigen übereinstimmten, sondern auch mit Fremden. Meine Geschichte war ruchtbar geworden, und es waren viele Menschen neugierig, das Mädchen zu sehen, die Gott mehr schätzte als ihren Bräutigam. Es war damals überhaupt eine gewisse religiöse Stimmung in Deutschland bemerkbar. In mehreren fürstlichen und gräflichen Häusern war eine Sorge für das Heil der Seele lebendig. Es fehlte nicht an Edelleuten, die gleiche Aufmerksamkeit hegten, und in den geringern Ständen war durchaus diese Gesinnung verbreitet.

Die gräfliche Familie, deren ich oben erwähnt, zog mich nun näher an sich. Sie hatte sich indessen verstärkt, indem sich einige Verwandte in die Stadt gewendet hatten. Diese schätzbaren Personen suchten meinen Umgang, wie ich den ihrigen. Sie hatten große Verwandtschaft und ich lernte in diesem Hause einen großen Teil der Fürsten, Grafen und Herren des Reichs kennen. Meine Gesinnungen waren niemanden ein Geheimnis, und man mochte sie ehren oder auch nur schonen, so erlangte ich doch meinen Zweck und blieb ohne Anfechtung.

Noch auf eine andere Weise sollte ich wieder in die Welt geführt werden. Zu eben der Zeit verweilte ein Stiefbruder meines Vaters, der uns sonst nur im Vorbeigehn besucht hatte, länger bei uns. Er hatte die Dienste seines Hofes, wo er geehrt und von Einfluß war, nur deswegen verlassen, weil nicht alles nach seinem Sinne ging. Sein Verstand war richtig und sein Charakter streng, und er war darin meinem Vater sehr ähnlich; nur hatte dieser dabei einen gewissen Grad von Weichheit, wodurch ihm leichter ward, in Geschäften nachzugeben und etwas gegen seine Überzeugung nicht zu tun, aber geschehen zu lassen, und den Unwillen darüber alsdann entweder in der Stille für sich oder vertraulich mit seiner Familie zu verkochen. Mein Oheim war um vieles jünger, und seine Selbstständigkeit ward durch seine äußern Umstände nicht wenig bestätigt. Er hatte eine sehr reiche Mutter gehabt, und hatte von ihren nahen und fernen Verwandten noch ein großes Vermögen zu hoffen; er bedurfte keines fremden Zuschusses, anstatt daß mein Vater bei seinem mäßigen Vermögen durch Besoldung an den Dienst fest geknüpft war.

Noch unbiegsamer war mein Oheim durch häusliches Unglück geworden. Er hatte eine liebenswürdige Frau und einen hoffnungsvollen Sohn früh verloren, und er schien von der Zeit an alles von sich entfernen zu wollen, was nicht von seinem Willen abhing.

In der Familie sagte man sich gelegentlich mit einiger Selbstgefälligkeit in die Ohren, daß er wahrscheinlich nicht wieder heiraten werde, und daß wir Kinder uns schon als Erben seines großen Vermögens ansehen könnten. Ich achtete nicht weiter darauf; allein das Betragen der Übrigen ward nach diesen Hoffnungen nicht wenig gestimmt. Bei der Festigkeit seines Charakters hatte er sich gewöhnt, in der Unterredung niemand zu widersprechen, vielmehr die Meinung eines jeden freundlich anzuhören, und die Art, wie sich jeder eine Sache dachte, noch selbst durch Argumente und Beispiele zu erheben. Wer ihn nicht kannte, glaubte stets mit ihm einerlei Meinung zu sein; denn er hatte einen überwiegenden Verstand und konnte sich in alle Vorstellungsarten versetzen. Mit mir ging es ihm nicht so glücklich, denn hier war von Empfindungen die Rede, von denen er gar keine Ahnung hatte, und so schonend, teilnehmend und verständig er mit mir über meine Gesinnungen sprach, so war es mir doch auffallend, daß er von dem, worin der Grund aller meiner Handlungen lag, offenbar keinen Begriff hatte.

So geheim er übrigens war, entdeckte sich doch der Endzweck seines ungewöhnlichen Aufenthalts bei uns nach einiger Zeit. Er hatte, wie man endlich bemerken konnte, sich unter uns die jüngste Schwester ausersehen, um sie nach seinem Sinne zu verheiraten und glücklich zu machen; und gewiß sie konnte nach ihren körperlichen und geistigen Gaben, besonders wenn sich ein ansehnliches Vermögen noch mit auf die Schale legte, auf die ersten Partien Anspruch machen. Seine Gesinnungen gegen mich gab er gleichfalls pantomimisch zu erkennen, indem er mir den Platz einer Stiftsdame verschaffte, wovon ich sehr bald auch die Einkünfte zog.

Meine Schwester war mit seiner Fürsorge nicht so zufrieden und nicht so dankbar wie ich. Sie entdeckte mir eine Herzensangelegenheit, die sie bisher sehr weislich verborgen hatte: denn sie fürchtete wohl, was auch wirklich geschah, daß ich ihr auf alle mögliche Weise die Verbindung mit einem Manne, der ihr nicht hätte gefallen sollen, widerraten würde. Ich tat mein Möglichstes, und es gelang mir. Die Absichten des Oheims waren zu ernsthaft und zu deutlich, und die Aussicht für meine Schwester, bei ihrem Weltsinne, zu reizend, als daß sie nicht eine Neigung, die ihr Verstand selbst mißbilligte, aufzugeben Kraft hätte haben sollen.

Da sie nun den sanften Leitungen des Oheims nicht mehr wie bisher auswich, so war der Grund zu seinem Plane bald gelegt. Sie ward Hofdame an einem benachbarten Hofe, wo er sie einer Freundin, die als Oberhofmeisterin in großem Ansehn stand, zur Aufsicht und Ausbildung übergeben konnte. Ich begleitete sie zu dem Ort ihres neuen Aufenthaltes. Wir konnten beide mit der Aufnahme, die wir erfuhren, sehr zufrieden sein, und manchmal mußte ich über die Person, die ich nun als Stiftsdame, als junge und fromme Stiftsdame, in der Welt spielte, heimlich lächeln.

In frühern Zeiten würde ein solches Verhältnis mich sehr verwirrt, ja mir vielleicht den Kopf verrückt haben; nun aber war ich bei allem, was mich umgab, sehr gelassen. Ich ließ mich in großer Stille ein paar Stunden frisieren, putzte mich, und dachte nichts dabei, als daß ich in meinem Verhältnisse diese Galalivrée anzuziehen schuldig sei. In den angefüllten Sälen sprach ich mit allen und jeden, ohne daß mir irgend eine Gestalt oder ein Wesen einen starken Eindruck zurückgelassen hätte. Wenn ich wieder nach Hause kam, waren müde Beine meist alles Gefühl, was ich mit zurückbrachte. Meinem Verstande nützten die vielen Menschen die ich sah; und als Muster aller menschlichen Tugenden, eines guten und edlen Betragens, lernte ich einige Frauen, besonders die Oberhofmeisterin, kennen, unter der meine Schwester sich zu bilden das Glück hatte.

Doch fühlte ich bei meiner Rückkunft nicht so glückliche körperliche Folgen von dieser Reise. Bei der größten Enthaltsamkeit und der genausten Diät war ich doch nicht, wie sonst, Herr von meiner Zeit und meinen Kräften. Nahrung, Bewegung, Aufstehn und Schlafengehn, Ankleiden und Ausfahren hing nicht, wie zu Hause, von meinem Willen und meinem Empfinden ab. Im Laufe des geselligen Kreises darf man nicht stocken, ohne unhöflich zu sein, und alles, was nötig war, leistete ich gern, weil ich es für Pflicht hielt, weil ich wußte, daß es bald vorüber gehen würde, und weil ich mich gesunder als jemals fühlte. Dessen ungeachtet mußte dieses fremde unruhige Leben auf mich stärker, als ich fühlte, gewirkt haben. Denn kaum war ich zu Hause angekommen und hatte meine Eltern mit einer befriedigenden Erzählung erfreut, so überfiel mich ein Blutsturz, der, ob er gleich nicht gefährlich war und schnell vorüberging, doch lange Zeit eine merkliche Schwachheit hinterließ.

Hier hatte ich nun wieder eine neue Lektion aufzusagen. Ich tat es freudig. Nichts fesselte mich an die Welt, und ich war überzeugt, daß ich hier das Rechte niemals finden würde, und so war ich in dem heitersten und ruhigsten Zustande, und ward, indem ich Verzicht auf's Leben getan hatte, bei'm Leben erhalten.

Eine neue Prüfung hatte ich auszustehen, da meine Mutter mit einer drückenden Beschwerde überfallen wurde, die sie noch fünf Jahre trug, ehe sie die Schuld der Natur bezahlte. In dieser Zeit gab es manche Übung. Oft wenn ihr die Bangigkeit zu stark wurde, ließ sie uns des Nachts alle vor ihr Bette rufen, um wenigstens durch unsre Gegenwart zerstreut, wo nicht gebessert zu werden. Schwerer, ja kaum zu tragen, war der Druck, als mein Vater auch elend zu werden anfing. Von Jugend auf hatte er öfters heftige Kopfschmerzen, die aber auf's längste nur sechsunddreißig Stunden anhielten. Nun aber wurden sie bleibend, und wenn sie auf einen hohen Grad stiegen, so zerriß der Jammer mir das Herz. Bei diesen Stürmen fühlte ich meine körperliche Schwäche am meisten, weil sie mich hinderte, meine heiligsten liebsten Pflichten zu erfüllen, oder mir doch ihre Ausübung äußerst beschwerlich machte.

Nun konnte ich mich prüfen, ob auf dem Wege, den ich eingeschlagen, Wahrheit oder Phantasie sei, ob ich vielleicht nur nach andern gedacht, oder ob der Gegenstand meines Glaubens eine Realität habe, und zu meiner größten Unterstützung fand ich immer das letztere. Die gerade Richtung meines Herzens zu Gott, den Umgang mit den beloved ones hatte ich gesucht und gefunden, und das war was mir alles erleichterte. Wie der Wanderer in den Schatten, so eilte meine Seele nach diesem Schutzort, wenn mich alles von außen drückte, und kam niemals leer zurück.

In der neuern Zeit haben einige Verfechter der Religion, die mehr Eifer als Gefühl für dieselbe zu haben scheinen, ihre Mitgläubigen aufgefordert, Beispiele von wirklichen Gebetserhörungen bekannt zu machen, wahrscheinlich weil sie sich Brief und Siegel wünschten, um ihren Gegnern recht diplomatisch und juristisch zu Leibe zu gehen. Wie unbekannt muß ihnen das wahre Gefühl sein, und wie wenig echte Erfahrungen mögen sie selbst gemacht haben!

Ich darf sagen, ich kam nie leer zurück, wenn ich unter Druck und Not Gott gesucht hatte. Es ist unendlich viel gesagt, und doch kann und darf ich nicht mehr sagen. So wichtig jede Erfahrung in dem kritischen Augenblicke für mich war, so matt, so unbedeutend, unwahrscheinlich würde die Erzählung werden, wenn ich einzelne Fälle anführen wollte. Wie glücklich war ich, daß tausend kleine Vorgänge zusammen, so gewiß als das Atemholen Zeichen meines Lebens ist, mir bewiesen, daß ich nicht ohne Gott auf der Welt sei. Er war mir nahe, ich war vor ihm. Das ist's, was ich mit geflissentlicher Vermeidung aller theologischen Systemsprache mit größter Wahrheit sagen kann.

Wie sehr wünschte ich, daß ich mich auch damals ganz ohne System befunden hätte; aber wer kommt früh zu dem Glücke, sich seines eignen Selbsts, ohne fremde Formen, in reinem Zusammenhang bewußt zu sein? Mir war es Ernst mit meiner Seligkeit. Bescheiden vertraute ich fremdem Ansehn; ich ergab mich völlig dem Hallischen Bekehrungssystem, und mein ganzes Wesen wollte auf keine Wege hineinpassen.

Nach diesem Lehrplan muß die Veränderung des Herzens mit einem tiefen Schrecken über die Sünde anfangen; das Herz muß in dieser Not bald mehr bald weniger die verschuldete Strafe erkennen und den Vorschmack der Hölle kosten, der die Luft der Sünde verbittert. Endlich muß man eine sehr merkliche Versicherung der Gnade fühlen, die aber im Fortgange sich oft versteckt und mit Ernst wieder gesucht werden muß.

Das alles traf bei mir weder nahe noch ferne zu. Wenn ich Gott aufrichtig suchte, so ließ er sich finden, und hielt mir von vergangenen Dingen nichts vor. Ich sah hintennach wohl ein, wo ich unwürdig gewesen, und wußte auch, wo ich es noch war; aber die Erkenntnis meiner Gebrechen war ohne alle Angst. Nicht einen Augenblick ist mir eine Furcht vor der Hölle angekommen, ja die Idee eines bösen Geistes und eines Straf- und Quälortes nach dem Tode konnte keineswegs in dem Kreise meiner Ideen Platz finden. Ich fand die Menschen, die ohne Gott lebten, deren Herz dem Vertrauen und der Liebe gegen den Unsichtbaren zugeschlossen war, schon so unglücklich, daß eine Hölle und äußere Strafen mir eher für sie eine Linderung zu versprechen, als eine Schärfung der Strafe zu drohen schienen. Ich durfte nur Menschen auf dieser Welt ansehen, die gehässigen Gefühlen in ihrem Busen Raum geben, die sich gegen das Gute von irgend einer Art verstocken und sich und andern das Schlechte aufdringen wollen, die lieber bei Tage die Augen zuschließen, um nur behaupten zu können, die Sonne gebe keinen Schein von sich – wie über allen Ausdruck schienen mir diese Menschen elend! Wer hätte eine Hölle schaffen können, um ihren Zustand zu verschlimmern!

Diese Gemütsbeschaffenheit blieb mir, einen Tag wie den andern, zehn Jahre lang. Sie erhielt sich durch viele Proben, auch am schmerzhaften Sterbebette meiner geliebten Mutter. Ich war offen genug, um bei dieser Gelegenheit meine heitere Gemütsverfassung frommen, aber ganz schulgerechten Leuten nicht zu verbergen, und ich mußte darüber manchen freundschaftlichen Verweis erdulden. Man meinte mir eben zur rechten Zeit vorzustellen, welchen Ernst man anzuwenden hätte, um in gesunden Tagen einen guten Grund zu legen.

An Ernst wollte ich es auch nicht fehlen lassen. Ich ließ mich für den Augenblick überzeugen und wäre um mein Leben gern traurig und voll Schrecken gewesen. Wie verwundert war ich aber, da es ein- für allemal nicht möglich war. Wenn ich an Gott dachte, war ich heiter und vergnügt; auch bei meiner lieben Mutter schmerzensvollem Ende graute mir vor dem Tode nicht. Doch lernte ich vieles und ganz andere Sachen, als meine unberufenen Lehrmeister glaubten, in diesen großen Stunden.

Nach und nach ward ich an den Einsichten so mancher hochberühmten Leute zweifelhaft und bewahrte meine Gesinnungen in der Stille. Eine gewisse Freundin, der ich erst zu viel eingeräumt hatte, wollte sich immer in meine Angelegenheiten mengen; auch von dieser war ich genötigt mich los zu machen, und einst sagte ich ihr ganz entschieden, sie solle ohne Mühe bleiben, ich brauche ihren Rat nicht; ich kenne meinen Gott und wolle ihn ganz allein zum Führer haben. Sie fand sich sehr beleidigt, und ich glaube, sie hat mir's nie ganz verziehen.

Dieser Entschluß, mich dem Rate und der Einwirkung meiner Freunde in geistlichen Sachen zu entziehen, hatte die Folge, daß ich auch in äußerlichen Verhältnissen meinen eigenen Weg zu gehen Mut gewann. Ohne den Beistand meines treuen unsichtbaren Führers hätte es mir übel geraten können, und noch muß ich über diese weise und glückliche Leitung erstaunen. Niemand wußte eigentlich, worauf es bei mir ankam, und ich wußte es selbst nicht.

Das Ding, das noch nie erklärte böse Ding, das uns von dem Wesen trennt, dem wir das Leben verdanken, von dem Wesen, aus dem alles, was Leben genannt werden soll, sich unterhalten muß, das Ding, das man Sünde nennt, kannte ich noch gar nicht.

In dem Umgange mit dem unsichtbaren Freunde fühlte ich den süßesten Genuß aller meiner Lebenskräfte. Das Verlangen, dieses Glück immer zu genießen, war so groß, daß ich gern unterließ, was diesen Umgang störte, und hierin war die Erfahrung mein bester Lehrmeister. Allein es ging mir wie Kranken, die keine Arznei haben und sich mit der Diät zu helfen suchen. Es tut etwas, aber lange nicht genug.

In der Einsamkeit konnte ich nicht immer bleiben, ob ich gleich in ihr das beste Mittel gegen die mir so eigene Zerstreuung der Gedanken fand. Kam ich nachher in Getümmel, so machte es einen desto größern Eindruck auf mich. Mein eigentlicher Vorteil bestand darin, daß die Liebe zur Stille herrschend war, und ich mich am Ende immer dahin wieder zurück zog. Ich erkannte, wie in einer Art von Dämmerung, mein Elend und meine Schwäche, und ich suchte mir dadurch zu helfen, daß ich mich schonte, daß ich mich nicht aussetzte.

Sieben Jahre lang hatte ich meine diätetische Vorsicht ausgeübt. Ich hielt mich nicht für schlimm und fand meinen Zustand wünschenswert. Ohne sonderbare Umstände und Verhältnisse wäre ich auf dieser Stufe stehen geblieben, und ich kam nur auf einem sonderbaren Wege weiter. Gegen den Rat aller meiner Freunde knüpfte ich ein neues Verhältnis an. Ihre Einwendungen machten mich anfangs stutzig. Sogleich wandte ich mich an meinen unsichtbaren Führer, und da dieser es mir vergönnte, ging ich ohne Bedenken auf meinem Wege fort.

Ein Mann von Geist, Herz und Talenten hatte sich in der Nachbarschaft angekauft. Unter den Fremden, die ich kennen lernte, war auch er und seine Familie. Wir stimmten in unsern Sitten, Hausverfassungen und Gewohnheiten sehr überein, und konnten uns daher bald an einander anschließen.

Philo, so will ich ihn nennen, war schon in gewissen Jahren, und meinem Vater, dessen Kräfte abzunehmen anfingen, in gewissen Geschäften von der größten Beihülfe. Er ward bald der innige Freund unsers Hauses, und da er, wie er sagte, an mir eine Person fand, die nicht das Ausschweifende und Leere der großen Welt, und nicht das Trockne und Ängstliche der Stillen im Lande habe, so waren wir bald vertraute Freunde. Er war mir sehr angenehm und sehr brauchbar.

Ob ich gleich nicht die mindeste Anlage noch Neigung hatte, mich in weltliche Geschäfte zu mischen und irgend einen Einfluß zu suchen, so hörte ich doch gerne davon, und wußte gern, was in der Nähe und Ferne vorging. Von weltlichen Dingen liebte ich, mir eine gefühllose Deutlichkeit zu verschaffen; Empfindung, Innigkeit, Neigung bewahrte ich für meinen Gott, für die Meinigen und für meine Freunde.

Diese letzten waren, wenn ich so sagen darf, auf meine neue Verbindung mit Philo eifersüchtig, und hatten dabei von mehr als einer Seite Recht, wenn sie mich hierüber warnten. Ich litt viel in der Stille, denn ich konnte selbst ihre Einwendungen nicht ganz für leer oder eigennützig halten. Ich war von jeher gewohnt, meine Einsichten unterzuordnen, und doch wollte diesmal meine Überzeugung nicht nach. Ich flehte zu meinem Gott, auch hier mich zu warnen, zu hindern, zu leiten, und da mich hierauf mein Herz nicht abmahnte, so ging ich meinen Pfad getrost fort.

Philo hatte im Ganzen eine entfernte Ähnlichkeit mit Narcissen; nur hatte eine fromme Erziehung sein Gefühl mehr zusammengehalten und belebt. Er hatte weniger Eitelkeit, mehr Charakter, und wenn jener in weltlichen Geschäften fein, genau, anhaltend und unermüdlich war, so war dieser klar, scharf, schnell, und arbeitete mit einer unglaublichen Leichtigkeit. Durch ihn erfuhr ich die innersten Verhältnisse fast aller der vornehmen Personen, deren Äußeres ich in der Gesellschaft hatte kennen lernen, und ich war froh, von meiner Warte dem Getümmel von weiten zuzusehen. Philo konnte mir nichts mehr verhehlen: er vertraute mir nach und nach seine äußern und innern Verbindungen. Ich fürchtete für ihn, denn ich sah gewisse Umstände und Verwickelungen voraus, und das Übel kam schneller als ich vermutet hatte; denn er hatte mit gewissen Bekenntnissen immer zurückgehalten, und auch zuletzt entdeckte er mir nur so viel, daß ich das Schlimmste vermuten konnte.

Welche Wirkung hatte das auf mein Herz! Ich gelangte zu Erfahrungen, die mir ganz neu waren. Ich sah mit unbeschreiblicher Wehmut einen Agathon, der, in den Hainen von Delphi erzogen, das Lehrgeld noch schuldig war, und es nun mit schweren rückständigen Zinsen abzahlte, und dieser Agathon war mein genau verbundener Freund. Meine Teilnahme war lebhaft und vollkommen; ich litt mit ihm, und wir befanden uns beide in dem sonderbarsten Zustande.

Nachdem ich mich lange mit seiner Gemütsverfassung beschäftigt hatte, wendete sich meine Betrachtung auf mich selbst. Der Gedanke, du bist nicht besser als er, stieg wie eine kleine Wolke vor mir auf, breitete sich nach und nach aus, und verfinsterte meine ganze Seele.

Nun dachte ich nicht mehr bloß, du bist nicht besser als er; ich fühlte es, und fühlte es so, daß ich es nicht noch einmal fühlen möchte: und es war kein schneller Übergang. Mehr als ein Jahr mußte ich empfinden, daß, wenn mich eine unsichtbare Hand nicht umschränkt hätte, ich ein Girard, ein Tartouche, ein Damiens und welches Ungeheuer man nennen will, hätte werden können: die Anlage dazu fühlte ich deutlich in meinem Herzen. Gott, welche Entdeckung!

Hatte ich nun bisher die Wirklichkeit der Sünde in mir durch die Erfahrung nicht einmal auf das leiseste gewahr werden können, so war mir jetzt die Möglichkeit derselben in der Ahnung auf's schrecklichste deutlich geworden, und doch kannte ich das Übel nicht, ich fürchtete es nur; ich fühlte, daß ich schuldig sein könnte, und hatte mich nicht anzuklagen.

So tief ich überzeugt war, daß eine solche Geistesbeschaffenheit, wofür ich die meinige anerkennen mußte, sich nicht zu einer Vereinigung mit dem höchsten Wesen, die ich nach dem Tode hoffte, schicken könne; so wenig fürchtete ich, in eine solche Trennung zu geraten. Bei allem Bösen, das ich in mir entdeckte, hatte ich *Ihn* lieb, und haßte, was ich fühlte, ja ich wünschte es noch ernstlicher zu hassen, und mein ganzer Wunsch war, von dieser Krankheit und dieser Anlage zur Krankheit erlös't zu werden, und ich war gewiß, daß mir der große Arzt seine Hülfe nicht versagen würde.

Die einzige Frage war: was heilt diesen Schaden? Tugendübungen? An die konnte ich nicht einmal denken; denn zehn Jahre hatte ich schon mehr als nur bloße Tugend geübt, und die nun erkannten Greuel hatten dabei tief in meiner Seele verborgen gelegen. Hätten sie nicht auch wie ein David losbrechen können, als er Bathseba erblickte, und war er nicht auch ein Freund Gottes, und war ich nicht im Innersten überzeugt, daß Gott mein Freund sei?

Sollte es also wohl eine unvermeidliche Schwäche der Menschheit sein? Müssen wir uns nun gefallen lassen, daß wir irgend einmal die Herrschaft unsrer Neigung empfinden, und bleibt uns bei dem besten Willen nichts andres übrig, als den Fall, den wir getan, zu verabscheuen, und bei einer ähnlichen Gelegenheit wieder zu fallen?

Aus der Sittenlehre konnte ich keinen Trost schöpfen. Weder ihre Strenge, wodurch sie unsre Neigung meistern will, noch ihre Gefälligkeit, mit der sie unsre Neigungen zu Tugenden machen möchte, konnte mir genügen. Die Grundbegriffe, die mir der Umgang mit dem unsichtbaren Freunde eingeflößt hatte, hatten für mich schon einen viel entschiedenern Wert.

Indem ich einst die Lieder studierte, welche David nach jener häßlichen Katastrophe gedichtet hatte, war mir sehr auffallend, daß er das in ihm wohnende Böse schon in dem Stoff, woraus er geworden war, erblickte, daß er aber entsündigt sein wollte, und daß er auf das dringendste um ein reines Herz flehte.

Wie nun aber dazu zu gelangen? Die Antwort aus den symbolischen Büchern wußte ich wohl: es war mir auch eine Bibelwahrheit, daß das Blut Jesu Christi uns von allen Sünden reinige. Nun aber bemerkte ich erst, daß ich diesen so oft wiederholten Spruch noch nie verstanden hatte. Die Fragen: Was heißt das? Wie soll das zugehen? arbeiteten Tag und Nacht in mir sich durch. Endlich glaubte ich bei einem Schimmer zu sehen, daß das, was ich suchte, in der Menschwerdung des ewigen Worts, durch das alles und auch wir erschaffen sind, zu suchen sei. Daß der Uranfängliche sich in die Tiefen, in denen wir stecken, die er durchschaut und umfaßt, einstmal als Bewohner begeben habe, durch unser Verhältnis von Stufe zu Stufe, von der Empfängnis und Geburt bis zu dem Grabe, durchgegangen sei, daß er durch diesen sonderbaren Umweg wieder zu den lichten Höhen aufgestiegen, wo wir auch wohnen sollten, um glücklich zu sein: das ward mir, wie in einer dämmernden Ferne, offenbart.

O warum müssen wir, um von solchen Dingen zu reden, Bilder gebrauchen, die nur äußere Zustände anzeigen! Wo ist vor ihm etwas Hohes oder Tiefes, etwas Dunkles oder Helles? Wir nur haben ein Oben und Unten, einen Tag und eine Nacht. Und eben darum ist er uns ähnlich geworden, weil wir sonst keinen Teil an ihm haben könnten.

Wie können wir aber an dieser unschätzbaren Wohltat Teil nehmen? Durch den Glauben, antwortet uns die Schrift. Was ist denn Glauben? Die Erzählung einer Begebenheit für wahr halten, was kann mir das helfen? Ich muß mir ihre Wirkungen, ihre Folgen zueignen können. Dieser zueignende Glaube muß ein eigener, dem natürlichen Menschen ungewöhnlicher Zustand des Gemüts sein.

Nun, Allmächtiger! so schenke mir Glauben, flehte ich einst in dem größten Druck des Herzens. Ich lehnte mich auf einen kleinen Tisch, an dem ich saß, und verbarg mein beträntes Gesicht in meinen Händen. Hier war ich in der Lage, in der man sein muß, wenn Gott auf unser Gebet achten soll, und in der man selten ist.

Ja, wer nur schildern könnte, was ich da fühlte! Ein Zug brachte meine Seele nach dem Kreuze hin, an dem Jesus einst erblaßte; ein Zug war es, ich kann es nicht anders nennen, demjenigen völlig gleich, wodurch unsre Seele zu einem abwesenden Geliebten geführt wird, ein Zunahen, das vermutlich viel wesentlicher und wahrhafter ist, als wir vermuten. So nahte meine Seele dem Menschgewordnen und am Kreuz Gestorbenen, und in dem Augenblicke wußte ich, was Glauben war.

Das ist Glauben! sagte ich, und sprang wie halb erschreckt in die Höhe. Ich suchte nun meiner Empfindung, meines Anschauens gewiß zu werden, und in kurzem war ich überzeugt, daß mein Geist eine Fähigkeit sich aufzuschwingen erhalten habe, die ihm ganz neu war.

Bei diesen Empfindungen verlassen uns die Worte. Ich konnte sie ganz deutlich von aller Phantasie unterscheiden; sie waren ganz ohne Phantasie, ohne Bild, und gaben doch eben die Gewißheit eines Gegenstandes, auf den sie sich bezogen, als die Einbildungskraft, indem sie uns die Züge eines abwesenden Geliebten vormalt.

Als das erste Entzücken vorüber war, bemerkte ich, daß mir dieser Zustand der Seele schon vorher bekannt gewesen; allein ich hatte ihn nie in dieser Stärke empfunden. Ich hatte ihn niemals fest halten, nie zu eigen behalten können. Ich glaube überhaupt, daß jede Menschenseele ein- und das anderemal davon etwas empfunden hat. Ohne Zweifel ist *er* das, was einem jeden lehrt, daß ein Gott ist.

Mit dieser mich ehemals von Zeit zu Zeit nur anwandelnden Kraft war ich bisher sehr zufrieden gewesen, und wäre mir nicht durch sonderbare Schickung seit Jahr und Tag die unerwartete Plage widerfahren, wäre nicht dabei mein Können und Vermögen bei mir selbst außer allen Kredit gekommen, so wäre ich vielleicht mit jenem Zustande immer zufrieden geblieben.

Nun hatte ich aber seit jenem großen Augenblicke Flügel bekommen. Ich konnte mich über das, was mich vorher bedrohete, aufschwingen, wie ein Vogel singend über den schnellsten Strom ohne Mühe fliegt, vor welchem das Hündchen ängstlich bellend stehen bleibt.

Meine Freude war unbeschreiblich, und ob ich gleich niemand etwas davon entdeckte, so merkten doch die Meinigen eine ungewöhnliche Heiterkeit an mir, ohne begreifen zu können, was die Ursache meines Vergnügens wäre. Hätte ich doch immer geschwiegen, und die reine Stimmung in meiner Seele zu erhalten gesucht! Hätte ich mich doch nicht durch Umstände verleiten lassen, mit meinem Geheimnisse hervor zu treten! dann hätte ich mir abermals einen großen Umweg ersparen können.

Da in meinem vorhergehenden zehnjährigen Christenlauf diese notwendige Kraft nicht in meiner Seele war, so hatte ich mich in dem Fall anderer redlichen Leute auch befunden; ich hatte mir dadurch geholfen, daß ich die Phantasie immer mit Bildern erfüllte, die einen Bezug auf Gott hatten, und auch dieses ist schon wahrhaft nützlich: denn schädliche Bilder und ihre bösen Folgen werden dadurch abgehalten. Sodann ergreift unsre Seele oft ein und das andere von den geistigen Bildern, und schwingt sich ein wenig damit in die Höhe, wie ein junger Vogel von einem Zweige auf den andern flattert. So lange man nichts Besseres hat, ist doch diese Übung nicht ganz zu verwerfen.

Auf Gott zielende Bilder und Eindrücke verschaffen uns kirchliche Anstalten, Glocken, Orgeln und Gesänge, und besonders die Vorträge unsrer Lehrer. Auf sie war ich ganz unsäglich begierig; keine Witterung, keine körperliche Schwäche hielt mich ab, die Kirchen zu besuchen, und nur das sonntägige Geläute konnte mir auf meinem Krankenlager einige Ungeduld verursachen. Unsern Oberhofprediger, der ein trefflicher Mann war, hörte ich mit großer Neigung; auch seine Kollegen waren mir wert, und ich wußte die goldnen Äpfel des göttlichen Wortes auch aus irdenen Schalen unter gemeinem Obste heraus zu finden. Den öffentlichen Übungen wurden alle möglichen Privat-Erbauungen, wie man sie nennt, hinzugefügt, und auch dadurch nur Phantasie und feinere Sinnlichkeit genährt. Ich war so an diesen Gang gewöhnt, ich respektierte ihn so sehr, daß mir auch jetzt nichts Höheres einfiel. Denn meine Seele hat nur Fühlhörner und keine Augen; sie tastet nur und sieht nicht; ach! daß sie Augen bekäme und schauen dürfte!

Auch jetzt ging ich voll Verlangen in die Predigten; aber ach, wie geschah mir! Ich fand das nicht mehr, was ich sonst gefunden. Diese Prediger stumpften sich die Zähne an den Schalen ab, indessen ich den Kern genoß. Ich mußte ihrer nun bald müde werden; aber mich an den allein zu halten, den ich doch zu finden wußte, dazu war ich zu verwöhnt. Bilder wollte ich haben, äußere Eindrücke bedurfte ich, und glaubte ein reines geistiges Bedürfnis zu fühlen.

Philo's Eltern hatten mit der herrnhutischen Gemeinde in Verbindung gestanden; in seiner Bibliothek fanden sich noch viele Schriften des Grafen. Er hatte mir einigemal sehr klar und billig darüber gesprochen, und mich ersucht, einige dieser Schriften durchzublättern, und wäre es auch nur, um ein psychologisches Phänomen kennen zu lernen. Ich hielt den Grafen für einen gar zu argen Ketzer; so ließ ich auch das Ebersdorfer Gesangbuch bei mir liegen, das mir der Freund in ähnlicher Absicht gleichsam aufgedrungen hatte.

In dem völligen Mangel aller äußeren Ermunterungsmittel ergriff ich wie von ungefähr das gedachte Gesangbuch, und fand zu meinem Erstaunen wirklich Lieder darin, die, freilich unter sehr seltsamen Formen, auf dasjenige zu deuten schienen, was ich fühlte; die Originalität und Naivetät der Ausdrücke zog mich an. Eigene Empfindungen schienen auf eine eigene Weise ausgedrückt; keine Schul-Terminologie erinnerte an etwas Steifes oder Gemeines. Ich ward überzeugt, die Leute fühlten, was ich fühlte, und ich fand mich nun sehr glücklich, ein solches Verschen in's Gedächtnis zu fassen und mich einige Tage damit zu tragen.

Seit jenem Augenblick, in welchem mir das Wahre geschenkt worden war, verflossen auf diese Weise ungefähr drei Monate. Endlich faßte ich den Entschluß, meinem Freunde Philo alles zu entdecken, und ihn um die Mitteilung jener Schriften zu bitten, auf die ich nun über die Maßen neugierig geworden war. Ich tat es auch wirklich, ungeachtet mir ein Etwas im Herzen ernstlich davon abriet.

Ich erzählte Philo die ganze Geschichte umständlich, und da er selbst darin eine Hauptperson war, da meine Erzählung auch für ihn die strengste Bußpredigt enthielt, war er äußerst betroffen und gerührt. Er zerfloß in Tränen. Ich freute mich, und glaubte, auch bei ihm sei eine völlige Sinnesänderung bewirkt worden.

Er versorgte mich mit allen Schriften, die ich nur verlangte, und nun hatte ich überflüssige Nahrung für meine Einbildungskraft. Ich machte große Fortschritte in der Zinzendorfischen Art zu denken und zu sprechen. Man glaube nicht, daß ich die Art und Weise des Grafen nicht auch gegenwärtig zu schätzen wisse; ich lasse ihm gern Gerechtigkeit widerfahren; er ist kein leerer Phantast; er spricht von großen Wahrheiten meist in einem kühnen Fluge der Einbildungskraft, und die ihn geschmäht haben, wußten seine Eigenschaften weder zu schätzen, noch zu unterscheiden.

Ich gewann ihn unbeschreiblich lieb. Wäre ich mein eigner Herr gewesen, so hätte ich gewiß Vaterland und Freunde verlassen, wäre zu ihm gezogen; unfehlbar hätten wir uns verstanden, und schwerlich hätten wir uns lange vertragen.

Dank sei meinem Genius, der mich damals in meiner häuslichen Verfassung so eingeschränkt hielt! Es war schon eine große Reise, wenn ich nur in den Hausgarten gehen konnte. Die Pflege meines alten und schwächlichen Vaters machte mir Arbeit genug, und in den Ergötzungsstunden war die edle Phantasie mein Zeitvertreib. Der einzige Mensch, den ich sah, war Philo, den mein Vater sehr liebte, dessen offnes Verhältnis zu mir aber durch die letzte Erklärung einigermaßen gelitten hatte. Bei ihm war die Rührung nicht tief gedrungen, und da ihm einige Versuche, in meiner Sprache zu reden, nicht gelungen waren, so vermied er diese Materie um so leichter, als er durch seine ausgebreiteten Kenntnisse immer neue Gegenstände des Gesprächs herbei zu führen wußte.

Ich war also eine herrnhutische Schwester auf meine eigene Hand, und hatte diese neue Wendung meines Gemüts und meiner Neigungen besonders vor dem Oberhofprediger zu verbergen, den ich als meinen Beichtvater zu schätzen sehr Ursache hatte, und dessen große Verdienste auch gegenwärtig, durch seine äußerste Abneigung gegen die herrnhutische Gemeinde, in meinen Augen nicht geschmälert wurden. Leider sollte dieser würdige Mann an mir und andern viele Betrübnis erleben!

Er hatte vor mehreren Jahren auswärts einen Kavalier als einen redlichen frommen Mann kennen lernen, und war mit ihm, als einem der Gott ernstlich suchte, in einem ununterbrochenen Briefwechsel geblieben. Wie schmerzhaft war es daher für seinen geistlichen Führer, als dieser Kavalier sich in der Folge mit der herrnhutischen Gemeinde einließ, und sich lange unter den Brüdern aufhielt; wie angenehm dagegen, als sein Freund sich mit den Brüdern wieder entzweite, in seiner Nähe zu wohnen sich entschloß, und sich seiner Leitung auf's neue völlig zu überlassen schien.

Nun wurde der Neuangekommene gleichsam im Triumph allen besonders geliebten Schäfchen des Oberhirten vorgestellt. Nur in unser Haus ward er nicht eingeführt, weil mein Vater niemand mehr zu sehen pflegte. Der Kavalier fand große Approbation; er hatte das Gesittete des Hofs und das Einnehmende der Gemeinde, dabei viel schöne natürliche Eigenschaften, und ward bald der große Heilige für alle, die ihn kennen lernten, worüber sich sein geistlicher Gönner äußerst freute. Leider war jener nur über äußere Umstände mit der

Gemeine brouilliert, und im Herzen noch ganz Herrnhuter. Er hing zwar wirklich an der Realität der Sache; allein auch ihm war das Tändelwerk, das der Graf darum gehängt hatte, höchst angemessen. Er war an jene Vorstellungs- und Redensarten nun einmal gewöhnt, und wenn er sich nunmehr vor seinem alten Freunde sorgfältig verbergen mußte, so war es ihm desto notwendiger, sobald er ein Häufchen vertrauter Personen um sich erblickte, mit seinen Verschen, Litaneien und Bilderchen hervor zu rücken, und er fand, wie man denken kann, großen Beifall.

Ich wußte von der ganzen Sache nichts, und tändelte auf meine eigene Art fort. Lange Zeit blieben wir uns unbekannt.

Einst besuchte ich, in einer freien Stunde, eine kranke Freundin. Ich traf mehrere Bekannte dort an, und merkte bald, daß ich sie in einer Unterredung gestört hatte. Ich ließ mir nichts merken, erblickte aber, zu meiner großen Verwunderung, an der Wand einige herrnhutische Bilder, in zierlichen Rahmen. Ich faßte geschwinde, was in der Zeit, da ich nicht im Hause gewesen, vorgegangen sein mochte, und bewillkommte diese neue Erscheinung mit einigen angemessenen Versen.

Man denke sich das Erstaunen meiner Freundinnen. Wir erklärten uns, und waren auf der Stelle einig und vertraut.

Ich suchte nun öfter Gelegenheit auszugehn. Leider fand ich sie nur alle drei bis vier Wochen, ward mit dem adelichen Apostel und nach und nach mit der ganzen heimlichen Gemeinde bekannt. Ich besuchte, wenn ich konnte, ihre Versammlungen, und bei meinem geselligen Sinn war es mir unendlich angenehm, das von andern zu vernehmen und andern mitzuteilen, was ich nur bisher in und mit mir selbst ausgearbeitet hatte.

Ich war nicht so eingenommen, daß ich nicht bemerkt hätte, wie nur wenige den Sinn der zarten Worte und Ausdrücke fühlten, und wie sie dadurch auch nicht mehr, als ehemals durch die kirchlich symbolische Sprache, gefördert waren. Dessen ungeachtet ging ich mit ihnen fort, und ließ mich nicht irre machen. Ich dachte, daß ich nicht zur Untersuchung und Herzensprüfung berufen sei. War ich doch auch durch manche unschuldige Übung zum Besseren vorbereitet worden. Ich nahm meinen Teil hinweg, drang, wo ich zur Rede kam, auf den Sinn, der bei so zarten Gegenständen eher durch Worte versteckt als angedeutet wird, und ließ übrigens mit stiller Verträglichkeit einen jeden nach seiner Art gewähren.

Auf diese ruhigen Zeiten des heimlichen gesellschaftlichen Genusses folgten bald die Stürme öffentlicher Streitigkeiten und Widerwärtigkeiten, die am Hofe und in der Stadt große Bewegungen erregten, und ich möchte beinahe sagen, manches Skandal verursachten. Der Zeitpunkt war gekommen, in welchem unser Oberhofprediger, dieser große Widersacher der herrnhutischen Gemeinde, zu seiner gesegneten Demütigung entdecken sollte, daß seine besten und sonst anhänglichsten Zuhörer sich sämtlich auf die Seite der Gemeinde neigten. Er war äußerst gekränkt, vergaß im ersten Augenblicke alle Mäßigung, und konnte in der Folge sich nicht, selbst wenn er gewollt hätte, zurückziehn. Es gab heftige Debatten, bei denen ich glücklicherweise nicht genannt wurde, da ich nur ein zufälliges Mitglied der so sehr verhaßten Zusammenkünfte war, und unser eifriger Führer meinen Vater und meinen Freund in bürgerlichen Angelegenheiten nicht entbehren konnte. Ich erhielt meine Neutralität mit stiller Zufriedenheit; denn mich von solchen Empfindungen und Gegenständen selbst mit wohlwollenden Menschen zu unterhalten, war mir schon verdrießlich, wenn sie den tiefsten Sinn nicht fassen konnten, und nur auf der Oberfläche verweilten. Nun aber gar über das mit Widersachern zu streiten, worüber man sich kaum mit Freunden verstand, schien mir unnütz, ja verderblich. Denn bald konnte ich bemerken, daß liebevolle edle Menschen, die in diesem Falle ihr Herz von Widerwillen und Haß nicht rein halten konnten, gar bald zur Ungerechtigkeit übergingen, und, um eine äußere Form zu verteidigen, ihr bestes Innerste beinahe zerstörten.

So sehr auch der würdige Mann in diesem Fall Unrecht haben mochte, und so sehr man mich auch gegen ihn aufzubringen suchte, konnte ich ihm doch niemals eine herzliche Achtung versagen. Ich kannte ihn genau; ich konnte mich in seine Art, diese Sachen anzusehen, mit Billigkeit versetzen. Ich hatte niemals einen Menschen ohne Schwäche gesehen; nur ist sie auffallender bei vorzüglichen Menschen. Wir wünschen und wollen nun ein für alle Mal, daß die, die so sehr privilegiert sind, auch gar keinen Tribut, keine Abgaben zahlen sollen. Ich ehrte ihn als einen vorzüglichen Mann, und hoffte den Einfluß meiner stillen Neutralität, wo nicht zu einem Frieden, doch zu einem Waffenstillstande zu nutzen. Ich weiß nicht was ich bewirkt hätte; Gott faßte die Sache kürzer, und nahm ihn zu sich. Bei seiner Bahre weinten alle, die noch kurz vorher um Worte mit ihm gestritten hatten. Seine Rechtschaffenheit, seine Gottesfurcht hatte niemals jemand bezweifelt.

Auch ich mußte um diese Zeit das Puppenwerk aus den Händen legen, das mir durch diese Streitigkeiten gewissermaßen in einem andern Lichte erschienen war. Der Oheim hatte seine Plane auf meine Schwester in der Stille durchgeführt. Er stellte ihr einen jungen Mann von Stande und Vermögen als ihren Bräutigam vor, und zeigte sich in einer reichlichen Aussteuer, wie man es von ihm erwarten konnte. Mein Vater willigte mit Freuden ein; die Schwester war frei und vorbereitet, und veränderte gerne ihren Stand. Die Hochzeit wurde auf des Oheims Schloß ausgerichtet, Familie und Freunde waren eingeladen, und wir kamen alle mit heiterm Geiste.

Zum erstenmal in meinem Leben erregte mir der Eintritt in ein Haus Bewunderung. Ich hatte wohl oft von des Oheims Geschmack, von seinem italiänischen Baumeister, von seinen Sammlungen und seiner Bibliothek reden hören; ich verglich aber das alles mit dem, was ich schon gesehen hatte, und machte mir ein sehr buntes Bild davon in Gedanken. Wie verwundert war ich daher über den ernsten und harmonischen

Eindruck, den ich bei'm Eintritt in das Haus empfand, und der sich in jedem Saal und Zimmer verstärkte. Hatte Pracht und Zierrat mich sonst nur zerstreut, so fühlte ich mich hier gesammelt und auf mich selbst zurückgeführt. Auch in allen Anstalten zu Feierlichkeiten und Festen erregten Pracht und Würde ein stilles Gefallen, und es war mir eben so unbegreiflich, daß Ein Mensch das alles hätte erfinden und anordnen können, als daß mehrere sich vereinigen könnten, um in einem so großen Sinne zusammenzuwirken. Und bei dem allen schienen der Wirt und die Seinigen so natürlich; es war keine Spur von Steifheit noch von leerem Zeremoniell zu bemerken.

Die Trauung selbst ward unvermutet auf eine herzliche Art eingeleitet; eine vortreffliche Vokalmusik überraschte uns, und der Geistliche wußte dieser Zeremonie alle Feierlichkeit der Wahrheit zu geben. Ich stand neben Philo, und statt mir Glück zu wünschen sagte er mit einem tiefen Seufzer: Als ich die Schwester sah die Hand hingeben, war mir's, als ob man mich mit siedheißem Wasser begossen hätte. Warum? fragte ich. Es ist mir allezeit so, wenn ich eine Kopulation ansehe, versetzte er. Ich lachte über ihn, und habe nachher oft genug an seine Worte zu denken gehabt.

Die Heiterkeit der Gesellschaft, worunter viel junge Leute waren, schien noch einmal so glänzend, indem alles was uns umgab, würdig und ernsthaft war. Aller Hausrat, Tafelzeug, Service und Tischaufsätze stimmten zu dem Ganzen, und wenn mir sonst die Baumeister mit den Konditoren aus Einer Schule entsprungen zu sein schienen; so war hier Konditor und Tafeldecker bei dem Architekten in die Schule gegangen.

Da man mehrere Tage zusammenblieb, hatte der geistreiche und verständige Wirt für die Unterhaltung der Gesellschaft auf das mannichfaltigste gesorgt. Ich wiederholte hier nicht die traurige Erfahrung, die ich so oft in meinem Leben gehabt hatte, wie übel eine große gemischte Gesellschaft sich befinde, die sich selbst überlassen zu den allgemeinsten und schalsten Zeitvertreiben greifen muß, damit ja eher die guten als die schlechten Subjekte Mangel der Unterhaltung fühlen.

Ganz anders hatte es der Oheim veranstaltet. Er hatte zwei bis drei Marschälle, wenn ich sie so nennen darf, bestellt; der eine hatte für die Freuden der jungen Welt zu sorgen: Tänze, Spazierfahrten, kleine Spiele waren von seiner Erfindung, und standen unter seiner Direktion, und da junge Leute gern im Freien leben, und die Einflüsse der Luft nicht scheuen; so war ihnen der Garten und der große Gartensaal übergeben, an den zu diesem Endzwecke noch einige Galerien und Pavillons angebauet waren, zwar nur von Brettern und Leinwand, aber in so edlen Verhältnissen, daß man nur an Stein und Marmor dabei erinnert ward.

Wie selten ist eine Fete, wobei derjenige, der die Gäste zusammenberuft, auch die Schuldigkeit empfindet, für ihre Bedürfnisse und Bequemlichkeiten auf alle Weise zu sorgen!

Jagd und Spielpartien, kurze Promenaden, Gelegenheiten zu vertraulichen einsamen Gesprächen waren für die ältern Personen bereitet, und derjenige, der am frühsten zu Bette ging, war auch gewiß am weitesten von allem Lärm einquartiert.

Durch diese gute Ordnung schien der Raum, in dem wir uns befanden, eine kleine Welt zu sein, und doch, wenn man es bei nahem betrachtete, war das Schloß nicht groß, und man würde ohne genaue Kenntnis desselben und ohne den Geist des Wirtes wohl schwerlich so viele Leute darin beherbergt, und jeden nach seiner Art bewirtet haben.

So angenehm uns der Anblick eines wohlgestalteten Menschen ist, so angenehm ist uns eine ganze Einrichtung, aus der uns die Gegenwart eines verständigen vernünftigen Wesens fühlbar wird. Schon in ein reinliches Haus zu kommen ist eine Freude, wenn es auch sonst geschmacklos gebauet und verziert ist: denn es zeigt uns die Gegenwart wenigstens von Einer Seite gebildeter Menschen. Wie doppelt angenehm ist es uns also, wenn aus einer menschlichen Wohnung uns der Geist einer höhern, obgleich auch nur sinnlichen Kultur entgegen spricht.

Mit vieler Lebhaftigkeit ward mir dieses auf dem Schlosse meines Oheims anschaulich. Ich hatte vieles von Kunst gehört und gelesen; Philo selbst war ein großer Liebhaber von Gemälden, und hatte eine schöne Sammlung; auch ich selbst hatte viel gezeichnet; aber teils war ich zu sehr mit meinen Empfindungen beschäftigt, und trachtete nur das Eine was Not ist, erst recht in's Reine zu bringen, teils schienen doch alle die Sachen, die ich gesehen hatte, mich wie die übrigen weltlichen Dinge zu zerstreuen. Nun war ich zum erstenmal durch etwas Äußerliches auf mich selbst zurückgeführt, und ich lernte den Unterschied zwischen dem natürlichen vortrefflichen Gesang der Nachtigall und einem vierstimmigen Hallelujah aus gefühlvollen Menschenkehlen zu meiner größten Verwunderung erst kennen.

Ich verbarg meine Freude über diese neue Anschauung meinem Oheim nicht, der, wenn alles andere in sein Teil gegangen war, sich mit mir besonders zu unterhalten pflegte. Er sprach mit großer Bescheidenheit von dem, was er besaß und hervorgebracht hatte, mit großer Sicherheit von dem Sinne, in dem es gesammlet und aufgestellt worden war, und ich konnte wohl merken, daß er mit Schonung für mich redete, indem er nach seiner alten Art das Gute, wovon er Herr und Meister zu sein glaubte, demjenigen unterzuordnen schien, was nach meiner Überzeugung das Rechte und Beste war.

Wenn wir uns, sagte er einmal, als möglich denken können, daß der Schöpfer der Welt selbst die Gestalt seiner Kreatur angenommen, und auf ihre Art und Weise sich eine Zeitlang auf der Welt befunden habe, so muß uns dieses Geschöpf schon unendlich vollkommen erscheinen, weil sich der Schöpfer so innig damit vereinigen konnte. Es muß also in dem Begriff des Menschen kein Widerspruch mit dem Begriff der Gottheit liegen, und wenn wir auch oft eine gewisse Unähnlichkeit und Entfernung von ihr empfinden, so ist es doch um desto mehr unsere Schuldigkeit, nicht immer wie der Advokat des bösen Geistes nur auf die Blößen und Schwächen unserer Natur zu sehen, sondern eher alle Vollkommenheiten aufzusuchen, wodurch wir die Ansprüche unsrer Gottähnlichkeit bestätigen können.

Ich lächelte und versetzte: Beschämen Sie mich nicht zu sehr, lieber Oheim, durch die Gefälligkeit, in meiner Sprache zu reden! Das, was Sie mir zu sagen haben, ist für mich von so großer Wichtigkeit, daß ich es in Ihrer eigensten Sprache zu hören wünschte, und ich will alsdann, was ich mir davon nicht ganz zueignen kann, schon zu übersetzen suchen.

Ich werde, sagte er darauf, auch auf meine eigenste Weise, ohne Veränderung des Tons fortfahren können. Des Menschen größtes Verdienst bleibt wohl, wenn er die Umstände so viel als möglich bestimmt und sich so wenig als möglich von ihnen bestimmen läßt. Das ganze Weltwesen liegt vor uns, wie ein großer Steinbruch vor dem Baumeister, der nur dann den Namen verdient, wenn er aus diesen zufälligen Naturmassen ein in seinem Geiste entsprungenes Urbild mit der größten Ökonomie, Zweckmäßigkeit und Festigkeit zusammenstellt. Alles außer uns ist nur Element, ja ich darf wohl sagen, auch alles an uns; aber tief in uns liegt diese schöpferische Kraft, die das zu erschaffen vermag, was sein soll, und uns nicht ruhen und rasten läßt, bis wir es außer uns oder an uns, auf eine oder die andere Weise, dargestellt haben. Sie, liebe Nichte, haben vielleicht das beste Teil erwählt; Sie haben Ihr sittliches Wesen, Ihre tiefe liebevolle Natur mit sich selbst und mit dem höchsten Wesen übereinstimmend zu machen gesucht, indes wir andern wohl auch nicht zu tadeln sind, wenn wir den sinnlichen Menschen in seinem Umfange zu kennen und tätig in Einheit zu bringen suchen.

Durch solche Gespräche wurden wir nach und nach vertrauter, und ich erlangte von ihm, daß er mit mir, ohne Kondeszendenz, wie mit sich selbst sprach. Glauben Sie nicht, sagte der Oheim zu mir, daß ich Ihnen schmeichle, wenn ich Ihre Art zu denken und zu handeln lobe. Ich verehre den Menschen, der deutlich weiß was er will, unablässig vorschreitet, die Mittel zu seinem Zwecke kennt und sie zu ergreifen und zu brauchen weiß; in wie fern sein Zweck groß oder klein sei, Lob oder Tadel verdiene, das kommt bei mir erst nachher in Betrachtung. Glauben Sie mir, meine Liebe, der größte Teil des Unheils und dessen, was man bös in der Welt nennt, entsteht bloß, weil die Menschen zu nachlässig sind, ihre Zwecke recht kennen zu lernen, und wenn sie solche kennen, ernsthaft darauf los zu arbeiten. Sie kommen mir vor wie Leute, die den Begriff haben, es könne und müsse ein Turm gebauet werden, und die doch an den Grund nicht mehr Steine und Arbeit verwenden, als man allenfalls einer Hütte unterschlüge. Hätten Sie, meine Freundin, deren höchstes Bedürfnis war, mit Ihrer innern sittlichen Natur in's Reine zu kommen, anstatt der großen und kühnen Aufopferungen, sich zwischen Ihrer Familie, einem Bräutigam, vielleicht einem Gemahl nur so hin beholfen, Sie würden, in einem ewigen Widerspruch mit sich selbst, niemals einen zufriedenen Augenblick genossen haben.

Sie brauchen, versetzte ich hier, das Wort Aufopferung, und ich habe manchmal gedacht, wie wir einer höhern Absicht, gleichsam wie einer Gottheit, das Geringere zum Opfer darbringen, ob es uns schon am Herzen liegt, wie man ein geliebtes Schaf für die Gesundheit eines verehrten Vaters gern und willig zum Altar führen würde.

Was es auch sei, versetzte er, der Verstand oder die Empfindung, das uns eins für das andere hingeben, eins vor dem andern wählen heißt, so ist Entschiedenheit und Folge, nach meiner Meinung, das Verehrungswürdigste am Menschen. Man kann die Ware und das Geld nicht zugleich haben; und der ist eben so übel daran, dem es immer nach der Ware gelüstet, ohne daß er das Herz hat das Geld hinzugeben, als der, den der Kauf reut, wenn er die Ware in Händen hat. Aber ich bin weit entfernt, die Menschen deshalb zu tadeln; denn sie sind eigentlich nicht Schuld, sondern die verwickelte Lage, in der sie sich befinden, und in der sie sich nicht zu regieren wissen. So werden Sie, zum Beispiel, im Durchschnitt, weniger üble Wirte auf dem Lande als in den Städten finden, und wieder in kleinen Städten weniger als in großen; und warum?

Der Mensch ist zu einer beschränkten Lage geboren; einfache, nahe, bestimmte Zwecke vermag er einzusehen, und er gewöhnt sich, die Mittel zu benutzen, die ihm gleich zur Hand sind; sobald er aber in's Weite kommt, weiß er weder was er will, noch was er soll, und es ist ganz einerlei, ob er durch die Menge der Gegenstände zerstreut, oder ob er durch die Höhe und Würde derselben außer sich gesetzt werde. Es ist immer sein Unglück, wenn er veranlaßt wird, nach etwas zu streben, mit dem er sich durch eine regelmäßige Selbsttätigkeit nicht verbinden kann.

Fürwahr, fuhr er fort, ohne Ernst ist in der Welt nichts möglich, und unter denen, die wir gebildete Menschen nennen, ist eigentlich wenig Ernst zu finden; sie gehen, ich möchte sagen, gegen Arbeiten und Geschäfte, gegen Künste, ja gegen Vergnügungen nur mit einer Art von Selbstverteidigung zu Werke; man lebt, wie man ein Pack Zeitungen lies't, nur damit man sie los werde, und es fällt mir dabei jener junge Engländer in Rom ein, der Abends, in einer Gesellschaft, sehr zufrieden erzählte: daß er doch heute sechs Kirchen und zwei Galerien bei Seite gebracht habe. Man will mancherlei wissen und kennen, und gerade das, was einen am wenigsten angeht, und man bemerkt nicht, daß kein Hunger dadurch gestillt wird, wenn man nach der Luft schnappt. Wenn ich einen Menschen kennen lerne, frage ich sogleich, womit beschäftigt er sich? und wie? und in welcher Folge? und mit der Beantwortung der Frage ist auch mein Interesse an ihm auf Zeitlebens entschieden.

Sie sind, lieber Oheim, versetzte ich darauf, vielleicht zu strenge, und entziehen manchem guten Menschen, dem Sie nützlich sein könnten, Ihre hülfreiche Hand.

Ist es dem zu verdenken, antwortete er, der so lange vergebens an ihnen und um sie gearbeitet hat? Wie sehr leidet man nicht in der Jugend von Menschen, die uns zu einer angenehmen Lustpartie einzuladen glauben, wenn sie uns in die Gesellschaft der Danaiden oder des Sisyphus zu bringen versprechen. Gott sei Dank, ich habe mich von ihnen los gemacht, und wenn einer unglücklicher Weise in meinen Kreis kommt, suche ich ihn auf die höflichste Art hinaus zu komplimentieren: denn gerade von diesen Leuten hört man die bittersten Klagen über den verworrenen Lauf der Welthändel, über die Seichtigkeit der Wissenschaften, über den Leichtsinn der Künstler, über die Leerheit der Dichter und was alles noch mehr ist. Sie bedenken am wenigsten, daß eben sie selbst und die Menge, die ihnen gleich ist, gerade das Buch nicht lesen würden, das geschrieben wäre wie sie es fordern, daß ihnen die echte Dichtung fremd sei, und daß selbst ein gutes Kunstwerk nur durch Vorurteil ihren Beifall erlangen könne. Doch lassen Sie uns abbrechen, es ist hier keine Zeit zu schelten noch zu klagen.

Er leitete meine Aufmerksamkeit auf die verschiedenen Gemälde, die an der Wand aufgehängt waren; mein Auge hielt sich an die, deren Anblick reizend, oder deren Gegenstand bedeutend war; er ließ es eine Weile geschehen, dann sagte er: Gönnen Sie nun auch dem Genius, der diese Werke hervorgebracht hat, einige Aufmerksamkeit. Gute Gemüter sehen so gerne den Finger Gottes in der Natur; warum sollte man nicht auch der Hand seines Nachahmers einige Betrachtung schenken? Er machte mich sodann auf unscheinbare Bilder aufmerksam, und suchte mir begreiflich zu machen, daß eigentlich die Geschichte der Kunst allein uns den Begriff von dem Wert und der Würde eines Kunstwerks geben könne, daß man erst die beschwerlichen Stufen des Mechanismus und des Handwerks, an denen der fähige Mensch sich Jahrhunderte lang hinauf arbeitet, kennen müsse, um zu begreifen wie es möglich sei, daß das Genie auf dem Gipfel, bei dessen bloßem Anblick uns schwindelt, sich frei und fröhlich bewege.

Er hatte in diesem Sinne eine schöne Reihe zusammengebracht, und ich konnte mich nicht enthalten, als er mir sie auslegte, die moralische Bildung hier wie im Gleichnisse vor mir zu sehen. Als ich ihm meine Gedanken äußerte, versetzte er: Sie haben vollkommen Recht, und wir sehen daraus, daß man nicht wohl tut, der sittlichen Bildung, einsam, in sich selbst verschlossen nachzuhängen; vielmehr wird man finden, daß derjenige, dessen Geist nach einer moralischen Kultur strebt, alle Ursache hat, seine feinere Sinnlichkeit zugleich mit auszubilden, damit er nicht in Gefahr komme, von seiner moralischen Höhe herab zu gleiten, indem er sich den Lockungen einer regellosen Phantasie übergibt, und in den Fall kommt, seine edlere Natur durch Vergnügen an geschmacklosen Tändeleien, wo nicht an etwas Schlimmerem herab zu würdigen.

Ich hatte ihn nicht im Verdacht, daß er auf mich ziele, aber ich fühlte mich getroffen, wenn ich zurück dachte, daß unter den Liedern, die mich erbauet hatten, manches abgeschmackte mochte gewesen sein, und daß die Bildchen, die sich an meine geistlichen Ideen anschlossen, wohl schwerlich vor den Augen des Oheims würden Gnade gefunden haben.

Philo hatte sich indessen öfters in der Bibliothek aufgehalten, und führte mich nunmehr auch in selbiger ein. Wir bewunderten die Auswahl und dabei die Menge der Bücher. Sie waren in jedem Sinne gesammlet: denn es waren beinahe auch nur solche darin zu finden, die uns zur deutlichen Erkenntnis führen, oder uns zur rechten Ordnung anweisen, die uns entweder rechte Materialien geben, oder uns von der Einheit unsers Geistes überzeugen.

Ich hatte in meinem Leben unsäglich gelesen, und in gewissen Fächern war mir fast kein Buch unbekannt; um desto angenehmer war mir's hier von der Übersicht des Ganzen zu sprechen, und Lücken zu bemerken, wo ich sonst nur eine beschränkte Verwirrung oder eine unendliche Ausdehnung gesehen hatte.

Zugleich machten wir die Bekanntschaft eines sehr interessanten stillen Mannes. Er war Arzt und Naturforscher, und schien mehr zu den Penaten als zu den Bewohnern des Hauses zu gehören. Er zeigte uns das Naturalienkabinett, das, wie die Bibliothek, in verschlossenen Glasschränken zugleich die Wände der Zimmer verzierte und den Raum veredelte, ohne ihn zu verengen. Hier erinnerte ich mich mit Freuden meiner Jugend, und zeigte meinem Vater mehrere Gegenstände, die er ehemals auf das Krankenbette seines kaum in die Welt blickenden Kindes gebracht hatte. Dabei verhehlte der Arzt so wenig als bei folgenden Unterredungen, daß er sich mir in Absicht auf religiöse Gesinnungen nähere, lobte dabei den Oheim außerordentlich wegen seiner Toleranz und Schätzung von allem, was den Wert und die Einheit der menschlichen Natur anzeige und befördere, nur verlange er freilich von allen andern Menschen ein Gleiches und pflege nichts so sehr, als individuellen Dünkel und ausschließende Beschränktheit, zu verdammen oder zu fliehen.

Seit der Trauung meiner Schwester sah dem Oheim die Freude aus den Augen, und er sprach verschiedenemal mit mir über das, was er für sie und ihre Kinder zu tun denke. Er hatte schöne Güter, die er selbst bewirtschaftete und die er, in dem besten Zustande, seinen Neffen zu übergeben hoffte. Wegen des kleinen Gutes, auf dem wir uns befanden, schien er besondere Gedanken zu hegen: Ich werde es, sagte er, nur einer Person überlassen, die zu kennen, zu schätzen und zu genießen weiß was es enthält, und die einsieht, wie sehr ein Reicher und Vornehmer, besonders in Deutschland, Ursache habe etwas Mustermäßiges aufzustellen.

Schon war der größte Teil der Gäste nach und nach verflogen; wir bereiteten uns zum Abschied und glaubten die letzte Szene der Feierlichkeit erlebt zu haben, als wir auf's neue durch seine Aufmerksamkeit, uns ein würdiges Vergnügen zu machen, überrascht wurden. Wir hatten ihm das Entzücken nicht verbergen können, das wir fühlten, als bei meiner Schwester Trauung ein Chor Menschenstimmen sich, ohne alle Begleitung irgend eines Instruments, hören ließ. Wir legten es ihm nahe genug, uns das Vergnügen noch einmal zu verschaffen; er schien nicht darauf zu merken. Wie überrascht waren wir daher, als er eines Abends zu uns sagte: Die Tanzmusik hat sich entfernt; die jungen flüchtigen Freunde haben uns verlassen; das Ehepaar selbst sieht schon ernsthafter aus als vor einigen Tagen, und in einer solchen Epoche von einander zu scheiden, da wir uns vielleicht nie, wenigstens anders wiedersehen, regt uns zu einer feierlichen Stimmung, die ich nicht edler nähren kann, als durch eine Musik, deren Wiederholung Sie schon früher zu wünschen schienen.

Er ließ durch das indes verstärkte und im Stillen noch mehr geübte Chor uns vier- und achtstimmige Gesänge vortragen, die uns, ich darf wohl sagen, wirklich einen Vorschmack der Seligkeit gaben. Ich hatte bisher nur den frommen Gesang gekannt, in welchem gute Seelen oft mit heiserer Kehle, wie die Waldvögelein, Gott zu loben glauben, weil sie sich selbst eine angenehme Empfindung machen; dann die eitle Musik der Konzerte, in denen man allenfalls zur Bewunderung eines Talents, selten aber, auch nur zu einem vorübergehenden Vergnügen, hingerissen wird. Nun vernahm ich eine Musik aus dem tiefsten Sinne der trefflichsten menschlichen Naturen entsprungen, die durch bestimmte und geübte Organe in harmonischer Einheit wieder zum tiefsten besten Sinne des Menschen sprach, und ihn wirklich in diesem Augenblicke seine Gottähnlichkeit lebhaft empfinden ließ. Alles waren lateinische geistliche Gesänge, die sich, wie Juwelen, in dem goldnen Ringe einer gesitteten weltlichen Gesellschaft ausnahmen, und mich, ohne Anforderung einer sogenannten Erbauung, auf das geistigste erhoben und glücklich machten.

Bei unserer Abreise wurden wir alle auf das edelste beschenkt. Mir überreichte er das Ordenskreuz meines Stiftes, kunstmäßiger und schöner gearbeitet und emailliert als man es sonst zu sehen gewohnt war. Es hing an einem großen Brillanten, wodurch es zugleich an das Band befestigt wurde, und den er als den edelsten Stein einer Naturaliensammlung anzusehen bat.

Meine Schwester zog nun mit ihrem Gemahl auf seine Güter, wir andern kehrten alle nach unsern Wohnungen zurück und schienen uns, was unsere äußren Umstände anbetraf, in ein ganz gemeines Leben zurückgekehrt zu sein. Wir waren, wie aus einem Feenschloß, auf die platte Erde gesetzt und mußten uns wieder nach unsrer Weise benehmen und behelfen.

Die sonderbaren Erfahrungen, die ich in jenem neuen Kreise gemacht hatte, ließen einen schönen Eindruck bei mir zurück; doch blieb er nicht lange in seiner ganzen Lebhaftigkeit, obgleich der Oheim ihn zu unterhalten und zu erneuern suchte, indem er mir, von Zeit zu Zeit, von seinen besten und gefälligsten Kunstwerken zusandte, und wenn ich sie lange genug genossen hatte, wieder mit andern vertauschte.

Ich war zu sehr gewohnt, mich mit mir selbst zu beschäftigen, die Angelegenheiten meines Herzens und meines Gemütes in Ordnung zu bringen, und mich davon mit ähnlich gesinnten Personen zu unterhalten, als daß ich mit Aufmerksamkeit ein Kunstwerk hätte betrachten sollen, ohne bald auf mich selbst zurück zu kehren. Ich war gewohnt, ein Gemälde und einen Kupferstich nur anzusehen wie die Buchstaben eines Buchs. Ein schöner Druck gefällt wohl; aber wer wird ein Buch des Druckes wegen in die Hand nehmen? So sollte mir auch eine bildliche Darstellung etwas sagen, sie sollte mich belehren, rühren, bessern; und der Oheim mochte in seinen Briefen, mit denen er seine Kunstwerke erläuterte, reden was er wollte, so blieb es mit mir doch immer bei'm Alten.

Doch mehr als meine eigene Natur zogen mich äußere Begebenheiten, die Veränderungen in meiner Familie, von solchen Betrachtungen, ja eine Weile von mir selbst ab; ich mußte dulden und wirken, mehr, als meine schwachen Kräfte zu ertragen schienen.

Meine ledige Schwester war bisher mein rechter Arm gewesen; gesund, stark und unbeschreiblich gütig hatte sie die Besorgung der Haushaltung über sich genommen, wie mich die persönliche Pflege des alten Vaters beschäftigte. Es überfällt sie ein Katarrh, woraus eine Brustkrankheit wird, und in drei Wochen liegt sie auf der Bahre; ihr Tod schlug mir Wunden, deren Narben ich jetzt noch nicht gerne ansehe.

Ich lag krank zu Bette, ehe sie noch beerdiget war; der alte

Schaden auf meiner Brust schien aufzuwachen, ich hustete heftig, und war so heiser, daß ich keinen lauten Ton hervorbringen konnte.

Die verheiratete Schwester kam vor Schrecken und Betrübnis zu früh in die Wochen. Mein alter Vater fürchtete, seine Kinder und die Hoffnung seiner Nachkommenschaft auf einmal zu verlieren; seine gerechten Tränen vermehrten meinen Jammer; ich flehte zu Gott um Herstellung einer leidlichen Gesundheit, und bat ihn nur, mein Leben bis nach dem Tode des Vaters zu fristen. Ich genas, und war nach meiner Art wohl, konnte wieder meine Pflichten, obgleich nur auf eine kümmerliche Weise, erfüllen.

Meine Schwester ward wieder guter Hoffnung. Mancherlei Sorgen, die in solchen Fällen der Mutter anvertraut werden, wurden mir mitgeteilt; sie lebte nicht ganz glücklich mit ihrem Manne, das sollte dem Vater verborgen bleiben; ich mußte Schiedsrichter sein, und konnte es um so eher, da mein Schwager Zutrauen zu mir hatte, und beide wirklich gute Menschen waren, nur daß beide, anstatt einander nachzusehen, mit einander rechteten, und aus Begierde, völlig mit einander überein zu leben, niemals einig werden konnten. Nun lernte ich auch die weltlichen Dinge mit Ernst angreifen, und das ausüben, was ich sonst nur gesungen hatte.

Meine Schwester gebar einen Sohn; die Unpäßlichkeit meines Vaters verhinderte ihn nicht, zu ihr zu reisen. Bei'm Anblick des Kindes war er unglaublich heiter und froh, und bei der Taufe erschien er mir gegen seine Art wie begeistert, ja ich möchte sagen, als ein Genius mit zwei Gesichtern. Mit dem einen blickte er freudig vorwärts in jene Regionen, in die er bald einzugehen hoffte, mit dem andern auf das neue, hoffnungsvolle irdische Leben, das in dem Knaben entsprungen war, der von ihm abstammte. Er ward nicht müde auf dem Rückwege mich von dem Kinde zu unterhalten, von seiner Gestalt, seiner Gesundheit, und dem Wunsche, daß die Anlagen dieses neuen Weltbürgers glücklich ausgebildet werden möchten. Seine Betrachtungen hierüber dauerten fort, als wir zu Hause anlangten, und erst nach einigen Tagen bemerkte man eine Art Fieber, das sich nach Tisch, ohne Frost, durch eine etwas ermattende Hitze äußerte. Er legte sich jedoch nicht nieder, fuhr des Morgens aus und versah treulich seine Amtsgeschäfte, bis ihn endlich anhaltende ernsthafte Symptome davon abhielten.

Nie werde ich die Ruhe des Geistes, die Klarheit und Deutlichkeit vergessen, womit er die Angelegenheiten seines Hauses, die Besorgung seines Begräbnisses, als wie das Geschäft eines andern, mit der größten Ordnung vornahm.

Mit einer Heiterkeit, die ihm sonst nicht eigen war, und die bis zu einer lebhaften Freude stieg, sagte er zu mir: Wo ist die Todesfurcht hingekommen, die ich sonst noch wohl empfand? Sollt' ich zu sterben scheuen? Ich habe einen gnädigen Gott, das Grab erweckt mir kein Grauen, ich habe ein ewiges Leben.

Mir die Umstände seines Todes zurückzurufen, der bald darauf erfolgte, ist in meiner Einsamkeit eine meiner angenehmsten Unterhaltungen, und die sichtbaren Wirkungen einer höhern Kraft dabei wird mir niemand wegräsonieren.

Der Tod meines lieben Vaters veränderte meine bisherige Lebensart. Aus dem strengsten Gehorsam, aus der größten Einschränkung kam ich in die größte Freiheit, und ich genoß ihrer wie einer Speise, die man lange entbehrt hat. Sonst war ich selten zwei Stunden außer dem Hause; nun verlebte ich kaum Einen Tag in meinem Zimmer. Meine Freunde, bei denen ich sonst nur abgerissene Besuche machen konnte, wollten sich meines anhaltenden Umgangs, so wie ich mich des ihrigen, erfreuen; öfters wurde ich zu Tische geladen, Spazierfahrten und kleine Lustreisen kamen hinzu, und ich blieb nirgends zurück. Als aber der Zirkel durchlaufen war, sah ich, daß das unschätzbare Glück der Freiheit nicht darin besteht, daß man alles tut, was man tun mag, und wozu uns die Umstände einladen, sondern daß man das ohne Hindernis und Rückhalt, auf dem geraden Wege tun kann, was man für recht und schicklich hält, und ich war alt genug, in diesem

Falle ohne Lehrgeld zu der schönen Überzeugung zu gelangen.

Was ich mir nicht versagen konnte, war, sobald als nur möglich, den Umgang mit den Gliedern der herrnhutischen Gemeine fortzusetzen und fester zu knüpfen, und ich eilte, eine ihrer nächsten Einrichtungen zu besuchen: aber auch da fand ich keinesweges, was ich mir vorgestellt hatte. Ich war ehrlich genug meine Meinung merken zu lassen, und man suchte mir hinwieder beizubringen: diese Verfassung sei gar nichts gegen eine ordentlich eingerichtete Gemeine. Ich konnte mir das gefallen lassen; doch hätte nach meiner Überzeugung der wahre Geist aus einer kleinen so gut als aus einer großen Anstalt hervorblicken sollen.

Einer ihrer Bischöfe, der gegenwärtig war, ein unmittelbarer Schüler des Grafen, beschäftigte sich viel mit mir; er sprach vollkommen Englisch, und weil ich es ein wenig verstand, meinte er, es sei ein Wink, daß wir zusammen gehörten; ich meinte es aber ganz und gar nicht; sein Umgang konnte mir nicht im geringsten gefallen. Er war ein Messerschmied, ein geborner Mähre; seine Art zu denken konnte das Handwerksmäßige nicht verleugnen. Besser verstand ich mich mit dem Herrn von L*, der Major in französischen Diensten gewesen war; aber zu der Untertänigkeit, die er gegen seine Vorgesetzten bezeigte, fühlte ich mich niemals fähig; ja es war mir, als wenn man mir eine Ohrfeige gäbe, wenn ich die Majorin und andere, mehr oder weniger angesehene Frauen dem Bischof die Hand küssen sah. Indessen wurde doch eine Reise nach Holland verabredet, die aber, und gewiß zu meinem Besten, niemals zu Stande kam.

Meine Schwester war mit einer Tochter niedergekommen, und nun war die Reihe an uns Frauen, zufrieden zu sein und zu denken, wie sie dereinst, uns ähnlich, erzogen werden sollte. Mein Schwager war dagegen sehr unzufrieden, als in dem Jahr darauf abermals eine Tochter erfolgte; er wünschte bei seinen großen Gütern Knaben um sich zu sehen, die ihm einst in der Verwaltung beistehen könnten.

Ich hielt mich bei meiner schwachen Gesundheit still, und bei einer ruhigen Lebensart ziemlich im Gleichgewicht; ich fürchtete den Tod nicht, ja ich wünschte zu sterben, aber ich fühlte in der Stille, daß mir Gott Zeit gebe, meine Seele zu untersuchen und ihm immer näher zu kommen. In den vielen schlaflosen Nächten habe ich besonders etwas empfunden, das ich eben nicht deutlich beschreiben kann.

Es war als wenn meine Seele ohne Gesellschaft des Körpers dächte; sie sah den Körper selbst als ein ihr fremdes Wesen an, wie man etwa ein Kleid ansieht. Sie stellte sich mit einer außerordentlichen Lebhaftigkeit die vergangenen Zeiten und Begebenheiten vor, und fühlte daraus, was folgen werde. Alle diese Zeiten sind dahin; was folgt wird auch dahin gehen: der Körper wird wie ein Kleid zerreißen, aber Ich, das wohlbekannte Ich, Ich bin.

Diesem großen, erhabenen und tröstlichen Gefühle so wenig als nur möglich nachzuhängen, lehrte mich ein edler Freund, der sich mir immer näher verband; es war der Arzt, den ich in dem Hause meines Oheims hatte kennen lernen, und der sich von der Verfassung meines Körpers und meines Geistes sehr gut unterrichtet hatte; er zeigte mir, wie sehr diese Empfindungen, wenn wir sie unabhängig von äußern Gegenständen in uns nähren, uns gewissermaßen aushöhlen und den Grund unseres Daseins untergraben. Tätig zu sein, sagte er, ist des Menschen erste Bestimmung, und alle Zwischenzeiten, in denen er auszuruhen genötiget ist, sollte er anwenden, eine deutliche Erkenntnis der äußerlichen Dinge zu erlangen, die ihm in der Folge abermals seine Tätigkeit erleichtert.

Da der Freund meine Gewohnheit kannte, meinen eigenen Körper als einen äußern Gegenstand anzusehn, und da er wußte, daß ich meine Konstitution, mein Übel und die medizinischen Hülfsmittel ziemlich kannte, und ich wirklich durch anhaltende eigene und fremde Leiden ein halber Arzt geworden war; so leitete er meine Aufmerksamkeit von der Kenntnis des menschlichen Körpers und der Spezereien auf die übrigen nachbarlichen Gegenstände der Schöpfung, und führte mich wie im Paradiese umher, und nur zuletzt, wenn ich mein Gleichnis fortsetzen darf, ließ er mich den in der Abendkühle im Garten wandelnden Schöpfer aus der Entfernung ahnen.

Wie gerne sah ich nunmehr Gott in der Natur, da ich ihn mit solcher Gewißheit im Herzen trug; wie interessant war mir das Werk seiner Hände, und wie dankbar war ich, daß er mich mit dem Atem seines Mundes hatte beleben wollen!

Wir hofften auf's neue, mit meiner Schwester, auf einen Knaben, dem mein Schwager so sehnlich entgegen sah, und dessen Geburt er leider nicht erlebte. Der wackere Mann starb an den Folgen eines unglücklichen Sturzes vom Pferde, und meine Schwester folgte ihm, nachdem sie der Welt einen schönen Knaben gegeben hatte. Ihre vier hinterlassenen Kinder konnte ich nur mit Wehmut ansehn. So manche gesunde Person war vor mir, der Kranken, hingegangen; sollte ich nicht vielleicht von diesen hoffnungsvollen Blüten manche abfallen sehen? Ich kannte die Welt genug, um zu wissen, unter wie vielen Gefahren ein Kind, besonders in dem höhern Stande, heraufwächs't, und es schien mir, als wenn sie seit der Zeit meiner Jugend sich für die gegenwärtige Welt noch vermehrt hätten. Ich fühlte, daß ich, bei meiner Schwäche, wenig oder nichts für die Kinder zu tun im Stande sei; um desto erwünschter war mir des Oheims Entschluß, der natürlich aus seiner Denkungsart entsprang, seine ganze Aufmerksamkeit auf die Erziehung dieser liebenswürdigen Geschöpfe zu verwenden. Und gewiß, sie verdienten es in jedem Sinne, sie waren wohlgebildet, und versprachen, bei ihrer großen Verschiedenheit, sämtlich gutartige und verständige Menschen zu werden.

Seitdem mein guter Arzt mich aufmerksam gemacht hatte, betrachtete ich gern die Familienähnlichkeit in Kindern und Verwandten. Mein Vater hatte sorgfältig die Bilder seiner Vorfahren aufbewahrt, sich selbst und seine Kinder von leidlichen Meistern malen lassen, auch war meine Mutter und ihre Verwandten nicht vergessen worden. Wir kannten die Charaktere der ganzen Familie genau, und da wir sie oft unter einander verglichen hatten, so suchten wir nun bei den Kindern die Ähnlichkeiten des Äußern und Innern wieder auf. Der älteste Sohn meiner Schwester schien seinem Großvater, väterlicher Seite, zu gleichen, von dem ein jugendliches Bild sehr gut gemalt in der Sammlung unseres Oheims aufgestellt war; auch liebte er wie jener, der sich immer als ein braver Offizier gezeigt hatte, nichts so sehr als das Gewehr, womit er sich immer, so oft er mich besuchte, beschäftigte. Denn mein Vater hatte einen sehr schönen Gewehrschrank hinterlassen, und der Kleine hatte nicht eher Ruhe, bis ich ihm ein Paar Pistolen und eine Jagdflinte schenkte, und bis er herausgebracht hatte, wie ein deutsches Schloß aufzuziehen sei. Übrigens war er in seinen Handlungen und seinem ganzen Wesen nichts weniger als rauh, sondern vielmehr sanft und verständig.

Die älteste Tochter hatte meine ganze Neigung gefesselt, und es mochte wohl daher kommen weil sie mir ähnlich sah, und weil sie sich von allen vieren am meisten zu mir hielt. Aber ich kann wohl sagen, je genauer ich sie beobachtete, da sie heranwuchs, desto mehr beschämte sie mich, und ich konnte das Kind nicht ohne Bewunderung, ja ich darf beinahe sagen, nicht ohne Verehrung ansehn. Man sah nicht leicht eine edlere Gestalt, ein ruhiger Gemüt und eine immer gleiche, auf keinen Gegenstand eingeschränkte Tätigkeit. Sie war keinen Augenblick ihres Lebens unbeschäftigt, und jedes Geschäft ward unter ihren Händen zur würdigen Handlung. Alles schien ihr gleich, wenn sie nur das verrichten konnte, was in der Zeit und am Platz war, und eben so konnte sie ruhig, ohne Ungeduld, bleiben, wenn sich nichts zu tun fand. Diese Tätigkeit ohne Bedürfnis einer Beschäftigung habe ich in meinem Leben nicht wieder gesehen. Unnachahmlich war von Jugend auf ihr Betragen gegen Notleidende und Hülfsbedürftige. Ich gestehe gern, daß ich niemals das Talent hatte, mir aus der Wohltätigkeit ein Geschäft zu machen; ich war nicht karg gegen Arme, ja ich gab oft in meinem Verhältnis zu viel dahin, aber gewissermaßen kaufte ich mich nur los, und es mußte mir jemand angeboren sein, wenn er mir meine Sorgfalt abgewinnen wollte. Gerade das Gegenteil lobe ich an meiner Nichte. Ich habe sie niemals einem Armen Geld geben sehen, und was sie von mir zu diesem Endzweck erhielt, verwandelte sie immer erst in das nächste Bedürfnis. Niemals erschien sie mir liebenswürdiger, als wenn sie meine Kleider- und Wäschschränke plünderte; immer fand sie etwas, das ich nicht trug und nicht brauchte, und diese alten Sachen zusammenzuschneiden und sie irgend einem zerlumpten Kinde anzupassen, war ihre größte Glückseligkeit.

Die Gesinnungen ihrer Schwester zeigten sich schon anders; sie hatte vieles von der Mutter, versprach schon frühe sehr zierlich und reizend zu werden, und scheint ihr Versprechen halten zu wollen; sie ist sehr mit ihrem Äußern beschäftigt und wußte sich, von früher Zeit an, auf eine in die Augen fallende Weise zu putzen und zu tragen. Ich erinnere mich noch immer, mit welchem Entzücken sie sich als ein kleines Kind im Spiegel besah, als ich ihr die schönen Perlen, die mir meine Mutter hinterlassen hatte, und die sie von ungefähr bei mir fand, umbinden mußte.

Wenn ich diese verschiedenen Neigungen betrachtete, war es mir angenehm zu denken, wie meine Besitzungen, nach meinem Tode, unter sie zerfallen und durch sie wieder lebendig werden würden. Ich sah die Jagdflinten meines Vaters schon wieder auf dem Rücken des Neffen im Felde herumwandeln, und aus seiner Jagdtasche schon wieder Hühner herausfallen; ich sah meine sämtliche Garderobe bei der Oster-Konfirmation, lauter kleinen Mädchen angepaßt, aus der Kirche herauskommen, und mit meinen besten Stoffen ein sittsames Bürgermädchen an ihrem Brauttage geschmückt: denn zu Ausstattung solcher Kinder und ehrbarer armer Mädchen hatte Natalie eine besondere Neigung, ob sie gleich, wie ich hier bemerken muß, selbst keine Art von Liebe, und wenn ich so sagen darf, kein Bedürfnis einer Anhänglichkeit an ein sichtbares oder unsichtbares Wesen, wie es sich bei mir in meiner Jugend so lebhaft gezeigt hatte, auf irgend eine Weise merken ließ.

Wenn ich nun dachte, daß die jüngste an eben demselben Tage meine Perlen und Juwelen nach Hofe tragen werde, so sah ich mit Ruhe meine Besitzungen, wie meinen Körper, den Elementen wieder gegeben.

Die Kinder wuchsen heran, und sind zu meiner Zufriedenheit gesunde, schöne und wackre Geschöpfe. Ich ertrage es mit Geduld, daß der Oheim sie von mir entfernt hält, und sehe sie, wenn sie in der Nähe oder auch wohl gar in der Stadt sind, selten.

Ein wunderbarer Mann, den man für einen französischen Geistlichen hält, ohne daß man recht von seiner Herkunft unterrichtet ist, hat die Aufsicht über die sämtlichen Kinder, welche an verschiedenen Orten erzogen werden und bald hier bald da in der Kost sind.

Ich konnte anfangs keinen Plan in dieser Erziehung sehn, bis mir mein Arzt zuletzt eröffnete: der Oheim habe sich durch den Abbé überzeugen lassen, daß, wenn man an der Erziehung des Menschen etwas tun wolle, müsse man sehen, wohin seine Neigungen und Wünsche gehen. Sodann müsse man ihn in die Lage versetzen, jene sobald als möglich zu befriedigen, diese sobald als möglich zu erreichen, damit der Mensch, wenn er sich geirret habe, früh genug seinen Irrtum gewahr werde, und wenn er das getroffen hat, was für ihn paßt, desto eifriger daran halte und sich desto emsiger fortbilde. Ich wünsche, daß dieser sonderbare Versuch gelingen möge; bei so guten Naturen ist es vielleicht möglich.

Aber das, was ich nicht an diesen Erziehern billigen kann, ist, daß sie alles von den Kindern zu entfernen suchen, was sie zu dem Umgange mit sich selbst und mit dem unsichtbaren, einzigen treuen Freunde führen könne. Ja, es verdrießt mich oft von dem Oheim, daß er mich deshalb für die Kinder für gefährlich hält. Im Praktischen ist doch kein Mensch tolerant! Denn wer auch versichert, daß er jedem seine Art und

Wesen gerne lassen wolle, sucht doch immer diejenigen von der Tätigkeit auszuschließen, die nicht so denken wie er.

Diese Art, die Kinder von mir zu entfernen, betrübt mich desto mehr, je mehr ich von der Realität meines Glaubens überzeugt sein kann. Warum sollte er nicht einen göttlichen Ursprung, nicht einen wirklichen Gegenstand haben, da er sich im Praktischen so wirksam erweiset? Werden wir durch's Praktische doch unseres eigenen Daseins selbst erst recht gewiß, warum sollten wir uns nicht auch auf eben dem Wege von jenem Wesen überzeugen können, das uns zu allem Guten die Hand reicht?

Daß ich immer vorwärts, nie rückwärts gehe, daß meine Handlungen immer mehr der Idee ähnlich werden, die ich mir von der Vollkommenheit gemacht habe, daß ich täglich mehr Leichtigkeit fühle, das zu tun, was ich für Recht halte, selbst bei der Schwäche meines Körpers, der mir so manchen Dienst versagt; läßt sich das alles aus der menschlichen Natur, deren Verderben ich so tief eingesehen habe, erklären? Für mich nun einmal nicht.

Ich erinnere mich kaum eines Gebotes; nichts erscheint mir in Gestalt eines Gesetzes; es ist ein Trieb, der mich leitet und mich immer recht führet; ich folge mit Freiheit meinen Gesinnungen, und weiß so wenig von Einschränkung als von Reue. Gott sei Dank, daß ich erkenne, wem ich dieses Glück schuldig bin und daß ich an diese Vorzüge nur mit Demut denken darf. Denn niemals werde ich in Gefahr kommen, auf mein eignes Können und Vermögen stolz zu werden, da ich so deutlich erkannt habe, welch Ungeheuer in jedem menschlichen Busen, wenn eine höhere Kraft uns nicht bewahrt, sich erzeugen und nähren könne.

SIEBENTES BUCH

Erstes Kapitel

Der Frühling war in seiner völligen Herrlichkeit erschienen; ein frühzeitiges Gewitter, das den ganzen Tag gedrohet hatte, ging stürmisch an den Bergen nieder, der Regen zog nach dem Lande, die Sonne trat wieder in ihrem Glanze hervor, und auf dem grauen Grunde erschien der herrliche Bogen. Wilhelm ritt ihm entgegen und sah ihn mit Wehmut an. Ach! sagte er zu sich selbst, erscheinen uns denn eben die schönsten Farben des Lebens nur auf dunklem Grunde? Und müssen Tropfen fallen, wenn wir entzückt werden sollen? Ein heiterer Tag ist wie ein grauer, wenn wir ihn ungerührt ansehen, und was kann uns rühren, als die stille Hoffnung, daß die angeborne Neigung unsers Herzens nicht ohne Gegenstand bleiben werde? Uns rührt die Erzählung jeder guten Tat, uns rührt das Anschauen jedes harmonischen Gegenstandes; wir fühlen dabei, daß wir nicht ganz in der Fremde sind, wir wähnen einer Heimat näher zu sein, nach der unser Bestes, Innerstes ungeduldig hinstrebt.

Inzwischen hatte ihn ein Fußgänger eingeholt, der sich zu ihm gesellte, mit starkem Schritte neben dem Pferde blieb, und, nach einigen gleichgültigen Reden, zu dem Reiter sagte: Wenn ich mich nicht irre, so muß ich Sie irgendwo schon gesehen haben.

Ich erinnere mich Ihrer auch, versetzte Wilhelm; haben wir nicht zusammen eine lustige Wasserfahrt gemacht? – Ganz recht! erwiderte der andere.

Wilhelm betrachtete ihn genauer und sagte nach einigem Stillschweigen: Ich weiß nicht was für eine Veränderung mit Ihnen vorgegangen sein mag; damals hielt ich Sie für einen lutherischen Landgeistlichen und jetzt sehen Sie mir eher einem katholischen ähnlich.

Heute betrügen Sie sich wenigstens nicht, sagte der andere,

indem er den Hut abnahm und die Tonsur sehen ließ. Wo ist denn Ihre Gesellschaft hingekommen? Sind Sie noch lange bei ihr geblieben?

Länger als billig: denn leider wenn ich an jene Zeit zurück denke, die ich mit ihr zugebracht habe, so glaube ich in ein unendliches Leere zu sehen; es ist mir nichts davon übrig geblieben.

Darin irren Sie sich; alles, was uns begegnet, läßt Spuren zurück, alles trägt unmerklich zu unserer Bildung bei; doch es ist gefährlich, sich davon Rechenschaft geben zu wollen. Wir werden dabei entweder stolz und lässig, oder niedergeschlagen und kleinmütig, und eins ist für die Folge so hinderlich als das andere. Das Sicherste bleibt immer, nur das Nächste zu tun was vor uns liegt, und das ist jetzt, fuhr er mit einem Lächeln fort, daß wir eilen in's Quartier zu kommen.

Wilhelm fragte, wie weit noch der Weg nach Lothario's Gut sei, der andere versetzte, daß es hinter dem Berge liege. Vielleicht treffe ich Sie dort an, fuhr er fort, ich habe nur in der Nachbarschaft noch etwas zu besorgen. Leben Sie so lange wohl! Und mit diesen Worten ging er einen steilen Pfad, der schneller über den Berg hinüber zu führen schien.

Ja wohl hat er Recht! sagte Wilhelm vor sich, indem er weiter ritt: An das Nächste soll man denken, und für mich ist wohl jetzt nichts Näheres als der traurige Auftrag, den ich ausrichten soll. Laß sehen, ob ich die Rede noch ganz im Gedächtnis habe, die den grausamen Freund beschämen soll.

Er fing darauf an, sich dieses Kunstwerk vorzusagen; es fehlte ihm auch nicht eine Silbe, und je mehr ihm sein Gedächtnis zu statten kam, desto mehr wuchs seine Leidenschaft und sein Mut. Aureliens Leiden und Tod waren lebhaft vor seiner Seele gegenwärtig.

Geist meiner Freundin! rief er aus, umschwebe mich! und wenn es dir möglich ist, so gib mir ein Zeichen, daß du besänftigt, daß du versöhnt seist!

Unter diesen Worten und Gedanken war er auf die Höhe des Berges gekommen, und sah an dessen Abhang, an der andern Seite, ein wunderliches Gebäude liegen, das er sogleich für Lothario's Wohnung hielt. Ein altes unregelmäßiges Schloß, mit einigen Türmen und Giebeln, schien die erste Anlage dazu gewesen zu sein; allein noch unregelmäßiger waren die neuen Angebäude, die teils nah, teils in einiger Entfernung davon errichtet, mit dem Hauptgebäude durch Galerien und bedeckte Gänge zusammenhingen. Alle äußere Symmetrie, jedes architektonische Ansehn schien dem Bedürfnis der innern Bequemlichkeit aufgeopfert zu sein. Keine Spur von Wall und Graben war zu sehen, eben so wenig als von künstlichen Gärten und großen Alleen. Ein Gemüse- und Baumgarten drang bis an die Häuser hinan, und kleine nutzbare Gärten waren selbst in den Zwischenräumen angelegt. Ein heiteres Dörfchen lag in einiger Entfernung; Gärten und Felder schienen durchaus in dem besten Zustande.

In seine eignen leidenschaftlichen Betrachtungen vertieft, ritt Wilhelm weiter, ohne viel über das was er sah nachzudenken, stellte sein Pferd in einem Gasthofe ein und eilte nicht ohne Bewegung nach dem Schlosse zu.

Ein alter Bedienter empfing ihn an der Türe, und berichtete ihm mit vieler Gutmütigkeit, daß er heute wohl schwerlich vor den Herren kommen werde; der Herr habe viel Briefe zu schreiben und schon einige seiner Geschäftsleute abweisen lassen. Wilhelm ward dringender, und endlich mußte der Alte nachgeben und ihn melden. Er kam zurück, und führte Wilhelmen in einen großen alten Saal. Dort ersuchte er ihn sich zu gedulden, weil der Herr vielleicht noch eine Zeitlang ausbleiben werde. Wilhelm ging unruhig auf und ab, und warf einige Blicke auf die Ritter und Frauen, deren alte Abbildungen an der Wand umher hingen, er wiederholte den Anfang seiner Rede, und sie schien ihm in Gegenwart dieser Harnische und Kragen erst recht am Platz. So oft er etwas rauschen hörte, setzte er sich in Positur, um seinen Gegner mit Würde zu empfangen, ihm erst den Brief zu überreichen, und ihn dann mit den Waffen des Vorwurfs anzufallen.

Mehrmals war er schon getäuscht worden, und fing wirklich an verdrießlich und verstimmt zu werden, als endlich aus einer Seitentür ein wohlgebildeter Mann in Stiefeln und einem schlichten Überrocke heraustrat. Was bringen Sie mir Gutes? sagte er mit freundlicher Stimme zu Wilhelmen; verzeihen Sie, daß ich Sie habe warten lassen.

Er faltete, indem er dieses sprach, einen Brief, den er in der Hand hielt. Wilhelm, nicht ohne Verlegenheit, überreichte ihm das Blatt Aureliens, und sagte: Ich bringe die letzten Worte einer Freundin, die Sie nicht ohne Rührung lesen werden.

Lothario nahm den Brief und ging sogleich in das Zimmer zurück, wo er, wie Wilhelm recht gut durch die offne Türe sehen konnte, erst noch einige Briefe siegelte und überschrieb, dann Aureliens Brief eröffnete und las. Er schien das Blatt einigemal durchgelesen zu haben, und Wilhelm, obgleich seinem Gefühl nach die pathetische Rede zu dem natürlichen Empfang nicht recht passen wollte, nahm sich doch zusammen, ging auf die Schwelle los und wollte seinen Spruch beginnen, als eine Tapetentüre des Kabinetts sich öffnete, und der Geistliche hereintrat.

Ich erhalte die wunderlichste Depesche von der Welt, rief Lothario ihm entgegen; verzeihn Sie mir, fuhr er fort, indem er sich gegen Wilhelmen wandte, wenn ich in diesem Augenblicke nicht gestimmt bin, mich mit Ihnen weiter zu unterhalten. Sie bleiben heute Nacht bei uns! und Sie sorgen für unsern Gast, Abbé, daß ihm nichts abgeht.

Mit diesen Worten machte er eine Verbeugung gegen Wilhelmen, der Geistliche nahm unsern Freund bei der Hand, der nicht ohne Widerstreben folgte.

Stillschweigend gingen sie durch wunderliche Gänge, und kamen in ein gar artiges Zimmer. Der Geistliche führte ihn ein, und verließ ihn ohne weitere Entschuldigung. Bald darauf erschien ein munterer Knabe, der sich bei Wilhelmen als seine Bedienung ankündigte und das Abendessen brachte, bei der Aufwartung von der Ordnung des Hauses, wie man zu frühstücken, zu speisen, zu arbeiten und sich zu vergnügen pflegte, manches erzählte, und besonders zu Lothario's Ruhm gar vieles vorbrachte.

So angenehm auch der Knabe war, so suchte ihn Wilhelm doch bald los zu werden. Er wünschte allein zu sein, denn er fühlte sich in seiner Lage äußerst gedrückt und beklommen. Er machte sich Vorwürfe, seinen Vorsatz so schlecht vollführt, seinen Auftrag nur halb ausgerichtet zu haben. Bald nahm er sich vor, den andern Morgen das Versäumte nachzuholen, bald ward er gewahr, daß Lothario's Gegenwart ihn zu ganz andern Gefühlen stimmte. Das Haus, worin er sich befand, kam ihm auch so wunderbar vor, er wußte sich in seine Lage nicht zu finden. Er wollte sich ausziehen und öffnete seinen Mantelsack; mit seinen Nachtsachen brachte er zugleich den Schleier des Geistes hervor, den Mignon eingepackt hatte. Der Anblick vermehrte seine traurige Stimmung. Flieh! Jüngling, flieh! rief er aus, was soll das mystische Wort heißen? was fliehen? wohin fliehen? Weit besser hätte der Geist mir zugerufen: Kehre in dich selbst zurück! Er betrachtete die englischen Kupfer, die an der Wand in Rahmen hingen; gleichgültig sah er über die meisten hinweg, endlich fand er auf dem einen ein unglücklich strandendes Schiff vorgestellt: ein Vater mit seinen schönen Töchtern erwartete den Tod von den hereindringenden Wellen. Das eine Frauenzimmer schien Ähnlichkeit mit jener Amazone zu haben; ein unaussprechliches Mitleiden ergriff unsern Freund, er fühlte ein unwiderstehliches Bedürfnis seinem Herzen Luft zu machen, Tränen drangen aus seinem Auge, und er konnte sich nicht wieder erholen, bis ihn der Schlaf überwältigte.

Sonderbare Traumbilder erschienen ihm gegen Morgen. Er fand sich in einem Garten, den er als Knabe öfters besucht hatte, und sah mit Vergnügen die bekannten Alleen, Hecken und Blumenbeete wieder; Mariane begegnete ihm, er sprach liebevoll mit ihr und ohne Erinnerung irgend eines vergangenen Mißverhältnisses. Gleich darauf trat sein Vater zu ihnen, im Hauskleide; und mit vertraulicher Miene, die ihm selten war, hieß er den Sohn zwei Stühle aus dem Gartenhause holen, nahm Marianen bei der Hand und führte sie nach einer Laube.

Wilhelm eilte nach dem Gartensaale, fand ihn aber ganz leer, nur sah er Aurelien an dem entgegengesetzten Fenster stehen; er ging sie anzureden, allein sie blieb unverwandt, und ob er sich gleich neben sie stellte, konnte er doch ihr Gesicht nicht sehen. Er blickte zum Fenster hinaus und sah, in einem fremden Garten, viele Menschen beisammen, von denen er einige sogleich erkannte. Frau Melina saß unter einem Baum und spielte mit einer Rose, die sie in der Hand hielt; Laertes stand neben ihr und zählte Gold aus einer Hand in die andere. Mignon und Felix lagen im Grase, jene ausgestreckt auf dem Rücken, dieser auf dem Gesichte. Philine trat hervor, und klatschte über den Kindern in die Hände, Mignon blieb unbeweglich, Felix sprang auf und floh vor Philinen. Erst lachte er im Laufen, als Philine ihn verfolgte, dann schrie er ängstlich, als der Harfenspieler mit großen langsamen Schritten ihm nachging. Das Kind lief grade auf einen Teich los; Wilhelm eilte ihm nach, aber zu spät, das Kind lag im Wasser! Wilhelm stand wie eingewurzelt. Nun sah er die schöne Amazone an der andern Seite des Teichs, sie streckte ihre rechte Hand gegen das Kind aus und ging am Ufer hin, das Kind durchstrich das Wasser in gerader Richtung auf den Finger zu, und folgte ihr nach, wie sie ging, endlich reichte sie ihm ihre Hand und zog es aus dem Teiche. Wilhelm war indessen näher gekommen, das Kind brannte über und über, und es fielen feurige Tropfen von ihm herab. Wilhelm war noch besorgter, doch die Amazone nahm schnell einen weißen Schleier vom Haupte und bedeckte das Kind damit. Das Feuer war sogleich gelöscht. Als sie den Schleier aufhob, sprangen zwei Knaben hervor, die zusammen mutwillig hin und her spielten, als Wilhelm mit der Amazone Hand in Hand durch den Garten ging, und in der Entfernung seinen Vater und Marianen in einer Allee spazieren sah, die mit hohen Bäumen den ganzen Garten zu umgeben schien. Er richtete seinen Weg auf beide zu, und machte mit seiner schönen Begleiterin den Durchschnitt des Gartens, als auf einmal der blonde Friedrich ihnen in den Weg trat und sie mit großem Gelächter und allerlei Possen aufhielt. Sie wollten demungeachtet ihren Weg weiter fortsetzen; da eilte er weg und lief auf jenes entfernte Paar zu; der Vater und Mariane schienen vor ihm zu fliehen, er lief nur desto schneller, und Wilhelm sah jene fast im Fluge durch die Allee hinschweben. Natur und Neigung forderten ihn auf, jenen zu Hülfe zu kommen, aber die Hand der Amazone hielt ihn zurück. Wie gern ließ er sich halten! Mit dieser gemischten Empfindung wachte er auf und fand sein Zimmer schon von der hellen Sonne erleuchtet.

Zweites Kapitel

Der Knabe lud Wilhelmen zum Frühstück ein; dieser fand den Abbé schon im Saale; Lothario, hieß es, sei ausgeritten; der Abbé war nicht sehr gesprächig und schien eher nachdenklich zu sein; er fragte nach Aureliens Tode und hörte mit Teilnahme der Erzählung Wilhelms zu. Ach! rief er aus, wem es lebhaft und gegenwärtig ist, welche unendliche Operationen Natur und Kunst machen müssen, bis ein gebildeter Mensch dasteht, wer selbst so viel als möglich an der Bildung seiner Mitbrüder Teil nimmt, der möchte verzweifeln, wenn er sieht, wie freventlich sich oft der Mensch zerstört und so oft in den Fall kommt, mit oder ohne Schuld, zerstört zu werden. Wenn ich das bedenke, so scheint mir das Leben selbst eine so zufällige Gabe, daß ich jeden loben möchte, der sie nicht höher als billig schätzt.

Er hatte kaum ausgesprochen, als die Türe mit Heftigkeit sich aufriß, ein junges Frauenzimmer hereinstürzte, und den alten Bedienten, der sich ihr in den Weg stellte, zurückstieß. Sie eilte gerade auf den Abbé zu, und konnte, indem sie ihn bei'm Arm faßte, vor Weinen und Schluchzen kaum die wenigen Worte hervorbringen: Wo ist er? Wo habt ihr ihn? Es ist eine entsetzliche Verräterei! Gesteht nur! Ich weiß was vorgeht! Ich will ihm nach! Ich will wissen wo er ist.

Beruhigen Sie sich, mein Kind, sagte der Abbé mit angenommener Gelassenheit, kommen Sie auf Ihr Zimmer, Sie sollen alles erfahren, nur müssen Sie hören können, wenn ich Ihnen erzählen soll. Er bot ihr die Hand an, im Sinne sie wegzuführen. Ich werde nicht auf mein Zimmer gehen, rief sie aus, ich hasse die Wände, zwischen denen ihr mich schon so lange gefangen haltet! und doch habe ich alles erfahren, der Obrist hat ihn herausgefordert, er ist hinausgeritten, seinen Gegner aufzusuchen und vielleicht jetzt eben in diesem Augenblicke – es war mir etlichemal, als hörte ich schießen. Lassen Sie anspannen und fahren Sie mit mir, oder ich fülle das Haus, das ganze Dorf mit meinem Geschrei.

Sie eilte unter den heftigsten Tränen nach dem Fenster, der Abbé hielt sie zurück und suchte vergebens sie zu besänftigen.

Man hörte einen Wagen fahren, sie riß das Fenster auf: Er ist tot! rief sie, da bringen sie ihn – Er steigt aus! sagte der Abbé. Sie sehen, er lebt – Er ist verwundet, versetzte sie heftig, sonst käm' er zu Pferde! Sie führen ihn! Er ist gefährlich verwundet! Sie rannte zur Türe hinaus und die Treppe hinunter, der Abbé eilte ihr nach und Wilhelm folgte ihnen; er sah wie die Schöne ihrem heraufkommenden Geliebten begegnete.

Lothario lehnte sich auf seinen Begleiter, welchen Wilhelm sogleich für seinen alten Gönner Jarno erkannte, sprach dem trostlosen Frauenzimmer gar liebreich und freundlich zu, und indem er sich auch auf sie stützte, kam er die Treppe langsam herauf; er grüßte Wilhelmen und ward in sein Kabinett geführt.

Nicht lange darauf kam Jarno wieder heraus und trat zu Wilhelmen: Sie sind, wie es scheint, sagte er, prädestiniert, überall Schauspieler und Theater zu finden; wir sind eben in einem Drama begriffen, das nicht ganz lustig ist.

Ich freue mich, versetzte Wilhelm, Sie in diesem sonderbaren Augenblicke wiederzufinden; ich bin verwundert, erschrocken, und Ihre Gegenwart macht mich gleich ruhig und gefaßt. Sagen Sie mir, hat es Gefahr? Ist der Baron schwer verwundet? – Ich glaube nicht, versetzte Jarno.

Nach einiger Zeit trat der junge Wundarzt aus dem Zimmer. Nun was sagen Sie? rief ihm Jarno entgegen – Daß es sehr gefährlich steht, versetzte dieser, und steckte einige Instrumente in seine lederne Tasche zusammen.

Wilhelm betrachtete das Band, das von der Tasche herunter hing, er glaubte es zu kennen. Lebhafte widersprechende Farben, ein seltsames Muster, Gold und Silber in wunderlichen Figuren, zeichneten dieses Band vor allen Bändern der Welt aus. Wilhelm war überzeugt, die Instrumententasche des alten Chirurgus vor sich zu sehen, der ihn in jenem Walde verbunden hatte, und die Hoffnung, nach so langer Zeit wieder eine Spur seiner Amazone zu finden, schlug wie eine Flamme durch sein ganzes Wesen.

Wo haben Sie die Tasche her? rief er aus. Wem gehörte sie vor Ihnen? Ich bitte, sagen Sie mir's. – Ich habe sie in einer Auktion gekauft, versetzte jener, was kümmert's mich, wem sie angehörte? Mit diesen Worten entfernte er sich, und Jarno sagte: Wenn diesem jungen Menschen nur ein wahres Wort aus dem Munde ginge. – So hat er also diese Tasche nicht erstanden? versetzte Wilhelm. – So wenig als es Gefahr mit Lothario hat, antwortete Jarno.

Wilhelm stand in ein vielfaches Nachdenken versenkt, als Jarno ihn fragte, wie es ihm zeither gegangen sei? Wilhelm erzählte seine Geschichte im Allgemeinen, und als er zuletzt von Aureliens Tod und seiner Botschaft gesprochen hatte, rief jener aus: Es ist doch sonderbar, sehr sonderbar!

Der Abbé trat aus dem Zimmer, winkte Jarno zu, an seiner Statt hinein zu gehen, und sagte zu Wilhelmen: Der Baron läßt Sie ersuchen hier zu bleiben, einige Tage die Gesellschaft zu vermehren und zu seiner Unterhaltung unter diesen Umständen beizutragen. Haben Sie nötig etwas an die Ihrigen zu bestellen, so soll Ihr Brief gleich besorgt werden, und damit

Sie diese wunderbare Begebenheit verstehen, von der Sie Augenzeuge sind, muß ich Ihnen erzählen, was eigentlich kein Geheimnis ist. Der Baron hatte ein kleines Abenteuer mit einer Dame, das mehr Aufsehen machte als billig war, weil sie den Triumph, ihn einer Nebenbuhlerin entrissen zu haben, allzu lebhaft genießen wollte. Leider fand er nach einiger Zeit bei ihr nicht die nämliche Unterhaltung, er vermied sie; allein bei ihrer heftigen Gemütsart war es ihr unmöglich ihr Schicksal mit gesetztem Mute zu tragen. Bei einem Balle gab es einen öffentlichen Bruch, sie glaubte sich äußerst beleidigt, und wünschte gerächt zu werden; kein Ritter fand sich, der sich ihrer angenommen hätte, bis endlich ihr Mann, von dem sie sich lange getrennt hatte, die Sache erfuhr und sich ihrer annahm, den Baron herausforderte und heute verwundete; doch ist der Obrist, wie ich höre, noch schlimmer dabei gefahren.

Von diesem Augenblicke an ward unser Freund im Hause, als gehöre er zur Familie, behandelt.

Drittes Kapitel

Man hatte einigemal dem Kranken vorgelesen; Wilhelm leistete diesen kleinen Dienst mit Freuden. Lydie kam nicht vom Bette hinweg, ihre Sorgfalt für den Verwundeten verschlang alle ihre übrige Aufmerksamkeit, aber heute schien auch Lothario zerstreut, ja er bat, daß man nicht weiter lesen möchte.

Ich fühle heute so lebhaft, sagte er, wie töricht der Mensch seine Zeit verstreichen läßt! Wie manches habe ich mir vorgenommen, wie manches durchdacht, und wie zaudert man nicht bei seinen besten Vorsätzen! Ich habe die Vorschläge über die Veränderungen gelesen, die ich auf meinen Gütern machen will, und ich kann sagen, ich freue mich vozüglich dieserwegen, daß die Kugel keinen gefährlichern Weg genommen hat.

Lydie sah ihn zärtlich, ja mit Tränen in den Augen an, als wollte sie fragen, ob denn *sie*, ob seine Freunde nicht auch Anteil an der Lebensfreude fordern könnten? Jarno dagegen versetzte: Veränderungen, wie Sie vorhaben, werden billig erst von allen Seiten überlegt, bis man sich entschließt.

Lange Überlegungen, versetzte Lothario, zeigen gewöhnlich, daß man den Punkt nicht im Auge hat, von dem die Rede ist, übereilte Handlungen, daß man ihn gar nicht kennt. Ich übersehe sehr deutlich, daß ich in vielen Stücken, bei der Wirtschaft meiner Güter, die Dienste meiner Landleute nicht entbehren kann, und daß ich auf gewissen Rechten strack und streng halten muß; ich sehe aber auch, daß andere Befugnisse mir zwar vorteilhaft, aber nicht ganz unentbehrlich sind, so daß ich davon meinen Leuten auch was gönnen kann. Man verliert nicht immer, wenn man entbehrt. Nutze ich nicht meine Güter weit besser als mein Vater? Werde ich meine Einkünfte nicht noch höher treiben? Und soll ich diesen wachsenden Vorteil allein genießen? Soll ich dem, der mit mir und für mich arbeitet, nicht auch in dem Seinigen Vorteile gönnen, die uns erweiterte Kenntnisse, die uns eine vorrückende Zeit darbietet?

Der Mensch ist nun einmal so! rief Jarno, und ich tadle mich nicht, wenn ich mich auch in dieser Eigenheit ertappe; der Mensch begehrt alles an sich zu reißen, um nur nach Belieben damit schalten und walten zu können; das Geld, das er nicht selbst ausgibt, scheint ihm selten wohl angewendet.

O ja! versetzte Lothario, wir könnten manches vom Kapital entbehren, wenn wir mit den Interessen weniger willkürlich umgingen.

Das einzige, was ich zu erinnern habe, sagte Jarno, und warum ich nicht raten kann, daß Sie eben jetzt diese Veränderungen machen, wodurch Sie wenigstens im Augenblicke verlieren, ist, daß Sie selbst noch Schulden haben, deren Abzahlung Sie einengt. Ich würde raten Ihren Plan aufzuschieben, bis Sie völlig im Reinen wären.

Und indessen einer Kugel, oder einem Dachziegel zu überlassen, ob er die Resultate meines Lebens und meiner Tätigkeit auf immer vernichten wollte! O, mein Freund! fuhr Lothario fort: das ist ein Hauptfehler gebildeter Menschen, daß sie alles an eine Idee, wenig oder nichts an einen Gegenstand wenden mögen. Wozu habe ich Schulden gemacht? Warum habe ich mich mit meinem Oheim entzweit? meine Geschwister so lange sich selbst überlassen? als um einer Idee willen. In Amerika glaubte ich zu wirken, über dem Meere glaubte ich nützlich und notwendig zu sein; war eine Handlung nicht mit tausend Gefahren umgeben, so schien sie mir nicht bedeutend, nicht würdig. Wie anders seh' ich jetzt die Dinge, und wie ist mir das Nächste so wert, so teuer geworden.

Ich erinnere mich wohl des Briefes, versetzte Jarno, den ich noch über das Meer erhielt. Sie schrieben mir: Ich werde zurückkehren, und in meinem Hause, in meinem Baumgarten, mitten unter den Meinigen sagen: *hier, oder nirgend ist Amerika!*

Ja, mein Freund, und ich wiederhole noch immer dasselbe, und doch schelte ich mich zugleich, daß ich hier nicht so tätig wie dort bin. Zu einer gewissen gleichen fortdauernden Gegenwart brauchen wir nur Verstand, und wir werden auch nur zu Verstand, so daß wir das Außerordentliche, was jeder gleichgültige Tag von uns fordert, nicht mehr sehen, und wenn wir es erkennen, doch tausend Entschuldigungen finden es nicht zu tun. Ein verständiger Mensch ist viel für sich, aber für's Ganze ist er wenig.

Wir wollen, sagte Jarno, dem Verstande nicht zu nahe treten, und bekennen, daß das Außerordentliche, was geschieht, meistens töricht ist.

Ja, und zwar eben deswegen, weil die Menschen das Außerordentliche außer der Ordnung tun. So gibt mein Schwager sein Vermögen, insofern er es veräußern kann, der Brüdergemeinde, und glaubt seiner Seele Heil dadurch zu befördern; hätte er einen geringen Teil seiner Einkünfte aufgeopfert, so hätte er viel glückliche Menschen machen, und sich und ihnen einen Himmel auf Erden schaffen können. Selten sind unsere Aufopferungen tätig, wir tun gleich Verzicht auf das, was wir weggeben. Nicht entschlossen, sondern verzweifelt entsagen wir dem, was wir besitzen. Diese Tage, ich gesteh' es, schwebt mir der Graf immer vor Augen, und ich bin fest entschlossen, das aus Überzeugung zu tun, wozu ihn ein ängstlicher Wahn treibt; ich will meine Genesung nicht abwarten. Hier sind die Papiere, sie dürfen nur in's Reine gebracht werden. Nehmen Sie den Gerichtshalter dazu, unser Gast hilft Ihnen auch, Sie wissen so gut als ich, worauf es ankommt, und ich will hier genesend oder sterbend dabei bleiben und ausrufen: *hier, oder nirgend ist Herrnhut!*

Als Lydie ihren Freund von sterben reden hörte, stürzte sie vor seinem Bette nieder, hing an seinen Armen und weinte bitterlich. Der Wundarzt kam herein, Jarno gab Wilhelmen die Papiere und nötigte Lydien sich zu entfernen.

Um's Himmels willen! rief Wilhelm, als sie in dem Saal allein waren, was ist das mit dem Grafen? Welch ein Graf ist das, der sich unter die Brüdergemeinde begibt?

Den Sie sehr wohl kennen, versetzte Jarno. Sie sind das Gespenst, das ihn in die Arme der Frömmigkeit jagt, Sie sind der Bösewicht, der sein artiges Weib in einen Zustand versetzt, in dem sie erträglich findet, ihrem Manne zu folgen.

Und sie ist Lothario's Schwester? rief Wilhelm.

Nicht anders.

Und Lothario weiß –?

Alles.

O lassen Sie mich fliehen! rief Wilhelm aus: wie kann ich vor ihm stehen? Was kann er sagen?

Daß niemand einen Stein gegen den andern aufheben soll, und daß niemand lange Reden komponieren soll, um die Leute zu beschämen, er müßte sie denn vor dem Spiegel halten wollen.

Auch das wissen Sie?

Wie manches andere, versetzte Jarno lächelnd; doch diesmal, fuhr er fort, werde ich Sie so leicht nicht wie das vorigemal los lassen, und vor meinem Werbesold haben Sie sich auch nicht mehr zu fürchten. Ich bin kein Soldat mehr, und auch als Soldat hätte ich Ihnen diesen Argwohn nicht einflößen sollen. Seit der Zeit, daß ich Sie nicht gesehen habe, hat sich vieles geändert. Nach dem Tode meines Fürsten, meines einzigen Freundes und Wohltäters, habe ich mich aus der Welt und aus allen weltlichen Verhältnissen herausgerissen. Ich beförderte gern was vernünftig war, verschwieg nicht, wenn ich etwas abgeschmackt fand, und man hatte immer von meinem unruhigen Kopf und von meinem bösen Maule zu reden. Das Menschenpack fürchtet sich vor nichts mehr, als vor dem Verstande; vor der Dummheit sollten sie sich fürchten, wenn sie begriffen, was fürchterlich ist; aber jener ist unbequem, und man muß ihn bei Seite schaffen, diese ist nur verderblich, und das kann man abwarten. Doch es mag hingehen, ich habe zu leben, und von meinem Plane sollen Sie weiter hören. Sie sollen Teil daran nehmen, wenn Sie mögen; aber sagen Sie mir, wie ist es Ihnen ergangen? Ich sehe, ich fühle Ihnen an, auch Sie haben sich verändert. Wie steht's mit Ihrer alten Grille, etwas Schönes und Gutes in Gesellschaft von Zigeunern hervorzubringen?

Ich bin gestraft genug! rief Wilhelm aus: erinnern Sie mich nicht, woher ich komme und wohin ich gehe. Man spricht viel vom Theater, aber wer nicht selbst darauf war, kann sich keine Vorstellung davon machen. Wie völlig diese Menschen mit sich selbst unbekannt sind, wie sie ihr Geschäft ohne Nachdenken treiben, wie ihre Anforderungen ohne Gränzen sind, davon hat man keinen Begriff. Nicht allein will jeder der erste, sondern auch der einzige sein, jeder möchte gerne alle übrigen ausschließen, und sieht nicht, daß er mit ihnen zusammen kaum etwas leistet; jeder dünkt sich wunderoriginal zu sein, und ist unfähig sich in etwas zu finden was außer dem Schlendrian ist; dabei eine immerwährende Unruhe nach etwas Neuem. Mit welcher Heftigkeit wirken sie gegen einander! und nur die kleinlichste Eigenliebe, der beschränkteste Eigennutz macht, daß sie sich mit einander verbinden.

Vom wechselseitigen Betragen ist gar die Rede nicht; ein ewiges Mißtrauen wird durch heimliche Tücke und schändliche Reden unterhalten; wer nicht liederlich lebt, lebt albern. Jeder macht Anspruch auf die unbedingteste Achtung, jeder ist empfindlich gegen den mindesten Tadel. Das hat er selbst alles schon besser gewußt! Und warum hat er denn immer das Gegenteil getan? Immer bedürftig und immer ohne Zutrauen, scheint es, als wenn sie sich vor nichts so sehr fürchteten als vor Vernunft und gutem Geschmack, und nichts so sehr zu erhalten suchten, als das Majestätsrecht ihrer persönlichen Willkür.

Wilhelm holte Atem, um seine Litanei noch weiter fortzusetzen, als ein unmäßiges Gelächter Jarno's ihn unterbrach. Die armen Schauspieler! rief er aus, warf sich in einen Sessel und lachte fort: die armen guten Schauspieler! Wissen Sie denn, mein Freund, fuhr er fort, nachdem er sich einigermaßen wieder erholt hatte, daß Sie nicht das Theater, sondern die Welt beschrieben haben, und daß ich Ihnen aus allen Ständen genug Figuren und Handlungen zu Ihren harten Pinselstrichen finden wollte? Verzeihen Sie mir, ich muß wieder lachen, daß Sie glaubten, diese schönen Qualitäten seien nur auf die Bretter gebannt.

Wilhelm faßte sich, denn wirklich hatte ihn das unbändige und unzeitige Gelächter Jarno's verdrossen. Sie können, sagte er, Ihren Menschenhaß nicht ganz verbergen, wenn Sie behaupten, daß diese Fehler allgemein seien.

Und es zeugt von Ihrer Unbekanntschaft mit der Welt, wenn Sie diese Erscheinungen dem Theater so hoch anrechnen. Wahrhaftig, ich verzeihe dem Schauspieler jeden Fehler, der aus dem Selbstbetrug und aus der Begierde zu gefallen entspringt; denn wenn er sich und andern nicht etwas scheint, so ist er nichts. Zum Schein ist er berufen, er muß den augenblicklichen Beifall hoch schätzen, denn er erhält keinen andern Lohn; er muß zu glänzen suchen, denn deswegen steht er da.

Sie erlauben, versetzte Wilhelm, daß ich von meiner Seite

wenigstens lächele. Nie hätte ich geglaubt, daß Sie so billig, so nachsichtig sein könnten.

Nein, bei Gott! dies ist mein völliger wohlbedachter Ernst. Alle Fehler des Menschen verzeih' ich dem Schauspieler, keine Fehler des Schauspielers verzeih' ich dem Menschen. Lassen Sie mich meine Klaglieder hierüber nicht anstimmen, sie würden heftiger klingen als die Ihrigen.

Der Chirurgus kam aus dem Kabinett, und auf Befragen, wie sich der Kranke befinde? sagte er mit lebhafter Freundlichkeit: Recht sehr wohl, ich hoffe ihn bald völlig wieder hergestellt zu sehen. Sogleich eilte er zum Saal hinaus, und erwartete Wilhelms Frage nicht, der schon den Mund öffnete, sich nochmals und dringender nach der Brieftasche zu erkundigen. Das Verlangen, von seiner Amazone etwas zu erfahren, gab ihm Vertrauen zu Jarno; er entdeckte ihm seinen Fall, und bat ihn um seine Beihülfe. Sie wissen so viel, sagte er, sollten Sie nicht auch das erfahren können?

Jarno war einen Augenblick nachdenkend, dann sagte er zu seinem jungen Freunde: Sein Sie ruhig, und lassen Sie sich weiter nichts merken, wir wollen der Schönen schon auf die Spur kommen. Jetzt beunruhigt mich nur Lothario's Zustand, die Sache steht gefährlich, das sagt mir die Freundlichkeit und der gute Trost des Wundarztes. Ich hätte Lydien schon gerne weggeschafft, denn sie nutzt hier gar nichts, aber ich weiß nicht, wie ich es anfangen soll. Heute Abend hoff' ich soll unser alter Medicus kommen, und dann wollen wir weiter ratschlagen.

Viertes Kapitel

Der Medicus kam; es war der gute, alte, kleine Arzt, den wir schon kennen, und dem wir die Mitteilung des interessanten Manuskripts verdanken. Er besuchte vor allen Dingen den Verwundeten, und schien mit dessen Befinden keineswegs zufrieden. Dann hatte er mit Jarno eine lange Unterredung, doch ließen sie nichts merken, als sie Abends zu Tische kamen.

Wilhelm begrüßte ihn auf's freundlichste, und erkundigte sich nach seinem Harfenspieler. – Wir haben noch Hoffnung, den Unglücklichen zu rechte zu bringen, versetzte der Arzt. – Dieser Mensch war eine traurige Zugabe zu Ihrem eingeschränkten und wunderlichen Leben, sagte Jarno. Wie ist es ihm weiter ergangen? Lassen Sie mich es wissen.

Nachdem man Jarno's Neugierde befriediget hatte, fuhr der Arzt fort: Nie habe ich ein Gemüt in einer so sonderbaren Lage gesehen. Seit vielen Jahren hat er an nichts, was außer ihm war, den mindesten Anteil genommen, ja fast auf nichts gemerkt; bloß in sich gekehrt, betrachtete er sein hohles leeres Ich, das ihm als ein unermeßlicher Abgrund erschien. Wie rührend war es, wenn er von diesem traurigen Zustande sprach! Ich sehe nichts vor mir, nichts hinter mir, rief er aus, als eine unendliche Nacht, in der ich mich in der schrecklichsten Einsamkeit befinde; kein Gefühl bleibt mir, als das Gefühl meiner Schuld, die doch auch nur wie ein entferntes unförmliches Gespenst sich rückwärts sehen läßt. Doch da ist keine Höhe, keine Tiefe, kein Vor noch Zurück, kein Wort drückt diesen immer gleichen Zustand aus. Manchmal ruf' ich in der Not dieser Gleichgültigkeit: Ewig! ewig! mit Heftigkeit aus, und dieses seltsame unbegreifliche Wort ist hell und klar gegen die Finsternis meines Zustandes. Kein Strahl einer Gottheit erscheint mir in dieser Nacht, ich weine meine Tränen alle mir selbst und um mich selbst. Nichts ist mir grausamer als Freundschaft und Liebe; denn sie allein locken mir den Wunsch ab, daß die Erscheinungen, die mich umgeben, wirklich sein möchten. Aber auch diese beiden Gespenster sind nur aus dem Abgrunde gestiegen, um mich zu ängstigen, und um mir zuletzt auch das teure Bewußtsein dieses ungeheuren Daseins zu rauben.

Sie sollten ihn hören, fuhr der Arzt fort, wenn er in vertraulichen Stunden auf diese Weise sein Herz erleichtert; mit der größten Rührung habe ich ihm einigemal zugehört.

Wenn sich ihm etwas aufdringt, das ihn nötigt, einen Augenblick zu gestehen, eine Zeit sei vergangen, so scheint er wie erstaunt, und dann verwirft er wieder die Veränderung an den Dingen als eine Erscheinung der Erscheinungen. Eines Abends sang er ein Lied über seine grauen Haare; wir saßen alle um ihn her und weinten.

O, schaffen Sie es mir! rief Wilhelm aus.

Haben Sie denn aber, fragte Jarno, nichts entdeckt von dem, was er sein Verbrechen nennt, nicht die Ursache seiner sonderbaren Tracht, sein Betragen bei'm Brande, seine Wut gegen das Kind?

Nur durch Mußmaßungen können wir seinem Schicksale näher kommen; ihn unmittelbar zu fragen, würde gegen unsere Grundsätze sein. Da wir wohl merken, daß er katholisch erzogen ist, haben wir geglaubt, ihm durch eine Beichte Linderung zu verschaffen; aber er entfernt sich auf eine sonderbare Weise jedesmal, wenn wir ihn dem Geistlichen näher zu bringen suchen. Daß ich aber Ihren Wunsch, etwas von ihm zu wissen, nicht ganz unbefriedigt lasse, will ich Ihnen wenigstens unsere Vermutungen entdecken. Er hat seine Jugend in dem geistlichen Stande zugebracht; daher scheint er sein langes Gewand und seinen Bart erhalten zu wollen. Die Freuden der Liebe blieben ihm die größte Zeit seines Lebens unbekannt. Erst spät mag eine Verirrung mit einem sehr nahe verwandten Frauenzimmer, es mag ihr Tod, der einem unglücklichen Geschöpfe das Dasein gab, sein Gehirn völlig zerrüttet haben.

Sein größter Wahn ist, daß er überall Unglück bringe, und daß ihm der Tod durch einen unschuldigen Knaben bevorstehe. Erst fürchtete er sich vor Mignon, eh' er wußte, daß es ein Mädchen war; nun ängstigte ihn Felix, und da er das Leben bei alle seinem Elend unendlich liebt, scheint seine Abneigung gegen das Kind daher entstanden zu sein.

Was haben Sie denn zu seiner Besserung für Hoffnung? fragte Wilhelm.

Es geht langsam vorwärts, versetzte der Arzt, aber doch

nicht zurück. Seine bestimmten Beschäftigungen treibt er fort, und wir haben ihn gewöhnt, die Zeitungen zu lesen, die er jetzt immer mit großer Begierde erwartet.

Ich bin auf seine Lieder neugierig, sagte Jarno.

Davon werde ich Ihnen verschiedene geben können, sagte der Arzt. Der älteste Sohn des Geistlichen, der seinem Vater die Predigten nachzuschreiben gewohnt ist, hat manche Strophe, ohne von dem Alten bemerkt zu werden, aufgezeichnet, und mehrere Lieder nach und nach zusammengesetzt.

Den andern Morgen kam Jarno zu Wilhelmen, und sagte ihm: Sie müssen uns einen Gefallen tun; Lydie muß einige Zeit entfernt werden; ihre heftige, und, ich darf wohl sagen, unbequeme Liebe und Leidenschaft hindert des Barons Genesung. Seine Wunde verlangt Ruhe und Gelassenheit, ob sie gleich bei seiner guten Natur nicht gefährlich ist. Sie haben gesehen, wie ihn Lydie mit stürmischer Sorgfalt, unbezwinglicher Angst und nie versiegenden Tränen quält, und – genug, setzte er nach einer Pause, mit einem Lächeln, hinzu, der Medicus verlangt ausdrücklich, daß sie das Haus auf einige Zeit verlassen solle. Wir haben ihr eingebildet, eine sehr gute Freundin halte sich in der Nähe auf, verlange sie zu sehen und erwarte sie jeden Augenblick. Sie hat sich bereden lassen, zu dem Gerichtshalter zu fahren, der nur zwei Stunden von hier wohnt. Dieser ist unterrichtet, und wird herzlich bedauern, daß Fräulein Therese so eben weggefahren sei; er wird wahrscheinlich machen, daß man sie noch einholen könne, Lydie wird ihr nacheilen, und, wenn das Glück gut ist, wird sie von einem Orte zum andern geführt werden. Zuletzt, wenn sie darauf besteht, wieder umzukehren, darf man ihr nicht widersprechen; man muß die Nacht zu Hülfe nehmen, der Kutscher ist ein gescheiter Kerl, mit dem man noch Abrede nehmen muß. Sie setzen sich zu ihr in den Wagen, unterhalten sie und dirigieren das Abenteuer.

Sie geben mir einen sonderbaren und bedenklichen Auftrag, versetzte Wilhelm: wie ängstlich ist die Gegenwart einer gekränkten treuen Liebe! und ich soll selbst dazu das Werkzeug sein? Es ist das erstemal in meinem Leben, daß ich jemanden auf diese Weise hintergehe: denn ich habe immer geglaubt, daß es uns zu weit führen könne, wenn wir einmal um des Guten und Nützlichen willen zu betrügen anfangen.

Können wir doch Kinder nicht anders erziehen, als auf diese Weise, versetzte Jarno.

Bei Kindern möchte es noch hingehen, sagte Wilhelm, indem wir sie so zärtlich lieben und offenbar übersehen; aber bei unsers Gleichen, für die uns nicht immer das Herz so laut um Schonung anruft, möchte es oft gefährlich werden. Doch glauben Sie nicht, fuhr er nach einem kurzen Nachdenken fort, daß ich deswegen diesen Auftrag ablehne. Bei der Ehrfurcht, die mir Ihr Verstand einflößt, bei der Neigung, die ich für Ihren trefflichen Freund fühle, bei dem lebhaften Wunsch, seine Genesung, durch welche Mittel sie auch möglich sei, zu befördern, mag ich mich gerne selbst vergessen. Es ist nicht genug, daß man sein Leben für einen Freund wagen könne, man muß auch im Notfall seine Überzeugung für ihn verleugnen. Unsere liebste Leidenschaft, unsere besten Wünsche sind wir für ihn aufzuopfern schuldig. Ich übernehme den Auftrag, ob ich gleich schon die Qual voraussehe, die ich von Lydiens Tränen, von ihrer Verzweiflung werde zu erdulden haben.

Dagegen erwartet Sie auch keine geringe Belohnung, versetzte Jarno, indem Sie Fräulein Theresen kennen lernen, ein Frauenzimmer, wie es ihrer wenige gibt; sie beschämt hundert Männer, und ich möchte sie eine wahre Amazone nennen, wenn andere nur als artige Hermaphroditen in dieser zweideutigen Kleidung herum gehen.

Wilhelm war betroffen, er hoffte in Theresen seine Amazone wieder zu finden, um so mehr, als Jarno, von dem er einige Auskunft verlangte, kurz abbrach und sich entfernte.

Die neue nahe Hoffnung, jene verehrte und geliebte Gestalt wieder zu sehen, brachte in ihm die sonderbarsten Bewegungen hervor. Er hielt nunmehr den Auftrag, der ihm gegeben worden war, für ein Werk einer ausdrücklichen Schikkung, und der Gedanke, daß er ein armes Mädchen von dem Gegenstande ihrer aufrichtigsten und heftigsten Liebe hinterlistig zu entfernen im Begriff war, erschien ihm nur im Vorübergehen, wie der Schatten eines Vogels über die erleuchtete Erde wegfliegt.

Der Wagen stand vor der Türe, Lydie zauderte einen Augenblick hinein zu steigen. Grüßt euren Herrn nochmals, sagte sie zu dem alten Bedienten, vor Abend bin ich wieder zurück. Tränen standen ihr im Auge, als sie im Fortfahren sich nochmals umwendete. Sie kehrte sich darauf zu Wilhelmen, nahm sich zusammen, und sagte: Sie werden an Fräulein Theresen eine sehr interessante Person finden. Mich wundert, wie sie in diese Gegend kommt: denn Sie werden wohl wissen, daß sie und der Baron sich heftig liebten. Ungeachtet der Entfernung war Lothario oft bei ihr; ich war damals um sie, es schien, als ob sie nur für einander leben würden. Auf einmal aber zerschlug sich's, ohne daß ein Mensch begreifen konnte warum. Er hatte mich kennen lernen, und ich leugne nicht, daß ich Theresen herzlich beneidete, daß ich meine Neigung zu ihm kaum verbarg, und daß ich ihn nicht zurückstieß, als er auf einmal mich statt Theresen zu wählen schien. Sie betrug sich gegen mich, wie ich es nicht besser wünschen konnte, ob es gleich beinahe scheinen mußte, als hätte ich ihr einen so werten Liebhaber geraubt. Aber auch wie viel tausend Tränen und Schmerzen hat mich diese Liebe schon gekostet! Erst sahen wir uns nur zuweilen am dritten Orte verstohlen, aber lange konnte ich das Leben nicht ertragen; nur in seiner Gegenwart war ich glücklich, ganz glücklich! Fern von ihm hatte ich kein trocknes Auge, keinen ruhigen Pulsschlag. Einst verzog er mehrere Tage, ich war in Verzweiflung, machte mich auf den Weg, und überraschte ihn hier. Er nahm mich liebevoll auf, und wäre nicht dieser unglückselige Handel dazwischen gekommen, so hätte ich ein himmliches Leben geführt; und was ich ausgestanden habe, seitdem er in Gefahr ist, seitdem er leidet, sag' ich nicht, und noch in diesem Augenblicke mache ich mir lebhafte Vorwürfe, daß ich mich nur einen Tag von ihm habe entfernen können.

Wilhelm wollte sich eben näher nach Theresen erkundigen, als sie bei dem Gerichtshalter vorfuhren, der an den Wagen kam, und von Herzen bedauerte, daß Fräulein Therese schon abgefahren sei. Er bot den Reisenden ein Frühstück an, sagte aber zugleich, der Wagen würde noch im nächsten Dorfe einzuholen sein. Man entschloß sich nachzufahren, und der Kutscher säumte nicht; man hatte schon einige Dörfer zurückgelegt und niemand angetroffen. Lydie bestand nun darauf, man solle umkehren, der Kutscher fuhr zu, als verstände er es nicht. Endlich verlangte sie es mit größter Heftigkeit; Wilhelm rief ihm zu und gab ihm das verabredete Zeichen. Der Kutscher erwiderte: Wir haben nicht nötig denselben Weg zurück zu fahren; ich weiß einen nähern, der zugleich viel bequemer ist. Er fuhr nun seitwärts durch einen Wald und über lange Triften weg. Endlich da kein bekannter Gegenstand zum Vorschein kam, gestand der Kutscher, er sei unglücklicher Weise irre gefahren, wolle sich aber bald wieder zurechte finden, indem er dort ein Dorf sehe. Die Nacht kam herbei, und der Kutscher machte seine Sache so geschickt, daß er überall fragte und nirgends die Antwort abwartete. So fuhr man die ganze Nacht, Lydie schloß kein Auge; bei Mondschein fand sie überall Ähnlichkeiten, und immer verschwanden sie wieder. Morgens schienen ihr die Gegenstände bekannt, aber desto unerwarteter. Der Wagen hielt vor einem kleinen, artig gebauten Landhause stille; ein Frauenzimmer trat aus der Türe und öffnete den Schlag. Lydie sah sie starr an, sah sich um, sah sie wieder an und lag ohnmächtig in Wilhelms Armen.

Fünftes Kapitel

Wilhelm ward in ein Mansardzimmerchen geführt; das Haus war neu, und so klein als es beinah nur möglich war, äußerst reinlich und ordentlich. In Theresen, die ihn und Lydien an der Kutsche empfangen hatte, fand er seine Amazone nicht, es war ein anderes, ein himmelweit von ihr unterschiedenes Wesen. Wohlgebaut, ohne groß zu sein, bewegte sie sich mit viel Lebhaftigkeit, und ihren hellen, blauen, offnen Augen schien nichts verborgen zu bleiben was vorging.

Sie trat in Wilhelms Stube, und fragte, ob er etwas bedürfe? Verzeihen Sie, sagte sie, daß ich Sie in ein Zimmer logiere, das der Ölgeruch noch unangenehm macht; mein kleines Haus ist eben fertig geworden, und Sie weihen dieses Stübchen ein, das meinen Gästen bestimmt ist. Wären Sie nur bei einem angenehmern Anlaß hier! Die arme Lydie wird uns keine guten Tage machen, und überhaupt müssen Sie vorlieb nehmen; meine Köchin ist mir eben zur ganz unrechten Zeit aus dem Dienste gelaufen, und ein Knecht hat sich die Hand zerquetscht. Es täte Not, ich verrichtete alles selbst, und am Ende, wenn man sich darauf einrichtete, müßte es auch gehen. Man ist mit niemand mehr geplagt als mit den Dienstboten; es will niemand dienen, nicht einmal sich selbst.

Sie sagte noch manches über verschiedene Gegenstände, überhaupt schien sie gern zu sprechen. Wilhelm fragte nach Lydien, ob er das gute Mädchen nicht sehen und sich bei ihr entschuldigen könnte?

Das wird jetzt nicht bei ihr wirken, versetzte Therese, die Zeit entschuldigt wie sie tröstet, Worte sind in beiden Fällen von wenig Kraft. Lydie will Sie nicht sehen. – Lassen Sie mir ihn ja nicht vor die Augen kommen, rief sie, als ich sie verließ; ich möchte an der Menschheit verzweifeln! So ein ehrlich Gesicht, so ein offnes Betragen und diese heimliche Tücke! Lothario ist ganz bei ihr entschuldigt, auch sagt er in einem Briefe an das gute Mädchen: „Meine Freunde beredeten mich, meine Freunde nötigten mich!“ Zu diesen rechnet Lydie Sie auch, und verdammt Sie mit den übrigen.

Sie erzeigt mir zu viel Ehre, indem sie mich schilt, versetzte Wilhelm: ich darf an die Freundschaft dieses trefflichen Mannes noch keinen Anspruch machen, und bin diesmal nur ein unschuldiges Werkzeug. Ich will meine Handlung nicht loben; genug, ich konnte sie tun! Es war von der Gesundheit, es war von dem Leben eines Mannes die Rede, den ich höher schätzen muß als irgend jemand, den ich vorher kannte. O welch ein Mann ist das! Fräulein, und welche Menschen umgeben ihn! In dieser Gesellschaft hab ich, so darf ich wohl sagen, zum erstenmal ein Gespräch geführt, zum erstenmal kam mir der eigenste Sinn meiner Worte aus dem Munde eines andern reichhaltiger, voller und in einem größern Umfang wieder entgegen; was ich ahnete, ward mir klar, und was ich meinte, lernte ich anschauen. Leider ward dieser Genuß erst durch allerlei Sorgen und Grillen, dann durch den unangenehmen Auftrag unterbrochen. Ich übernahm ihn mit Ergebung: denn ich hielt für Schuldigkeit, selbst mit Aufopferung meines Gefühls diesem trefflichen Kreise von Menschen meinen Einstand abzutragen.

Therese hatte unter diesen Worten ihren Gast sehr freundlich angesehen. O, wie süß ist es, rief sie aus, seine eigne Überzeugung aus einem fremden Munde zu hören! Wie werden wir erst recht wir selbst, wenn uns ein anderer vollkommen Recht gibt. Auch ich denke über Lothario vollkommen wie Sie; nicht jedermann läßt ihm Gerechtigkeit widerfahren; dafür schwärmen aber auch alle *die* für ihn, die ihn näher kennen, und das schmerzliche Gefühl, das sich in meinem Herzen zu seinem Andenken mischt, kann mich nicht abhalten täglich an ihn zu denken. Ein Seufzer erweiterte ihre Brust, indem sie dieses sagte, und in ihrem rechten Auge blinkte eine schöne Träne. Glauben Sie nicht, fuhr sie fort, daß ich so weich, so leicht zu führen bin! Es ist nur das Auge, das weint. Ich hatte eine kleine Warze am untern Augenlid, man hat mir sie glücklich abgebunden, aber das Auge ist seit der Zeit immer schwach geblieben, der geringste Anlaß drängt mir eine Träne hervor. Hier saß das Wärzchen, Sie sehen keine Spur mehr davon.

Er sah keine Spur, aber er sah ihr in's Auge, es war klar wie Krystall, er glaubte bis auf den Grund ihrer Seele zu sehen.

Wir haben, sagte sie, nun das Losungswort unserer Verbindung ausgesprochen; lassen Sie uns sobald als möglich mit einander völlig bekannt werden. Die Geschichte des Menschen ist sein Charakter. Ich will Ihnen erzählen, wie es mir ergangen ist, schenken Sie mir ein kleines Vertrauen, und lassen Sie uns auch in der Ferne verbunden bleiben. Die Welt ist so leer, wenn man nur Berge, Flüsse und Städte darin denkt, aber hie und da jemand zu wissen, der mit uns übereinstimmt, mit dem wir auch stillschweigend fortleben; das macht uns dieses Erdenrund erst zu einem bewohnten Garten.

Sie eilte fort, und versprach ihn bald zum Spaziergange abzuholen. Ihre Gegenwart hatte sehr angenehm auf ihn gewirkt, er wünschte ihr Verhältnis zu Lothario zu erfahren. Er ward gerufen, sie kam ihm aus ihrem Zimmer entgegen.

Als sie die enge und beinah steile Treppe einzeln hinuntergehen mußten, sagte sie: Das könnte alles weiter und breiter sein, wenn ich auf das Anerbieten Ihres großmütigen Freundes hätte hören wollen; doch um seiner wert zu bleiben, muß ich das an mir erhalten, was mich ihm so wert machte. Wo ist der Verwalter? fragte sie, indem sie die Treppe völlig herunter kam. Sie müssen nicht denken, fuhr sie fort, daß ich so reich bin, um einen Verwalter zu brauchen; die wenigen Äkker meines Freigütchens kann ich wohl selbst bestellen. Der Verwalter gehört meinem neuen Nachbarn, der das schöne Gut gekauft hat, das ich in- und auswendig kenne; der gute alte Mann liegt krank am Podagra, seine Leute sind in dieser Gegend neu, und ich helfe ihnen gerne sich einrichten.

Sie machten einen Spaziergang durch Äcker, Wiesen und einige Baumgärten. Therese bedeutete den Verwalter in allem, sie konnte ihm von jeder Kleinigkeit Rechenschaft geben, und Wilhelm hatte Ursache genug sich über ihre Kenntnis, ihre Bestimmtheit und über die Gewandtheit, wie sie in jedem Falle Mittel anzugeben wußte, zu verwundern. Sie hielt sich nirgends auf, eilte immer zu den bedeutenden Punkten, und so war die Sache bald abgetan. Grüßt euren Herrn, sagte sie, als sie den Mann verabschiedete; ich werde ihn sobald als möglich besuchen, und wünsche vollkommene

Besserung. Da könnte ich nun auch, sagte sie mit Lächeln, als er weg war, bald reich und vielhabend werden; denn mein guter Nachbar wäre nicht abgeneigt mir seine Hand zu geben.

Der Alte mit dem Podagra? rief Wilhelm; ich wüßte nicht, wie Sie in Ihren Jahren zu so einem verzweifelten Entschluß kommen könnten? – Ich bin auch gar nicht versucht! versetzte Therese. Wohlhabend ist jeder, der dem, was er besitzt, vorzustehen weiß; vielhabend zu sein ist eine lästige Sache, wenn man es nicht versteht.

Wilhelm zeigte seine Verwunderung über ihre Wirtschaftskenntnisse. – Entschiedene Neigung, frühe Gelegenheit, äußerer Antrieb und eine fortgesetzte Beschäftigung in einer nützlichen Sache machen in der Welt noch viel mehr möglich, versetzte Therese, und wenn Sie erst erfahren werden, was mich dazu belebt hat, so werden Sie sich über das sonderbar scheinende Talent nicht mehr wundern.

Sie ließ ihn, als sie zu Hause anlangten, in ihrem kleinen Garten, in welchem er sich kaum herumdrehen konnte; so eng waren die Wege, und so reichlich war alles bepflanzt. Er mußte lächeln, als er über den Hof zurückkehrte, denn da lag das Brennholz so akkurat gesägt, gespalten und geschränkt, als wenn es ein Teil des Gebäudes wäre, und immer so liegen bleiben sollte. Rein standen alle Gefäße an ihren Plätzen, das Häuschen war weiß und rot angestrichen und lustig anzusehen. Was das Handwerk hervorbringen kann, das keine schönen Verhältnisse kennt, aber für Bedürfnis, Dauer und Heiterkeit arbeitet, schien auf dem Platze vereinigt zu sein. Man brachte ihm das Essen auf sein Zimmer, und er hatte Zeit genug Betrachtungen anzustellen. Besonders fiel ihm auf, daß er nun wieder eine so interessante Person kennen lernte, die mit Lothario in einem nahen Verhältnisse gestanden hatte. Billig ist es, sagte er zu sich selbst, daß so ein trefflicher Mann auch treffliche Weiberseelen an sich ziehe! Wie weit verbreitet sich die Wirkung der Männlichkeit und Würde. Wenn nur andere nicht so sehr dabei zu kurz kämen! Ja, gestehe dir nur deine Furcht. Wenn du dereinst deine Amazone wieder antriffst, diese Gestalt aller Gestalten, du findest sie, trotz aller deiner Hoffnungen und Träume, zu deiner Beschämung und Demütigung doch noch am Ende – als seine Braut.

Sechstes Kapitel

Wilhelm hatte einen unruhigen Nachmittag nicht ganz ohne Langeweile zugebracht, als sich gegen Abend seine Tür öffnete, und ein junger artiger Jägerbursche mit einem Gruße hereintrat. Wollen wir nun spazieren gehen? sagte der junge Mensch, und in dem Augenblicke erkannte Wilhelm Theresen an ihren schönen Augen.

Verzeihn Sie mir diese Maskerade, fing sie an, denn leider ist es jetzt nur Maskerade. Doch da ich Ihnen einmal von der Zeit erzählen soll, in der ich mich so gerne in dieser Weste sah, will ich mir auch jene Tage auf alle Weise vergegenwärtigen. Kommen Sie! selbst der Platz, an dem wir so oft von unsern Jagden und Spaziergängen ausruhten, soll dazu beitragen.

Sie gingen, und auf dem Wege sagte Therese zu ihrem Begleiter: Es ist nicht billig, daß Sie mich allein reden lassen; schon wissen Sie genug von mir, und ich weiß noch nicht das Mindeste von Ihnen; erzählen Sie mir indessen etwas von sich, damit ich Mut bekomme Ihnen auch meine Geschichte und meine Verhältnisse vorzulegen. Leider hab' ich, versetzte Wilhelm, nichts zu erzählen als Irrtümer auf Irrtümer, Verirrungen auf Verirrungen, und ich wüßte nicht, wem ich die Verworrenheiten, in denen ich mich befand und befinde, lieber verbergen möchte als Ihnen. Ihr Blick und alles was Sie umgibt, Ihr ganzes Wesen und Ihr Betragen zeigt mir, daß Sie sich Ihres vergangenen Lebens freuen können, daß Sie auf einem schönen reinen Wege in einer sichern Folge gegangen sind, daß Sie keine Zeit verloren, daß Sie sich nichts vorzuwerfen haben.

Therese lächelte und versetzte: Wir müssen abwarten, ob Sie auch noch so denken, wenn Sie meine Geschichte hören. Sie gingen weiter, und unter einigen allgemeinen Gesprächen fragte ihn Theresen: Sind Sie frei? – Ich glaube es zu sein, versetzte er, aber ich wünsche es nicht. – Gut! sagte sie, das deutet auf einen komplizierten Roman, und zeigt mir, daß Sie auch etwas zu erzählen haben.

Unter diesen Worten stiegen sie den Hügel hinan und lagerten sich bei einer großen Eiche, die ihren Schatten weit umher verbreitete. Hier, sagte Therese, unter diesem deutschen Baume will ich Ihnen die Geschichte eines deutschen Mädchens erzählen, hören Sie mich geduldig an.

Mein Vater war ein wohlhabender Edelmann dieser Provinz, ein heiterer, klarer, tätiger, wackrer Mann, ein zärtlicher Vater, ein redlicher Freund, ein trefflicher Wirt, an dem ich nur den einzigen Fehler kannte, daß er gegen eine Frau zu nachsichtig war, die ihn nicht zu schätzen wußte. Leider muß ich das von meiner eigenen Mutter sagen! Ihr Wesen war dem seinigen ganz entgegengesetzt. Sie war rasch, unbeständig, ohne Neigung weder für ihr Haus noch für mich, ihr einziges Kind; verschwenderisch, aber schön, geistreich, voller Talente, das Entzücken eines Zirkels, den sie um sich zu versammeln wußte. Freilich war ihre Gesellschaft niemals groß, oder blieb es nicht lange. Dieser Zirkel bestand meist aus Männern, denn keine Frau befand sich wohl neben ihr, und noch weniger konnte *sie* das Verdienst irgend eines Weibes dulden. Ich glich meinem Vater an Gestalt und Gesinnungen. Wie eine junge Ente gleich das Wasser sucht, so waren von der ersten Jugend an die Küche, die Vorratskammer, die Scheunen und Böden mein Element. Die Ordnung und Reinlichkeit des Hauses schien, selbst da ich noch spielte, mein einziger Instinkt, mein einziges Augenmerk zu sein. Mein Vater freute sich darüber, und gab meinem kindischen Bestreben stufenweise die zweckmäßigsten Beschäftigungen; meine Mutter dagegen liebte mich nicht, und verhehlte es keinen Augenblick.

Ich wuchs heran, mit den Jahren vermehrte sich meine Tätigkeit und die Liebe meines Vaters zu mir. Wenn wir allein waren, auf die Felder gingen, wenn ich ihm die Rechnungen durchsehen half, dann konnte ich ihm recht anfühlen wie glücklich er war. Wenn ich ihm in die Augen sah, so war es, als wenn ich in mich selbst hinein sähe, denn eben die Augen waren es, die mich ihm vollkommen ähnlich machten. Aber nicht eben den Mut, nicht eben den Ausdruck behielt er in der Gegenwart meiner Mutter; er entschuldigte mich gelind, wenn sie mich heftig und ungerecht tadelte; er nahm sich meiner an, nicht als wenn er mich beschützen, sondern als wenn er meine guten Eigenschaften nur entschuldigen könnte. So setzte er auch keiner von ihren Neigungen Hindernisse entgegen; sie fing an mit größter Leidenschaft sich auf das Schauspiel zu werfen, ein Theater ward erbauet, an Männern fehlte es nicht von allen Altern und Gestalten, die sich mit ihr auf der Bühne darstellten, an Frauen hingegen mangelte es oft. Lydie, ein artiges Mädchen, das mit mir erzogen worden war, und das gleich in ihrer ersten Jugend reizend zu werden versprach, mußte die zweiten Rollen übernehmen, und eine alte Kammerfrau die Mütter und Tanten vorstellen, indes meine Mutter sich die ersten Liebhaberinnen, Heldinnen und Schäferinnen aller Art vorbehielt. Ich kann Ihnen gar nicht sagen, wie lächerlich mir es vorkam, wenn die Menschen, die ich alle recht gut kannte, sich verkleidet hatten, da droben standen, und für etwas anders, als sie waren, gehalten sein wollten. Ich sah immer nur meine Mutter und Lydien, diesen Baron und jenen Sekretär, sie mochten nun als Fürsten und Grafen, oder als Bauern erscheinen, und ich konnte nicht begreifen, wie sie mir zumuten wollten zu glauben, daß es ihnen wohl oder wehe sei, daß sie verliebt oder gleichgültig, geizig oder freigebig seien, da ich doch meist von dem Gegenteile genau unterrichtet war. Deswegen blieb ich auch sehr selten unter den Zuschauern; ich putzte ihnen immer die Lichter, damit ich nur etwas zu tun hatte, besorgte das Abendessen, und hatte des andern

Morgens, wenn sie noch lange schliefen, schon ihre Garderobe in Ordnung gebracht, die sie des Abends gewöhnlich über einander geworfen zurückließen.

Meiner Mutter schien diese Tätigkeit ganz recht zu sein, aber ihre Neigung konnte ich nicht erwerben; sie verachtete mich, und ich weiß noch recht gut, daß sie mehr als einmal mit Bitterkeit wiederholte: Wenn die Mutter so ungewiß sein könnte als der Vater, so würde man wohl schwerlich diese Magd für meine Tochter halten. Ich leugnete nicht, daß ihr Betragen mich nach und nach ganz von ihr entfernte, ich betrachtete ihre Handlungen wie die Handlungen einer fremden Person, und da ich gewohnt war wie ein Falke das Gesinde zu beobachten: denn, im Vorbeigehen gesagt, darauf beruht eigentlich der Grund aller Haushaltung; so fielen mir natürlich auch die Verhältnisse meiner Mutter und ihrer Gesellschaft auf. Es ließ sich wohl bemerken, daß sie nicht alle Männer mit ebendenselben Augen ansah, ich gab schärfer Acht, und bemerkte bald, daß Lydie Vertraute war, und bei dieser Gelegenheit selbst mit einer Leidenschaft bekannter wurde, die sie von ihrer ersten Jugend an so oft vorgestellt hatte. Ich wußte alle ihre Zusammenkünfte, aber ich schwieg, und sagte meinem Vater nichts, den ich zu betrüben fürchtete; endlich aber ward ich dazu genötigt. Manches konnten sie nicht unternehmen, ohne das Gesinde zu bestechen. Dieses fing an mir zu trotzen, die Anordnungen meines Vaters zu vernachlässigen und meine Befehle nicht zu vollziehen; die Unordnungen, die daraus entstanden, waren mir unerträglich, ich entdeckte, ich klagte alles meinem Vater.

Er hörte mich gelassen an. Gutes Kind! sagte er zuletzt mit Lächeln, ich weiß alles; sei ruhig, ertrag' es mit Geduld, denn es ist nur um deinetwillen, daß ich es leide.

Ich war nicht ruhig, ich hatte keine Geduld. Ich schalt meinen Vater im Stillen; denn ich glaubte nicht, daß er um irgend einer Ursache willen so etwas zu dulden brauche; ich bestand auf der Ordnung, und ich war entschlossen, die Sache auf's äußerste kommen zu lassen.

Meine Mutter war reich von sich, verzehrte aber doch mehr als sie sollte, und dies gab, wie ich wohl merkte, manche Erklärung zwischen meinen Eltern. Lange war der Sache nicht geholfen, bis die Leidenschaften meiner Mutter selbst eine Art von Entwickelung hervorbrachten.

Der erste Liebhaber ward auf eine eklatante Weise ungetreu; das Haus, die Gegend, ihre Verhältnisse waren ihr zuwider. Sie wollte auf ein anderes Gut ziehen, da war es ihr zu einsam; sie wollte nach der Stadt, da galt sie nicht genug. Ich weiß nicht, was alles zwischen ihr und meinem Vater vorging; genug, er entschloß sich endlich unter Bedingungen, die ich nicht erfuhr, in eine Reise, die sie nach dem südlichen Frankreich tun wollte, einzuwilligen.

Wir waren nun frei und lebten wie im Himmel; ja ich glaube, daß mein Vater nichts verloren hat, wenn er ihre Gegenwart auch schon mit einer ansehnlichen Summe abkaufte. Alles unnütze Gesinde ward abgeschafft, und das Glück schien unsere Ordnung zu begünstigen; wir hatten einige sehr gute Jahre, alles gelang nach Wunsch. Aber leider dauerte dieser frohe Zustand nicht lange; ganz unvermutet ward mein Vater von einem Schlagflusse befallen, der ihm die rechte Seite lähmte, und den reinen Gebrauch der Sprache benahm. Man mußte alles erraten, was er verlangte, denn er brachte nie das Wort hervor, das er im Sinne hatte. Sehr ängstlich waren mir daher manche Augenblicke, in denen er mit mir ausdrücklich allein sein wollte; er deutete mit heftiger Gebärde, daß jedermann sich entfernen sollte, und wenn wir uns allein sahen, war er nicht im Stande das rechte Wort hervor zu bringen. Seine Ungeduld stieg auf's äußerste, und sein Zustand betrübte mich im innersten Herzen. So viel schien mir gewiß, daß er mir etwas zu vertrauen hatte, das mich besonders anging. Welches Verlangen fühlt' ich nicht es zu erfahren! Sonst konnt' ich ihm alles an den Augen ansehen; aber jetzt war es vergebens! Selbst seine Augen sprachen nicht mehr. Nur so viel war mir deutlich: er wollte nichts, er begehrte nichts, er strebte nur mir etwas zu entdecken, das ich leider nicht erfuhr. Sein Übel wiederholte sich, er ward bald darauf ganz untätig und unfähig; und nicht lange, so war er tot.

Ich weiß nicht, wie sich bei mir der Gedanke festgesetzt hatte, daß er irgendwo einen Schatz niedergelegt habe, den er mir nach seinem Tode lieber als meiner Mutter gönnen wollte; ich suchte schon bei seinen Lebzeiten nach, allein ich fand nichts; nach seinem Tode ward alles versiegelt. Ich schrieb meiner Mutter und bot ihr an als Verwalter im Hause zu bleiben; sie schlug es aus, und ich mußte das Gut räumen. Es kam ein wechselseitiges Testament zum Vorschein, wodurch sie im Besitz und Genuß von allem, und ich, wenigstens ihre ganze Lebenszeit über, von ihr abhängig blieb. Nun glaubte ich erst recht die Winke meines Vaters zu verstehn; ich bedauerte ihn, daß er so schwach gewesen war, auch nach seinem Tode ungerecht gegen mich zu sein. Denn einige meiner Freunde wollten sogar behaupten, es sei beinah nicht besser, als ob er mich enterbt hätte, und verlangten, ich sollte das Testament angreifen, wozu ich mich aber nicht entschließen konnte. Ich verehrte das Andenken meines Vaters zu sehr; ich vertraute dem Schicksal, ich vertraute mir selbst.

Ich hatte mit einer Dame in der Nachbarschaft, die große Güter besaß, immer in gutem Verhältnisse gestanden; sie nahm mich mit Vergnügen auf, und es ward mir leicht, bald ihrer Haushaltung vorzustehn. Sie lebte sehr regelmäßig und liebte die Ordnung in allem, und ich half ihr treulich in dem Kampf mit Verwalter und Gesinde. Ich bin weder geizig noch mißgünstig, aber wir Weiber bestehn überhaupt viel ernsthafter als selbst ein Mann darauf, daß nichts verschleudert werde. Jeder Unterschleif ist uns unerträglich; wir wollen, daß jeder nur genieße, insofern er dazu berechtigt ist.

Nun war ich wieder in meinem Elemente, und trauerte still über den Tod meines Vaters. Meine Beschützerin war mit mir zufrieden, nur ein kleiner Umstand störte meine Ruhe. Lydie kam zurück; meine Mutter war grausam genug das arme Mädchen abzustoßen, nachdem sie aus dem Grunde verdorben war. Sie hatte bei meiner Mutter gelernt, Leidenschaften als Bestimmung anzusehen; sie war gewöhnt sich in nichts zu mäßigen. Als sie unvermutet wieder erschien, nahm meine Wohltäterin auch sie auf; sie wollte mir an die Hand gehn und konnte sich in nichts schicken.

Um diese Zeit kamen die Verwandten und künftigen Erben meiner Dame oft in's Haus, und belustigten sich mit der Jagd. Auch Lothario war manchmal mit ihnen; ich bemerkte gar bald, wie sehr er sich vor allen andern auszeichnete, jedoch ohne die mindeste Beziehung auf mich selbst. Er war gegen alle höflich, und bald schien Lydie seine Aufmerksamkeit auf sich zu ziehen. Ich hatte immer zu tun und war selten bei der Gesellschaft; in seiner Gegenwart sprach ich weniger als gewöhnlich: denn ich will nicht leugnen, daß eine lebhafte Unterhaltung von jeher mir die Würze des Lebens war. Ich sprach mit meinem Vater gern viel über alles, was begegnete. Was man nicht bespricht, bedenkt man nicht recht. Keinem Menschen hatte ich jemals lieber zugehört als Lothario, wenn er von seinen Reisen, von seinen Feldzügen erzählte. Die Welt lag ihm so klar, so offen da, wie mir die Gegend, in der ich gewirtschaftet hatte. Ich hörte nicht etwa die wunderlichen Schicksale des Abenteurers, die übertriebenen Halbwahrheiten eines beschränkten Reisenden, der immer nur seine Person an die Stelle des Landes setzt, wovon er uns ein Bild zu geben verspricht; er erzählte nicht, er führte uns an die Orte selbst; ich habe nicht leicht ein so reines Vergnügen empfunden.

Aber unaussprechlich war meine Zufriedenheit, als ich ihn eines Abends über die Frauen reden hörte. Das Gespräch machte sich ganz natürlich; einige Damen aus der Nachbarschaft hatten uns besucht und über die Bildung der Frauen die gewöhnlichen Gespräche geführt. Man sei ungerecht gegen unser Geschlecht, hieß es, die Männer wollten alle höhere Kultur für sich behalten, man wolle uns zu keinen Wissenschaften zulassen, man verlange, daß wir nur Tändelpuppen oder Haushälterinnen sein sollten. Lothario sprach wenig zu all diesem; als aber die Gesellschaft kleiner ward, sagte er auch hierüber offen seine Meinung. Es ist sonderbar, rief er aus, daß man es dem Manne verargt, der eine Frau an die höchste Stelle setzen will, die sie einzunehmen fähig ist: und welche ist höher als das Regiment des Hauses? Wenn der Mann sich mit äußern Verhältnissen quält, wenn er die Besitztümer herbei schaffen und beschützen muß, wenn er sogar an der Staatsverwaltung Anteil nimmt, überall von Umständen abhängt, und, ich möchte sagen, nichts regiert, indem er zu regieren glaubt, immer nur politisch sein muß, wo er gern vernünftig wäre, versteckt, wo er offen, falsch, wo er redlich zu sein wünschte; wenn er um des Zieles willen, das er nie erreicht, das schönste Ziel, die Harmonie mit sich selbst, in jedem Augenblicke aufgeben muß: indessen herrscht eine vernünftige Hausfrau im Innern wirklich, und macht einer ganzen Familie jede Tätigkeit, jede Zufriedenheit möglich. Was ist das höchste Glück des Menschen, als daß wir das ausführen, was wir als recht und gut einsehen? daß wir wirklich Herren über die Mittel zu unsern Zwecken sind? Und wo sollen, wo können unsere nächsten Zwecke liegen, als innerhalb des Hauses? Alle immer wiederkehrenden unentbehrlichen Bedürfnisse, wo erwarten wir, wo fordern wir sie, als da, wo wir aufstehn und uns niederlegen, wo Küche und Keller und jede Art von Vorrat für uns und die Unsrigen immer bereit sein soll? Welche regelmäßige Tätigkeit wird erfordert, um diese immer wiederkehrende Ordnung in einer unverrückten lebendigen Folge durchzuführen! Wie wenig Männern ist es gegeben, gleichsam als ein Gestirn regelmäßig wiederzukehren, und dem Tage, so wie der Nacht vorzustehn! sich ihre häuslichen Werkzeuge zu bilden, zu pflanzen und zu ernten, zu verwahren und auszuspenden, und den Kreis immer mit Ruhe, Liebe und Zweckmäßigkeit zu durchwandeln! Hat ein Weib einmal diese innere Herrschaft ergriffen, so macht sie den Mann, den sie liebt, erst allein dadurch zum Herrn; ihre Aufmerksamkeit erwirbt alle Kenntnisse, und ihre Tätigkeit weiß sie alle zu benutzen. So ist sie von niemand abhängig und verschafft ihrem Manne die wahre Unabhängigkeit, die häusliche, die innere; das, was er besitzt, sieht er gesichert, das, was er erwirbt, gut benutzt, und so kann er sein Gemüt nach großen Gegenständen wenden, und wenn das Glück gut ist, das dem Staate sein was seiner Gattin zu Hause so wohl ansteht.

Er machte darauf eine Beschreibung, wie er sich eine Frau wünsche. Ich ward rot, denn er beschrieb mich, wie ich leibte und lebte. Ich genoß im Stillen meinen Triumph, um so mehr, da ich aus allen Umständen sah, daß er mich persönlich nicht gemeint hatte, daß er mich eigentlich nicht kannte. Ich erinnere mich keiner angenehmern Empfindung in meinem ganzen Leben, als daß ein Mann, den ich so sehr schätzte, nicht meiner Person, sondern meiner innersten Natur den Vorzug gab. Welche Belohnung fühlte ich! Welche Aufmunterung war mir geworden!

Als sie weg waren, sagte meine würdige Freundin lächelnd zu mir: Schade, daß die Männer oft denken und reden, was sie doch nicht zur Ausführung kommen lassen, sonst wäre eine treffliche Partie für meine liebe Therese geradezu gefunden. Ich scherzte über ihre Äußerung, und fügte hinzu, daß zwar der Verstand der Männer sich nach Haushälterinnen umsehe, daß aber ihr Herz und ihre Einbildungskraft sich nach andern Eigenschaften sehne, und daß wir Haushälterinnen eigentlich gegen die liebenswürdigen und reizenden Mädchen keinen Wettstreit aushalten können. Diese Worte sagte ich Lydien zum Gehör: denn sie verbarg nicht, daß Lothario großen Eindruck auf sie gemacht habe, und auch er schien bei jedem neuen Besuche immer aufmerksamer auf sie zu werden. Sie war arm, sie war nicht von Stande, sie konnte an keine Heirat mit ihm denken; aber sie konnte der Wonne nicht widerstehen, zu reizen und gereizt zu werden. Ich hatte nie geliebt und liebte auch jetzt nicht; allein ob es mir schon unendlich angenehm war zu sehen, wohin meine Natur von einem so verehrten Manne gestellt und gerechnet werde, will ich doch nicht leugnen, daß ich damit nicht ganz zufrieden war. Ich wünschte nun auch, daß er mich kennen, daß er persönlich Anteil an mir nehmen möchte. Es entstand bei mir dieser Wunsch ohne irgend einen bestimmten Gedanken, was daraus folgen könnte.

Der größte Dienst, den ich meiner Wohltäterin leistete, war, daß ich die schönen Waldungen ihrer Güter in Ordnung zu bringen suchte. In diesen köstlichen Besitzungen, deren großen Wert Zeit und Umstände immer vermehren, ging es leider nur immer nach dem alten Schlendrian fort, nirgends war Plan und Ordnung, und des Stehlens und des Unterschleifs kein Ende. Manche Berge standen öde, und einen gleichen Wuchs hatten nur noch die ältesten Schläge. Ich beging alles selbst mit einem geschickten Forstmann, ich ließ die Waldungen messen, ich ließ schlagen, säen, pflanzen, und in kurzer Zeit war alles im Gange. Ich hatte mir, um leichter zu Pferde fort zu kommen und auch zu Fuße nirgends gehindert zu sein, Mannskleider machen lassen, ich war an vielen Orten, und man fürchtete mich überall.

Ich hörte, daß die Gesellschaft junger Freunde mit Lothario wieder ein Jagen angestellt hatte; zum erstenmal in meinem Leben fiel mir's ein zu *scheinen*, oder, daß ich mir nicht unrecht tue, in den Augen des trefflichen Mannes für das zu gelten, was ich war. Ich zog meine Mannskleider an, nahm die Flinte auf den Rücken und ging mit unserm Jäger hinaus, um die Gesellschaft an der Gränze zu erwarten. Sie kam, Lothario kannte mich nicht gleich; einer von den Neffen meiner Wohltäterin stellte mich ihm als einen geschickten Forstmann vor, scherzte über meine Jugend und trieb sein Spiel zu meinem Lobe so lange, bis endlich Lothario mich erkannte. Der Neffe sekundierte meine Absicht, als wenn wir es abgeredet hätten. Umständlich erzählte er, und dankbar, was ich für die Güter der Tante und also auch für ihn getan hatte.

Lothario hörte mit Aufmerksamkeit zu, unterhielt sich mit mir, fragte nach allen Verhältnissen der Güter und der Gegend, und ich war froh, meine Kenntnisse vor ihm ausbreiten zu können; ich bestand in meinem Examen sehr gut, ich legte ihm einige Vorschläge zu gewissen Verbesserungen zur Prüfung vor, er billigte sie, erzählte mir ähnliche Beispiele, und verstärkte meine Gründe durch den Zusammenhang, den er ihnen gab. Meine Zufriedenheit wuchs mit jedem Augenblick. Aber glücklicher Weise wollte ich nur gekannt, wollte nicht geliebt sein: denn – wir kamen nach Hause, und ich bemerkte mehr als sonst, daß die Aufmerksamkeit, die er Lydien bezeigte, eine heimliche Neigung zu verraten schien. Ich hatte meinen Endzweck erreicht, und war doch nicht ruhig; er zeigte von dem Tage an eine wahre Achtung und ein schönes Vertrauen gegen mich, er redete mich in Gesellschaft gewöhnlich an, fragte mich um meine Meinung und schien besonders in Haushaltungssachen das Zutrauen zu mir zu haben, als wenn ich alles wisse. Seine Teilnahme munterte mich außerordentlich auf; sogar wenn von allgemeiner Landesökonomie und von Finanzen die Rede war, zog er mich in's Gespräch, und ich suchte in seiner Abwesenheit mehr Kenntnisse von der Provinz, ja von dem ganzen Lande zu erlangen. Es ward mir leicht, denn es wiederholte sich nur im Großen, was ich im Kleinen so genau wußte und kannte.

Er kam von dieser Zeit an öfter in unser Haus. Es ward, ich kann wohl sagen, von allem gesprochen, aber gewissermaßen ward unser Gespräch zuletzt immer ökonomisch, wenn auch nur im uneigentlichen Sinne. Was der Mensch durch konsequente Anwendung seiner Kräfte, seiner Zeit, seines Geldes, selbst durch gering scheinende Mittel für ungeheure Wirkungen hervorbringen könne, darüber ward viel gesprochen.

Ich widerstand der Neigung nicht, die mich zu ihm zog, und ich fühlte leider nur zu bald, wie sehr, wie herzlich, wie rein und aufrichtig meine Liebe war, da ich immer mehr zu bemerken glaubte, daß seine öftern Besuche Lydien und nicht mir galten. Sie wenigstens war auf das lebhafteste davon überzeugt; sie machte mich zu ihrer Vertrauten, und dadurch fand ich mich noch einigermaßen getröstet. Das, was sie so sehr zu ihrem Vorteil auslegte, fand ich keineswegs bedeutend; von der Absicht einer ernsthaften dauernden

Verbindung zeigte sich keine Spur, um so deutlicher sah ich den Hang des leidenschaftlichen Mädchens, um jeden Preis die Seinige zu werden.

So standen die Sachen, als mich die Frau vom Hause mit einem unvermuteten Antrag überraschte. Lothario, sagte sie, bietet Ihnen seine Hand an, und wünscht Sie in seinem Leben immer zur Seite zu haben. Sie verbreitete sich über meine Eigenschaften, und sagte mir, was ich so gerne anhörte: daß Lothario überzeugt sei, in mir die Person gefunden zu haben, die er so lange gewünscht hatte.

Das höchste Glück war nun für mich erreicht: ein Mann verlangte mich, den ich so sehr schätzte, bei dem und mit dem ich eine völlige, freie, ausgebreitete, nützliche Wirkung meiner angebornen Neigung, meines durch Übung erworbenen Talents vor mir sah; die Summe meines ganzen Daseins schien sich in's Unendliche vermehrt zu haben. Ich gab meine Einwilligung, er kam selbst, er sprach mit mir allein, er reichte mir seine Hand, er sah mir in die Augen, er umarmte mich und drückte einen Kuß auf meine Lippen. Es war der erste und letzte. Er vertraute mir seine ganze Lage, was ihn sein amerikanischer Feldzug gekostet, welche Schulden er auf seine Güter geladen, wie er sich mit seinem Großoheim einigermaßen darüber entzweit habe, wie dieser würdige Mann für ihn zu sorgen denke, aber freilich auf seine eigene Art: er wolle ihm eine reiche Frau geben, da einem wohldenkenden Manne doch nur mit einer haushältischen gedient sei; er hoffe durch seine Schwester den Alten zu bereden. Er legte mir den Zustand seines Vermögens, seine Plane, seine Aussichten vor, und erbat sich meine Mitwirkung. Nur bis zur Einwilligung seines Oheims sollte es ein Geheimnis bleiben.

Kaum hatte er sich entfernt, so fragte mich Lydie: ob er etwa von ihr gesprochen habe? Ich sagte nein, und machte ihr Langeweile mit Erzählung von ökonomischen Gegenständen. Sie war unruhig, mißlaunig, und sein Betragen, als er wieder kam, verbesserte ihren Zustand nicht.

Doch ich sehe, daß die Sonne sich zu ihrem Untergange neigt! Es ist Ihr Glück, mein Freund, Sie hätten sonst die Geschichte, die ich mir so gerne selbst erzähle, mit allen ihren kleinen Umständen durchhören müssen. Lassen Sie mich eilen, wir nahen einer Epoche, bei der nicht gut zu verweilen ist.

Lothario machte mich mit seiner trefflichen Schwester bekannt, und diese wußte mich auf eine schickliche Weise bei'm Oheim einzuführen; ich gewann den Alten, er willigte in unsre Wünsche, und ich kehrte mit einer glücklichen Nachricht zu meiner Wohltäterin zurück. Die Sache war im Hause nun kein Geheimnis mehr, Lydie erfuhr sie, sie glaubte etwas Unmögliches zu vernehmen. Als sie endlich daran nicht mehr zweifeln konnte, verschwand sie auf einmal, und man wußte nicht wohin sie sich verloren hatte.

Der Tag unserer Verbindung nahte heran; ich hatte ihn schon oft um sein Bildnis gebeten, und ich erinnerte ihn, eben als er wegreiten wollte, nochmals an sein Versprechen. Sie haben vergessen, sagte er, mir das Gehäuse zu geben, wohinein Sie es gepaßt wünschen. Es war so: ich hatte ein Geschenk von einer Freundin, das ich sehr wert hielt. Von ihren Haaren war ein verzogener Name unter dem äußern Glase befestigt, inwendig blieb ein leeres Elfenbein, worauf eben ihr Bild gemalt werden sollte, als sie mir unglücklicher Weise durch den Tod entrissen wurde. Lothario's Neigung beglückte mich in dem Augenblicke, da ihr Verlust mir noch sehr schmerzhaft war, und ich wünschte die Lücke, die sie mir in ihrem Geschenk zurückgelassen hatte, durch das Bild meines Freundes auszufüllen.

Ich eile nach meinem Zimmer, hole mein Schmuckkästchen, und eröffne es in seiner Gegenwart; kaum sieht er hinein, so erblickt er ein Medaillon mit dem Bilde eines Frauenzimmers, er nimmt es in die Hand, betrachtet es mit Aufmerksamkeit, und fragt hastig: Wen soll dies Porträt vorstellen? – Meine Mutter, versetzte ich. – Hätt' ich doch geschworen, rief er aus, es sei das Porträt einer Frau von Saint Alban, die ich vor einigen Jahren in der Schweiz antraf. – Es ist einerlei Person, versetzte ich lächelnd, und Sie haben also Ihre Schwiegermutter, ohne es zu wissen, kennen gelernt. Saint Alban ist der romantische Name, unter dem meine Mutter reis't; sie befindet sich unter demselben noch gegenwärtig in Frankreich.

Ich bin der unglücklichste aller Menschen! rief er aus, indem er das Bild in das Kästchen zurück warf, seine Augen mit der Hand bedeckte und sogleich das Zimmer verließ. Er warf sich auf sein Pferd, ich lief auf den Balkon und rief ihm nach; er kehrte sich um, warf mir eine Hand zu; entfernte sich eilig – und ich habe ihn nicht wieder gesehen.

Die Sonne ging unter, Therese sah mit unverwandtem Blicke in die Glut, und ihre beiden schönen Augen füllten sich mit Tränen.

Therese schwieg, und legte auf ihres neuen Freundes Hände ihre Hand; er küßte sie mit Teilnehmung, sie trocknete ihre Tränen, und stand auf. Lassen Sie uns zurück gehen, sagte sie, und für die Unsrigen sorgen!

Das Gespräch auf dem Wege war nicht lebhaft; sie kamen zur Gartentüre herein, und sahen Lydien auf einer Bank sitzen; sie stand auf, wich ihnen aus, und begab sich in's Haus zurück; sie hatte ein Papier in der Hand, und zwei kleine Mädchen waren bei ihr. Ich sehe, sagte Therese, sie trägt ihren einzigen Trost, den Brief Lothario's, noch immer bei sich. Ihr Freund verspricht ihr, daß sie gleich, sobald er sich wohl befindet, wieder an seiner Seite leben soll; er bittet sie, so lange ruhig bei mir zu verweilen. An diesen Worten hängt sie, mit diesen Zeilen tröstet sie sich, aber seine Freunde sind übel bei ihr angeschrieben.

Indessen waren die beiden Kinder herangekommen, begrüßten Theresen, und gaben ihr Rechenschaft von allem, was in ihrer Abwesenheit im Hause vorgegangen war. Sie sehen hier noch einen Teil meiner Beschäftigung, sagte Therese. Ich habe mit Lothario's trefflicher Schwester einen Bund gemacht; wir erziehen eine Anzahl Kinder gemeinschaftlich: ich bilde die lebhaften und dienstfertigen Haushälterinnen, und sie übernimmt diejenigen, an denen sich ein ruhigeres und feineres Talent zeigt; denn es ist billig, daß man auf jede Weise für das Glück der Männer und der Haushaltung sorge. Wenn Sie meine edle Freundin kennen lernen, so werden Sie ein neues Leben anfangen: ihre Schönheit, ihre Güte macht sie der Anbetung einer ganzen Welt würdig. Wilhelm getraute sich nicht zu sagen, daß er leider die schöne Gräfin schon kenne, und daß ihn sein vorübergehendes Verhältnis zu ihr auf ewig schmerzen werde; er war sehr zufrieden, daß Therese das Gespräch nicht fortsetzte, und daß ihre Geschäfte sie in das Haus zurückzugehen nötigten. Er befand sich nun allein, und die letzte Nachricht, daß die junge schöne Gräfin auch schon genötigt sei, durch Wohltätigkeit den Mangel an eignem Glück zu ersetzen, machte ihn äußerst traurig; er fühlte, daß es bei ihr nur eine Notwendigkeit war sich zu zerstreuen und an die Stelle eines frohen Lebensgenusses die Hoffnung fremder Glückseligkeit zu setzen. Er pries Theresen glücklich, daß selbst bei jener unerwarteten traurigen Veränderung keine Veränderung in ihr selbst vorzugehen brauchte. Wie glücklich ist der über alles, rief er aus, der, um sich mit dem Schicksal in Einigkeit zu setzen, nicht sein ganzes vorhergehendes Leben wegzuwerfen braucht!

Therese kam auf sein Zimmer, und bat um Verzeihung, daß sie ihn störe. Hier in dem Wandschrank, sagte sie, steht meine ganze Bibliothek; es sind eher Bücher, die ich nicht wegwerfe, als die ich aufhebe. Lydie verlangt ein geistliches Buch, es findet sich wohl auch eins und das andere darunter. Die Menschen, die das ganze Jahr weltlich sind, bilden sich ein, sie müßten zur Zeit der Not geistlich sein; sie sehen alles Gute und Sittliche wie eine Arzenei an, die man mit Widerwillen zu sich nimmt, wenn man sich schlecht befindet; sie sehen in einem Geistlichen, einem Sittenlehrer nur einen Arzt, den man nicht geschwind genug aus dem Hause los werden kann: ich aber gestehe gern, ich habe vom Sittlichen den Begriff als von einer Diät, die eben dadurch nur Diät ist, wenn ich sie zur Lebensregel mache, wenn ich sie das ganze Jahr nicht außer Augen lasse.

Sie suchten unter den Büchern, und fanden einige sogenannte Erbauungsschriften. Die Zuflucht zu diesen Büchern, sagte Therese, hat Lydie von meiner Mutter gelernt: Schauspiele und Romane waren ihr Leben, so lange der Liebhaber treu blieb; seine Entfernung brachte sogleich diese Bücher wieder in Kredit. Ich kann überhaupt nicht begreifen, fuhr sie fort, wie man hat glauben können, daß Gott durch Bücher und Geschichten zu uns spreche. Wem die Welt nicht unmittelbar eröffnet, was sie für ein Verhältnis zu ihm hat, wem sein Herz nicht sagt, was er sich und andern schuldig ist, der wird es wohl schwerlich aus Büchern erfahren, die eigentlich nur geschickt sind, unsern Irrtümern Namen zu geben.

Sie ließ Wilhelmen allein, und er brachte seinen Abend mit Revision der kleinen Bibliothek zu; sie war wirklich bloß durch Zufall zusammen gekommen.

Therese blieb die wenigen Tage, die Wilhelm bei ihr verweilte, sich immer gleich; sie erzählte ihm die Folgen ihrer Begebenheit in verschiedenen Absätzen sehr umständlich. Ihrem Gedächtnis war Tag und Stunde, Platz und Name gegenwärtig, und wir ziehen, was unsern Lesern zu wissen nötig ist, hier in's Kurze zusammen.

Die Ursache von Lothario's rascher Entfernung ließ sich leider leicht erklären: er war Theresens Mutter auf ihrer Reise begegnet, ihre Reize zogen ihn an, sie war nicht karg gegen ihn, und nun entfernte ihn dieses unglückliche, schnell vorübergegangene Abenteuer von der Verbindung mit einem Frauenzimmer, das die Natur selbst für ihn gebildet zu haben schien. Therese blieb in dem reinen Kreise ihrer Beschäftigung und ihrer Pflicht. Man erfuhr, daß Lydie sich heimlich in der Nachbarschaft aufgehalten habe. Sie war glücklich, als die Heirat, obgleich aus unbekannten Ursachen, nicht vollzogen wurde, sie suchte sich Lothario zu nähern, und es schien, daß er mehr aus Verzweiflung als aus Neigung, mehr überrascht als mit Überlegung, mehr aus langer Weile als aus Vorsatz ihren Wünschen begegnet sei.

Therese war ruhig darüber, sie machte keine weitern Ansprüche auf ihn, und selbst wenn er ihr Gatte gewesen wäre, hätte sie vielleicht Mut genug gehabt, ein solches Verhältnis zu ertragen, wenn es nur ihre häusliche Ordnung nicht gestört hätte; wenigstens äußerte sie oft, daß eine Frau, die das Hauswesen recht zusammenhalte, ihrem Manne jede kleine Phantasie nachsehen und von seiner Rückkehr jederzeit gewiß sein könne.

Theresens Mutter hatte bald die Angelegenheiten ihres Vermögens in Unordnung gebracht; ihre Tochter mußte es entgelten, denn sie erhielt wenig von ihr; die alte Dame, Theresens Beschützerin, starb, hinterließ ihr das kleine Freigut und ein artiges Kapital zum Vermächtnis. Therese wußte sich sogleich in den engen Kreis zu finden, Lothario bot ihr ein besseres Besitztum an, Jarno machte den Unterhändler, sie schlug es aus. Ich will, sagte sie, im Kleinen zeigen, daß ich wert war, das Große mit ihm zu teilen; aber das behalte ich mir vor, daß, wenn der Zufall mich um meiner oder anderer willen in Verlegenheit setzt, ich zuerst zu meinem werten Freund, ohne Bedenken, die Zuflucht nehmen könne.

Nichts bleibt weniger verborgen und ungenutzt als zweckmäßige Tätigkeit. Kaum hatte sie sich auf ihrem kleinen Gute eingerichtet, so suchten die Nachbarn schon ihre nähere Bekanntschaft und ihren Rat, und der neue Besitzer der angränzenden Güter gab nicht undeutlich zu verstehen, daß es nur auf sie ankomme, ob sie seine Hand annehmen und Erbe des größten Teils seines Vermögens werden wolle. Sie hatte schon gegen Wilhelmen dieses Verhältnisses erwähnt, und scherzte gelegentlich über Heiraten und Mißheiraten mit ihm.

Es gibt, sagte sie, den Menschen nichts mehr zu reden, als wenn einmal eine Heirat geschieht, die sie nach ihrer Art eine Mißheirat nennen können, und doch sind die Mißheiraten viel gewöhnlicher als die Heiraten; denn es sieht leider nach einer kurzen Zeit mit den meisten Verbindungen gar mißlich aus. Die Vermischung der Stände durch Heiraten verdienen nur insofern Mißheiraten genannt zu werden, als der eine Teil an der angebornen, angewohnten und gleichsam notwendig gewordenen Existenz des andern keinen Teil nehmen kann. Die verschiedenen Klassen haben verschiedene Lebensweisen, die sie nicht mit einander teilen noch verwechseln können, und das ist's, warum Verbindungen dieser Art besser nicht geschlossen werden; aber Ausnahmen und recht glückliche Ausnahmen sind möglich. So ist die Heirat eines jungen Mädchens mit einem bejahrten Manne immer mißlich, und doch habe ich sie recht gut ausschlagen sehen. Für mich kenne ich nur Eine Mißheirat, wenn ich feiern und repräsentieren müßte; ich wollte lieber jedem ehrbaren Pächterssohn aus der Nachbarschaft meine Hand geben.

Wilhelm gedachte nunmehr zurückzukehren, und bat seine neue Freundin, ihm noch ein Abschiedswort bei Lydien zu verschaffen. Das leidenschaftliche Mädchen ließ sich bewegen, er sagte ihr einige freundliche Worte, sie versetzte: Den ersten Schmerz hab' ich überwunden, Lothario wird mir ewig teuer sein; aber seine Freunde kenne ich, es ist mir leid, daß er so umgeben ist. Der Abbé wäre fähig wegen einer Grille die Menschen in Not zu lassen, oder sie gar hinein zu stürzen; der Arzt möchte gern alles in's Gleiche bringen; Jarno hat kein Gemüt, und Sie – wenigstens keinen Charakter! Fahren Sie nur so fort, und lassen Sie sich als Werkzeug dieser drei Menschen brauchen, man wird Ihnen noch manche Exekution auftragen. Lange, mir ist es recht wohl bekannt, war ihnen meine Gegenwart zuwider, ich hatte ihr Geheimnis nicht entdeckt, aber ich hatte beobachtet, daß sie ein Geheimnis verbargen. Wozu diese verschlossenen Zimmer? diese wunderlichen Gänge? Warum kann niemand zu dem großen Turm gelangen? Warum verbannten sie mich, so oft sie nur konnten, in meine Stube? Ich will gestehen, daß Eifersucht zuerst mich auf diese Entdeckung brachte, ich fürchtete eine glückliche Nebenbuhlerin sei irgendwo versteckt. Nun glaube ich das nicht mehr, ich bin überzeugt, daß

Lothario mich liebt, daß er es redlich mit mir meint, aber eben so gewiß bin ich überzeugt, daß er von seinen künstlichen und falschen Freunden betrogen wird. Wenn Sie sich um ihn verdient machen wollen, wenn Ihnen verziehen werden soll, was Sie an mir verbrochen haben, so befreien Sie ihn aus den Händen dieser Menschen. Doch was hoffe ich! Überreichen Sie ihm diesen Brief, wiederholen Sie, was er enthält: daß ich ihn ewig lieben werde, daß ich mich auf sein Wort verlasse. Ach! rief sie aus, indem sie aufstand und am Halse Theresens weinte: er ist von meinen Feinden umgeben, sie werden ihn zu bereden suchen, daß ich ihm nichts aufgeopfert habe; o! der beste Mann mag gerne hören, daß er jedes Opfer wert ist, ohne dafür dankbar sein zu dürfen.

Wilhelms Abschied von Theresen war heiterer; sie wünschte ihn bald wieder zu sehen. Sie kennen mich ganz! sagte sie: Sie haben mich immer reden lassen; es ist das nächstemal Ihre Pflicht meine Aufrichtigkeit zu erwidern.

Auf seiner Rückreise hatte er Zeit genug, diese neue helle Erscheinung lebhaft in der Erinnerung zu betrachten. Welch ein Zutrauen hatte sie ihm eingeflößt! Er dachte an Mignon und Felix, wie glücklich die Kinder unter einer solchen Aufsicht werden könnten; dann dachte er an sich selbst, und fühlte, welche Wonne es sein müsse, in der Nähe eines so ganz klaren menschlichen Wesens zu leben. Als er sich dem Schloß näherte, fiel ihm der Turm mit den vielen Gängen und Seitengebäuden mehr als sonst auf; er nahm sich vor, bei der nächsten Gelegenheit Jarno oder den Abbé darüber zur Rede zu stellen.

Siebentes Kapitel

Als Wilhelm nach dem Schlosse kam, fand er den edlen Lothario auf dem Wege der völligen Besserung; der Arzt und der Abbé waren nicht zugegen, Jarno allein war geblieben. In kurzer Zeit ritt der Genesende schon wieder aus, bald allein, bald mit seinen Freunden. Sein Gespräch war ernsthaft und gefällig, seine Unterhaltung belehrend und erquickend; oft bemerkte man Spuren einer zarten Fühlbarkeit, ob er sie gleich zu verbergen suchte, und wenn sie sich wider seinen Willen zeigte, beinah zu mißbilligen schien.

So war er eines Abends still bei Tische, ob er gleich heiter aussah.

Sie haben heute gewiß ein Abenteuer gehabt, sagte endlich Jarno, und zwar ein angenehmes.

Wie Sie sich auf Ihre Leute verstehen! versetzte Lothario. Ja, es ist mir ein sehr angenehmes Abenteuer begegnet. Zu einer andern Zeit hätte ich es vielleicht nicht so reizend gefunden, als diesmal, da es mich so empfänglich antraf. Ich ritt gegen Abend jenseit des Wassers durch die Dörfer, einen Weg, den ich oft genug in frühern Jahren besucht hatte. Mein körperliches Leiden muß mich mürber gemacht haben, als ich selbst glaubte: ich fühlte mich weich, und bei wieder auflebenden Kräften wie neugeboren. Alle Gegenstände erschienen mir in eben dem Lichte, wie ich sie in frühern Jahren gesehen hatte, alle so lieblich, so anmutig, so reizend, wie sie mir lange nicht erschienen sind. Ich merkte wohl, daß es Schwachheit war, ich ließ mir sie aber ganz wohlgefallen, ritt sachte hin, und es wurde mir ganz begreiflich, wie Menschen eine Krankheit lieb gewinnen können, welche uns zu süßen Empfindungen stimmt. Sie wissen vielleicht, was mich ehemals so oft diesen Weg führte?

Wenn ich mich recht erinnere, versetzte Jarno, so war es ein kleiner Liebeshandel, der sich mit der Tochter eines Pachters entsponnen hatte.

Man dürfte es wohl einen großen nennen, versetzte Lothario: denn wir hatten uns beide sehr lieb, recht im Ernste, und auch ziemlich lange. Zufälligerweise traf heute alles zusammen, mir die ersten Zeiten unserer Liebe recht lebhaft darzustellen. Die Knaben schüttelten eben wieder Maikäfer von den Bäumen, und das Laub der Eschen war eben nicht weiter als an dem Tage, da ich sie zum erstenmal sah. Nun war es lange, daß ich Margareten nicht gesehen habe, denn sie ist weit weg verheiratet, nur hörte ich zufällig, sie sei mit ihren Kindern vor wenigen Wochen gekommen, ihren Vater zu besuchen.

So war ja wohl dieser Spazierritt nicht so ganz zufällig?

Ich leugne nicht, sagte Lothario, daß ich sie anzutreffen wünschte. Als ich nicht weit von dem Wohnhaus war, sah ich ihren Vater vor der Türe sitzen; ein Kind von ungefähr einem Jahre stand bei ihm. Als ich mich näherte, sah eine Frauensperson schnell oben zum Fenster heraus, und als ich gegen die Türe kam, hörte ich jemand die Treppe herunter springen. Ich dachte gewiß, sie sei es, und, ich will's nur gestehen, ich schmeichelte mir, sie habe mich erkannt, und sie komme mir eilig entgegen. Aber wie beschämt war ich, als sie zur Türe heraus sprang, das Kind, dem die Pferde näher kamen, anfaßte und in das Haus hineintrug. Es war mir eine unangenehme Empfindung, und nur wurde meine Eitelkeit ein wenig getröstet, als ich, wie sie hinweg eilte, an ihrem Nacken und an dem freistehenden Ohr eine merkliche Röte zu sehen glaubte.

Ich hielt still und sprach mit dem Vater, und schielte indessen an den Fenstern herum, ob sie sich nicht hier oder da blikken ließe; allein ich bemerkte keine Spur von ihr. Fragen wollt' ich auch nicht, und so ritt ich vorbei. Mein Verdruß wurde durch Verwunderung einigermaßen gemildert: denn ob ich gleich kaum das Gesicht gesehen hatte, so schien sie mir fast gar nicht verändert, und zehn Jahre sind doch eine Zeit! ja sie schien mir jünger, eben so schlank, eben so leicht auf den Füßen, der Hals wo möglich noch zierlicher als vorher, ihre Wange eben so leicht der liebenswürdigen Röte empfänglich, dabei Mutter von sechs Kindern, vielleicht noch von mehrern. Es paßte diese Erscheinung so gut in die übrige Zauberwelt, die mich umgab, daß ich um so mehr mit einem verjüngten Gefühl weiter ritt, und an dem nächsten Walde erst umkehrte, als die Sonne im Untergehen war. So sehr mich auch der fallende Tau an die Vorschrift des Arztes erinnerte, und es wohl rätlicher gewesen wäre, gerade nach

Hause zu kehren, so nahm ich doch wieder meinen Weg nach der Seite des Pachthofs zurück. Ich bemerkte, daß ein weibliches Geschöpf in dem Garten auf und nieder ging, der mit einer leichten Hecke umzogen ist. Ich ritt auf dem Fußpfade nach der Hecke zu, und ich fand mich eben nicht weit von der Person, nach der ich verlangte.

Ob mir gleich die Abendsonne in den Augen lag, sah ich doch, daß sie sich am Zaune beschäftigte, der sie nur leicht bedeckte. Ich glaubte meine alte Geliebte zu erkennen. Da ich an sie kam, hielt ich still, nicht ohne Regung des Herzens. Einige hohe Zweige wilder Rosen, die eine leise Luft hin und her wehte, machten mir ihre Gestalt undeutlich. Ich redete sie an, und fragte, wie sie lebe. Sie antwortete mir mit halber Stimme: Ganz wohl. Indes bemerkte ich, daß ein Kind hinter dem Zaune beschäftigt war Blumen auszureißen, und nahm die Gelegenheit sie zu fragen: wo denn ihre übrigen Kinder seien? Es ist nicht mein Kind, sagte sie, das wäre früh! und in diesem Augenblick schickte sich's, daß ich durch die Zweige ihr Gesicht genau sehen konnte, und ich wußte nicht, was ich zu der Erscheinung sagte sollte. Es war meine Geliebte und war es nicht. Fast jünger, fast schöner, als ich sie vor zehen Jahren gekannt hatte. Sind Sie denn nicht die Tochter des Pachters? fragte ich halb verwirrt. Nein, sagte sie, ich bin ihre Muhme.

Aber Sie gleichen einander so außerordentlich, versetzte ich.

Das sagt jedermann, der sie vor zehen Jahren gekannt hat.

Ich fuhr fort sie verschiedenes zu fragen; mein Irrtum war mir angenehm, ob ich ihn gleich schon entdeckt hatte. Ich konnte mich von dem lebendigen Bilde voriger Glückseligkeit, das vor mir stand, nicht losreißen. Das Kind hatte sich indessen von ihr entfernt, und war Blumen zu suchen nach dem Teiche gegangen. Sie nahm Abschied, und eilte dem Kinde nach.

Indessen hatte ich doch erfahren, daß meine alte Geliebte noch wirklich in dem Hause ihres Vaters sei, und indem ich ritt, beschäftigte ich mich mit Mutmaßungen, ob sie selbst, oder die Muhme das Kind vor den Pferden gesichert habe. Ich wiederholte mir die ganze Geschichte mehrmals im Sinne, und ich wüßte nicht leicht, daß irgend etwas angenehmer auf mich gewirkt hätte. Aber ich fühle wohl, ich bin noch krank, und wir wollen den Doktor bitten, daß er uns von dem Überreste dieser Stimmung erlöse.

Es pflegt in vertraulichen Bekenntnissen anmutiger Liebesbegebenheiten wie mit Gespenstergeschichten zu gehen: ist nur erst eine erzählt, so fließen die übrigen von selbst zu.

Unsere kleine Gesellschaft fand in der Rückerinnerung vergangener Zeiten manchen Stoff dieser Art. Lothario hatte am meisten zu erzählen. Jarno's Geschichten trugen alle einen eigenen Charakter, und was Wilhelm zu gestehen hatte, wissen wir schon. Indessen war ihm bange, daß man ihn an die Geschichte mit der Gräfin erinnern möchte; allein niemand dachte derselben auch nur auf die entfernteste Weise.

Es ist wahr, sagte Lothario, angenehmer kann keine Empfindung in der Welt sein, als wenn das Herz nach einer gleichgültigen Pause sich der Liebe zu einem neuen Gegenstande wieder öffnet, und doch wollt' ich diesem Glück für mein Leben entsagt haben, wenn mich das Schicksal mit Theresen hätte verbinden wollen. Man ist nicht immer Jüngling, und man sollte nicht immer Kind sein. Dem Manne, der die Welt kennt, der weiß, was er darin zu tun, was er von ihr zu hoffen hat, was kann ihm erwünschter sein, als eine Gattin zu finden, die überall mit ihm wirkt, und die ihm alles vorzubereiten weiß, deren Tätigkeit dasjenige aufnimmt, was die seinige liegen lassen muß, deren Geschäftigkeit sich nach allen Seiten verbreitet, wenn die seinige nur einen geraden Weg fortgehen darf. Welchen Himmel hatte ich mir mit Theresen geträumt! nicht den Himmel eines schwärmerischen Glücks, sondern eines sichern Lebens auf der Erde: Ordnung im Glück, Mut im Unglück, Sorge für das Geringste, und eine Seele, fähig das Größte zu fassen und wieder fahren zu lassen. O! ich sah in ihr gar wohl die Anlagen, deren Entwickelung wir bewundern, wenn wir in der Geschichte Frauen sehen, die uns weit vorzüglicher als alle Männer erscheinen: diese Klarheit über die Umstände, diese Gewandtheit in allen Fällen, diese Sicherheit im Einzelnen, wodurch das Ganze sich immer so gut befindet, ohne daß sie jemals daran zu denken scheinen. Sie können wohl, fuhr er fort, indem er sich lächelnd gegen Wilhelmen wendete, mir verzeihen, wenn Therese mich Aurelien entführte: mit jener konnte ich ein heitres Leben hoffen, da bei dieser auch nicht an eine glückliche Stunde zu denken war.

Ich leugne nicht, versetzte Wilhelm, daß ich mit großer Bitterkeit im Herzen gegen Sie hierher gekommen bin, und daß ich mir vorgenommen hatte, Ihr Betragen gegen Aurelien sehr streng zu tadeln.

Auch verdient es Tadel, sagte Lothario: ich hätte meine Freundschaft zu ihr nicht mit dem Gefühl der Liebe verwechseln sollen, ich hätte nicht an die Stelle der Achtung, die sie verdiente, eine Neigung eindrängen sollen, die sie weder erregen, noch erhalten konnte. Ach! sie war nicht liebenswürdig, wenn sie liebte, und das ist das größte Unglück, das einem Weibe begegnen kann.

Es sei drum, erwiderte Wilhelm, wir können nicht immer das Tadelnswerte vermeiden, nicht vermeiden, daß unsere Gesinnungen und Handlungen auf eine sonderbare Weise von ihrer natürlichen und guten Richtung abgelenkt werden; aber gewisse Pflichten sollten wir niemals aus den Augen setzen. Die Asche der Freundin ruhe sanft; wir wollen, ohne uns zu schelten und sie zu tadeln, mitleidig Blumen auf ihr Grab streuen. Aber bei dem Grabe, in welchem die unglückliche Mutter ruht, lassen Sie mich fragen, warum Sie sich des Kindes nicht annehmen? eines Sohnes, dessen sich jedermann erfreuen würde, und den Sie ganz und gar zu vernachlässigen scheinen. Wie können Sie, bei Ihren reinen und zarten Gefühlen, das Herz eines Vaters gänzlich verleugnen? Sie haben diese ganze Zeit noch mit keiner Silbe an das köstliche Geschöpf gedacht, von dessen Anmut so viel zu erzählen wäre.

Von wem reden Sie? versetzte Lothario, ich verstehe Sie nicht.

Von wem anders, als von Ihrem Sohne, dem Sohne Aureliens, dem schönen Kinde, dem zu seinem Glücke nichts fehlt, als daß ein zärtlicher Vater sich seiner annimmt?

Sie irren sehr, mein Freund, rief Lothario: Aurelie hatte keinen Sohn, am wenigsten von mir, ich weiß von keinem Kinde, sonst würde ich mich dessen mit Freuden annehmen; aber auch im gegenwärtigen Falle will ich gern das kleine Geschöpf als eine Verlassenschaft von ihr ansehen, und für seine Erziehung sorgen. Hat sie sich denn irgend etwas merken lassen, daß der Knabe ihr, daß er mir zugehöre?

Nicht daß ich mich erinnere, ein ausdrückliches Wort von ihr gehört zu haben, es war aber einmal so angenommen, und ich habe nicht einen Augenblick daran gezweifelt.

Ich kann, fiel Jarno ein, einigen Aufschluß hierüber geben. Ein altes Weib, das Sie oft müssen gesehen haben, brachte das Kind zu Aurelien, sie nahm es mit Leidenschaft auf, und hoffte ihre Leiden durch seine Gegenwart zu lindern: auch hat es ihr manchen vergnügten Augenblick gemacht.

Wilhelm war durch diese Entdeckung sehr unruhig geworden, er gedachte der guten Mignon neben dem schönen Felix auf das lebhafteste, er zeigte seinen Wunsch, die beiden Kinder aus der Lage, in der sie sich befanden, heraus zu ziehen.

Wir wollen damit bald fertig sein, versetzte Lothario. Das wunderliche Mädchen übergeben wir Theresen, sie kann unmöglich in bessere Hände geraten, und was den Knaben betrifft, den, dächt' ich, nähmen Sie selbst zu sich: denn was sogar die Frauen an uns ungebildet zurück lassen, das bilden die Kinder aus, wenn wir uns mit ihnen abgeben.

Überhaupt dächte ich, versetzte Jarno, Sie entsagten kurz und gut dem Theater, zu dem Sie doch einmal kein Talent haben.

Wilhelm war betroffen; er mußte sich zusammennehmen, denn Jarno's harte Worte hatten seine Eigenliebe nicht wenig verletzt. Wenn Sie mich davon überzeugen, versetzte er mit gezwungenem Lächeln, so werden Sie mir einen Dienst erweisen, ob es gleich nur ein trauriger Dienst ist, wenn man uns aus einem Lieblingstraume aufschüttelt.

Ohne viel weiter darüber zu reden, versetzte Jarno, möchte ich Sie nur antreiben, erst die Kinder zu holen; das Übrige wird sich schon geben.

Ich bin bereit dazu, versetzte Wilhelm; ich bin unruhig und neugierig, ob ich nicht von dem Schicksal des Knaben etwas Näheres entdecken kann; ich verlange das Mädchen wieder zu sehen, das sich mit so vieler Eigenheit an mich angeschlossen hat.

Man ward einig, daß er bald abreisen sollte.

Den andern Tag hatte er sich dazu vorbereitet, das Pferd war gesattelt, nur wollte er noch von Lothario Abschied nehmen. Als die Eßzeit herbei kam, setzte man sich wie gewöhnlich zu Tische, ohne auf den Hausherrn zu warten; er kam erst spät, und setzte sich zu ihnen.

Ich wollte wetten, sagte Jarno, Sie haben heute Ihr zärtliches Herz wieder auf die Probe gestellt, Sie haben der Begierde nicht widerstehen können, Ihre ehemalige Geliebte wiederzusehen.

Erraten! versetzte Lothario.

Lassen Sie uns hören, sagte Jarno, wie ist es abgelaufen? Ich bin äußerst neugierig.

Ich leugne nicht, versetzte Lothario, daß mir das Abenteuer mehr als billig auf dem Herzen lag; ich faßte daher den Entschluß nochmals hinzureiten, und die Person wirklich zu sehen, deren verjüngtes Bild mir eine so angenehme Illusion gemacht hatte. Ich stieg schon in einiger Entfernung vom Hause ab, und ließ die Pferde bei Seite führen, um die Kinder nicht zu stören, die vor dem Tore spielten. Ich ging in das Haus, und von ungefähr kam sie mir entgegen, denn sie war es selbst, und ich erkannte sie ungeachtet der großen Veränderung wieder. Sie war stärker geworden, und schien größer zu sein; ihre Anmut blickte durch ein gesetztes Wesen hindurch, und ihre Munterkeit war in ein stilles Nachdenken übergegangen. Ihr Kopf, den sie sonst so leicht und frei trug, hing ein wenig gesenkt, und leise Falten waren über ihre Stirne gezogen.

Sie schlug die Augen nieder, als sie mich sah, aber keine Röte verkündigte eine innere Bewegung des Herzens. Ich reichte ihr die Hand, sie gab mir die ihrige; ich fragte nach ihrem Manne, er war abwesend, nach ihren Kindern, sie trat an die Türe und rief sie herbei, alle kamen und versammelten sich um sie. Es ist nichts reizender, als eine Mutter zu sehen mit einem Kinde auf dem Arme, und nichts ehrwürdiger, als eine Mutter unter vielen Kindern. Ich fragte nach den Namen der Kleinen, um doch nur etwas zu sagen; sie bat mich hinein zu treten und auf ihren Vater zu warten. Ich nahm es an; sie führte mich in die Stube, wo ich beinahe noch alles auf dem alten Platze fand, und – sonderbar! die schöne Muhme, ihr Ebenbild, saß auf eben dem Schemmel hinter dem Spinnrocken, wo ich meine Geliebte in eben der Gestalt so oft gefunden hatte. Ein kleines Mädchen, das seiner Mutter vollkommen glich, war uns nachgefolgt, und so stand ich in der sonderbarsten Gegenwart, zwischen der Vergangenheit und Zukunft, wie in einem Orangenwalde, wo in einem kleinen Bezirk Blüten und Früchte stufenweis neben einander leben. Die Muhme ging hinaus, einige Erfrischung zu holen, ich gab dem ehemals so geliebten Geschöpfe die Hand, und sagte zu ihr: Ich habe eine rechte Freude, Sie wieder zu sehen. – Sie sind sehr gut, mir das zu sagen, versetzte sie; aber auch ich kann Ihnen versichern, daß ich eine unaussprechliche Freude habe. Wie oft habe ich mir gewünscht, Sie nur noch einmal in meinem Leben wiederzusehen; ich habe es in Augenblicken gewünscht, die ich für meine letzten hielt. Sie sagte das mit einer gesetzten Stimme, ohne Rührung, mit jener Natürlichkeit, die mich ehemals so sehr an ihr entzückte. Die Muhme kam wieder, ihr Vater dazu – und ich überlasse euch zu denken, mit welchem Herzen ich blieb, und mit welchem ich mich entfernte.

Achtes Kapitel

Wilhelm hatte auf seinem Wege nach der Stadt die edlen weiblichen Geschöpfe, die er kannte und von denen er gehört hatte, im Sinne; ihre sonderbaren Schicksale, die wenig Erfreuliches enthielten, waren ihm schmerzlich gegenwärtig. Ach! rief er aus, arme Mariane! was werde ich noch von dir erfahren müssen? Und dich, herrliche Amazone, edler Schutzgeist, dem ich so viel schuldig bin, dem ich überall zu begegnen hoffe, und den ich leider nirgends finde, in welchen traurigen Umständen treff' ich dich vielleicht, wenn du mir einst wieder begegnest!

In der Stadt war niemand von seinen Bekannten zu Hause; er eilte auf das Theater, er glaubte sie in der Probe zu finden; alles war still, das Haus schien leer, doch sah er einen Laden offen. Als er auf die Bühne kam, fand er Aureliens alte Dienerin beschäftigt, Leinwand zu einer neuen Dekoration zusammenzunähen; es fiel nur so viel Licht herein, als nötig war, ihre Arbeit zu erhellen. Felix und Mignon saßen neben ihr auf der Erde; beide hielten ein Buch, und indem Mignon laut las, sagte ihr Felix alle Worte nach, als wenn er die Buchstaben kennte, als wenn er auch zu lesen verstünde.

Die Kinder sprangen auf und begrüßten den Ankommenden: er umarmte sie auf's zärtlichste, und führte sie näher zu der Alten. Bist du es? sagte er zu ihr mit Ernst, die dieses Kind Aurelien zugeführt hatte. Sie sah von ihrer Arbeit auf, und wendete ihr Gesicht zu ihm; er sah sie in vollem Lichte, erschrak, trat einige Schritte zurück; es war die alte Barbara.

Wo ist Mariane? rief er aus. – Weit von hier, versetzte die Alte.

Und Felix? ...

Ist der Sohn dieses unglücklichen, nur allzuzärtlich liebenden Mädchens. Möchten Sie niemals empfinden, was Sie uns gekostet haben! Möchte der Schatz, den ich Ihnen überliefere, Sie so glücklich machen, als er uns unglücklich gemacht hat!

Sie stand auf, um wegzugehen. Wilhelm hielt sie fest. Ich denke Ihnen nicht zu entlaufen, sagte sie, lassen Sie mich ein Dokument holen, das Sie erfreuen und schmerzen wird. Sie entfernte sich, und Wilhelm sah den Knaben mit einer ängstlichen Freude an; er durfte sich das Kind noch nicht zueignen. Er ist dein, rief Mignon, er ist dein, und drückte das Kind an Wilhelms Kniee.

Die Alte kam, und überreichte ihm einen Brief. Hier sind Marianens letzte Worte, sagte sie.

Sie ist tot! rief er aus.

Tot! sagte die Alte; möchte ich Ihnen doch alle Vorwürfe ersparen können.

Überrascht und verwirrt erbrach Wilhelm den Brief; er hatte aber kaum die ersten Worte gelesen, als ihn ein bittrer Schmerz ergriff; er ließ den Brief fallen, stürzte auf eine Rasenbank, und blieb eine Zeitlang liegen. Mignon bemühte sich um ihn. Indessen hatte Felix den Brief aufgehoben, und zerrte seine Gespielin so lange, bis diese nachgab, und zu ihm kniete und ihm vorlas. Felix wiederholte die Worte, und Wilhelm war genötigt sie zweimal zu hören. „Wenn dieses Blatt jemals zu dir kommt, so bedaure deine unglückliche Geliebte, deine Liebe hat ihr den Tod gegeben. Der Knabe, dessen Geburt ich nur wenige Tage überlebe, ist dein; ich sterbe dir treu, so sehr der Schein auch gegen mich sprechen mag; mit dir verlor ich alles, was mich an das Leben fesselte. Ich sterbe zufrieden, da man mir versichert, das Kind sei gesund und werde leben. Höre die alte Barbara, verzeih ihr, leb' wohl und vergiß mich nicht!"

Welch ein schmerzlicher und noch zu seinem Troste halb rätselhafter Brief! dessen Inhalt ihm erst recht fühlbar ward, da ihn die Kinder stockend und stammelnd vortrugen und wiederholten.

Da haben Sie es nun! rief die Alte, ohne abzuwarten, bis er sich erholt hatte; danken Sie dem Himmel, daß, nach dem Verluste eines so guten Mädchens, Ihnen noch ein so vortreffliches Kind übrig bleibt. Nichts wird Ihrem Schmerze gleichen, wenn Sie vernehmen, wie das gute Mädchen Ihnen bis an's Ende treu geblieben, wie unglücklich sie geworden ist, und was sie Ihnen alles aufgeopfert hat.

Laß mich den Becher des Jammers und der Freuden, rief Wilhelm aus, auf einmal trinken! Überzeuge mich, ja überrede mich nur, daß sie ein gutes Mädchen war, daß sie meine Achtung wie meine Liebe verdiente, und überlaß mich dann meinen Schmerzen über ihren unersetzlichen Verlust.

Es ist jetzt nicht Zeit, versetzte die Alte, ich habe zu tun, und wünschte nicht, daß man uns beisammen fände. Lassen Sie es ein Geheimnis sein, daß Felix Ihnen angehört; ich hätte über meine bisherige Verstellung zu viel Vorwürfe von der Gesellschaft zu erwarten. Mignon verrät uns nicht, sie ist gut und verschwiegen.

Ich wußte es lange und sagte nichts, versetzte Mignon. – Wie ist es möglich? rief die Alte – Woher? fiel Wilhelm ein.

Der Geist hat mir's gesagt.

Wie? wo?

Im Gewölbe, da der Alte das Messer zog, rief mir's zu: Rufe seinen Vater, und da fielst du mir ein.

Wer rief denn?

Ich weiß nicht, im Herzen, im Kopfe, ich war so angst, ich zitterte, ich betete, da rief's und ich verstand's.

Wilhelm drückte sie an sein Herz, empfahl ihr Felix und entfernte sich. Er bemerkte erst zuletzt, daß sie viel blässer und magerer geworden war, als er sie verlassen hatte. Madame Melina fand er von seinen Bekannten zuerst; sie begrüßte ihn auf's freundlichste. O! daß Sie doch alles, rief sie aus, bei uns finden möchten, wie Sie wünschten!

Ich zweifle daran, sagte Wilhelm, und erwartete es nicht. Gestehen Sie es nur, man hat alle Anstalten gemacht, mich entbehren zu können.

Warum sind Sie auch weggegangen? versetzte die Freundin.

Man kann die Erfahrung nicht früh genug machen, wie entbehrlich man in der Welt ist. Welche wichtige Personen glauben wir zu sein! Wir denken allein den Kreis zu beleben, in welchem wir wirken; in unserer Abwesenheit muß, bilden wir uns ein, Leben, Nahrung und Atem stocken, und die Lücke, die entsteht, wird kaum bemerkt, sie füllt sich so geschwind wieder aus, ja sie wird oft nur der Platz, wo nicht für etwas Besseres, doch für etwas Angenehmeres.

Und die Leiden unserer Freunde bringen wir nicht in Anschlag?

Auch unsere Freunde tun wohl, wenn sie sich bald finden, wenn sie sich sagen: da wo du bist, da wo du bleibst, wirke was du kannst, sei tätig und gefällig, und laß dir die Gegenwart heiter sein.

Bei näherer Erkundigung fand Wilhelm, was er vermutet hatte: die Oper war eingerichtet, und zog die ganze Aufmerksamkeit des Publikums an sich. Seine Rollen waren inzwischen durch Laertes und Horatio besetzt worden, und beide lockten den Zuschauern einen weit lebhaftern Beifall ab, als er jemals hatte erlangen können.

Laertes trat herein, und Madame Melina rief aus: Sehn Sie hier diesen glücklichen Menschen, der bald ein Kapitalist, oder Gott weiß was werden wird! Wilhelm umarmte ihn, und fühlte ein vortrefflich feines Tuch an seinem Rocke; seine übrige Kleidung war einfach, aber alles vom besten Zeuge.

Lösen Sie mir das Rätsel! rief Wilhelm aus.

Es ist noch Zeit genug, versetzte Laertes, um zu erfahren, daß mir mein Hin- und Herlaufen nunmehr bezahlt wird, daß ein Patron eines großen Handelshauses von meiner Unruhe, meinen Kenntnissen und Bekanntschaften Vorteil zieht, und mir einen Teil davon abläßt; ich wollte viel drum geben, wenn ich mir dabei auch Zutrauen gegen die Weiber ermäkeln könnte: denn es ist eine hübsche Nichte im Hause, und ich merke wohl, wenn ich wollte, könnte ich bald ein gemachter Mann sein.

Sie wissen wohl noch nicht, sagte Madame Melina, daß sich indessen auch unter uns eine Heirat gemacht hat? Serlo ist wirklich mit der schönen Elmire öffentlich getraut, da der Vater ihre heimliche Vertraulichkeit nicht gut heißen wollte.

So unterhielten sie sich über manches, was sich in seiner Abwesenheit zugetragen hatte, und er konnte gar wohl bemerken, daß er, dem Geist und dem Sinne der Gesellschaft nach, wirklich längst verabschiedet war.

Mit Ungeduld erwartete er die Alte, die ihm tief in der Nacht ihren sonderbaren Besuch angekündigt hatte. Sie wollte kommen, wenn alles schlief, und verlangte solche Vorbereitungen, eben als wenn das jüngste Mädchen sich zu einem Geliebten schleichen wollte. Er las indes Marianens Brief wohl hundertmal durch, las mit unaussprechlichem Entzücken das Wort *Treue* von ihrer geliebten Hand, und mit Entsetzen die Ankündigung ihres Todes, dessen Annäherung sie nicht zu fürchten schien.

Mitternacht war vorbei, als etwas an der halboffnen Türe rauschte, und die Alte mit einem Körbchen hereintrat. Ich soll euch, sagte sie, die Geschichte unserer Leiden erzählen, und ich muß erwarten, daß ihr ungerührt dabei sitzt, daß ihr nur, um eure Neugierde zu befriedigen, mich so sorgsam erwartet, und daß ihr euch jetzt, wie damals, in eure kalte Eigenliebe hüllet, wenn uns das Herz bricht. Aber seht her! so brachte ich an jenem glücklichen Abend die Champagnerflasche hervor, so stellte ich drei Gläser auf den Tisch, und so fingt ihr an, uns mit gutmütigen Kindergeschichten zu täuschen und einzuschläfern, wie ich euch jetzt mit traurigen Wahrheiten aufklären und wach erhalten muß.

Wilhelm wußte nicht, was er sagen sollte, als die Alte wirklich den Stöpsel springen ließ, und die drei Gläser vollschenkte.

Trinkt! rief sie, nachdem sie ihr schäumendes Glas schnell ausgeleert hatte, trinkt! eh' der Geist verraucht! Dieses dritte Glas soll zum Andenken meiner unglücklichen Freundin ungenossen verschäumen. Wie rot waren ihre Lippen, als sie euch damals Bescheid tat! Ach! und nun auf ewig verblaßt und erstarrt!

Sibylle! Furie! rief Wilhelm aus, indem er aufsprang und mit der Faust auf den Tisch schlug, welch ein böser Geist besitzt und treibt dich? Für wen hältst du mich, daß du denkst, die einfachste Geschichte von Marianens Tod und Leiden werde mich nicht empfindlich genug kränken, daß du noch solche höllische Kunstgriffe brauchst, um meine Marter zu schärfen? Geht deine unersättliche Völlerei so weit, daß du bei'm Totenmahle schwelgen mußt, so trink' und rede! Ich habe dich von jeher verabscheut, und noch kann ich mir Marianen nicht unschuldig denken, wenn ich dich, ihre Gesellschafterin, nur ansehe.

Gemach, mein Herr! versetzte die Alte: Sie werden mich nicht aus meiner Fassung bringen. Sie sind uns noch sehr verschuldet, und von einem Schuldner läßt man sich nicht übel begegnen. Aber Sie haben Recht, auch meine einfachste Erzählung ist Strafe genug für Sie. So hören Sie denn den Kampf und den Sieg Marianens, um die Ihrige zu bleiben.

Die Meinige? rief Wilhelm aus, welch ein Märchen willst du beginnen?

Unterbrechen Sie mich nicht, fiel sie ein, hören Sie mich, und dann glauben Sie, was Sie wollen, es ist ohnedies jetzt ganz einerlei. Haben Sie nicht am letzten Abend, als Sie bei uns waren, ein Billet gefunden und mitgenommen?

Ich fand das Blatt erst, als ich es mitgenommen hatte; es war in das Halstuch verwickelt, das ich aus inbrünstiger Liebe ergriff und zu mir steckte.

Was enthielt das Papier?

Die Aussichten eines verdrießlichen Liebhabers, in der nächsten Nacht besser als gestern aufgenommen zu werden. Und daß man ihm Wort gehalten hat, habe ich mit eignen Augen gesehen, denn er schlich früh vor Tage aus eurem Hause hinweg.

Sie können ihn gesehen haben; aber was bei uns vorging, wie traurig Mariane diese Nacht, wie verdrießlich ich sie zubrachte, das werden Sie erst jetzt erfahren. Ich will ganz aufrichtig sein, weder leugnen noch beschönigen, daß ich Marianen beredete, sich einem gewissen Norberg zu ergeben; sie folgte, ja ich kann sagen, sie gehorchte mir mit Widerwillen. Er war reich, er schien verliebt, und ich hoffte, er werde beständig sein. Gleich darauf mußte er eine Reise machen und Mariane lernte Sie kennen. Was hatte ich da nicht auszustehen! was zu hindern! was zu erdulden! O! rief sie manchmal, hättest du meiner Jugend, meiner Unschuld nur noch vier Wochen geschont, so hätte ich einen würdigen Gegenstand meiner Liebe gefunden, ich wäre seiner würdig gewesen, und die Liebe hätte das mit einem ruhigen Bewußtsein geben dürfen, was ich jetzt wider Willen verkauft habe. Sie überließ sich ganz ihrer Neigung, und ich darf nicht fragen, ob Sie glücklich waren. Ich hatte eine uneingeschränkte Gewalt über ihren Verstand, denn ich kannte alle Mittel ihre kleinen Neigungen zu befriedigen; ich hatte keine Macht über ihr Herz, denn niemals billigte sie, was ich für sie tat, wozu ich sie bewegte, wenn ihr Herz widersprach: nur der unbezwinglichen Not gab sie nach, und die Not erschien ihr bald sehr drückend. In den ersten Zeiten ihrer Jugend hatte es ihr an nichts gemangelt; ihre Familie verlor durch eine Verwickelung von Umständen ihr Vermögen, das arme Mädchen war an mancherlei Bedürfnisse gewöhnt, und ihrem kleinen Gemüt waren gewisse gute Grundsätze eingeprägt, die sie unruhig machten, ohne ihr viel zu helfen. Sie hatte nicht die mindeste Gewandtheit in weltlichen Dingen, sie war unschuldig im eigentlichen Sinne; sie hatte keinen Begriff, daß man kaufen könne, ohne zu bezahlen; vor nichts war ihr mehr bange, als wenn sie schuldig war; sie hätte immer lieber gegeben als genommen, und nur eine solche Lage machte es möglich, daß sie genötigt ward, sich selbst hinzugeben, um eine Menge kleiner Schulden los zu werden.

Und hättest du, fuhr Wilhelm auf, sie nicht retten können?

O ja, versetzte die Alte, mit Hunger und Not, mit Kummer und Entbehrung, und darauf war ich niemals eingerichtet.

Abscheuliche niederträchtige Kupplerin! so hast du das

unglückliche Geschöpf geopfert? so hast du sie deiner Kehle, deinem unersättlichen Heißhunger hingegeben?

Ihr tätet besser euch zu mäßigen, und mit Schimpfreden inne zu halten, versetzte die Alte. Wenn ihr schimpfen wollt, so geht in eure großen vornehmen Häuser, da werdet ihr Mütter finden, die recht ängstlich besorgt sind, wie sie für ein liebenswürdiges himmlisches Mädchen den allerabscheulichsten Menschen auffinden wollen, wenn er nur zugleich der reichste ist. Seht das arme Geschöpf vor seinem Schicksale zittern und beben, und nirgends Trost finden, als bis ihr irgend eine erfahrne Freundin begreiflich macht, daß sie durch den Ehestand das Recht erwerbe, über ihr Herz und ihre Person nach Gefallen disponieren zu können.

Schweig! rief Wilhelm: glaubst du denn, daß ein Verbrechen durch das andere entschuldigt werden könne? Erzähle, ohne weitere Anmerkungen zu machen!

So hören Sie, ohne mich zu tadeln! Mariane ward wider meinen Willen die Ihre. Bei diesem Abenteuer habe ich mir wenigstens nichts vorzuwerfen. Norberg kam zurück, er eilte Marianen zu sehen, die ihn kalt und verdrießlich aufnahm und ihm nicht einen Kuß erlaubte. Ich brauchte meine ganze Kunst, um ihr Betragen zu entschuldigen; ich ließ ihn merken, daß ein Beichtvater ihr das Gewissen geschärft habe, und daß man ein Gewissen, so lange es spricht, respektieren müsse. Ich brachte ihn dahin, daß er ging, und versprach ihm mein Bestes zu tun. Er war reich und roh, aber er hatte einen Grund von Gutmütigkeit, und liebte Marianen auf das äußerste. Er versprach mir Geduld, und ich arbeitete desto lebhafter, um ihn nicht zu sehr zu prüfen. Ich hatte mit Marianen einen harten Stand; ich überredete sie, ja ich kann sagen, ich zwang sie endlich, durch die Drohung, daß ich sie verlassen würde, an ihren Liebhaber zu schreiben, und ihn auf die Nacht einzuladen. Sie kamen und rafften zufälliger Weise seine Antwort in dem Halstuch auf. Ihre unvermutete Gegenwart hatte mir ein böses Spiel gemacht. Kaum waren Sie weg, so ging die Qual von neuem an; sie schwur, daß sie Ihnen nicht untreu werden könne, und war so leidenschaftlich, so außer sich, daß sie mir ein herzliches Mitleid ablockte. Ich versprach ihr endlich, daß ich auch diese Nacht Norbergen beruhigen, und ihn unter allerlei Vorwänden entfernen wollte; ich bat sie zu Bette zu gehen, allein sie schien mir nicht zu trauen: sie blieb angezogen, und schlief zuletzt, bewegt und ausgeweint wie sie war, in ihren Kleidern ein.

Norberg kam; ich suchte ihn abzuhalten, ich stellte ihm ihre Gewissensbisse, ihre Reue mit den schwärzesten Farben vor; er wünschte sie nur zu sehen, und ich ging in das Zimmer, um sie vorzubereiten; er schritt mir nach, und wir traten beide zu gleicher Zeit vor ihr Bette. Sie erwachte, sprang mit Wut auf und entriß sich unsern Armen; sie beschwur und bat, sie flehte, drohte und versicherte, daß sie nicht nachgeben würde. Sie war unvorsichtig genug, über ihre wahre Leidenschaft einige Worte fallen zu lassen, die der arme Norberg im geistlichen Sinne deuten mußte. Endlich verließ er sie, und sie schloß sich ein. Ich behielt ihn noch lange bei mir, und sprach mit ihm über ihren Zustand, daß sie guter Hoffnung sei, und daß man das arme Mädchen schonen müsse. Er fühlte sich so stolz auf seine Vaterschaft, er freute sich so sehr auf einen Knaben, daß er alles einging, was sie von ihm verlangte, und daß er versprach, lieber einige Zeit zu verreisen, als seine Geliebte zu ängstigen, und ihr durch diese Gemütsbewegungen zu schaden. Mit diesen Gesinnungen schlich er Morgens früh von mir weg, und Sie, mein Herr, wenn Sie Schildwache gestanden haben, so hätte es zu Ihrer Glückseligkeit nichts weiter bedurft, als in den Busen Ihres Nebenbuhlers zu sehen, den Sie so begünstigt, so glücklich hielten, und dessen Erscheinung Sie zur Verzweiflung brachte.

Redest du wahr? sagte Wilhelm.

So wahr, sagte die Alte, als ich noch hoffe Sie zur Verzweiflung zu bringen.

Ja, gewiß Sie würden verzweifeln, wenn ich Ihnen das Bild unsers nächsten Morgens recht lebhaft darstellen könnte. Wie heiter wachte sie auf! wie freundlich rief sie mich herein!

wie lebhaft dankte sie mir! wie herzlich drückte sie mich an ihren Busen! Nun, sagte sie, indem sie lächelnd vor den Spiegel trat, darf ich mich wieder an mir selbst, mich an meiner Gestalt freuen, da ich wieder mir, da ich meinem einzig geliebten Freund angehöre. Wie ist es so süß überwunden zu haben! welch eine himmlische Empfindung ist es seinem Herzen zu folgen! Wie dank' ich dir, daß du dich meiner angenommen, daß du deine Klugheit, deinen Verstand auch einmal zu meinem Vorteil angewendet hast! Steh mir bei, und ersinne, was mich ganz glücklich machen kann!

Ich gab ihr nach, ich wollte sie nicht reizen, ich schmeichelte ihrer Hoffnung, und sie liebkos'te mich auf das anmutigste. Entfernte sie sich einen Augenblick vom Fenster, so mußte ich Wache stehen: denn *Sie* sollten nun ein für allemal vorbei gehen, man wollte Sie wenigstens sehen; so ging der ganze Tag unruhig hin. Nachts, zur gewöhnlichen Stunde, erwarteten wir Sie ganz gewiß. Ich paßte schon an der Treppe, die Zeit ward mir lang, ich ging wieder zu ihr hinein. Ich fand sie zu meiner Verwunderung in ihrer Offizierstracht, sie sah unglaublich heiter und reizend aus. Verdien' ich nicht, sagte sie, heute in Mannstracht zu erscheinen? Habe ich mich nicht brav gehalten? Mein Geliebter soll mich heute wie das erstemal sehen, ich will ihn so zärtlich und mit mehr Freiheit an mein Herz drücken, als damals: denn bin ich jetzt nicht vielmehr die Seine als damals, da mich ein edler Entschluß noch nicht frei gemacht hatte? Aber, fügte sie nach einigem Nachdenken hinzu, noch hab' ich nicht ganz gewonnen, noch muß ich erst das Äußerste wagen, um seiner wert, um seines Besitzes gewiß zu sein; ich muß ihm alles entdekken, meinen ganzen Zustand offenbaren, und ihm alsdann überlassen, ob er mich behalten oder verstoßen will. Diese Szene bereite ich ihm, bereite ich mir zu; und wäre sein Gefühl mich zu verstoßen fähig, so würde ich alsdann ganz wieder mir selbst angehören, ich würde in meiner Strafe meinen Trost finden, und alles erdulden, was das Schicksal mir auferlegen wollte.

Mit diesen Gesinnungen, mit diesen Hoffnungen, mein Herr, erwartete Sie das liebenswürdige Mädchen; Sie kamen nicht. O! wie soll ich den Zustand des Wartens und Hoffens beschreiben? Ich sehe dich noch vor mir, mit welcher Liebe, mit welcher Inbrunst du von dem Manne sprachst, dessen Grausamkeit du noch nicht erfahren hattest!

Gute liebe Barbara, rief Wilhelm, indem er aufsprang und die Alte bei der Hand faßte: es ist nun genug der Verstellung, genug der Vorbereitung! Dein gleichgültiger, dein ruhiger, dein zufriedner Ton hat dich verraten. Gib mir Marianen wieder! sie lebt, sie ist in der Nähe. Nicht umsonst hast du diese späte einsame Stunde zu deinem Besuche gewählt, nicht umsonst hast du mich durch diese entzückende Erzählung vorbereitet. Wo hast du sie? Wo verbirgst du sie? Ich glaube dir alles, ich verspreche dir alles zu glauben, wenn du mir sie zeigst, wenn du sie meinen Armen wiedergibst. Ihren Schatten habe ich schon im Fluge gesehen, laß mich sie wieder in meine Arme fassen! Ich will vor ihr auf den Knien liegen, ich will sie um Vergebung bitten, ich will ihr zu ihrem Kampfe, zu ihrem Siege über sich und dich Glück wünschen, ich will ihr meinen Felix zuführen. Komm! Wo hast du sie versteckt? Laß *sie*, laß mich nicht länger in Ungewißheit! Dein Endzweck ist erreicht. Wo hast du sie verborgen? Komm, daß ich sie mit diesem Licht beleuchte! daß ich wieder ihr holdes Angesicht sehe!

Er hatte die Alte vom Stuhl aufgezogen, sie sah ihn starr an, die Tränen stürzten ihr aus den Augen, und ein ungeheurer Schmerz ergriff sie. Welch ein unglücklicher Irrtum, rief sie aus, läßt Sie noch einen Augenblick hoffen! – Ja, ich habe sie verborgen, aber unter die Erde; weder das Licht der Sonne noch eine vertrauliche Kerze wird ihr holdes Angesicht jemals wieder erleuchten. Führen Sie den guten Felix an ihr Grab, und sagen Sie ihm, da liegt deine Mutter, die dein Vater ungehört verdammt hat. Das liebe Herz schlägt nicht mehr vor Ungeduld Sie zu sehen, nicht etwa in einer benachbarten Kammer wartet sie auf den Ausgang meiner Erzählung, oder meines Märchens; die dunkle Kammer hat sie aufgenommen, wohin kein Bräutigam folgt, woraus man keinem Geliebten entgegen geht.

Sie warf sich auf die Erde an einem Stuhle nieder und weinte bitterlich; Wilhelm war zum erstenmal völlig überzeugt, daß Mariane tot sei; er befand sich in einem traurigen Zustande. Die Alte richtete sich auf; ich habe Ihnen weiter nichts zu sagen, rief sie, und warf ein Paket auf den Tisch. Hier diese Briefschaften mögen völlig Ihre Grausamkeit beschämen; lesen Sie diese Blätter mit trocknen Augen durch, wenn es Ihnen möglich ist. Sie schlich leise fort, und Wilhelm hatte diese Nacht das Herz nicht, die Brieftasche zu öffnen, er hatte sie selbst Marianen geschenkt, er wußte, daß sie jedes Blättchen, das sie von ihm erhalten hatte, sorgfältig darin aufhob. Den andern Morgen vermochte er es über sich; er lös'te das Band, und es fielen ihm kleine Zettelchen mit Bleistift von seiner eigenen Hand geschrieben entgegen, und riefen ihm jede Situation, von dem ersten Tage ihrer anmutigen Bekanntschaft bis zu dem letzten ihrer grausamen Trennung, wieder herbei. Allein nicht ohne die lebhaftesten Schmerzen durchlas er eine kleine Sammlung von Billeten, die an ihn geschrieben waren, und die, wie er aus dem Inhalt sah, von Wernern waren zurückgewiesen worden.

Keines meiner Blätter hat bis zu dir durchdringen können; mein Bitten und Flehen hat dich nicht erreicht; hast du selbst diese grausamen Befehle gegeben? Soll ich dich nie wieder sehen? Noch einmal versuch' ich es, ich bitte dich: komm, o komm! ich verlange dich nicht zu behalten, wenn ich dich nur noch einmal an mein Herz drücken kann.

Wenn ich sonst bei dir saß, deine Hände hielt, dir in die Augen sah, und mit vollem Herzen der Liebe und des Zutrauens zu dir sagte: lieber, lieber, guter Mann! das hörtest du so gern, ich mußt' es dir so oft wiederholen, ich wiederhole es noch einmal: lieber, lieber, guter Mann! sei gut, wie du warst, komm und laß mich nicht in meinem Elende verderben!

Du hältst mich für schuldig, ich bin es auch, aber nicht wie du denkst. Komm, damit ich nur den einzigen Trost habe, von dir ganz gekannt zu sein, es gehe mir nachher wie es wolle.

Nicht um meinetwillen allein, auch um dein selbst willen fleh' ich dich an, zu kommen. Ich fühle die unerträglichen Schmerzen, die du leidest, indem du mich fliehst; komm, daß unsere Trennung weniger grausam werde! Ich war vielleicht nie deiner würdig, als eben in dem Augenblick, da du mich in ein grenzenloses Elend zurückstößest.

Bei allem, was heilig ist, bei allem, was ein menschliches Herz rühren kann, ruf' ich dich an! Es ist um eine Seele, es ist um ein Leben zu tun, um zwei Leben, von denen dir eins ewig teuer sein muß. Dein Argwohn wird auch das nicht glauben, und doch werde ich es in der Stunde des Todes aussprechen: das Kind, das ich unter dem Herzen trage, ist dein. Seitdem ich dich liebe, hat kein anderer mir auch nur die Hand gedrückt; o daß deine Liebe, daß deine Rechtschaffenheit die Gefährten meiner Jugend gewesen wären!

Du willst mich nicht hören? so muß ich denn zuletzt wohl verstummen, aber diese Blätter sollen nicht untergehen, vielleicht können sie noch zu dir sprechen, wenn das Leichentuch schon meine Lippe bedeckt, und wenn die Stimme deiner Reue nicht mehr zu meinem Ohre reichen kann. Durch mein trauriges Leben bis an den letzten Augenblick wird das mein einziger Trost sein: daß ich ohne Schuld gegen dich war, wenn ich mich auch nicht unschuldig nennen durfte.

Wilhelm konnte nicht weiter; er überließ sich ganz seinem Schmerz, aber noch mehr war er bedrängt, als Laertes herein trat, dem er seine Empfindungen zu verbergen suchte. Dieser brachte einen Beutel mit Dukaten hervor, zählte und rechnete, und versicherte Wilhelmen: es sei nichts Schöneres in der Welt, als wenn man eben auf dem Wege sei reich zu werden; es könne uns auch alsdann nichts stören oder abhalten.

Wilhelm erinnerte sich seines Traums und lächelte; aber zugleich gedachte er auch mit Schaudern: daß in jenem Traumgesichte Mariane ihn verlassen, um seinem verstorbenen Vater zu folgen, und daß beide zuletzt wie Geister schwebend sich um den Garten bewegt hatten.

Laertes riß ihn aus seinem Nachdenken, und führte ihn auf ein Kaffeehaus, wo sich sogleich mehrere Personen um ihn versammelten, die ihn sonst gern auf dem Theater gesehen hatten; sie freuten sich seiner Gegenwart, bedauerten aber, daß er, wie sie hörten, die Bühne verlassen wolle; sie sprachen so bestimmt und vernünftig von ihm und seinem Spiele, von dem Grade seines Talents, von ihren Hoffnungen, daß Wilhelm nicht ohne Rührung zuletzt ausrief: O wie unendlich wert wäre mir diese Teilnahme vor wenig Monaten gewesen! Wie belehrend und wie erfreuend! Niemals hätte ich mein Gemüt so ganz von der Bühne abgewendet, und niemals wäre ich so weit gekommen, am Publico zu verzweifeln.

Dazu sollte es überhaupt nicht kommen, sagte ein ältlicher Mann, der hervortrat; das Publikum ist groß, wahrer Verstand und wahres Gefühl sind nicht so selten als man glaubt; nur muß der Künstler niemals einen unbedingten Beifall für das, was er hervorbringt, verlangen: denn eben der unbedingte ist am wenigsten wert, und den bedingten wollen die Herren nicht gerne. Ich weiß wohl, im Leben wie in der Kunst muß man mit sich zu Rate gehen, wenn man etwas tun und hervorbringen soll; wenn es aber getan und vollendet ist, so darf man mit Aufmerksamkeit nur viele hören, und man kann sich mit einiger Übung aus diesen vielen Stimmen gar bald ein ganzes Urteil zusammen setzen: denn diejenigen, die uns diese Mühe ersparen könnten, halten sich meist stille genug.

Das sollten sie eben nicht, sagte Wilhelm. Ich habe so oft gehört, daß Menschen, die selbst über gute Werke schwiegen, doch beklagten und bedauerten, daß geschwiegen wird.

So wollen wir heute laut werden, rief ein junger Mann, Sie müssen mit uns speisen, und wir wollen alles einholen, was wir Ihnen und manchmal der guten Aurelie schuldig geblieben sind.

Wilhelm lehnte die Einladung ab, und begab sich zu Madame Melina, die er wegen der Kinder sprechen wollte, indem er sie von ihr wegzunehmen gedachte.

Das Geheimnis der Alten war nicht zum besten bei ihm verwahrt. Er verriet sich, als er den schönen Felix wieder ansichtig ward. O, mein Kind! rief er aus, mein liebes Kind! Er hub ihn auf, und drückte ihn an sein Herz. Vater! Was hast du mir mitgebracht, rief das Kind. Mignon sah beide an, als wenn sie warnen wollte, sich nicht zu verraten.

Was ist das für eine neue Erscheinung? sagte Madame Melina. Man suchte die Kinder bei Seite zu bringen, und Wilhelm, der der Alten das strengste Geheimnis nicht schuldig zu sein glaubte, entdeckte seiner Freundin das ganze Verhältnis. Madame Melina sah ihn lächelnd an. O! über die leichtgläubigen Männer! rief sie aus: wenn nur etwas auf ihrem Wege ist, so kann man es ihnen sehr leicht aufbürden; aber dafür sehen sie sich auch ein andermal weder rechts noch links um, und wissen nichts zu schätzen, als was sie vorher mit dem Stempel einer willkürlichen Leidenschaft bezeichnet haben. Sie konnte einen Seufzer nicht unterdrücken, und wenn Wilhelm nicht ganz blind gewesen wäre, so hätte er eine nie ganz besiegte Neigung in ihrem Betragen erkennen müssen.

Er sprach nunmehr mit ihr von den Kindern, wie er Felix bei sich zu behalten und Mignon auf das Land zu tun gedächte. Frau Melina, ob sie sich gleich ungerne von beiden zugleich trennte, fand doch den Vorschlag gut, ja notwendig. Felix verwilderte bei ihr, und Mignon schien einer freien Luft und anderer Verhältnisse zu bedürfen; das gute Kind war kränklich und konnte sich nicht erholen.

Lassen Sie sich nicht irren, fuhr Madame Melina fort, daß ich einige Zweifel, ob Ihnen der Knabe wirklich zugehöre, leichtsinnig geäußert habe. Der Alten ist freilich wenig zu trauen, doch wer Unwahrheit zu seinem Nutzen ersinnt, kann auch einmal wahr reden, wenn ihm die Wahrheiten nützlich scheinen. Aurelien hatte die Alte vorgespiegelt, Felix sei ein Sohn Lothario's, und die Eigenheit haben wir Weiber, daß wir die Kinder unserer Liebhaber recht herzlich lieben, wenn wir schon die Mutter nicht kennen, oder sie von Herzen hassen. Felix kam herein gesprungen, sie drückte ihn an sich, mit einer Lebhaftigkeit, die ihr sonst nicht gewöhnlich war.

Wilhelm eilte nach Hause, und bestellte die Alte, die ihn, jedoch nicht eher als in der Dämmerung, zu besuchen versprach; er empfing sie verdrießlich, und sagte zu ihr: Es ist nichts Schändlichers in der Welt, als sich auf Lügen und Märchen einzurichten! Schon hast du viel Böses damit gestiftet, und jetzt, da dein Wort das Glück meines Lebens entscheiden könnte, jetzt steh' ich zweifelhaft, und wage nicht das Kind in meine Arme zu schließen, dessen ungetrübter Besitz mich äußerst glücklich machen würde. Ich kann dich, schändliche Kreatur, nicht ohne Haß und Verachtung ansehen.

Euer Betragen kommt mir, wenn ich aufrichtig reden soll, versetzte die Alte, ganz unerträglich vor. Und wenn's nun euer Sohn nicht wäre, so ist es das schönste angenehmste Kind von der Welt, das man gern für jeden Preis kaufen möchte, um es nur immer um sich zu haben. Ist es nicht wert, daß ihr euch seiner annehmt? Verdiene ich für meine Sorgfalt, für meine Mühe mit ihm, nicht einen kleinen Unterhalt für mein künftiges Leben? O! ihr Herren, denen nichts abgeht, ihr habt gut von Wahrheit und Geradheit reden; aber wie eine arme Kreatur, deren geringstem Bedürfnis nichts entgegen kommt, die in ihren Verlegenheiten keinen Freund, keinen Rat, keine Hülfe sieht, wie die sich durch die selbstischen Menschen durchdrücken, und im Stillen darben muß – davon würde manches zu sagen sein, wenn ihr hören wolltet und könntet. Haben Sie Marianens Briefe gelesen? Es sind dieselben, die sie zu jener unglücklichen Zeit schrieb. Vergebens suchte ich mich Ihnen zu nähern, vergebens Ihnen diese Blätter zuzustellen; Ihr grausamer Schwager hatte Sie so umlagert, daß alle List und Klugheit vergebens war, und zuletzt, als er mir und Marianen mit dem Gefängnis drohte, mußte ich wohl alle Hoffnung aufgeben. Trifft nicht alles mit dem überein, was ich erzählt habe? Und setzt nicht Norbergs Brief die ganze Geschichte außer allen Zweifel?

Was für ein Brief? fragte Wilhelm.

Haben Sie ihn nicht in der Brieftasche gefunden? versetzte die Alte.

Ich habe noch nicht alles durchlesen.

Geben Sie nur die Brieftasche her; auf dieses Dokument kommt alles an. Norbergs unglückliches Billet hat die traurige Verwirrung gemacht, ein anderes von seiner Hand mag auch den Knoten lösen, insofern am Faden noch etwas gelegen ist. Sie nahm ein Blatt aus der Brieftasche, Wilhelm erkannte jene verhaßte Hand, nahm sich zusammen und las.

„Sag' mir nur, Mädchen, wie vermagst du das über mich? Hätt' ich doch nicht geglaubt, daß eine Göttin selbst mich zum seufzenden Liebhaber umschaffen könnte. Anstatt mir mit offenen Armen entgegen zu eilen, ziehst du dich zurück; man hätte es wahrhaftig für Abscheu nehmen können, wie du dich betrugst. Ist's erlaubt, daß ich die Nacht mit der alten Barbara auf einem Koffer in einer Kammer zubringen mußte? Und mein geliebtes Mädchen war nur zwei Türen davon. Es ist zu toll, sag' ich dir! Ich habe versprochen dir einige Bedenkzeit zu lassen, nicht gleich in dich zu dringen, und ich möchte rasend werden über jede verlorne Viertelstunde. Habe ich dir nicht geschenkt, was ich wußte und konnte? Zweifelst du noch an meiner Liebe? Was willst du haben? sag' es mir! Es soll dir an nichts fehlen. Ich wollte, der Pfaffe müßte verstummen und verblinden, der dir solches Zeug in den Kopf gesetzt hat. Mußtest du auch gerade an so einen kommen! Es gibt so viele, die jungen Leuten etwas nachzusehen wissen. Genug, ich sage dir, es muß anders werden, in ein paar Tagen muß ich Antwort wissen, denn ich gehe bald wieder weg, und wenn du nicht wieder freundlich und gefällig bist, so sollst du mich nicht wieder sehen." . . .

In dieser Art ging der Brief noch lange fort, drehte sich zu Wilhelms schmerzlicher Zufriedenheit immer um denselben Punkt herum, und zeugte für die Wahrheit der Geschichte, die er von Barbara vernommen hatte. Ein zweites Blatt bewies deutlich, daß Mariane auch in der Folge nicht nachgegeben hatte, und Wilhelm vernahm aus diesen und mehreren Papieren nicht ohne tiefen Schmerz die Geschichte des unglücklichen Mädchens bis zur Stunde ihres Todes.

Die Alte hatte den rohen Menschen nach und nach zahm gemacht, indem sie ihm den Tod Marianens meldete, und ihm den Glauben ließ, als wenn Felix sein Sohn sei; er hatte ihr einigemal Geld geschickt, das sie aber für sich behielt, da sie Aurelien die Sorge für des Kindes Erziehung aufgeschwatzt hatte. Aber leider dauerte dieser heimliche Erwerb nicht lange. Norberg hatte durch ein wildes Leben den größten Teil seines Vermögens verzehrt, und wiederholte Liebesgeschichten sein Herz gegen seinen ersten, eingebildeten Sohn verhärtet.

So wahrscheinlich das alles lautete, und so schön es zusammentraf, traute Wilhelm doch noch nicht, sich der Freude zu überlassen; er schien sich vor einem Geschenke zu fürchten, das ihm ein böser Genius darreichte.

Ihre Zweifelsucht, sagte die Alte, die seine Gemütsstimmung erriet, kann nur die Zeit heilen. Sehen Sie das Kind als ein fremdes an, und geben Sie desto genauer auf ihn Acht, bemerken Sie seine Gaben, seine Natur, seine Fähigkeiten, und wenn Sie nicht nach und nach sich selbst wiedererkennen, so müssen Sie schlechte Augen haben. Denn das versichre ich Sie, wenn ich ein Mann wäre, mir sollte niemand ein Kind unterschieben; aber es ist ein Glück für die Weiber, daß die Männer in diesen Fällen nicht so scharfsichtig sind.

Nach allem diesen setzte sich Wilhelm mit der Alten aus einander; er wollte den Felix mit sich nehmen, sie sollte Mignon zu Theresen bringen, und hernach eine kleine Pension, die er ihr versprach, wo sie wollte, verzehren.

Er ließ Mignon rufen, um sie auf diese Veränderung vorzubereiten. – Meister! sagte sie, behalte mich bei dir, es wird mir wohl tun und weh.

Er stellte ihr vor, daß sie nun herangewachsen sei, und daß doch etwas für ihre weitere Bildung getan werden müsse. – Ich bin gebildet genug, versetzte sie, um zu lieben und zu trauern.

Er machte sie auf ihre Gesundheit aufmerksam, daß sie eine anhaltende Sorgfalt und die Leitung eines geschickten Arztes bedürfe. – Warum soll man für mich sorgen, sagte sie, da so viel zu sorgen ist?

Nachdem er sich viele Mühe gegeben, sie zu überzeugen, daß er sie jetzt nicht mit sich nehmen könne, daß er sie zu Personen bringen wolle, wo er sie öfters sehen werde, schien sie von alle dem nichts gehört zu haben. Du willst mich nicht bei dir? sagte sie. Vielleicht ist es besser, schicke mich zum alten Harfenspieler, der arme Mann ist so allein.

Wilhelm suchte ihr begreiflich zu machen, daß der Alte gut aufgehoben sei. – Ich sehne mich jede Stunde nach ihm, versetzte das Kind.

Ich habe aber nicht bemerkt, sagte Wilhelm, daß du ihm so geneigt seist, als er noch mit uns lebte.

Ich fürchtete mich vor ihm, wenn er wachte; ich konnte nur seine Augen nicht sehen, aber wenn er schlief, setzte ich mich gern zu ihm, ich wehrte ihm die Fliegen, und konnte mich nicht satt an ihm sehen. O! er hat mir in schrecklichen Augenblicken beigestanden, es weiß niemand, was ich ihm schuldig bin. Hätt' ich nur den Weg gewußt, ich wäre schon zu ihm gelaufen.

Wilhelm stellte ihr die Umstände weitläufig vor, und sagte: sie sei so ein vernünftiges Kind, sie möchte doch auch diesmal seinen Wünschen folgen. – Die Vernunft ist grausam, versetzte sie, das Herz ist besser. Ich will hingehen, wohin du willst, aber laß mir deinen Felix!

Nach vielem Hin- und Widerreden war sie immer auf ihrem Sinne geblieben, und Wilhelm mußte sich zuletzt entschließen, die beiden Kinder der Alten zu übergeben, und sie zusammen an Fräulein Therese zu schicken. Es ward ihm das um so leichter, als er sich noch immer fürchtete, den schönen Felix sich als seinen Sohn zuzueignen. Er nahm ihn auf den Arm und trug ihn herum, das Kind mochte gern vor den Spiegel gehoben sein, und, ohne sich es zu gestehen, trug Wilhelm ihn gern vor den Spiegel, und suchte dort Ähnlichkeiten zwischen sich und dem Kinde auszuspähen. Ward es ihm dann einen Augenblick recht wahrscheinlich, so drückte er den Knaben an seine Brust, aber auf einmal, erschreckt durch den Gedanken, daß er sich betriegen könne, setzte er das Kind nieder, und ließ es hinlaufen. O! rief er aus, wenn ich mir dieses unschätzbare Gut zueignen könnte, und es würde mir dann entrissen, so wäre ich der unglücklichste aller Menschen!

Die Kinder waren weggefahren, und Wilhelm wollte nun seinen förmlichen Abschied vom Theater nehmen, als er fühlte, daß er schon abgeschieden sei, und nur zu gehen brauchte. Mariane war nicht mehr, seine zwei Schutzgeister hatten sich entfernt, und seine Gedanken eilten ihnen nach. Der schöne Knabe schwebte wie eine reizende ungewisse Erscheinung vor seiner Einbildungskraft, er sah ihn, an Thereses Hand, durch Felder und Wälder laufen, in der freien Luft und neben einer freien und heitern Begleiterin sich bilden; Therese war ihm noch viel werter geworden, seitdem er das Kind in ihrer Gesellschaft dachte. Selbst als Zuschauer im Theater erinnerte er sich ihrer mit Lächeln; beinahe war er in ihrem Falle, die Vorstellungen machten ihm keine Illusion mehr.

Serlo und Melina waren äußerst höflich gegen ihn, sobald sie merkten, daß er an seinen vorigen Platz keinen weitern Anspruch machte. Ein Teil des Publikums wünschte ihn nochmals auftreten zu sehen; es wäre ihm unmöglich gewesen, und bei der Gesellschaft wünschte es niemand, als allenfalls Frau Melina.

Er nahm nun wirklich Abschied von dieser Freundin, er

war gerührt, und sagte: Wenn doch der Mensch sich nicht vermessen wollte irgend etwas für die Zukunft zu versprechen! Das Geringste vermag er nicht zu halten, geschweige wenn sein Vorsatz von Bedeutung ist. Wie schäme ich mich, wenn ich denke, was ich Ihnen allen zusammen in jener unglücklichen Nacht versprach, da wir beraubt, krank, verletzt und verwundet in eine elende Schenke zusammen gedrängt waren. Wie erhöhte damals das Unglück meinen Mut, und welchen Schatz glaubte ich in meinem guten Willen zu finden; nun ist aus allem dem nichts, gar nichts geworden! Ich verlasse Sie als Ihr Schuldner, und mein Glück ist, daß man mein Versprechen nicht mehr achtete, als es wert war, und daß niemand mich jemals deshalb gemahnt hat.

Sein Sie nicht ungerecht gegen sich selbst, versetzte Frau Melina; wenn niemand erkennt, was Sie für uns getan hatten, so werde ich es nicht verkennen: denn unser ganzer Zustand wäre völlig anders, wenn wir Sie nicht besessen hätten. Geht es doch unsern Vorsätzen, wie unsern Wünschen. Sie sehen sich gar nicht mehr ähnlich, wenn sie ausgeführt, wenn sie erfüllt sind, und wir glauben nichts getan, nichts erlangt zu haben.

Sie werden, versetzte Wilhelm, durch Ihre freundschaftliche Auslegung mein Gewissen nicht beruhigen, und ich werde mir immer als Ihr Schuldner vorkommen.

Es ist auch wohl möglich, daß Sie es sind, versetzte Madame Melina, nur nicht auf die Art, wie Sie es denken. Wir rechnen uns zur Schande ein Versprechen nicht zu erfüllen, das wir mit dem Munde getan haben. O, mein Freund, ein guter Mensch verspricht durch seine Gegenwart nur immer zu viel! Das Vertrauen, das er hervorlockt, die Neigung, die er einflößt, die Hoffnungen, die er erregt, sind unendlich; er wird und bleibt ein Schuldner, ohne es zu wissen. Leben Sie wohl. Wenn unsere äußeren Umstände sich unter Ihrer Leitung recht glücklich hergestellt haben, so entsteht in meinem Innern durch Ihren Abschied eine Lücke, die sich so leicht nicht wieder ausfüllen wird.

Wilhelm schrieb vor seiner Abreise aus der Stadt noch einen weitläufigen Brief an Wernern. Sie hatten zwar einige Briefe gewechselt, aber weil sie nicht einig werden konnten, hörten sie zuletzt auf zu schreiben. Nun hatte sich Wilhelm wieder genähert, er war im Begriff dasjenige zu tun, was jener so sehr wünschte, er konnte sagen: ich verlasse das Theater, und verbinde mich mit Männern, deren Umgang mich, in jedem Sinne, zu einer reinen und sichern Tätigkeit führen muß. Er erkundigte sich nach seinem Vermögen, und es schien ihm nunmehr sonderbar, daß er so lange sich nicht darum bekümmert hatte. Er wußte nicht, daß es die Art aller der Menschen sei, denen an ihrer innern Bildung viel gelegen ist, daß sie die äußeren Verhältnisse ganz und gar vernachlässigen. Wilhelm hatte sich in diesem Falle befunden; er schien nunmehr zum erstenmal zu merken, daß er äußerer Hülfsmittel bedürfe, um nachhaltig zu wirken. Er reis'te fort mit einem ganz andern Sinn, als das erstemal; die Aussichten, die sich ihm zeigten, waren reizend, und er hoffte auf seinem Wege etwas Frohes zu erleben.

Neuntes Kapitel

Als er nach Lothario's Gut zurückkam, fand er eine große Veränderung. Jarno kam ihm entgegen mit der Nachricht, daß der Oheim gestorben, daß Lothario hingegangen sei, die hinterlassenen Güter in Besitz zu nehmen. Sie kommen eben zur rechten Zeit, sagte er, um mir und dem Abbé beizustehn. Lothario hat uns den Handel um wichtige Güter in unserer Nachbarschaft aufgetragen; es war schon lange vorbereitet, und nun finden wir Geld und Kredit eben zur rechten Stunde. Das Einzige war dabei bedenklich, daß ein auswärtiges Handelshaus auch schon auf dieselben Güter Absicht hatte; nun sind wir kurz und gut entschlossen mit jenem gemeine Sache zu machen, denn sonst hätten wir uns ohne Not und Vernunft hinaufgetrieben. Wir haben, so scheint es, mit einem klugen Manne zu tun. Nun machen wir Calculs und Anschläge; auch muß ökonomisch überlegt werden, wie wir die Güter teilen können, so daß jeder ein schönes Besitztum erhält. Es wurden Wilhelmen die Papiere vorgelegt, man besah die Felder, Wiesen, Schlösser, und obgleich Jarno und der Abbé die Sache sehr gut zu verstehen schienen, so wünschte Wilhelm doch, daß Fräulein Therese von der Gesellschaft sein möchte.

Sie brachten mehrere Tage mit diesen Arbeiten zu, und Wilhelm hatte kaum Zeit, seine Abenteuer und seine zweifelhafte Vaterschaft den Freunden zu erzählen, die eine ihm so wichtige Begebenheit gleichgültig und leichtsinnig behandelten.

Er hatte bemerkt, daß sie manchmal in vertrauten Gesprächen, bei Tische und auf Spaziergängen, auf einmal inne hielten, ihren Worten eine andere Wendung gaben, und dadurch wenigstens anzeigten, daß sie unter sich manches abzutun hatten, das ihm verborgen sei. Er erinnerte sich an das, was Lydie gesagt hatte, und glaubte um so mehr daran, als eine ganze Seite des Schlosses vor ihm immer unzugänglich gewesen war. Zu gewissen Galerien und besonders zu dem alten Turm, den er von außen recht gut kannte, hatte er bisher vergebens Weg und Eingang gesucht.

Eines Abends sagte Jarno zu ihm: Wir können Sie nun so sicher als den unsern ansehen, daß es unbillig wäre, wenn wir Sie nicht tiefer in unsere Geheimnisse einführten. Es ist gut, daß der Mensch, der erst in die Welt tritt, viel von sich halte, daß er sich viele Vorzüge zu erwerben denke, daß er alles möglich zu machen suche; aber wenn seine Bildung auf einem gewissen Grade steht, dann ist es vorteilhaft, wenn er sich in einer größern Masse verlieren lernt, wenn er lernt um anderer willen zu leben, und seiner selbst in einer pflichtmäßigen Tätigkeit zu vergessen. Da lernt er erst sich selbst kennen, denn das Handeln eigentlich vergleicht uns mit andern. Sie sollen bald erfahren, welch eine kleine Welt sich in Ihrer Nähe befindet, und wie gut Sie in dieser kleinen Welt gekannt sind; morgen früh vor Sonnenaufgang sein Sie angezogen und bereit.

Jarno kam zur bestimmten Stunde, und führte ihn durch bekannte und unbekannte Zimmer des Schlosses, dann durch einige Galerien, und sie gelangten endlich vor eine große alte Türe, die stark mit Eisen beschlagen war. Jarno pochte, die Türe tat sich ein wenig auf, so daß eben ein Mensch hineinschlüpfen konnte. Jarno schob Wilhelmen hinein, ohne ihm zu folgen. Dieser fand sich in einem dunkeln und engen Behältnisse, es war finster um ihn, und als er einen Schritt vorwärts gehen wollte, stieß er schon wider. Eine nicht ganz unbekannte Stimme rief ihm zu: Tritt herein! und nun bemerkte er erst, daß die Seiten des Raums, in dem er sich befand, nur mit Teppichen behangen waren, durch welche ein schwaches Licht hindurch schimmerte. Tritt herein! rief es nochmals; er hob den Teppich auf, und trat hinein.

Der Saal, in dem er sich nunmehr befand, schien ehemals eine Kapelle gewesen zu sein; anstatt des Altars stand ein großer Tisch auf einigen Stufen, mit einem grünen Teppich behangen, darüber schien ein zugezogener Vorhang ein Gemälde zu bedecken; an den Seiten waren schön gearbeitete Schränke mit feinen Drahtgittern verschlossen, wie man sie in Bibliotheken zu sehen pflegt, nur sah er anstatt der Bücher viele Rollen aufgestellt. Niemand befand sich in dem Saal; die aufgehende Sonne fiel durch die farbigen Fenster Wilhelmen grade entgegen, und begrüßte ihn freundlich.

Setze dich! rief eine Stimme, die von dem Altar her zu tönen schien. Wilhelm setzte sich auf einen kleinen Armstuhl, der wider den Verschlag des Eingangs stand; es war kein anderer Sitz im ganzen Zimmer, er mußte sich darein ergeben, ob ihn schon die Morgensonne blendete; der Sessel stand fest, er konnte nur die Hand vor die Augen halten.

Indem eröffnete sich, mit einem kleinen Geräusche, der Vorhang über dem Altar, und zeigte, innerhalb eines Rahmens, eine leere dunkle Öffnung. Es trat ein Mann hervor in gewöhnlicher Kleidung, der ihn begrüßte, und zu ihm sagte:

Sollten Sie mich nicht wieder erkennen? Sollten Sie, unter andern Dingen, die Sie wissen möchten, nicht auch zu erfahren wünschen, wo die Kunstsammlung Ihres Großvaters sich gegenwärtig befindet? Erinnern Sie sich des Gemäldes nicht mehr, das Ihnen so reizend war? Wo mag der kranke Königssohn wohl jetzo schmachten? – Wilhelm erkannte leicht den Fremden, der, in jener bedeutenden Nacht, sich mit ihm im Gasthause unterhalten hatte. Vielleicht, fuhr dieser fort, können wir jetzt über Schicksal und Charakter eher einig werden.

Wilhelm wollte eben antworten, als der Vorhang sich wieder rasch zusammenzog. Sonderbar! sagte er bei sich selbst, sollten zufällige Ereignisse einen Zusammenhang haben? Und das, was wir Schicksal nennen, sollte es bloß Zufall sein? Wo mag sich meines Großvaters Sammlung befinden? und warum erinnert man mich in diesen feierlichen Augenblicken daran?

Er hatte nicht Zeit weiter zu denken, denn der Vorhang öffnete sich wieder, und ein Mann stand vor seinen Augen, den er sogleich für den Landgeistlichen erkannte, der mit ihm und der lustigen Gesellschaft jene Wasserfahrt gemacht hatte; er glich dem Abbé, ob er gleich nicht dieselbe Person schien. Mit einem heitern Gesichte und einem würdigen Ausdruck fing der Mann an: Nicht vor Irrtum zu bewahren, ist die Pflicht des Menschenerziehers, sondern den Irrenden zu leiten, ja ihn seinen Irrtum aus vollen Bechern ausschlürfen zu lassen, das ist Weisheit der Lehrer. Wer seinen Irrtum nur kostet, hält lange damit Haus, er freuet sich dessen als eines seltenen Glücks, aber wer ihn ganz erschöpft, der muß ihn kennen lernen, wenn er nicht wahnsinnig ist. Der Vorhang schloß sich abermals, und Wilhelm hatte Zeit nachzudenken. Von welchem Irrtum kann der Mann sprechen? sagte er zu sich selbst, als von dem, der mich mein ganzes Leben verfolgt hat, daß ich da Bildung suchte, wo keine zu finden war, daß ich mir einbildete ein Talent erwerben zu können, zu dem ich nicht die geringste Anlage hatte.

Der Vorhang riß sich schneller auf, ein Offizier trat hervor, und sagte nur im Vorbeigehen: Lernen Sie die Menschen kennen, zu denen man Zutrauen haben kann! Der Vorhang schloß sich, und Wilhelm brauchte sich nicht lange zu besinnen, um diesen Offizier für denjenigen zu erkennen, der ihn in des Grafen Park umarmt hatte, und Schuld gewesen war, daß er Jarno für einen Werber hielt. Wie dieser hierher gekommen, und wer er sei, war Wilhelmen völlig ein Rätsel. – Wenn so viele Menschen an dir Teil nahmen, deinen Lebensweg kannten, und wußten, was darauf zu tun sei, warum führten sie dich nicht strenger? warum nicht ernster? warum begünstigten sie deine Spiele, anstatt dich davon wegzuführen?

Rechte nicht mit uns! rief eine Stimme: Du bist gerettet, und auf dem Wege zum Ziel. Du wirst keine deiner Torheiten bereuen und keine zurück wünschen, kein glücklicheres Schicksal kann einem Menschen werden. Der Vorhang riß sich von einander, und, in voller Rüstung, stand der alte König von Dänemark in dem Raume. Ich bin der Geist deines Vaters, sagte das Bildnis, und scheide getrost, da meine Wünsche für dich, mehr als ich sie selbst begriff, erfüllt sind. Steile Gegenden lassen sich nur durch Umwege erklimmen, auf der Ebene führen gerade Wege von einem Ort zum andern. Lebe wohl, und gedenke mein, wenn du genießest, was ich dir vorbereitet habe.

Wilhelm war äußerst betroffen, er glaubte die Stimme seines Vaters zu hören, und doch war sie es auch nicht; er befand sich durch die Gegenwart und die Erinnerung in der verworrensten Lage.

Nicht lange konnte er nachdenken, als der Abbé hervortrat, und sich hinter den grünen Tisch stellte. Treten Sie herbei! rief er seinem verwunderten Freunde zu. Er trat herbei, und stieg die Stufen hinan. Auf dem Teppiche lag eine kleine Rolle. Hier ist Ihr Lehrbrief, sagte der Abbé, beherzigen Sie ihn, er ist von wichtigem Inhalt. Wilhelm nahm ihn auf, öffnete ihn und las:

Lehrbrief

Die Kunst ist lang, das Leben kurz, das Urteil schwierig, die Gelegenheit flüchtig. Handeln ist leicht, Denken schwer; nach dem Gedanken handeln unbequem. Aller Anfang ist heiter, die Schwelle ist der Platz der Erwartung. Der Knabe staunt, der Eindruck bestimmt ihn, er lernt spielend, der Ernst überrascht ihn. Die Nachahmung ist uns angeboren, der Nachzuahmende wird nicht leicht erkannt. Selten wird das Treffliche gefunden, seltner geschätzt. Die Höhe reizt uns, nicht die Stufen; den Gipfel im Auge wandeln wir gerne auf der Ebene. Nur ein Teil der Kunst kann gelehrt werden, der Künstler braucht sie ganz. Wer sie halb kennt, ist immer irre und redet viel; wer sie ganz besitzt, mag nur tun und redet selten oder spät. Jene haben keine Geheimnisse und keine Kraft, ihre Lehre ist wie gebackenes Brot schmackhaft und sättigend für Einen Tag; aber Mehl kann man nicht säen, und die Saatfrüchte sollen nicht vermahlen werden. Die Worte sind gut, sie sind aber nicht das Beste. Das Beste wird nicht deutlich durch Worte. Der Geist, aus dem wir handeln, ist das Höchste. Die Handlung wird nur vom Geiste begriffen und wieder dargestellt. Niemand weiß, was er tut, wenn er recht handelt; aber des Unrechten sind wir uns immer bewußt. Wer bloß mit Zeichen wirkt, ist ein Pedant, ein Heuchler oder ein Pfuscher. Es sind ihrer viele, und es wird ihnen wohl zusammen. Ihr Geschwätz hält den Schüler zurück, und ihre beharrliche Mittelmäßigkeit ängstigt die Besten. Des echten Künstlers Lehre schließt den Sinn auf; denn wo die Worte fehlen, spricht die Tat. Der echte Schüler lernt aus dem Bekannten das Unbekannte entwickeln, und nähert sich dem Meister.

Genug! rief der Abbé, das Übrige zu seiner Zeit. Jetzt sehen Sie sich in jenen Schränken um.

Wilhelm ging hin und las die Aufschriften der Rollen. Er fand mit Verwunderung Lothario's Lehrjahre, Jarno's Lehrjahre und seine eignen Lehrjahre daselbst auf-

ACHTES BUCH

Erstes Kapitel

Felix war in den Garten gesprungen, Wilhelm folgte ihm mit Entzücken, der schönste Morgen zeigte jeden Gegenstand mit neuen Reizen, und Wilhelm genoß den heitersten Augenblick. Felix war neu in der freien und herrlichen Welt, und sein Vater nicht viel bekannter mit den Gegenständen, nach denen der Kleine wiederholt und unermüdet fragte. Sie gesellten sich endlich zum Gärtner, der die Namen und den Gebrauch mancher Pflanzen hererzählen mußte; Wilhelm sah die Natur durch ein neues Organ, und die Neugierde, die Wißbegierde des Kindes ließen ihn erst fühlen, welch ein schwaches Interesse er an den Dingen außer sich genommen hatte, wie wenig er kannte und wußte. An diesem Tage, dem vergnügtesten seines Lebens, schien auch seine eigne Bildung erst anzufangen; er fühlte die Notwendigkeit sich zu belehren, indem er zu lehren aufgefordert ward.

Jarno und der Abbé hatten sich nicht wieder sehen lassen; Abends kamen sie, und brachten einen Fremden mit. Wilhelm ging ihm mit Erstaunen entgegen, er traute seinen Augen nicht, es war Werner, der gleichfalls einen Augenblick anstand, ihn anzuerkennen. Beide umarmten sich auf's zärtlichste, und beide konnten nicht verbergen, daß sie sich wechselsweise verändert fanden. Werner behauptete, sein Freund sei größer, stärker, gerader, in seinem Wesen gebildeter und in seinem Betragen angenehmer geworden. – Etwas von seiner alten Treuherzigkeit vermiß' ich, setzte er hinzu. – Sie wird sich auch schon wieder zeigen, wenn wir uns nur von der ersten Verwunderung erholt haben, sagte Wilhelm.

Es fehlte viel, daß Werner einen gleich vorteilhaften Eindruck auf Wilhelmen gemacht hätte. Der gute Mann schien eher zurück als vorwärts gegangen zu sein. Er war viel magerer, als ehemals, sein spitzes Gesicht schien feiner, seine Nase länger zu sein, seine Stirn und sein Scheitel waren von Haaren entblößt, seine Stimme hell, heftig und schreiend, und seine eingedrückte Brust, seine vorfallenden Schultern, seine farblosen Wangen ließen keinen Zweifel übrig, daß ein arbeitsamer Hypochondrist gegenwärtig sei.

Wilhelm war bescheiden genug, um sich über diese große Veränderung sehr mäßig zu erklären, da der andere hingegen seiner freundschaftlichen Freude völligen Lauf ließ. Wahrhaftig! rief er aus, wenn du deine Zeit schlecht angewendet, und, wie ich vermute, nichts gewonnen hast, so bist du doch indessen ein Persönchen geworden, das sein Glück machen kann und muß; verschlendere und verschleudere nur auch das nicht wieder: du sollst mir mit dieser Figur eine reiche und schöne Erbin erkaufen. – Du wirst doch, versetzte Wilhelm lächelnd, deinen Charakter nicht verleugnen! Kaum findest du nach langer Zeit deinen Freund wieder, so siehst du ihn schon als eine Ware, als einen Gegenstand deiner Spekulation an, mit dem sich etwas gewinnen läßt.

Jarno und der Abbé schienen über diese Erkennung keineswegs verwundert, und ließen beide Freunde sich nach Belieben über das Vergangene und Gegenwärtige ausbreiten. Werner ging um seinen Freund herum, drehte ihn hin und her, so daß er ihn fast verlegen machte. Nein! nein! rief er aus, so was ist mir noch nicht vorgekommen, und doch weiß ich wohl, daß ich mich nicht betrüge. Deine Augen sind tiefer, deine Stirn ist breiter, deine Nase feiner und dein Mund liebreicher geworden. Seht nur einmal, wie er steht! wie das alles paßt und zusammenhängt! Wie doch das Faullenzen gedeihet! Ich armer Teufel dagegen – er besah sich im Spiegel – wenn ich diese Zeit her nicht recht viel Geld gewonnen hätte, so wäre doch auch gar nichts an mir.

Werner hatte Wilhelms letzten Brief nicht empfangen; ihre Handlung war das fremde Haus, mit welchem Lothario die Güter in Gemeinschaft zu kaufen die Absicht hatte. Dieses Geschäft führte Wernern hierher; er hatte keine Gedanken, Wilhelmen auf seinem Wege zu finden. Der Gerichtshalter kam, die Papiere wurden vorgelegt, und Werner fand die

Vorschläge billig. Wenn Sie es mit diesem jungen Manne, wie es scheint, gut meinen, sagte er, so sorgen Sie selbst dafür, daß unser Teil nicht verkürzt werde; es soll von meinem Freunde abhängen, ob er das Gut annehmen und einen Teil seines Vermögens daran wenden will. Jarno und der Abbé versicherten, daß es dieser Erinnerung nicht bedürfe. Man hatte die Sache kaum im Allgemeinen verhandelt, als Werner sich nach einer Partie Lombre sehnte, wozu sich denn auch gleich der Abbé und Jarno mit hinsetzten; er war es nun einmal so gewohnt, er konnte des Abends ohne Spiel nicht leben.

Als die beiden Freunde nach Tische allein waren, befragten und besprachen sie sich sehr lebhaft über alles, was sie sich mitzuteilen wünschten. Wilhelm rühmte seine Lage und das Glück seiner Aufnahme unter so trefflichen Menschen. Werner dagegen schüttelte den Kopf, und sagte: Man sollte doch auch nichts glauben, als was man mit Augen sieht! Mehr als Ein dienstfertiger Freund hat mir versichert, du lebtest mit einem liederlichen jungen Edelmann, führtest ihm Schauspielerinnen zu, hälfest ihm sein Geld durchbringen, und seiest Schuld, daß er mit seinen sämtlichen Anverwandten gespannt sei. – Es würde mich um meinet- und um der guten Menschen willen verdrießen, daß wir so verkannt werden, versetzte Wilhelm, wenn mich nicht meine theatralische Laufbahn mit jeder übeln Nachrede versöhnt hätte. Wie sollten die Menschen unsere Handlungen beurteilen, die ihnen nur einzeln und abgerissen erscheinen, wovon sie das wenigste sehen, weil Gutes und Böses im Verborgenen geschieht, und eine gleichgültige Erscheinung meistens nur an den Tag kommt. Bringt man ihnen doch Schauspieler und Schauspielerinnen auf erhöhte Bretter, zündet von allen Seiten Licht an, das ganze Werk ist in wenig Stunden abgeschlossen, und doch weiß selten jemand eigentlich, was er daraus machen soll.

Nun ging es an ein Fragen nach der Familie, nach den Jugendfreunden und der Vaterstadt. Werner erzählte, mit großer Hast, alles was sich verändert hatte, und was noch bestand und geschah. Die Frauen im Hause, sagte er, sind vergnügt und glücklich, es fehlt nie an Geld. Die eine Hälfte der Zeit bringen sie zu sich zu putzen, und die andere Hälfte sich geputzt sehen zu lassen. Haushälterisch sind sie soviel als billig ist. Meine Kinder lassen sich zu gescheiten Jungen an. Ich sehe sie im Geiste schon sitzen und schreiben, und rechnen, laufen, handeln und trödeln; einem jeden soll sobald als möglich ein eignes Gewerbe eingerichtet werden, und was unser Vermögen betrifft, daran sollst du deine Lust sehen. Wenn wir mit den Gütern in Ordnung sind, mußt du gleich mit nach Hause: denn es sieht doch aus, als wenn du, mit einiger Vernunft, in die menschlichen Unternehmungen eingreifen könntest. Deine neuen Freunde sollen gepriesen sein, da sie dich auf den rechten Weg gebracht haben. Ich bin ein närrischer Teufel, und merke erst, wie lieb ich dich habe, da ich mich nicht satt an dir sehen kann, daß du so wohl und so gut aussiehst. Das ist doch noch eine andere Gestalt, als das Porträt, das du einmal an die Schwester schicktest, und worüber im Hause großer Streit war. Mutter und Tochter fanden den jungen Herrn allerliebst, mit offnem Halse, halbfreier Brust, großer Krause, herumhängendem Haar, rundem Hut, kurzem Westchen und schlotternden langen Hosen, indessen ich behauptete, das Kostüm sei nur noch zwei Finger breit vom Hanswurst. Nun siehst du doch aus wie ein Mensch, nur fehlt der Zopf, in den ich deine Haare einzubinden bitte, sonst hält man dich denn doch einmal unterweges als Juden an, und fordert Zoll und Geleite von dir.

Felix war indessen in die Stube gekommen, und hatte sich, als man auf ihn nicht achtete, auf's Kanapee gelegt, und war eingeschlafen. Was ist das für ein Wurm? fragte Werner. Wilhelm hatte in dem Augenblicke den Mut nicht, die Wahrheit zu sagen, noch Lust, eine doch immer zweideutige Geschichte einem Manne zu erzählen, der von Natur nichts weniger als gläubig war.

Die ganze Gesellschaft begab sich nunmehr auf die Güter, um sie zu besehen und den Handel abzuschließen. Wilhelm ließ seinen Felix nicht von der Seite, und freute sich, um des

Knaben willen, recht lebhaft des Besitzes, dem man entgegen sah. Die Lüsternheit des Kindes nach den Kirschen und Beeren, die bald reif werden sollten, erinnerten ihn an die Zeit seiner Jugend und an die vielfache Pflicht des Vaters, den Seinigen den Genuß vorzubereiten, zu verschaffen und zu erhalten. Mit welchem Interesse betrachtete er die Baumschulen und die Gebäude! Wie lebhaft sann er darauf, das Vernachlässigte wieder herzustellen und das Verfallene zu erneuern! Er sah die Welt nicht mehr wie ein Zugvogel an, ein Gebäude nicht mehr für eine geschwind zusammengestellte Laube, die vertrocknet, ehe man sie verläßt. Alles, was er anzulegen gedachte, sollte dem Knaben entgegen wachsen, und alles, was er herstellte, sollte eine Dauer auf einige Geschlechter haben. In diesem Sinne waren seine Lehrjahre geendigt, und mit dem Gefühl des Vaters hatte er auch alle Tugenden eines Bürgers erworben. Er fühlte es, und seiner Freude konnte nichts gleichen. O, der unnötigen Strenge der Moral! rief er aus, da die Natur uns auf ihre liebliche Weise zu allem bildet, was wir sein sollen. O, der seltsamen Anforderungen der bürgerlichen Gesellschaft, die uns erst verwirrt und mißleitet, und dann mehr als die Natur selbst von uns fordert! Wehe jeder Art von Bildung, welche die wirksamsten Mittel wahrer Bildung zerstört, und uns auf das Ende hinweis't, anstatt uns auf dem Wege selbst zu beglücken!

So manches er auch in seinem Leben schon gesehen hatte, so schien ihm doch die menschliche Natur erst durch die Beobachtung des Kindes deutlich zu werden. Das Theater war ihm, wie die Welt, nur als eine Menge ausgeschütteter Würfel vorgekommen, deren jeder einzeln auf seiner Oberfläche bald mehr, bald weniger bedeutet, und die allenfalls zusammengezählt eine Summe machen. Hier im Kinde lag ihm, konnte man sagen, ein einzelner Würfel vor, auf dessen vielfachen Seiten der Wert und der Unwert der menschlichen Natur so deutlich eingegraben war.

Das Verlangen des Kindes nach Unterscheidung wuchs mit jedem Tage. Da es einmal erfahren hatte, daß die Dinge

Namen haben, so wollte es auch den Namen von allem hören; es glaubte nicht anders sein Vater müsse alles wissen, quälte ihn oft mit Fragen, und gab ihm Anlaß sich nach Gegenständen zu erkundigen, denen er sonst wenig Aufmerksamkeit gewidmet hatte. Auch der eingeborne Trieb, die Herkunft und das Ende der Dinge zu erfahren, zeigte sich frühe bei dem Knaben. Wenn er fragte, wo der Wind herkomme und wo die Flamme hinkomme, war dem Vater seine eigene Beschränkung erst recht lebendig; er wünschte zu erfahren, wie weit sich der Mensch mit seinen Gedanken wagen, und wovon er hoffen dürfe sich und andern jemals Rechenschaft zu geben. Die Heftigkeit des Kindes, wenn es irgend einem lebendigen Wesen Unrecht geschehen sah, erfreute den Vater höchlich, als das Zeichen eines trefflichen Gemüts. Das Kind schlug heftig nach dem Küchenmädchen, das einige Tauben abgeschnitten hatte. Dieser schöne Begriff wurde denn freilich bald wieder zerstört, als er den Knaben fand, der ohne Barmherzigkeit Frösche tot schlug und Schmetterlinge zerrupfte. Es erinnerte ihn dieser Zug an so viele Menschen, die höchst gerecht erscheinen, wenn sie ohne Leidenschaft sind und die Handlungen anderer beobachten.

Dieses angenehme Gefühl, daß der Knabe so einen schönen und wahren Einfluß auf sein Dasein habe, ward einen Augenblick gestört, als Wilhelm in kurzem bemerkte, daß wirklich der Knabe mehr ihn als er den Knaben erziehe. Er hatte an dem Kinde nichts auszusetzen, er war nicht im Stande ihm eine Richtung zu geben, die es nicht selbst nahm, und sogar die Unarten, gegen die Aurelie so viel gearbeitet hatte, waren, so schien es, nach dem Tode dieser Freundin alle wieder in ihre alten Rechte getreten. Noch machte das Kind die Türe niemals hinter sich zu, noch wollte er seinen Teller nicht abessen, und sein Behagen war niemals größer, als wenn man ihm nachsah, daß er den Bissen unmittelbar aus der Schüssel nehmen, das volle Glas stehen lassen und aus der Flasche trinken konnte. So war er auch ganz allerliebst, wenn er sich mit einem Buche in die Ecke setzte, und sehr ernsthaft sagte: Ich muß das gelehrte Zeug studieren! ob er gleich die Buchstaben noch lange weder unterscheiden konnte noch wollte.

Bedachte nun Wilhelm, wie wenig er bisher für das Kind getan hatte, wie wenig er zu tun fähig sei, so entstand eine Unruhe in ihm, die sein ganzes Glück aufzuwiegen im Stande war. Sind wir Männer denn, sagte er zu sich, so selbstisch geboren, daß wir unmöglich für ein Wesen außer uns Sorge tragen können? Bin ich mit dem Knaben nicht eben auf dem Wege, auf dem ich mit Mignon war? Ich zog das liebe Kind an, seine Gegenwart ergötzte mich, und dabei hab' ich es auf's grausamste vernachlässigt. Was tat ich zu seiner Bildung, nach der es so sehr strebte? Nichts! Ich überließ es sich selbst und allen Zufälligkeiten, denen es, in einer ungebildeten Gesellschaft, nur ausgesetzt sein konnte; und dann für diesen Knaben, der dir so merkwürdig war, ehe er dir so wert sein konnte, hat dich denn dein Herz geheißen auch nur jemals das Geringste für ihn zu tun? Es ist nicht mehr Zeit, daß du deine eigenen Jahre und die Jahre anderer vergeudest; nimm dich zusammen, und denke, was du für dich und die guten Geschöpfe zu tun hast, welche Natur und Neigung so fest an dich knüpfte.

Eigentlich war dieses Selbstgespräch nur eine Einleitung, sich zu bekennen, daß er schon gedacht, gesorgt, gesucht und gewählt hatte; er konnte nicht länger zögern, sich es selbst zu gestehen. Nach oft vergebens wiederholtem Schmerz über den Verlust Marianens, fühlte er nur zu deutlich, daß er eine Mutter für den Knaben suchen müsse, und daß er sie nicht sichrer als in Theresen finden werde. Er kannte dieses vortreffliche Frauenzimmer ganz. Eine solche Gattin und Gehülfin schien die einzige zu sein, der man sich und die Seinen anvertrauen könnte. Ihre edle Neigung zu Lothario machte ihm keine Bedenklichkeit. Sie waren durch ein sonderbares Schicksal auf ewig getrennt, Therese hielt sich für frei, und hatte von einer Heirat zwar mit Gleichgültigkeit, doch als von einer Sache gesprochen, die sich von selbst versteht.

Nachdem er lange mit sich zu Rate gegangen war, nahm er sich vor, ihr von sich zu sagen, so viel er nur wußte. Sie sollte ihn kennen lernen, wie er sie kannte, und er fing nun an, seine eigene Geschichte durchzudenken; sie schien ihm an Begebenheiten so leer und im Ganzen jedes Bekenntnis so wenig zu seinem Vorteil, daß er mehr als einmal von dem Vorsatz abzustehn im Begriff war. Endlich entschloß er sich die Rolle seiner Lehrjahre aus dem Turme von Jarno zu verlangen; dieser sagte: Es ist eben zur rechten Zeit, und Wilhelm erhielt sie.

Es ist eine schauderhafte Empfindung, wenn ein edler Mensch mit Bewußtsein auf dem Punkte steht, wo er über sich selbst aufgeklärt werden soll. Alle Übergänge sind Krisen, und ist eine Krise nicht Krankheit? Wie ungern tritt man nach einer Krankheit vor den Spiegel! Die Besserung fühlt man, und man sieht nur die Wirkung des vergangenen Übels. Wilhelm war indessen vorbereitet genug, die Umstände hatten schon lebhaft zu ihm gesprochen, seine Freunde hatten ihn eben nicht geschont, und wenn er gleich das Pergament mit einiger Hast aufrollte, so ward er doch immer ruhiger, je weiter er las. Er fand die umständliche Geschichte seines Lebens in großen scharfen Zügen geschildert; weder einzelne Begebenheiten, noch beschränkte Empfindungen verwirrten seinen Blick, allgemeine liebevolle Betrachtungen gaben ihm Fingerzeige, ohne ihn zu beschämen, und er sah zum erstenmal sein Bild außer sich, zwar nicht, wie im Spiegel, ein zweites Selbst, sondern wie im Porträt ein anderes Selbst: man bekennt sich zwar nicht zu allen Zügen, aber man freut sich, daß ein denkender Geist uns so hat fassen, ein großes Talent uns so hat darstellen wollen, daß ein Bild von dem, was wir waren, noch besteht, und daß es länger als wir selbst dauern kann.

Wilhelm beschäftigte sich nunmehr, indem alle Umstände durch dies Manuskript in sein Gedächtnis zurück kamen, die Geschichte seines Lebens für Theresen aufzusetzen, und er schämte sich fast, daß er gegen ihre großen Tugenden nichts aufzustellen hatte, was eine zweckmäßige Tätigkeit beweisen konnte. So umständlich er in dem Aufsatze war, so kurz faßte er sich in dem Briefe, den er an sie schrieb; er bat sie um ihre Freundschaft, um ihre Liebe, wenn's möglich wäre; er bot ihr seine Hand an, und bat sie um baldige Entscheidung.

Nach einigem innerlichen Streit, ob er diese wichtige Sache noch erst mit seinen Freunden, mit Jarno und dem Abbé beraten solle, entschied er sich zu schweigen. Er war zu fest entschlossen, die Sache war für ihn zu wichtig, als daß er sie noch hätte dem Urteil des vernünftigsten und besten Mannes unterwerfen mögen; ja, sogar brauchte er die Vorsicht, seinen Brief auf der nächsten Post selbst zu bestellen. Vielleicht hatte ihm der Gedanke, daß er in so vielen Umständen seines Lebens, in denen er frei und im Verborgenen zu handeln glaubte, beobachtet, ja sogar geleitet worden war, wie ihm aus der geschriebenen Rolle nicht undeutlich erschien, eine Art von unangenehmer Empfindung gegeben, und nun wollte er, wenigstens zu Theresens Herzen, rein vom Herzen reden, und ihrer Entschließung und Entscheidung sein Schicksal schuldig sein, und so machte er sich kein Gewissen, seine Wächter und Aufseher in diesem wichtigen Punkte wenigstens zu umgehen.

Zweites Kapitel

Kaum war der Brief abgesendet, als Lothario zurückkam. Jedermann freuete sich, die vorbereiteten wichtigen Geschäfte abgeschlossen und bald geendigt zu sehen, und Wilhelm erwartete mit Verlangen, wie so viele Fäden teils neu geknüpft, teils aufgelös't, und nun sein eignes Verhältnis auf die Zukunft bestimmt werden sollte, Lothario begrüßte sie alle auf's beste; er war völlig wieder hergestellt und heiter, er hatte das Ansehen eines Mannes, der weiß, was er tun soll, und dem in allem, was er tun will, nichts im Wege steht.

Wilhelm konnte ihm seinen herzlichen Gruß nicht zurückgeben. Dies ist, mußte er zu sich selbst sagen, der Freund, der Geliebte, der Bräutigam Theresens, an dessen Statt du dich einzudrängen denkst. Glaubst du denn jemals einen solchen Eindruck auszulöschen oder zu verbannen? – Wäre der Brief noch nicht fort gewesen, er hätte vielleicht nicht gewagt ihn abzusenden. Glücklicher Weise war der Wurf schon getan, vielleicht war Therese schon entschieden, nur die Entfernung deckte noch eine glückliche Vollendung mit ihrem Schleier. Gewinn und Verlust mußten sich bald entscheiden. Er suchte sich durch alle diese Betrachtungen zu beruhigen, und doch waren die Bewegungen seines Herzens beinahe fieberhaft. Nur wenig Aufmerksamkeit konnte er auf das wichtige Geschäft wenden, woran gewissermaßen das Schicksal seines ganzen Vermögens hing. Ach! wie unbedeutend erscheint dem Menschen in leidenschaftlichen Augenblicken alles was ihn umgibt, alles was ihm angehört!

Zu seinem Glücke behandelte Lothario die Sache groß, und Werner mit Leichtigkeit. Dieser hatte bei seiner heftigen Begierde zum Erwerb eine lebhafte Freude über den schönen Besitz, der ihm oder vielmehr seinem Freunde werden sollte, Lothario von seiner Seite schien ganz andere Betrachtungen zu machen. Ich kann mich nicht sowohl über einen Besitz freuen, sagte er, als über die Rechtmäßigkeit desselben.

Nun, bei'm Himmel! rief Werner, wird denn dieser unser Besitz nicht rechtmäßig genug?

Nicht ganz! versetzte Lothario.

Geben wir denn nicht unser bares Geld dafür?

Recht gut! sagte Lothario; auch werden Sie dasjenige, was ich zu erinnern habe, vielleicht für einen leeren Skrupel halten. Mir kommt kein Besitz ganz rechtmäßig, ganz rein vor, als der dem Staate seinen schuldigen Teil abträgt.

Wie? fragte Werner, so wollten Sie also lieber, daß unsere frei gekauften Güter steuerbar wären?

Ja, versetzte Lothario, bis auf einen gewissen Grad: denn durch diese Gleichheit mit allen übrigen Besitzungen entsteht ganz allein die Sicherheit des Besitzes. Was hat der Bauer in den neuern Zeiten, wo so viele Begriffe schwankend werden, für einen Hauptanlaß, den Besitz des Edelmanns für weniger gegründet anzusehen, als den seinigen? nur den, daß jener nicht belastet ist, und auf ihn lastet.

Wie wird es aber mit den Zinsen unseres Kapitals aussehen? versetzte Werner.

Um nichts schlimmer! sagte Lothario, wenn uns der Staat gegen eine billige regelmäßige Abgabe das Lehns-Hokus-Pokus erlassen, und uns mit unsern Gütern nach Belieben zu schalten erlauben wollte, daß wir sie nicht in so großen Massen zusammenhalten müßten, daß wir sie unter unsere Kinder gleicher verteilen könnten, um alle in eine lebhafte freie Tätigkeit zu versetzen, statt ihnen nur die beschränkten und beschränkenden Vorrechte zu hinterlassen, welche zu genießen wir immer die Geister unserer Vorfahren hervorrufen müssen. Wie viel glücklicher wären Männer und Frauen, wenn sie mit freien Augen umher sehen, und bald ein würdiges Mädchen, bald einen trefflichen Jüngling, ohne andere Rücksichten, durch ihre Wahl erheben könnten. Der Staat würde mehr, vielleicht bessere Bürger haben, und nicht so oft um Köpfe und Hände verlegen sein.

Ich kann Sie versichern, sagte Werner, daß ich in meinem Leben nie an den Staat gedacht habe; meine Abgaben, Zölle und Geleite habe ich nur so bezahlt, weil es einmal hergebracht ist.

Nun, sagte Lothario, ich hoffe Sie noch zum guten Patrioten zu machen: denn wie der nur ein guter Vater ist, der bei Tische erst seinen Kindern vorlegt, so ist der nur ein guter Bürger, der vor allen andern Ausgaben das, was er dem Staate zu entrichten hat, zurücklegt.

Durch solche allgemeine Betrachtungen wurden ihre besondern Geschäfte nicht aufgehalten, vielmehr beschleunigt. Als sie ziemlich damit zu Stande waren, sagte Lothario zu Wilhelmen: Ich muß Sie nun an einen Ort schicken, wo Sie nötiger sind als hier: meine Schwester läßt Sie ersuchen sobald als möglich zu ihr zu kommen; die arme Mignon scheint sich zu verzehren, und man glaubt Ihre Gegenwart könnte vielleicht noch dem Übel Einhalt tun. Meine Schwester schickte mir dieses Billet noch nach, woraus Sie sehen können, wie viel ihr daran gelegen ist. Lothario überreichte ihm ein Blättchen. Wilhelm, der schon in der größten Verlegenheit zugehört hatte, erkannte sogleich an diesen flüchtigen Bleistiftzügen die Hand der Gräfin, und wußte nicht, was er antworten sollte.

Nehmen Sie Felix mit, sagte Lothario, damit die Kinder sich unter einander aufheitern. Sie müßten morgen früh bei Zeiten weg; der Wagen meiner Schwester, in welchem meine Leute hergefahren sind, ist noch hier, ich gebe Ihnen Pferde bis auf halben Weg, dann nehmen Sie Post. Leben Sie recht wohl, und richten viele Grüße von mir aus. Sagen Sie dabei meiner Schwester, ich werde sie bald wieder sehen, und sie soll sich überhaupt auf einige Gäste vorbereiten. Der Freund unseres Großoheims, der Marchese Cipriani, ist auf dem Wege hierher zu kommen; er hoffte den alten Mann noch am Leben anzutreffen, und sie wollten sich zusammen an der Erinnerung früherer Verhältnisse ergötzen, und sich ihrer gemeinsamen Kunstliebhaberei erfreuen. Der Marchese war viel jünger als mein Oheim, und verdankte ihm den besten Teil seiner Bildung; wir müssen alles aufbieten, um einigermaßen die Lücke auszufüllen, die er finden wird, und das wird am besten durch eine größere Gesellschaft geschehen.

Lothario ging darauf mit dem Abbé in sein Zimmer, Jarno war vorher weggeritten; Wilhelm eilte auf seine Stube; er hatte niemand, dem er sich vertrauen, niemand, durch den er einen Schritt, vor dem er sich so sehr fürchtete, hätte abwenden können. Der kleine Diener kam, und ersuchte ihn einzupacken, weil sie noch diese Nacht aufbinden wollten, um mit Anbruch des Tages wegzufahren, Wilhelm wußte nicht, was er tun sollte; endlich rief er aus: Du willst nur machen, daß du aus diesem Hause kommst; unterwegs überlegst du, was zu tun ist, und bleibst allenfalls auf der Hälfte des Weges liegen, schickst einen Boten zurück, schreibst was du dir nicht zu sagen getraust, und dann mag werden was will. Ungeachtet dieses Entschlusses brachte er eine schlaflose Nacht zu; nur ein Blick auf den so schön ruhenden Felix gab ihm einige Erquickung. O! rief er aus, wer weiß, was noch für Prüfungen auf mich warten, wer weiß, wie sehr mich begangene Fehler noch quälen, wie oft mir gute und vernünftige Plane für die Zukunft mißlingen sollen; aber diesen Schatz, den ich einmal besitze, erhalte mir, du erbittliches, oder unerbittliches Schicksal! Wäre es möglich, daß dieser beste Teil von mir selbst vor mir zerstört, daß dieses Herz von meinem Herzen gerissen werden könnte, so lebe wohl, Verstand und Vernunft, lebe wohl, jede Sorgfalt und Vorsicht, verschwinde, du Trieb zur Erhaltung! Alles, was uns vom Tiere unterscheidet, verliere sich! und wenn es nicht erlaubt ist, seine traurigen Tage freiwillig zu endigen, so hebe ein frühzeitiger Wahnsinn das Bewußtsein auf, ehe der Tod, der es auf immer zerstört, die lange Nacht herbeiführt!

Er faßte den Knaben in seine Arme, küßte ihn, drückte ihn an sich und benetzte ihn mit reichlichen Tränen. Das Kind wachte auf; sein helles Auge, sein freundlicher Blick rührten den Vater auf's innigste. Welche Szene steht mir bevor, rief er aus, wenn ich dich der schönen unglücklichen Gräfin vorstellen soll, wenn sie dich an ihren Busen drückt, den dein Vater so tief verletzt hat! Muß ich nicht fürchten, sie stößt dich wieder von sich mit einem Schrei, sobald deine Berührung ihren wahren oder eingebildeten Schmerz erneuert!

Der Kutscher ließ ihm nicht Zeit weiter zu denken oder zu wählen, er nötigte ihn vor Tage in den Wagen; nun wickelte er seinen Felix wohl ein, der Morgen war kalt aber heiter, das Kind sah zum erstenmal in seinem Leben die Sonne aufgehn. Sein Erstaunen über den ersten feurigen Blick, über die wachsende Gewalt des Lichts, seine Freude und seine wunderlichen Bemerkungen erfreuten den Vater, und ließen ihn einen Blick in das Herz tun, vor welchem die Sonne wie über einem reinen stillen See empor steigt und schwebt.

In einer kleinen Stadt spannte der Kutscher aus und ritt zurück. Wilhelm nahm sogleich ein Zimmer in Besitz, und fragte sich nun, ob er bleiben oder vorwärts gehen solle? In dieser Unentschlossenheit wagte er das Blättchen wieder hervorzunehmen, das er bisher nochmals anzusehen nicht getraut hatte, es enthielt folgende Worte: Schicke mir deinen jungen Freund ja bald; Mignon hat sich diese beiden letzten Tage eher verschlimmert. So traurig diese Gelegenheit ist, so soll mich's doch freuen ihn kennen zu lernen.

Die letzten Worte hatte Wilhelm bei'm ersten Blick nicht bemerkt. Er erschrak darüber, und war sogleich entschieden, daß er nicht gehen wollte. Wie? rief er aus, Lothario, der das Verhältnis weiß, hat ihr nicht eröffnet wer ich bin? Sie erwartet nicht mit gesetztem Gemüt einen Bekannten, den sie lieber nicht wieder sähe, sie erwartet einen Fremden, und ich trete hinein! Ich sehe sie zurückschaudern, ich sehe sie erröten! Nein, es ist mir unmöglich dieser Szene entgegen zu gehen. So eben wurden die Pferde herausgeführt und eingespannt; Wilhelm war entschlossen abzupacken und hier zu bleiben. Er war in der größten Bewegung. Als er ein Mädchen zur Treppe herauf kommen hörte, die ihm anzeigen wollte, daß alles fertig sei, sann er geschwind auf eine Ursache, die ihn hier zu bleiben nötigte, und seine Augen ruhten ohne Aufmerksamkeit auf dem Billet, das er in der Hand hielt. Um Gottes Willen! rief er aus, was ist das? das ist nicht die Hand der Gräfin, es ist die Hand der Amazone!

Das Mädchen trat herein, bat ihn herunter zu kommen, und führte Felix mit sich fort. Ist es möglich? rief er aus, ist es wahr? was soll ich tun? bleiben und abwarten und aufklären? oder eilen? eilen und mich einer Entwicklung entgegenstürzen? Du bist auf dem Wege zu ihr, und kannst zaudern? Diesen Abend sollst du sie sehen, und willst dich freiwillig in's Gefängnis einsperren? Es ist ihre Hand, ja sie ist's! diese Hand beruft dich, ihr Wagen ist angespannt, dich zu ihr zu führen, nun lös't sich das Rätsel: Lothario hat zwei Schwestern. Er weiß mein Verhältnis zu der einen; wie viel ich der andern schuldig bin, ist ihm unbekannt. Auch sie weiß nicht, daß der verwundete Vagabund, der ihr, wo nicht sein Leben, doch seine Gesundheit verdankt, in dem Hause ihres Bruders so unverdient gütig aufgenommen worden ist.

Felix, der sich unten im Wagen schaukelte, rief: Vater, komm! o komm! sieh die schönen Wolken, die schönen Farben! Ja, ich komme, rief Wilhelm, indem er die Treppe hinunter sprang, und alle Erscheinungen des Himmels, die du gutes Kind noch sehr bewunderst, sind nichts gegen den Anblick, den ich erwarte.

Im Wagen sitzend rief er nun alle Verhältnisse in sein Gedächtnis zurück. So ist also auch diese Natalie die Freundin Theresens! welch eine Entdeckung, welche Hoffnung und welche Aussichten! Wie seltsam, daß die Furcht, von der einen Schwester reden zu hören, mir das Dasein der andern ganz und gar verbergen könnte! Mit welcher Freude sah er seinen Felix an; er hoffte für den Knaben wie für sich die beste Aufnahme.

Der Abend kam heran, die Sonne war untergegangen, der Weg nicht der beste, der Postillon fuhr langsam, Felix war eingeschlafen, und neue Sorgen und Zweifel stiegen in dem Busen unseres Freundes auf. Von welchem Wahn, von welchen Einfällen wirst du beherrscht! sagte er zu sich selbst: eine ungewisse Ähnlichkeit der Handschrift macht dich auf einmal sicher, und gibt dir Gelegenheit, das wunderbarste Märchen auszudenken. Er nahm das Billet wieder vor, und bei dem abgehenden Tageslicht glaubte er wieder die Handschrift der Gräfin zu erkennen; seine Augen wollten im Einzelnen nicht wieder finden, was ihm sein Herz im Ganzen auf einmal gesagt hatte. – So ziehen dich denn doch diese Pferde zu einer schrecklichen Szene! wer weiß ob sie dich nicht in wenig Stunden schon wieder zurück führen werden? Und wenn du sie nur noch allein anträfest; aber vielleicht ist ihr Gemahl gegenwärtig, vielleicht die Baronesse! Wie verändert werde ich sie finden? Werde ich vor ihr auf den Füßen stehen können?

Nur eine schwache Hoffnung, daß er seiner Amazone entgegen gehe, konnte manchmal durch die trüben Vorstellungen durchblicken. Es war Nacht geworden, der Wagen rasselte in einen Hof hinein, und hielt still; ein Bedienter, mit einer Wachsfackel, trat aus einem prächtigen Portal hervor, und kam die breiten Stufen hinunter, bis an den Wagen. Sie werden schon lange erwartet, sagte er, indem er das Leder aufschlug. Wilhelm, nachdem er ausgestiegen war, nahm den schlafenden Felix auf den Arm, und der erste Bediente rief zu einem zweiten, der mit einem Lichte in der Türe stand: Führe den Herrn gleich zur Baronesse.

Blitzschnell fuhr Wilhelmen durch die Seele: Welch ein Glück! es sei vorsätzlich oder zufällig, die Baronesse ist hier! ich soll sie zuerst sehen! wahrscheinlich schläft die Gräfin schon! Ihr guten Geister, helft, daß der Augenblick der größten Verlegenheit leidlich vorübergehe!

Er trat in das Haus, und fand sich an dem ernsthaftesten, seinem Gefühle nach, dem heiligsten Orte, den er je betreten hatte. Eine herabhängende blendende Laterne erleuchtete eine breite sanfte Treppe, die ihm entgegenstand, und sich oben bei'm Umwenden in zwei Teile teilte. Marmorne Statuen und Büsten standen auf Piedestalen und in Nischen geordnet; einige schienen ihm bekannt. Jugendeindrücke verlöschen nicht auch in ihren kleinsten Teilen. Er erkannte eine Muse, die seinem Großvater gehört hatte, zwar nicht an ihrer Gestalt und an ihrem Wert, doch an einem restaurierten Arme und an den neueingesetzten Stücken des Gewandes. Es war, als wenn er ein Märchen erlebte. Das Kind ward ihm schwer; er zauderte auf den Stufen, und kniete nieder, als ob er es bequemer fassen wollte. Eigentlich aber bedurfte er einer augenblicklichen Erholung. Er konnte kaum sich wieder aufheben. Der vorleuchtende Bediente wollte ihm das Kind abnehmen, er konnte es nicht von sich lassen. Darauf trat er in den Vorsaal, und zu seinem noch größern Erstaunen erblickte er das wohlbekannte Bild vom kranken Königssohn an der Wand. Er hatte kaum Zeit einen Blick darauf zu werfen, der Bediente nötigte ihn durch ein Paar Zimmer in ein

Kabinett. Dort, hinter einem Lichtschirme, der sie beschattete, saß ein Frauenzimmer und las. O daß sie es wäre! sagte er zu sich selbst in diesem entscheidenden Augenblick. Er setzte das Kind nieder, das aufzuwachen schien, und dachte sich der Dame zu nähern, aber das Kind sank schlaftrunken zusammen, das Frauenzimmer stand auf und kam ihm entgegen. Die Amazone war's! er konnte sich nicht halten, stürzte auf seine Knie, und rief aus: Sie ist's! er faßte ihre Hand, und küßte sie mit unendlichem Entzücken. Das Kind lag zwischen ihnen beiden auf dem Teppich und schlief sanft.

Felix ward auf das Kanapee gebracht, Natalie setzte sich zu ihm, sie hieß Wilhelmen auf den Sessel sitzen, der zunächst dabei stand. Sie bot ihm einige Erfrischungen an, die er ausschlug, indem er nur beschäftigt war, sich zu versichern, daß sie es sei, und ihre, durch den Lichtschein beschatteten Züge genau wieder zu sehen, und sicher wieder zu erkennen. Sie erzählte ihm vom Mignons Krankheit im Allgemeinen, daß das Kind von wenigen tiefen Empfindungen nach und nach aufgezehrt werde, daß es bei seiner großen Reizbarkeit, die es verberge, von einem Krampf an seinem armen Herzen oft heftig und gefährlich leide, daß dieses erste Organ des Lebens, bei unvermuteten Gemütsbewegungen, manchmal plötzlich stille stehe, und keine Spur der heilsamen Lebensregung in dem Busen des guten Kindes gefühlt werden könne. Sei dieser ängstliche Krampf vorbei, so äußere sich die Kraft der Natur wieder in gewaltsamen Pulsen, und ängstige das Kind nunmehr durch Übermaß, wie es vorher durch Mangel gelitten habe.

Wilhelm erinnerte sich einer solchen krampfhaften Szene, und Natalie bezog sich auf den Arzt, der weiter mit ihm über die Sache sprechen, und die Ursache, warum man den Freund und Wohltäter des Kindes gegenwärtig herbeigerufen, umständlicher vorlegen würde. Eine sonderbare Veränderung, fuhr Natalie fort, werden Sie an ihr finden; sie geht nunmehr in Frauenkleidern, vor denen sie sonst einen so großen Abscheu zu haben schien.

Wie haben Sie das erreicht? fragte Wilhelm.

Wenn es wünschenswert war, so sind wir es nur dem Zufall schuldig. Hören Sie, wie es zugegangen ist. Sie wissen vielleicht, daß ich immer eine Anzahl junger Mädchen um mich habe, deren Gesinnungen ich, indem sie neben mir aufwachsen, zum Guten und Rechten zu bilden wünsche. Aus meinem Munde hören sie nichts, als was ich selber für wahr halte, doch kann ich und will ich nicht hindern, daß sie nicht auch von andern manches vernehmen, was als Irrtum, als Vorurteil in der Welt gäng und gäbe ist. Fragen sie mich darüber, so suche ich, so viel nur möglich ist, jene fremden ungehörigen Begriffe irgendwo an einen richtigen anzuknüpfen, um sie dadurch, wo nicht nützlich, doch unschädlich zu machen. Schon seit einiger Zeit hatten meine Mädchen, aus dem Munde der Bauerkinder, gar manches von Engeln, vom Knechte Ruprecht, vom heiligen Christe vernommen, die zu gewissen Zeiten in Person erscheinen, gute Kinder beschenken und unartige bestrafen sollten. Sie hatten eine Vermutung, daß es verkleidete Personen sein müßten, worin ich sie denn auch bestärkte, und, ohne mich viel auf Deutungen einzulassen, mir vornahm, ihnen bei der ersten Gelegenheit ein solches Schauspiel zu geben. Es fand sich eben, daß der Geburtstag von Zwillingsschwestern, die sich immer sehr gut betragen hatten, nahe war; ich versprach, daß ihnen diesmal ein Engel die kleinen Geschenke bringen sollte, die sie so wohl verdient hätten. Sie waren äußerst gespannt auf diese Erscheinung. Ich hatte mir Mignon zu dieser Rolle ausgesucht, und sie ward an dem bestimmten Tage in ein langes, leichtes, weißes Gewand anständig gekleidet. Es fehlte nicht an einem goldenen Gürtel um die Brust und an einem gleichen Diadem in den Haaren. Anfangs wollte ich die Flügel weglassen, doch bestanden die Frauenzimmer, die sie anputzten, auf ein Paar großer goldner Schwingen, an denen sie recht ihre Kunst zeigen wollten. So trat, mit einer Lilie in der einen Hand und mit einem Körbchen in der andern, die wundersame Erscheinung in die Mitte der Mädchen, und überraschte mich selbst. Da kommt der Engel! sagte ich. Die Kinder traten alle wie zurück; endlich riefen sie aus: Es ist Mignon! und getrauten sich doch nicht, dem wundersamen Bilde näher zu treten.

Hier sind eure Gaben, sagte sie, und reichte das Körbchen hin. Man versammelte sich um sie, man betrachtete, man befühlte, man befragte sie.

Bist du ein Engel? fragte das eine Kind.

Ich wollte, ich wär' es, versetzte Mignon.

Warum trägst du eine Lilie?

So rein und offen sollte mein Herz sein, dann wär' ich glücklich.

Wie ist's mit den Flügeln? Laß sie sehen!

Sie stellen schönere vor, die noch nicht entfaltet sind.

Und so antwortete sie bedeutend auf jede unschuldige leichte Frage. Als die Neugierde der kleinen Gesellschaft befriedigt war, und der Eindruck dieser Erscheinung stumpf zu werden anfing, wollte man sie wieder auskleiden. Sie verwehrte es, nahm ihre Zither, setzte sich hier auf diesen hohen Schreibtisch hinauf, und sang ein Lied mit unglaublicher Anmut.

So laßt mich scheinen, bis ich werde;
Zieht mir das weiße Kleid nicht aus!
Ich eile von der schönen Erde
Hinab in jenes feste Haus.

Dort ruh' ich eine kleine Stille,
Dann öffnet sich der frische Blick,
Ich lasse dann die reine Hülle,
Den Gürtel und den Kranz zurück.

Und jene himmlischen Gestalten
Sie fragen nicht nach Mann und Weib,
Und keine Kleider, keine Falten
Umgeben den verklärten Leib.

Zwar lebt' ich ohne Sorg' und Mühe,
Doch fühlt' ich tiefen Schmerz genung;
Vor Kummer altert' ich zu frühe;
Macht mich auf ewig wieder jung!

Ich entschloß mich sogleich, fuhr Natalie fort, ihr das Kleid zu lassen, und ihr noch einige der Art anzuschaffen, in denen sie nun auch geht, und in denen, wie es mir scheint, ihr Wesen einen ganz andern Ausdruck hat.

Da es schon spät war, entließ Natalie den Ankömmling, der nicht ohne einige Bangigkeit sich von ihr trennte. Ist sie verheiratet oder nicht? dachte er bei sich selbst. Er hatte gefürchtet, so oft sich etwas regte, eine Türe möchte sich auftun, und der Gemahl hereintreten. Der Bediente, der ihn in sein Zimmer einließ, entfernte sich schneller, als er Mut gefaßt hatte, nach diesem Verhältnis zu fragen. Die Unruhe hielt ihn noch eine Zeitlang wach, und er beschäftigte sich das Bild der Amazone mit dem Bilde seiner neuen gegenwärtigen Freundin zu vergleichen. Sie wollten noch nicht miteinander zusammenfließen; jenes hatte er sich gleichsam geschaffen, und dieses schien fast *ihn* umschaffen zu wollen.

Drittes Kapitel

Den andern Morgen, da noch alles still und ruhig war, ging er sich im Hause umzusehen. Es war die reinste, schönste, würdigste Baukunst, die er gesehen hatte. Ist doch wahre Kunst, rief er aus, wie gute Gesellschaft: sie nötigt uns auf die angenehmste Weise das Maß zu erkennen, nach dem und zu dem unser Innerstes gebildet ist. Unglaublich angenehm war der Eindruck, den die Statuen und Büsten seines Großvaters auf ihn machten. Mit Verlangen eilte er dem Bilde vom kranken Königssohn entgegen, und noch immer fand er es reizend und rührend. Der Bediente öffnete ihm verschiedene andere Zimmer; er fand eine Bibliothek, eine Naturaliensammlung, ein physikalisches Kabinett. Er fühlte sich so fremd vor allen diesen Gegenständen. Felix war indessen erwacht und ihm nachgesprungen; der Gedanke, wie und wann er Theresens Brief erhalten werde, machte ihm Sorge; er fürchtete sich vor dem Anblick Mignons, gewissermaßen vor dem Anblick Nataliens. Wie ungleich war sein gegenwärtiger Zustand mit jenen Augenblicken, als er den Brief an Theresen gesiegelt hatte, und mit frohem Mut sich ganz einem so edlen Wesen hingab.

Natalie ließ ihn zum Frühstück einladen. Er trat in ein Zimmer, in welchem verschiedene reinlich gekleidete Mädchen, alle, wie es schien, unter zehn Jahren, einen Tisch zurechte machten, indem eine ältliche Person verschiedene Arten von Getränken hereinbrachte.

Wilhelm beschaute ein Bild, das über dem Kanapee hing, mit Aufmerksamkeit, er mußte es für das Bild Nataliens erkennen, so wenig es ihm genug tun wollte. Natalie trat herein, und die Ähnlichkeit schien ganz zu verschwinden. Zu seinem Troste hatte es ein Ordenskreuz an der Brust, und er sah ein gleiches an der Brust Nataliens.

Ich habe das Porträt hier angesehen, sagte er zu ihr, und mich verwundert, wie ein Maler zugleich so wahr und so falsch sein kann. Das Bild gleicht Ihnen, im Allgemeinen, recht sehr gut, und doch sind es weder Ihre Züge noch Ihr Charakter.

Es ist vielmehr zu verwundern, versetzte Natalie, daß es so viel Ähnlichkeit hat; denn es ist gar mein Bild nicht; es ist das Bild einer Tante, die mir noch in ihrem Alter glich, da ich erst ein Kind war. Es ist gemalt, als sie ungefähr meine Jahre hatte, und bei'm ersten Anblick glaubt jedermann mich zu sehen. Sie hätten diese treffliche Person kennen sollen. Ich bin ihr so viel schuldig. Eine sehr schwache Gesundheit, vielleicht zu viel Beschäftigung mit sich selbst, und dabei eine sittliche und religiöse Ängstlichkeit ließen sie das der Welt nicht sein, was sie unter andern Umständen hätte werden können. Sie war ein Licht, das nur wenigen Freunden und mir besonders leuchtete.

Wäre es möglich, versetzte Wilhelm, der sich einen Augenblick besonnen hatte, indem nun auf einmal so vielerlei Umstände ihm zusammentreffend erschienen, wäre es möglich, daß jene schöne herrliche Seele, deren stille Bekenntnisse auch mir mitgeteilt worden sind, Ihre Tante sei?

Sie haben das Heft gelesen? fragte Natalie.

Ja! versetzte Wilhelm, mit der größten Teilnahme und nicht ohne Wirkung auf mein ganzes Leben. Was mir am meisten aus dieser Schrift entgegen leuchtete, war, ich möchte so sagen, die Reinlichkeit des Daseins, nicht allein ihrer selbst, sondern auch alles dessen, was sie umgab, diese Selbstständigkeit ihrer Natur und die Unmöglichkeit, etwas in sich aufzunehmen, was mit der edlen liebevollen Stimmung nicht harmonisch war.

So sind Sie, versetzte Natalie, billiger, ja ich darf wohl sagen, gerechter gegen diese schöne Natur, als manche anderen, denen man auch dieses Manuskript mitgeteilt hat. Jeder gebildete Mensch weiß, wie sehr er an sich und andern mit einer gewissen Rohheit zu kämpfen hat, wie viel ihn seine Bildung kostet, und wie sehr er doch in gewissen Fällen nur an sich selbst denkt, und vergißt, was er andern schuldig ist. Wie oft macht der gute Mensch sich Vorwürfe, daß er nicht zart genug gehandelt habe; und doch, wenn nun eine schöne Natur sich allzu zart, sich allzu gewissenhaft bildet, ja, wenn man will, sich überbildet, für diese scheint keine Duldung, keine Nachsicht in der Welt zu sein. Dennoch sind die Menschen dieser Art außer uns, was die Ideale im Innern sind, Vorbilder, nicht zum Nachahmen, sondern zum Nachstreben. Man lacht über die Reinlichkeit der Holländerinnen, aber wäre Freundin Therese was sie ist, wenn ihr nicht eine ähnliche Idee in ihrem Hauswesen immer vorschwebte?

So finde ich also, rief Wilhelm aus, in Theresens Freundin jene Natalie vor mir, an welcher das Herz jener köstlichen Verwandten hing, jene Natalie, die von Jugend an so teilnehmend, so liebevoll und hülfreich war! Nur aus einem solchen Geschlecht konnte eine solche Natur entstehen! Welch eine Aussicht eröffnet sich vor mir, da ich auf einmal Ihre Voreltern und den ganzen Kreis, dem Sie angehören, überschaue.

Ja! versetzte Natalie, Sie könnten in einem gewissen Sinne nicht besser von uns unterrichtet sein, als durch den Aufsatz unserer Tante; freilich hat ihre Neigung zu mir sie zu viel Gutes von dem Kinde sagen lassen. Wenn man von einem Kinde redet, spricht man niemals den Gegenstand, immer nur seine Hoffnungen aus.

Wilhelm hatte indessen schnell überdacht, daß er nun auch von Lothario's Herkunft und früher Jugend unterrichtet sei; die schöne Gräfin erschien ihm als Kind mit den Perlen ihrer Tante um den Hals; auch er war diesen Perlen so nahe gewesen, als ihre zarten liebevollen Lippen sich zu den seinigen herunter neigten; er suchte diese schönen Erinnerungen durch andere Gedanken zu entfernen. Er lief die Bekanntschaften durch, die ihm jene Schrift verschafft hatte. So bin ich denn, rief er aus, in dem Hause des würdigen Oheims! Es ist kein Haus, es ist ein Tempel, und Sie sind die würdige Priesterin, ja der Genius selbst; ich werde mich des Eindrucks von gestern Abend zeitlebens erinnern, als ich hereintrat, und die alten Kunstbilder der frühsten Jugend wieder vor mir standen. Ich erinnerte mich der mitleidigen Marmorbilder in Mignons Lied; aber diese Bilder hatten über mich nicht zu trauern, sie sahen mich mit hohem Ernst an, und schlossen meine früheste Zeit unmittelbar an diesen Augenblick. Diesen unsern alten Familienschatz, diese Lebensfreude meines Großvaters, finde ich hier, zwischen so vielen andern würdigen Kunstwerken aufgestellt, und mich, den die Natur zum Liebling dieses guten alten Mannes gemacht hatte, mich Unwürdigen, finde ich nun auch hier, o Gott! in welchen Verbindungen, in welcher Gesellschaft!

Die weibliche Jugend hatte nach und nach das Zimmer verlassen, um ihren kleinen Beschäftigungen nachzugehn. Wilhelm, der mit Natalien allein geblieben war, mußte ihr seine letzten Worte deutlicher erklären. Die Entdeckung, daß ein schätzbarer Teil der aufgestellten Kunstwerke seinem Großvater angehört hatte, gab eine sehr heitere gesellige Stimmung. So wie er durch jenes Manuskript mit dem Hause bekannt worden war, so fand er sich nun auch gleichsam in seinem Erbteile wieder. Nun wünschte er Mignon zu sehen; die Freundin bat ihn sich noch so lange zu gedulden, bis der Arzt, der in die Nachbarschaft gerufen worden, wieder zurück käme. Man kann leicht denken, daß es derselbe kleine tätige Mann war, den wir schon kennen, und dessen auch die Bekenntnisse einer schönen Seele erwähnten.

Da ich mich, fuhr Wilhelm fort, mitten in jenem Familienkreis befinde, so ist ja wohl der Abbé, dessen jene Schrift erwähnt, auch der wunderbare unerklärliche Mann, den ich in dem Hause Ihres Bruders, nach den seltsamsten Ereignissen, wiedergefunden habe? Vielleicht geben Sie mir einige nähere Aufschlüsse über ihn?

Natalie versetzte: Über ihn wäre vieles zu sagen; wovon ich am genauesten unterrichtet bin, ist der Einfluß, den er auf unsere Erziehung gehabt hat. Er war, wenigstens eine Zeitlang, überzeugt, daß die Erziehung sich nur an die Neigung anschließen müsse; wie er jetzt denkt, kann ich nicht sagen. Er behauptete: das erste und letzte am Menschen sei Tätigkeit, und man könne nichts tun, ohne die Anlage dazu zu haben, ohne den Instinkt, der uns dazu treibe. Man gibt zu, pflegte er zu sagen, daß Poeten geboren werden, man gibt es bei allen Künsten zu, weil man muß, und weil jene Wirkungen der menschlichen Natur kaum scheinbar nachgeäfft werden können; aber wenn man es genau betrachtet, so wird jede auch nur die geringste Fähigkeit uns angeboren, und es gibt keine unbestimmte Fähigkeit. Nur unsere zweideutige zerstreute Erziehung macht die Menschen ungewiß; sie erregt Wünsche statt Triebe zu beleben, und anstatt den wirklichen Anlagen aufzuhelfen, richtet sie das Streben nach Gegenständen, die so oft mit der Natur, die sich nach ihnen bemüht, nicht übereinstimmen. Ein Kind, ein junger Mensch, die auf ihrem eigenen Wege irre gehen, sind mir lieber als manche, die auf fremdem Wege recht wandeln. Finden jene, entweder durch sich selbst, oder durch Anleitung, den rechten Weg, das ist den, der ihrer Natur gemäß ist, so werden sie ihn nie verlassen, anstatt daß diese jeden Augenblick in Gefahr sind, ein fremdes Joch abzuschütteln, und sich einer unbedingten Freiheit zu übergeben.

Es ist sonderbar, sagte Wilhelm, daß dieser merkwürdige Mann auch an mir Teil genommen, und mich, wie es scheint, nach seiner Weise, wo nicht geleitet, doch wenigstens eine Zeitlang in meinen Irrtümern gestärkt hat. Wie er es künftig verantworten will, daß er, in Verbindung mit mehreren, mich gleichsam zum Besten hatte, muß ich wohl mit Geduld erwarten.

Ich habe mich nicht über diese Grille, wenn sie eine ist, zu beklagen, sagte Natalie: denn ich bin freilich unter meinen Geschwistern am besten dabei gefahren. Auch seh' ich nicht, wie mein Bruder Lothario hätte schöner ausgebildet werden können; nur hätte vielleicht meine gute Schwester, die Gräfin, anders behandelt werden sollen, vielleicht hätte man ihrer Natur etwas mehr Ernst und Stärke einflößen können. Was aus Bruder Friedrich werden soll, läßt sich gar nicht denken; ich fürchte, er wird das Opfer dieser pädagogischen Versuche werden.

Sie haben noch einen Bruder? rief Wilhelm.

Ja! versetzte Natalie, und zwar eine sehr lustige leichtfertige Natur, und da man ihn nicht abgehalten hatte in der Welt herumzufahren, so weiß ich nicht, was aus diesem losen lokkern Wesen werden soll. Ich habe ihn seit langer Zeit nicht gesehen. Das einzige beruhigt mich, daß der Abbé, und überhaupt die Gesellschaft meines Bruders, jederzeit unterrichtet sind, wo er sich aufhält und was er treibt.

Wilhelm war eben im Begriff Nataliens Gedanken sowohl über diese Paradoxen zu erforschen, als auch über die geheimnisvolle Gesellschaft von ihr Aufschlüsse zu begehren, als der Medicus hereintrat, und nach dem ersten Willkommen sogleich von Mignons Zustande zu sprechen anfing.

Natalie, die darauf den Felix bei der Hand nahm, sagte, sie wolle ihn zu Mignon führen, und das Kind auf die Erscheinung seines Freundes vorbereiten.

Der Arzt war nunmehr mit Wilhelm allein, und fuhr fort: Ich habe Ihnen wunderbare Dinge zu erzählen, die Sie kaum vermuten. Natalie läßt uns Raum, damit wir freier von Dingen sprechen können, die, ob ich sie gleich nur durch sie selbst erfahren konnte, doch in ihrer Gegenwart so frei nicht abgehandelt werden dürften. Die sonderbare Natur des guten Kindes, von dem jetzt die Rede ist, besteht beinah nur aus einer tiefen Sehnsucht; das Verlangen, ihr Vaterland wieder zu sehen, und das Verlangen nach Ihnen, mein Freund, ist, möchte ist fast sagen, das einzige Irdische an ihr; beides greift nur in eine unendliche Ferne, beide Gegenstände liegen unerreichbar vor diesem einzigen Gemüt. Sie mag in der Gegend von Mailand zu Hause sein, und ist in sehr früher Jugend durch eine Gesellschaft Seiltänzer ihren Eltern entführt worden. Näheres kann man von ihr nicht erfahren, teils weil sie zu jung war, um Ort und Namen genau angeben zu können, besonders aber, weil sie einen Schwur getan hat, keinem lebendigen Menschen ihre Wohnung und Herkunft näher zu bezeichnen. Denn eben jene Leute, die sie in der Irre fanden, und denen sie ihre Wohnung so genau beschrieb, mit so dringenden Bitten sie nach Hause zu führen, nahmen sie nur desto eiliger mit sich fort, und scherzten Nachts in der Herberge, da sie glaubten das Kind schlafe schon, über den guten Fang, und beteuerten, daß es den Weg zurück nicht wieder finden sollte. Da überfiel das arme Geschöpf eine gräßliche Verzweiflung, in der ihm zuletzt die Mutter Gottes erschien, und es versicherte, daß sie sich seiner annehmen wolle. Es schwur darauf bei sich selbst einen heiligen Eid, daß sie künftig niemand mehr vertrauen, niemand ihre Geschichte erzählen und in der Hoffnung einer unmittelbaren göttlichen Hülfe leben und sterben wolle. Selbst dieses, was ich Ihnen hier erzähle, hat sie Natalien nicht ausdrücklich vertraut; unsere werte Freundin hat es aus einzelnen Äußerungen, aus

Liedern und kindlichen Unbesonnenheiten, die gerade das verraten, was sie verschweigen wollen, zusammmengereiht.

Wilhelm konnte sich nunmehr manches Lied, manches Wort dieses guten Kindes erklären. Er bat seinen Freund auf's dringendste, ihm ja nichts vorzuenthalten, was ihm von den sonderbaren Gesängen und Bekenntnissen des einzigen Wesens bekannt worden sei.

O! sagte der Arzt, bereiten Sie sich auf ein sonderbares Bekenntnis, auf eine Geschichte, an der Sie, ohne sich zu erinnern, viel Anteil haben, die, wie ich fürchte, für Tod und Leben dieses guten Geschöpfs entscheidend ist.

Lassen Sie mich hören, versetzte Wilhelm, ich bin äußerst ungeduldig.

Erinnern Sie sich, sagte der Arzt, eines geheimen, nächtlichen, weiblichen Besuchs nach der Aufführung des Hamlets?

Ja, ich erinnere mich dessen wohl! rief Wilhelm beschämt, aber ich glaubte nicht in diesem Augenblick daran erinnert zu werden.

Wissen Sie, wer es war?

Nein! Sie erschrecken mich! um's Himmels willen, doch nicht Mignon? wer war's? sagen Sie mir's!

Ich weiß es selbst nicht.

Also nicht Mignon?

Nein, gewiß nicht! aber Mignon war im Begriff sich zu Ihnen zu schleichen, und mußte aus einem Winkel mit Entsetzen sehen, daß eine Nebenbuhlerin ihr zuvorkam.

Eine Nebenbuhlerin! rief Wilhelm aus, reden Sie weiter, Sie verwirren mich ganz und gar.

Sein Sie froh, sagte der Arzt, daß Sie diese Resultate so schnell von mir erfahren können. Natalie und ich, die wir doch nur einen entferntern Anteil nehmen, wir waren genug gequält, bis wir den verworrenen Zustand dieses guten Wesens, dem wir zu helfen wünschten, nur so deutlich einsehen konnten. Durch leichtsinnige Reden Philinens und der andern Mädchen, durch ein gewisses Liedchen aufmerksam gemacht, war ihr der Gedanke so reizend geworden, eine Nacht bei dem Geliebten zuzubringen, ohne daß sie dabei etwas weiter als eine vertrauliche glückliche Ruhe zu denken wußte. Die Neigung für Sie, mein Freund, war in dem guten Herzen schon lebhaft und gewaltsam, in Ihren Armen hatte das gute Kind schon von manchem Schmerz ausgeruht, sie wünschte sich nun dieses Glück in seiner ganzen Fülle. Bald nahm sie sich vor, Sie freundlich darum zu bitten, bald hielt sie ein heimlicher Schauder wieder davon zurück. Endlich gab ihr der lustige Abend und die Stimmung des häufig genossenen Weins den Mut das Wagestück zu versuchen, und sich jene Nacht bei Ihnen einzuschleichen. Schon war sie vorausgelaufen, um sich in der unverschlossenen Stube zu verbergen, allein als sie eben die Treppe hinaufgekommen war, hörte sie ein Geräusch; sie verbarg sich, und sah ein weißes weibliches Wesen in Ihr Zimmer schleichen. Sie kamen selbst bald darauf, und sie hörte den großen Riegel zuschieben.

Mignon empfand unerhörte Qual, alle die heftigen Empfindungen einer leidenschaftlichen Eifersucht mischten sich zu dem unerkannten Verlangen einer dunklen Begierde, und griffen die halb entwickelte Natur gewaltsam an. Ihr Herz, das bisher vor Sehnsucht und Erwartung lebhaft geschlagen hatte, fing auf einmal an zu stocken, und drückte wie eine bleierne Last ihren Busen, sie konnte nicht zu Atem kommen, sie wußte sich nicht zu helfen, sie hörte die Harfe des Alten, eilte zu ihm unter das Dach, und brachte die Nacht zu seinen Füßen unter entsetzlichen Zuckungen hin.

Der Arzt hielt einen Augenblick inne, und da Wilhelm stille schwieg, fuhr er fort: Natalie hat mir versichert, es habe sie in ihrem Leben nichts so erschreckt und angegriffen, als der Zustand des Kindes bei dieser Erzählung; ja unsere edle Freundin machte sich Vorwürfe, daß sie durch ihre Fragen und Anleitungen diese Bekenntnisse hervorgelockt, und durch die Erinnerung die lebhaften Schmerzen des guten Mädchens so grausam erneuert habe.

Das gute Geschöpf, so erzählte mir Natalie, war kaum auf diesem Punkte seiner Erzählung, oder vielmehr seiner Antworten auf meine steigenden Fragen, als es auf einmal vor mir niederstürzte, und, mit der Hand am Busen, über den wiederkehrenden Schmerz jener schrecklichen Nacht sich beklagte. Es wand sich wie ein Wurm an der Erde, und ich mußte alle meine Fassung zusammen nehmen, um die Mittel, die mir für Geist und Körper unter diesen Umständen bekannt waren, zu denken und anzuwenden.

Sie setzen mich in eine bängliche Lage, rief Wilhelm, indem Sie mich, eben im Augenblicke, da ich das liebe Geschöpf wieder sehen soll, mein vielfaches Unrecht gegen dasselbe so lebhaft fühlen lassen. Soll ich sie sehen, warum nehmen Sie mir den Mut ihr mit Freiheit entgegen zu treten? Und soll ich Ihnen gestehen: da ihr Gemüt so gestimmt ist, so seh' ich nicht ein, was meine Gegenwart helfen soll? Sind Sie als Arzt überzeugt, daß jene doppelte Sehnsucht ihre Natur so weit untergraben hat, daß sie sich vom Leben abzuscheiden droht, warum soll ich durch meine Gegenwart ihre Schmerzen erneuern, und vielleicht ihr Ende beschleunigen?

Mein Freund! versetzte der Arzt, wo wir nicht helfen können, sind wir doch schuldig zu lindern, und wie sehr die Gegenwart eines geliebten Gegenstandes der Einbildungskraft ihre zerstörende Gewalt nimmt, und die Sehnsucht in ein ruhiges Schauen verwandelt, davon habe ich die wichtigsten Beispiele. Alles mit Maß und Ziel! Denn eben so kann die Gegenwart eine verlöschende Leidenschaft wieder anfachen. Sehen Sie das gute Kind, betragen Sie sich freundlich, und lassen Sie uns abwarten, was daraus entsteht.

Natalie kam eben zurück, und verlangte, daß Wilhelm ihr zu Mignon folgen sollte. Sie scheint mit Felix ganz glücklich zu sein, und wird den Freund, hoffe ich, gut empfangen. Wilhelm folgte nicht ohne einiges Widerstreben; er war tief gerührt von dem, was er vernommen hatte, und fürchtete eine leidenschaftliche Szene. Als er hereintrat, ergab sich gerade das Gegenteil.

Mignon im langen weißen Frauengewande, teils mit lockigen, teils aufgebundenen, reichen, braunen Haaren, saß, hatte Felix auf dem Schoße und drückte ihn an ihr Herz; sie sah völlig aus wie ein abgeschiedner Geist, und der Knabe wie das Leben selbst; es schien, als wenn Himmel und Erde sich umarmten. Sie reichte Wilhelmen lächelnd die Hand, und sagte: Ich danke dir, daß du mir das Kind wieder bringst; sie hatten ihn, Gott weiß wie, entführt, und ich konnte nicht leben zeither. So lange mein Herz auf der Erde noch etwas bedarf, soll dieser die Lücke ausfüllen.

Die Ruhe, womit Mignon ihren Freund empfangen hatte, versetzte die Gesellschaft in große Zufriedenheit. Der Arzt verlangte, daß Wilhelm sie öfters sehen, und daß man sie sowohl körperlich als geistig im Gleichgewicht erhalten sollte. Er selbst entfernte sich, und versprach in kurzer Zeit wieder zu kommen.

Wilhelm konnte nun Natalien in ihrem Kreise beobachten: man hätte sich nichts Besseres gewünscht, als neben ihr zu leben. Ihre Gegenwart hatte den reinsten Einfluß auf junge Mädchen und Frauenzimmer von verschiedenem Alter, die teils in ihrem Hause wohnten, teils aus der Nachbarschaft sie mehr oder weniger zu besuchen kamen.

Der Gang Ihres Lebens, sagte Wilhelm einmal zu ihr, ist wohl immer sehr gleich gewesen? denn die Schilderung, die Ihre Tante von Ihnen als Kind macht, scheint, wenn ich nicht irre, noch immer zu passen. Sie haben sich, man fühlt es Ihnen wohl an, nie verwirrt. Sie waren nie genötigt einen Schritt zurück zu tun.

Das bin ich meinem Oheim und dem Abbé schuldig, versetzte Natalie, die meine Eigenheiten so gut zu beurteilen wußten. Ich erinnere mich von Jugend an kaum eines lebhaftern Eindrucks, als daß ich überall die Bedürfnisse der Menschen sah, und ein unüberwindliches Verlangen empfand sie auszugleichen. Das Kind, das noch nicht auf seinen Füßen stehen konnte, der Alte, der sich nicht mehr auf den seinigen erhielt, das Verlangen einer reichen Familie nach Kindern, die Unfähigkeit einer armen die ihrigen zu erhalten, jedes stille Verlangen nach einem Gewerbe, den Trieb zu einem

Talente, die Anlagen zu hundert kleinen notwendigen Fähigkeiten, diese überall zu entdecken, schien mein Auge von der Natur bestimmt. Ich sah, worauf mich niemand aufmerksam gemacht hatte; ich schien aber auch nur geboren, um das zu sehen. Die Reize der leblosen Natur, für die so viele Menschen äußerst empfänglich sind, hatten keine Wirkung auf mich, beinah noch weniger die Reize der Kunst; meine angenehmste Empfindung war und ist es noch, wenn sich mir ein Mangel, ein Bedürfnis in der Welt darstellte, sogleich im Geiste einen Ersatz, ein Mittel, eine Hülfe aufzufinden.

Sah ich einen Armen in Lumpen, so fielen mir die überflüssigen Kleider ein, die ich in den Schränken der Meinigen hatte hängen sehen; sah ich Kinder, die sich ohne Sorgfalt und ohne Pflege verzehrten, so erinnerte ich mich dieser oder jener Frau, der ich, bei Reichtum und Bequemlichkeit, Langeweile abgemerkt hatte; sah ich viele Menschen in einem engen Raume eingesperrt, so dachte ich, sie müßten in die großen Zimmer mancher Häuser und Paläste einquartiert werden. Diese Art zu sehen war bei mir ganz natürlich, ohne die mindeste Reflexion, so daß ich darüber als Kind das wunderlichste Zeug von der Welt machte, und mehr als einmal durch die sonderbarsten Anträge die Menschen in Verlegenheit setzte. Noch eine Eigenheit war es, daß ich das Geld nur mit Mühe, und spät, als ein Mittel die Bedürfnisse zu befriedigen ansehen konnte; alle meine Wohltaten bestanden in Naturalien, und ich weiß, daß oft genug über mich gelacht worden ist. Nur der Abbé schien mich zu verstehen, er kam mir überall entgegen, er machte mich mit mir selbst, mit diesen Wünschen und Neigungen bekannt, und lehrte mich sie zweckmäßig befriedigen.

Haben Sie denn, fragte Wilhelm, bei der Erziehung Ihrer kleinen weiblichen Welt auch die Grundsätze jener sonderbaren Männer angenommen? lassen Sie denn auch jede Natur sich selbst ausbilden? lassen Sie denn auch die Ihrigen suchen und irren, Mißgriffe tun, sich glücklich am Ziele finden, oder unglücklich in die Irre verlieren?

Nein! sagte Natalie, diese Art mit Menschen zu handeln würde ganz gegen meine Gesinnungen sein. Wer nicht im Augenblick hilft, scheint mir nie zu helfen; wer nicht im Augenblicke Rat gibt, nie zu raten. Eben so nötig scheint es mir gewisse Gesetze auszusprechen und den Kindern einzuschärfen, die dem Leben einen gewissen Halt geben. Ja, ich möchte beinah behaupten: es sei besser nach Regeln zu irren, als zu irren, wenn uns die Willkür unserer Natur hin und her treibt, und wie ich die Menschen sehe, scheint mir in ihrer Natur immer eine Lücke zu bleiben, die nur durch ein entschieden ausgesprochenes Gesetz ausgefüllt werden kann.

So ist also Ihre Handlungsweise, sagte Wilhelm, völlig von jener verschieden, welche unsere Freunde beobachten?

Ja! versetzte Natalie, Sie können aber hieraus die unglaubliche Toleranz jener Männer sehen, daß sie eben auch mich, auf meinem Wege, gerade deswegen, weil es mein Weg ist, keinesweges stören, sondern mir in allem, was ich nur wünschen kann, entgegenkommen.

Einen umständlichern Bericht, wie Natalie mit ihren Kindern verfuhr, versparen wir auf eine andere Gelegenheit.

Mignon verlangte oft in der Gesellschaft zu sein, und man vergönnte es ihr um so lieber, als sie sich nach und nach wieder an Wilhelmen zu gewöhnen, ihr Herz gegen ihn aufzuschließen und überhaupt heiterer und lebenslustiger zu werden schien. Sie hing sich bei'm Spazierengehen, da sie leicht müde ward, gern an seinen Arm. Nun, sagte sie, Mignon klettert und springt nicht mehr, und doch fühlt sie noch immer die Begierde über die Gipfel der Berge wegzuspazieren, von einem Hause auf's andere, von einem Baume auf den andern zu schreiten. Wie beneidenswert sind die Vögel, besonders wenn sie so artig und vertraulich ihre Nester bauen.

Es ward nun bald zur Gewohnheit, daß Mignon ihren Freund mehr als einmal in den Garten lud. War dieser beschäftigt oder nicht zu finden, so mußte Felix die Stelle vertreten, und wenn das gute Mädchen in manchen Augenblikken ganz von der Erde los schien, so hielt sie sich in andern gleichsam wieder fest an Vater und Sohn, und schien eine Trennung von diesen mehr als alles zu fürchten.

Natalie schien nachdenklich. Wir haben gewünscht durch Ihre Gegenwart, sagte sie, das arme gute Herz wieder aufzuschließen; ob wir wohl getan haben, weiß ich nicht. Sie schwieg und schien zu erwarten, daß Wilhelm etwas sagen sollte. Auch fiel ihm ein, daß durch seine Verbindung mit Theresen Mignon unter den gegenwärtigen Umständen auf's äußerste gekränkt werden müsse; allein er getraute sich in seiner Ungewißheit nichts von diesem Vorhaben zu sprechen, er vermutete nicht, daß Natalie davon unterrichtet sei.

Eben so wenig konnte er mit Freiheit des Geistes die Unterredung verfolgen, wenn seine edle Freundin von ihrer Schwester sprach, ihre guten Eigenschaften rühmte, und ihren Zustand bedauerte. Er war nicht wenig verlegen, als Natalie ihm ankündigte, daß er die Gräfin bald hier sehen werde. Ihr Gemahl, sagte sie, hat nun keinen andern Sinn, als den abgeschiedenen Grafen in der Gemeinde zu ersetzen, durch Einsicht und Tätigkeit diese große Anstalt zu unterstützen und weiter aufzubauen. Er kommt mit ihr zu uns, um eine Art von Abschied zu nehmen; er wird nachher die verschiedenen Orte besuchen, wo die Gemeinde sich niedergelassen hat; man scheint ihn nach seinen Wünschen zu behandeln, und fast glaub' ich, er wagt mit meiner armen Schwester eine Reise nach Amerika, um ja seinem Vorgänger recht ähnlich zu werden; und da er einmal schon beinah überzeugt ist, daß ihm nicht viel fehle ein Heiliger zu sein, so mag ihm der Wunsch manchmal vor der Seele schweben, wo möglich zuletzt auch noch als Märtyrer zu glänzen.

Viertes Kapitel

Oft genug hatte man bisher von Fräulein Therese gesprochen, oft genug ihrer im Vorbeigehen erwähnt, und fast jedesmal war Wilhelm im Begriff seiner neuen Freundin zu bekennen, daß er jenem trefflichen Frauenzimmer sein Herz und seine Hand angeboten habe. Ein gewisses Gefühl, das er sich nicht erklären konnte, hielt ihn zurück; er zauderte so lange, bis endlich Natalie selbst mit dem himmlischen, bescheidnen, heitern Lächeln, das man an ihr zu sehen gewohnt war, zu ihm sagte: So muß ich denn doch zuletzt das Stillschweigen brechen, und mich in Ihr Vertrauen gewaltsam eindrängen! Warum machen Sie mir ein Geheimnis, mein Freund, aus einer Angelegenheit, die Ihnen so wichtig ist, und die mich selbst so nahe angeht? Sie haben meiner Freundin Ihre Hand angeboten; ich mische mich nicht ohne Beruf in diese Sache, hier ist meine Legitimation! hier ist der Brief, den sie Ihnen schreibt, den sie durch mich Ihnen sendet.

Einen Brief von Theresen! rief er aus.

Ja, mein Herr! und Ihr Schicksal ist entschieden, Sie sind glücklich. Lassen Sie mich Ihnen und meiner Freundin Glück wünschen.

Wilhelm verstummte und sah vor sich hin. Natalie sah ihn an; sie bemerkte, daß er blaß ward. Ihre Freude ist stark, fuhr sie fort, sie nimmt die Gestalt des Schreckens an, sie raubt Ihnen die Sprache. Mein Anteil ist darum nicht weniger herzlich, weil er mich noch zum Worte kommen läßt. Ich hoffe Sie werden dankbar sein, denn ich darf Ihnen sagen: mein Einfluß auf Theresens Entschließung war nicht gering; sie fragte mich um Rat, und, sonderbarer Weise, waren Sie eben hier, ich konnte die wenigen Zweifel, die meine Freundin noch hegte, glücklich besiegen, die Boten gingen lebhaft hin und wieder; hier ist ihr Entschluß! hier ist die Entwickelung! Und nun sollen Sie alle ihre Briefe lesen, Sie sollen in das schöne Herz Ihrer Braut einen freien reinen Blick tun.

Wilhelm entfaltete das Blatt, das sie ihm unversiegelt überreichte; es enthielt die freundlichen Worte:

„Ich bin die Ihre, wie ich bin und wie Sie mich kennen. Ich nenne Sie den Meinen, wie Sie sind und wie ich Sie kenne. Was an uns selbst, was an unsern Verhältnissen der Ehestand verändert, werden wir durch Vernunft, frohen Mut und guten Willen zu übertragen wissen. Da uns keine Leidenschaft, sondern Neigung und Zutrauen zusammen führt, so wagen wir weniger als tausend andere. Sie verzeihen mir gewiß, wenn ich mich manchmal meines alten Freundes herzlich erinnere; dafür will ich Ihren Sohn als Mutter an meinen Busen drücken. Wollen Sie mein kleines Haus sogleich mit mir teilen, so sind Sie Herr und Meister, indessen wird der Gutskauf abgeschlossen. Ich wünschte, daß dort keine neue Einrichtung ohne mich gemacht würde, um sogleich zu zeigen, daß ich das Zutrauen verdiene, das Sie mir schenken. Leben Sie wohl, lieber, lieber Freund! geliebter Bräutigam, verehrter Gatte! Therese drückt Sie an ihre Brust mit Hoffnung und Lebensfreude. Meine Freundin wird Ihnen mehr, wird Ihnen alles sagen."

Wilhelm, dem dieses Blatt seine Therese wieder völlig vergegenwärtigt hatte, war auch wieder völlig zu sich selbst gekommen. Unter dem Lesen wechselten die schnellsten Gedanken in seiner Seele. Mit Entsetzen fand er lebhafte Spuren einer Neigung gegen Natalien in seinem Herzen; er schalt sich, er erklärte jeden Gedanken der Art für Unsinn, er stellte sich Theresen in ihrer ganzen Vollkommenheit vor, er las den Brief wieder, er ward heiter, oder vielmehr er erholte sich so weit, daß er heiter scheinen konnte. Natalie legte ihm die gewechselten Briefe vor, aus denen wir einige Stellen ausziehen wollen.

Nachdem Therese ihren Bräutigam nach ihrer Art geschildert hatte, fuhr sie fort:

„So stelle ich mir den Mann vor, der mir jetzt seine Hand anbietet. Wie er von sich selbst denkt, wirst du künftig aus den Papieren sehen, in welchen er sich mir ganz offen beschreibt; ich bin überzeugt, daß ich mit ihm glücklich sein werde."

„Was den Stand betrifft, so weißt du, wie ich von jeher drüber gedacht habe. Einige Menschen fühlen die Mißverhältnisse der äußern Zustände fürchterlich, und können sie nicht übertragen. Ich will niemanden überzeugen, so wie ich nach meiner Überzeugung handeln will. Ich denke kein Beispiel zu geben, wie ich doch nicht ohne Beispiel handle. Mich ängstigen nur die innern Mißverhältnisse, ein Gefäß, das sich zu dem, was es enthalten soll, nicht schickt; viel Prunk und wenig Genuß, Reichtum und Geiz, Adel und Rohheit, Jugend und Pedanterei, Bedürfnis und Zeremonien, diese Verhältnisse wären's, die mich vernichten könnten, die Welt mag sie stempeln und schätzen wie sie will."

„Wenn ich hoffe, daß wir zusammen passen werden, so gründe ich meinen Ausspruch vorzüglich darauf, daß er dir, liebe Natalie, die ich so unendlich schätze und verehre, daß er dir ähnlich ist. Ja, er hat von dir das edle Suchen und Streben nach dem Bessern, wodurch wir das Gute, das wir zu finden glauben, selbst hervorbringen. Wie oft habe ich dich nicht im Stillen getadelt, daß du diesen oder jenen Menschen anders behandeltest, daß du in diesem oder jenem Fall dich anders betrugst, als ich würde getan haben, und doch zeigte der Ausgang meist, daß du Recht hattest. Wenn wir, sagtest du, die Menschen nur nehmen wie sie sind, so machen wir sie schlechter; wenn wir sie behandeln, als wären sie, was sie sein sollten, so bringen wir sie dahin, wohin sie zu bringen sind. Ich kann weder so sehen noch handeln, das weiß ich recht gut. Einsicht, Ordnung, Zucht, Befehl, das ist meine Sache. Ich erinnere mich noch wohl, was Jarno sagte: Therese dressiert ihre Zöglinge, Natalie bildet sie. Ja, er ging so weit, daß er mir einst die drei schönen Eigenschaften: Glaube, Liebe und Hoffnung völlig absprach. Statt des Glaubens, sagte er, hat sie die Einsicht, statt der Liebe die Beharrlichkeit, und statt der Hoffnung das Zutrauen. Auch ich will dir gerne gestehen, eh ich dich kannte, kannte ich nichts Höheres in der Welt als Klarheit und Klugheit; nur deine Gegenwart hat mich überzeugt, belebt, überwunden, und deiner schönen hohen Seele tret' ich gerne den Rang ab. Auch meinen Freund verehre ich in eben demselben Sinn; seine Lebensbeschreibung ist ein ewiges Suchen und Nichtfinden; aber nicht das leere Suchen, sondern das wunderbare gutmütige Suchen begabt ihn, er wähnt, man könne ihm das geben, was nur von ihm kommen kann. So, meine Liebe, schadet mir auch diesmal meine Klarheit nichts; ich kenne meinen Gatten besser, als er sich selbst kennt, und ich achte ihn nur um desto mehr. Ich sehe ihn, aber ich übersehe ihn nicht, und alle meine Einsicht reicht nicht hin zu ahnen, was er wirken kann. Wenn ich an ihn denke, vermischt sich sein Bild immer mit dem deinigen, und ich weiß nicht, wie ich es wert bin zwei solchen Menschen anzugehören. Aber ich will es wert sein dadurch, daß ich meine Pflicht tue, dadurch, daß ich erfülle, was man von mir erwarten und hoffen kann."

„Ob ich Lothario's gedenke? Lebhaft und täglich. Ihn kann ich in der Gesellschaft, die mich im Geiste umgibt, nicht einen Augenblick missen. O wie bedaure ich den trefflichen Mann, der durch einen Jugendfehler mit mir verwandt ist, daß die Natur ihn *dir* so nahe gewollt hat. Wahrlich ein Wesen, wie du, wäre seiner mehr wert als ich. Dir könnt' ich, dir müßt' ich ihn abtreten. Laß uns ihm sein, was nur möglich ist, bis er eine würdige Gattin findet, und auch dann laß uns zusammen sein und zusammen bleiben."

Was werden nun aber unsre Freunde sagen? begann Natalie. – Ihr Bruder weiß nichts davon? – Nein! so wenig als die Ihrigen, die Sache ist diesmal nur unter uns Weibern verhandelt worden. Ich weiß nicht, was Lydie Theresen für Grillen in den Kopf gesetzt hat; sie scheint dem Abbé und Jarno zu mißtrauen. Lydie hat ihr gegen gewisse geheime Verbindungen und Plane, von denen ich wohl im Allgemeinen weiß, in die ich aber niemals einzudringen gedachte, wenigstens einigen Argwohn eingeflößt, und bei diesem entscheidenden Schritt ihres Lebens wollte sie niemand als mir einigen Einfluß verstatten. Mit meinem Bruder war sie schon früher übereingekommen, daß sie sich wechselsweise ihre Heirat nur melden, sich darüber nicht zu Rate ziehen wollten.

Natalie schrieb nun einen Brief an ihren Bruder, sie lud Wilhelmen ein, einige Worte dazu zu setzen, Therese hatte sie darum gebeten. Man wollte eben siegeln, als Jarno sich unvermutet anmelden ließ. Aufs freundlichste ward er empfangen, auch schien er sehr munter und scherzhaft, und konnte endlich nicht unterlassen zu sagen: Eigentlich komme ich hieher, um Ihnen eine sehr wunderbare, doch angenehme Nachricht zu bringen; sie betrifft unsere Therese. Sie haben uns manchmal getadelt, schöne Natalie, daß wir uns um so vieles bekümmern; nun aber sehen Sie, wie gut es ist, überall seine Spione zu haben. Raten Sie, und lassen Sie uns einmal Ihre Sagazität sehen!

Die Selbstgefälligkeit, womit er diese Worte aussprach, die schalkhafte Miene, womit er Wilhelmen und Natalien ansah, überzeugten beide, daß ihr Geheimnis entdeckt sei. Natalie antwortete lächelnd: Wir sind viel künstlicher, als Sie denken, wir haben die Auflösung des Rätsels, noch ehe es uns aufgegeben wurde, schon zu Papiere gebracht.

Sie überreichte ihm mit diesen Worten den Brief an Lothario, und war zufrieden, der kleinen Überraschung und Beschämung, die man ihnen zugedacht hatte, auf diese Weise zu begegnen. Jarno nahm das Blatt, mit einiger Verwunderung, überlief es nur, staunte, ließ es aus der Hand sinken, und sah sie beide mit großen Augen, mit einem Ausdruck der Überraschung, ja des Entsetzens an, den man auf seinem Gesichte nicht gewohnt war. Er sagte kein Wort.

Wilhelm und Natalie waren nicht wenig betroffen, Jarno ging in der Stube auf und ab. Was soll ich sagen? rief er aus, oder soll ich's sagen? Es kann kein Geheimnis bleiben, die Verwirrung ist nicht zu vermeiden. Also denn Geheimnis gegen Geheimnis! Überraschung gegen Überraschung! Therese ist nicht die Tochter ihrer Mutter! das Hindernis ist gehoben: ich komme hierher Sie zu bitten, das edle Mädchen zu einer Verbindung mit Lothario vorzubereiten.

Jarno sah die Bestürzung der beiden Freunde, welche die Augen zur Erde niederschlugen. Dieser Fall ist einer von denen, sagte er, die sich in Gesellschaft am schlechtesten ertragen lassen. Was jedes dabei zu denken hat, denkt es am besten in der Einsamkeit; ich wenigstens erbitte mir auf eine Stunde Urlaub. Er eilte in den Garten, Wilhelm folgte ihm mechanisch, aber in der Ferne.

Nach Verlauf einer Stunde fanden sie sich wieder zusammen. Wilhelm nahm das Wort und sagte: Sonst, da ich ohne Zweck und Plan leicht, ja leichtfertig lebte, kamen mir Freundschaft, Liebe, Neigung, Zutrauen mit offenen Armen entgegen, ja sie drängten sich zu mir; jetzt, da es Ernst wird, scheint das Schicksal mit mir einen andern Weg zu nehmen. Der Entschluß, Theresen meine Hand anzubieten, ist vielleicht der erste, der ganz rein aus mir selbst kommt. Mit Überlegung machte ich meinen Plan, meine Vernunft war völlig damit einig, und durch die Zusage des trefflichen Mädchens wurden alle meine Hoffnungen erfüllt. Nun drückt das sonderbarste Geschick meine ausgestreckte Hand nieder. Therese reicht mir die ihrige von ferne, wie im Traume, ich kann sie nicht fassen, und das schöne Bild verläßt mich auf ewig. So lebe denn wohl, du schönes Bild! und ihr Bilder der reichsten Glückseligkeit, die ihr euch darum her versammelt!

Er schwieg einen Augenblick still, sah vor sich hin, und Jarno wollte reden. Lassen Sie mich noch etwas sagen, fiel Wilhelm ihm ein; denn um mein ganzes Geschick wird ja doch diesmal das Los geworfen. In diesem Augenblick kommt mir der Eindruck zu Hülfe, den Lothario's Gegenwart bei'm ersten Anblick mir einprägte, und der mir beständig geblieben ist. Dieser Mann verdient jede Art von Neigung und Freundschaft, und ohne Aufopferung läßt sich keine Freundschaft denken. Um seinetwillen war es mir leicht ein unglückliches Mädchen zu betören, um seinetwillen soll mir möglich werden der würdigsten Braut zu entsagen. Gehen Sie hin, erzählen Sie ihm die sonderbare Geschichte, und sagen Sie ihm wozu ich bereit bin.

Jarno versetzte hierauf: In solchen Fällen, halte ich dafür, ist schon alles getan, wenn man sich nur nicht übereilt. Lassen Sie uns keinen Schritt ohne Lothario's Einwilligung tun! Ich will zu ihm, erwarten Sie meine Zurückkunft oder seine Briefe ruhig.

Er ritt weg und hinterließ die beiden Freunde in der größten Wehmut. Sie hatten Zeit sich diese Begebenheit auf mehr als Eine Weise zu wiederholen und ihre Bemerkungen darüber zu machen. Nun fiel es ihnen erst auf, daß sie diese wunderbare Erklärung so gerade von Jarno angenommen, und sich nicht um die nähern Umstände erkundigt hatten. Ja Wilhelm wollte sogar einigen Zweifel hegen; aber auf's höchste stieg ihr Erstaunen, ja ihre Verwirrung, als den andern Tag ein Bote von Theresen ankam, der folgenden sonderbaren Brief an Natalien mitbrachte:

„So seltsam es auch scheinen mag, so muß ich doch meinem vorigen Briefe sogleich noch einen nachsenden, und dich ersuchen mir meinen Bräutigam eilig zu schicken. Er soll mein Gatte werden, was man auch für Plane macht, mir ihn zu rauben. Gib ihm inliegenden Brief! Nur vor keinem Zeugen, es mag gegenwärtig sein wer will."

Der Brief an Wilhelmen enthielt Folgendes: „Was werden Sie von Ihrer Therese denken, wenn sie auf einmal, leidenschaftlich, auf eine Verbindung dringt, die der ruhigste Verstand nur eingeleitet zu haben schien? Lassen Sie sich durch nichts abhalten, gleich nach dem Empfang des Briefes abzureisen. Kommen Sie, lieber, lieber Freund, nun dreifach Geliebter, da man mir Ihren Besitz rauben oder wenigstens erschweren will."

Was ist zu tun? rief Wilhelm aus, als er diesen Brief gelesen hatte.

Noch in keinem Fall, versetzte Natalie, nach einigem Nachdenken, hat mein Herz und mein Verstand so geschwiegen, als in diesem; ich wüßte nichts zu tun, so wie ich nichts zu raten weiß.

Wäre es möglich? rief Wilhelm mit Heftigkeit aus, daß Lothario selbst nichts davon wüßte, oder wenn er davon weiß, daß er mit uns das Spiel versteckter Plane wäre? Hat Jarno, indem er unsern Brief gesehen, das Märchen aus dem Stegreife erfunden? Würde er uns was anders gesagt haben, wenn wir nicht zu voreilig gewesen wären? Was kann man wollen? Was für Absichten kann man haben? Was kann Therese für einen Plan meinen? Ja, es läßt sich nicht leugnen, Lothario ist von geheimen Wirkungen und Verbindungen umgeben, ich habe selbst erfahren, daß man tätig ist, daß man sich in einem gewissen Sinne um die Handlungen, um die Schicksale mehrerer Menschen bekümmert, und sie zu leiten weiß. Von den Endzwecken dieser Geheimnisse verstehe ich nichts, aber diese neueste Absicht, mir Theresen zu entreißen, sehe ich nur allzu deutlich. Auf einer Seite malt man mir das mögliche Glück Lothario's, vielleicht nur zum Scheine, vor; auf der andern sehe ich meine Geliebte, meine verehrte Braut, die mich an ihr Herz ruft. Was soll ich tun? Was soll ich unterlassen?

Nur ein wenig Geduld! sagte Natalie, nur eine kurze Bedenkzeit! In dieser sonderbaren Verknüpfung weiß ich nur so viel, daß wir das, was unwiederbringlich ist, nicht übereilen sollen. Gegen ein Märchen, gegen einen künstlichen Plan stehen Beharrlichkeit und Klugheit uns bei; es muß sich bald aufklären, ob die Sache wahr oder ob sie erfunden ist. Hat mein Bruder wirklich Hoffnung sich mit Theresen zu verbinden, so wäre es grausam, ihm ein Glück auf ewig zu entreißen, in dem Augenblicke, da es ihm so freundlich erscheint. Lassen Sie uns nur abwarten, ob er etwas davon weiß, ob er selbst glaubt, ob er selbst hofft.

Diesen Gründen ihres Rats kam glücklicherweise ein Brief von Lothario zu Hülfe: Ich schicke Jarno nicht wieder zurück, schrieb er; von meiner Hand eine Zeile ist dir mehr als die umständlichsten Worte eines Boten. Ich bin gewiß, daß Therese nicht die Tochter ihrer Mutter ist, und ich kann die Hoffnung, sie zu besitzen, nicht aufgeben, bis sie auch überzeugt ist, und alsdann zwischen mir und dem Freunde mit ruhiger Überlegung entscheidet. Laß ihn, ich bitte dich, nicht von deiner Seite! Das Glück, das Leben eines Bruders hängt davon ab. Ich verspreche dir, diese Ungewißheit soll nicht lange dauern.

Sie sehen, wie die Sache steht, sagte sie freundlich zu Wilhelmen: geben Sie mir Ihr Ehrenwort nicht aus dem Hause zu gehen.

Ich gebe es! rief er aus, indem er ihr die Hand reichte; ich will dieses Haus wider Ihren Willen nicht verlassen. Ich danke Gott und meinem guten Geist, daß ich diesmal geleitet werde und zwar von Ihnen.

Natalie schrieb Theresen den ganzen Verlauf und erklärte, daß sie ihren Freund nicht von sich lassen werde; sie schickte zugleich Lothario's Brief mit.

Therese antwortete: „Ich bin nicht wenig verwundert, daß Lothario selbst überzeugt ist, denn gegen seine Schwester wird er sich nicht auf diesen Grad verstellen. Ich bin verdrießlich, sehr verdrießlich. Es ist besser, ich sage nichts weiter. Am besten ist's, ich komme zu dir, wenn ich nur erst die arme Lydie untergebracht habe, mit der man grausam umgeht. Ich fürchte, wir sind alle betrogen, und werden so betrogen, um nie in's Klare zu kommen. Wenn der Freund meinen Sinn hätte, so entschlüpfte er dir doch, und würfe sich an das Herz seiner Therese, die ihm dann niemand entreißen sollte; aber ich fürchte, ich soll ihn verlieren und Lothario nicht wieder gewinnen. Diesem entreißt man Lydien, indem man ihm die Hoffnung, mich besitzen zu können, von weitem zeigt. Ich will nichts weiter sagen, die Verwirrung wird noch größer werden. Ob nicht indessen die schönsten Verhältnisse so verschoben, so untergraben und so zerrüttet werden, daß auch dann, wenn alles im Klaren sein wird, doch nicht wieder zu helfen ist, mag die Zeit lehren. Reißt sich mein Freund nicht los, so komme ich in wenigen Tagen, um ihn bei dir aufzusuchen und fest zu halten. Du wunderst dich, wie diese Leidenschaft sich deiner Therese bemächtiget hat. Es ist keine Leidenschaft, es ist Überzeugung, daß, da

Lothario nicht mein werden konnte, dieser neue Freund das Glück meines Lebens machen wird. Sag' ihm das, im Namen des kleinen Knaben, der mit ihm unter der Eiche saß und sich seiner Teilnahme freute! Sag' ihm das, im Namen Theresens, die seinem Antrage mit einer herzlichen Offenheit entgegen kam! Mein erster Traum, wie ich mit Lothario leben würde, ist weit von meiner Seele weggerückt; der Traum, wie ich mit meinem neuen Freund zu leben gedachte, steht noch ganz gegenwärtig vor mir. Achtet man mich so wenig, daß man glaubt, es sei so was Leichtes diesen mit jenem aus dem Stegreife wieder umzutauschen?"

Ich verlasse mich auf Sie, sagte Natalie zu Wilhelmen, indem sie ihm den Brief Theresens gab; Sie entfliehen mir nicht. Bedenken Sie, daß Sie das Glück meines Lebens in Ihrer Hand haben! Mein Dasein ist mit dem Dasein meines Bruders so innig verbunden und verwurzelt, daß er keine Schmerzen fühlen kann, die ich nicht empfinde, keine Freude, die nicht auch mein Glück macht. Ja ich kann wohl sagen, daß ich allein durch ihn empfunden habe, daß das Herz gerührt und erhoben, daß auf der Welt Freude, Liebe und ein Gefühl sein kann, das über alles Bedürfnis hinaus befriedigt.

Sie hielt inne, Wilhelm nahm ihre Hand und rief: O fahren Sie fort! es ist die rechte Zeit zu einem wahren wechselseitigen Vertrauen; wir haben nie nötiger gehabt uns genauer zu kennen.

Ja, mein Freund! sagte sie lächelnd, mit ihrer ruhigen, sanften, unbeschreiblichen Hoheit, es ist vielleicht nicht außer der Zeit, wenn ich Ihnen sage, daß alles, was uns so manches Buch, was uns die Welt als Liebe nennt und zeigt, mir immer nur als ein Märchen erschienen sei.

Sie haben nicht geliebt? rief Wilhelm aus.

Nie oder immer! versetzte Natalie.

Fünftes Kapitel

Sie waren unter diesem Gespräch im Garten auf- und abgegangen, Natalie hatte verschiedene Blumen von seltsamer Gestalt gebrochen, die Wilhelmen völlig unbekannt waren und nach deren Namen er fragte.

Sie vermuten wohl nicht, sagte Natalie, für wen ich diesen Strauß pflücke? Er ist für meinen Oheim bestimmt, dem wir einen Besuch machen wollen. Die Sonne scheint eben so lebhaft nach dem Saale der Vergangenheit, ich muß Sie diesen Augenblick hineinführen, und ich gehe niemals hin, ohne einige von den Blumen, die mein Oheim besonders begünstigte, mitzubringen. Er war ein sonderbarer Mann und der eigensten Eindrücke fähig. Für gewisse Pflanzen und Tiere, für gewisse Menschen und Gegenden, ja sogar zu einigen Steinarten hatte er eine entschiedene Neigung, die selten erklärlich war. Wenn ich nicht, pflegte er oft zu sagen, mir von Jugend auf so sehr widerstanden hätte, wenn ich nicht gestrebt hätte, meinen Verstand in's Weite und Allgemeine auszubilden, so wäre ich der beschränkteste und unerträglichste Mensch geworden: denn nichts ist unerträglicher als abgeschnittene Eigenheit an demjenigen, von dem man eine reine gehörige Tätigkeit fordern kann. Und doch mußte er selbst gestehen, daß ihm gleichsam Leben und Atem ausgehen würde, wenn er sich nicht von Zeit zu Zeit nachsähe, und sich erlaubte, das mit Leidenschaft zu genießen, was er eben nicht immer loben und entschuldigen konnte. Meine Schuld ist es nicht, sagte er, wenn ich meine Triebe und meine Vernunft nicht völlig habe in Einstimmung bringen können. Bei solchen Gelegenheiten pflegte er meist über mich zu scherzen und zu sagen: Natalien kann man bei Leibesleben selig preisen, da ihre Natur nichts fordert, als was die Welt wünscht und braucht.

Unter diesen Worten waren sie wieder in das Hauptgebäude gelangt. Sie führte ihn durch einen geräumigen Gang auf eine Türe zu, vor der zwei Sphinxe von Granit lagen. Die

Türe selbst war auf ägyptische Weise oben ein wenig enger als unten, und ihre ehernen Flügel bereiteten zu einem ernsthaften, ja zu einem schauerlichen Anblick vor. Wie angenehm ward man daher überrascht, als diese Erwartung sich in die reinste Heiterkeit auflös'te, indem man in einen Saal trat, in welchem Kunst und Leben jede Erinnerung an Tod und Grab aufhoben. In die Wände waren verhältnismäßige Bogen vertieft, in denen größere Sarkophagen standen; in den Pfeilern dazwischen sah man kleinere Öffnungen, mit Aschenkästchen und Gefäßen geschmückt; die übrigen Flächen der Wände und des Gewölbes sah man regelmäßig abgeteilt, und zwischen heitern und mannichfaltigen Einfassungen, Kränzen und Zierraten heitere und bedeutende Gestalten in Feldern von verschiedener Größe gemalt. Die architektonischen Glieder waren mit dem schönen gelben Marmor, der in's Rötliche hinüberblickt, bekleidet, hellblaue Streifen von einer glücklichen chemischen Komposition ahmten den Lasurstein nach, und gaben, indem sie gleichsam in einem Gegensatz das Auge befriedigten, dem Ganzen Einheit und Verbindung. Alle diese Pracht und Zierde stellte sich in reinen architektonischen Verhältnissen dar, und so schien jeder, der hineintrat, über sich selbst erhoben zu sein, indem er durch die zusammentreffende Kunst erst erfuhr, was der Mensch sei und was er sein könne.

Der Türe gegenüber sah man auf einem prächtigen Sarkophagen das Marmorbild eines würdigen Mannes, an ein Polster gelehnt. Er hielt eine Rolle vor sich, und schien mit stiller Aufmerksamkeit darauf zu blicken. Sie war so gerichtet, daß man die Worte, die sie enthielt, bequem lesen konnte. Es stand darauf: *Gedenke zu leben.*

Natalie, indem sie einen verwelkten Strauß wegnahm, legte den frischen vor das Bild des Oheims; denn er selbst war in der Figur vorgestellt, und Wilhelm glaubte sich noch der Züge des alten Herrn zu erinnern, den er damals im Walde gesehen hatte. – Hier brachten wir manche Stunde zu, sagte Natalie, bis dieser Saal fertig war. In seinen letzten Jahren hatte er einige geschickte Künstler an sich gezogen, und seine beste Unterhaltung war, die Zeichnungen und Kartone zu diesen Gemälden aussinnen und bestimmen zu helfen.

Wilhelm konnte sich nicht genug der Gegenstände freuen, die ihn umgaben. Welch ein Leben, rief er aus, in diesem Saale der Vergangenheit! Man könnte ihn eben so gut den Saal der Gegenwart und der Zukunft nennen. So war alles und so wird alles sein! Nichts ist vergänglich, als der eine, der genießt und zuschaut. Hier dieses Bild der Mutter, die ihr Kind an's Herz drückt, wird viele Generationen glücklicher Mütter überleben. Nach Jahrhunderten vielleicht erfreut sich ein Vater dieses bärtigen Mannes, der seinen Ernst ablegt, und sich mit seinem Sohne neckt. So verschämt wird durch alle Zeiten die Braut sitzen, und bei ihren stillen Wünschen noch bedürfen, daß man sie tröste, daß man ihr zurede; so ungeduldig wird der Bräutigam auf der Schwelle horchen, ob er hereintreten darf.

Wilhelms Augen schweiften auf unzählige Bilder umher. Vom ersten frohen Triebe der Kindheit jedes Glied im Spiele nur zu brauchen und zu üben, bis zum ruhigen abgeschiedenen Ernste des Weisen, konnte man in schöner lebendiger Folge sehen, wie der Mensch keine angeborne Neigung und Fähigkeit besitzt, ohne sie zu brauchen und zu nutzen. Von dem ersten zarten Selbstgefühl, wenn das Mädchen verweilt den Krug aus dem klaren Wasser wieder heraufzuheben, und indessen ihr Bild gefällig betrachtet, bis zu jenen hohen Feierlichkeiten, wenn Könige und Völker zu Zeugen ihrer Verbindungen die Götter am Altare anrufen, zeigte sich alles bedeutend und kräftig.

Es war eine Welt, es war ein Himmel, der den Beschauenden an dieser Stätte umgab, und außer den Gedanken, welche jene gebildeten Gestalten erregten, außer den Empfindungen, welche sie einflößten, schien noch etwas andres gegenwärtig zu sein, wovon der ganze Mensch sich angegriffen fühlte. Auch Wilhelm bemerkte es, ohne sich davon Rechenschaft geben zu können. Was ist das? rief er aus, das, unabhängig von aller Bedeutung, frei von allem Mitgefühl, das uns menschliche Begebenheiten und Schicksale einflößen, so stark und zugleich so anmutig auf mich zu wirken vermag? Es spricht aus dem Ganzen, es spricht aus jedem Teile mich an, ohne daß ich jenes begreifen, ohne daß ich diese mir besonders zueignen könnte! Welchen Zauber ahn' ich in diesen Flächen, diesen Linien, diesen Höhen und Breiten, diesen Massen und Farben! Was ist es, das diese Figuren, auch nur obenhin betrachtet, schon als Zierrat so erfreulich macht! Ja ich fühle, man könnte hier verweilen, ruhen, alles mit den Augen fassen, sich glücklich finden und ganz etwas andres fühlen und denken, als das, was vor Augen steht.

Und gewiß, könnten wir beschreiben, wie glücklich alles eingeteilt war, wie an Ort und Stelle durch Verbindung oder Gegensatz, durch Einfärbigkeit oder Buntheit alles bestimmt, so und nicht anders erschien als es erscheinen sollte, und eine so vollkommene als deutliche Wirkung hervorbrachte, so würden wir den Leser an einen Ort versetzen, von dem er sich sobald nicht zu entfernen wünschte.

Vier große marmorne Kandelaber standen in den Ecken des Saals, vier kleinere in der Mitte um einen sehr schön gearbeiteten Sarkophag, der seiner Größe nach eine junge Person von mittlerer Gestalt konnte enthalten haben.

Natalie blieb bei diesem Monumente stehen, und indem sie die Hand darauf legte, sagte sie: Mein guter Oheim hatte große Vorliebe zu diesem Werke des Altertums. Er sagte manchmal: Nicht allein die ersten Blüten fallen ab, die ihr da oben in jenen kleinen Räumen verwahren könnt, sondern auch Früchte, die am Zweige hängend uns noch lange die schönste Hoffnung geben, indes ein heimlicher Wurm ihre frühere Reife und ihre Zerstörung vorbereitet. Ich fürchte, fuhr sie fort, er hat auf das liebe Mädchen geweissagt, das sich unserer Pflege nach und nach zu entziehen und zu dieser ruhigen Wohnung zu neigen scheint.

Als sie im Begriff waren wegzugehn, sagte Natalie: Ich muß Sie noch auf etwas aufmerksam machen. Bemerken Sie diese halbrunden Öffnungen in der Höhe auf beiden Seiten! Hier können die Chöre der Sänger verborgen stehen, und diese ehrnen Zierraten unter dem Gesimse dienen die Teppiche zu befestigen, die nach der Verordnung meines Oheims bei jeder Bestattung aufgehängt werden sollen. Er konnte nicht ohne Musik, besonders nicht ohne Gesang leben, und hatte dabei die Eigenheit, daß er die Sänger nicht sehen wollte. Er pflegte zu sagen: Das Theater verwöhnt uns gar zu sehr, die Musik dient dort nur gleichsam dem Auge, sie begleitet die Bewegungen, nicht die Empfindungen. Bei Oratorien und Konzerten stört uns immer die Gestalt des Musikus; die wahre Musik ist allein für's Ohr; eine schöne Stimme ist das allgemeinste, was sich denken läßt, und indem das eingeschränkte Individuum, das sie hervorbringt, sich vor's Auge stellt, zerstört es den reinen Effekt jener Allgemeinheit. Ich will jeden sehen, mit dem ich reden soll, denn es ist ein einzelner Mensch, dessen Gestalt und Charakter die Rede wert oder unwert macht; hingegen wer mir singt, soll unsichtbar sein; seine Gestalt soll mich nicht bestechen oder irre machen. Hier spricht nur ein Organ zum Organe, nicht der Geist zum Geiste, nicht eine tausendfältige Welt zum Auge, nicht ein Himmel zum Menschen. Eben so wollte er auch bei Instrumentalmusiken die Orchester so viel als möglich versteckt haben, weil man durch die mechanischen Bemühungen und durch die notdürftigen, immer seltsamen Gebärden der Instrumentenspieler so sehr zerstreut und verwirrt werde. Er pflegte daher eine Musik nicht anders als mit zugeschlossenen Augen anzuhören, um sein ganzes Dasein auf den einzigen reinen Genuß des Ohrs zu konzentrieren.

Sie wollten eben den Saal verlassen, als sie die Kinder in dem Gange heftig laufen und den Felix rufen hörten: Nein ich! nein ich!

Mignon warf sich zuerst zur geöffneten Türe herein; sie war außer Atem, und konnte kein Wort sagen; Felix, noch in einiger Entfernung, rief: Mutter Therese ist da! Die Kinder hatten, so schien es, die Nachricht zu überbringen, einen

Wettlauf angestellt. Mignon lag in Nataliens Armen, ihr Herz pochte gewaltsam.

Böses Kind, sagte Natalie, ist dir nicht alle heftige Bewegung untersagt? Sieh, wie dein Herz schlägt?

Laß es brechen! sagte Mignon, mit einem tiefen Seufzer, es schlägt schon zu lange.

Man hatte sich von dieser Verwirrung, von dieser Art von Bestürzung kaum erholt, als Therese hereintrat. Sie flog auf Natalien zu, umarmte sie und das gute Kind. Dann wendete sie sich zu Wilhelmen, sah ihn mit ihren klaren Augen an, und sagte: Nun, mein Freund, wie steht es, Sie haben sich doch nicht irre machen lassen? Er tat einen Schritt gegen sie, sie sprang auf ihn zu und hing an seinem Halse. O meine Therese! rief er aus.

Mein Freund! mein Geliebter! mein Gatte! ja auf ewig die deine! rief sie unter den lebhaftesten Küssen.

Felix zog sie am Rocke und rief: Mutter Therese, ich bin auch da! Natalie stand und sah vor sich hin; Mignon fuhr auf einmal mit der linken Hand nach dem Herzen und indem sie den rechten Arm heftig ausstreckte, fiel sie mit einem Schrei zu Nataliens Füßen für tot nieder.

Der Schrecken war groß: keine Bewegung des Herzens noch des Pulses war zu spüren. Wilhelm nahm sie auf seinen Arm und trug sie eilig hinauf, der schlotternde Körper hing über seine Schultern. Die Gegenwart des Arztes gab wenig Trost; er und der junge Wundarzt, den wir schon kennen, bemühten sich vergebens. Das liebe Geschöpf war nicht in's Leben zurückzurufen.

Natalie winkte Theresen. Diese nahm ihren Freund bei der Hand und führte ihn aus dem Zimmer. Er war stumm und ohne Sprache, und hatte den Mut nicht, ihren Augen zu begegnen. So saß er neben ihr auf dem Kanapee, auf dem er Natalien zuerst angetroffen hatte. Er dachte mit großer Schnelle eine Reihe von Schicksalen durch, oder vielmehr er dachte nicht, er ließ das auf seine Seele wirken, was er nicht entfernen konnte. Es gibt Augenblicke des Lebens, in welchen die

Begebenheiten, gleich geflügelten Weberschiffchen, vor uns sich hin und wieder bewegen, und unaufhaltsam ein Gewebe vollenden, das wir mehr oder weniger selbst gesponnen und angelegt haben. Mein Freund! sagte Therese, mein Geliebter! indem sie das Stillschweigen unterbrach, und ihn bei der Hand nahm: laß uns diesen Augenblick fest zusammenhalten, wie wir noch öfters, vielleicht in ähnlichen Fällen, werden zu tun haben. Dies sind die Ereignisse, welche zu ertragen man zu zweien in der Welt sein muß. Bedenke, mein Freund, fühle, daß du nicht allein bist, zeige, daß du deine Therese liebst, zuerst dadurch, daß du deine Schmerzen ihr mitteilst! Sie umarmte ihn und schloß ihn sanft an ihren Busen; er faßte sie in seine Arme, und drückte sie mit Heftigkeit an sich. Das arme Kind, rief er aus, suchte in traurigen Augenblicken Schutz und Zuflucht an meinem unsichern Busen; laß die Sicherheit des deinigen mir in dieser schrecklichen Stunde zu Gute kommen. Sie hielten sich fest umschlossen, er fühlte ihr Herz an seinem Busen schlagen, aber in seinem Geiste war es öde und leer; nur die Bilder Mignons und Nataliens schwebten wie Schatten vor seiner Einbildungskraft.

Natalie trat herein. Gib uns deinen Segen! rief Therese, laß uns in diesem traurigen Augenblicke vor dir verbunden sein. – Wilhelm hatte sein Gesicht an Theresens Halse verborgen; er war glücklich genug weinen zu können. Er hörte Natalien nicht kommen, er sah sie nicht, nur bei dem Klang ihrer Stimme verdoppelten sich seine Tränen. – Was Gott zusammengefügt, will ich nicht scheiden, sagte Natalie lächelnd, aber verbinden kann ich euch nicht, und kann nicht loben, daß Schmerz und Neigung die Erinnerung an meinen Bruder völlig aus euren Herzen zu verbannen scheint. Wilhelm riß sich bei diesen Worten aus den Armen Theresens. Wo wollen Sie hin? riefen beide Frauen. Lassen Sie mich das Kind sehen, rief er aus, das ich getötet habe! Das Unglück, das wir mit Augen sehen, ist geringer, als wenn unsere Einbildungskraft das Übel gewaltsam in unser Gemüt einsenkt; lassen Sie uns den abgeschiedenen Engel sehen! Seine heitere Miene wird uns sagen, daß ihm wohl ist! – Da die Freundinnen den bewegten Jüngling nicht abhalten konnten, folgten sie ihm, aber der gute Arzt, der mit dem Chirurgus ihnen entgegen kam, hielt sie ab sich der Verblichenen zu nähern, und sagte: Halten Sie sich von diesem traurigen Gegenstande entfernt, und erlauben Sie mir, daß ich den Resten dieses sonderbaren Wesens, so viel meine Kunst vermag, einige Dauer gebe. Ich will die schöne Kunst, einen Körper nicht allein zu balsamieren, sondern ihm auch ein lebendiges Ansehn zu erhalten, bei diesem geliebten Geschöpfe sogleich anwenden. Da ich ihren Tod voraussah, habe ich alle Anstalten gemacht, und mit diesem Gehülfen hier soll mir's gelingen. Erlauben Sie mir nur noch einige Tage Zeit, und verlangen Sie das liebe Kind nicht wieder zu sehen, bis wir es in den Saal der Vergangenheit gebracht haben.

Der junge Chirurgus hatte jene merkwürdige Instrumententasche wieder in Händen. Von wem kann er sie wohl haben? fragte Wilhelm den Arzt. Ich kenne sie sehr gut, versetzte Natalie, er hat sie von seinem Vater, der Sie damals im Walde verband.

O so habe ich mich nicht geirrt, rief Wilhelm, ich erkannte das Band sogleich! Treten Sie mir es ab! Es brachte mich zuerst wieder auf die Spur von meiner Wohltäterin. Wie viel Wohl und Wehe überdauert nicht ein solches lebloses Wesen! Bei wie viel Schmerzen war dies Band nicht schon gegenwärtig, und seine Fäden halten noch immer! Wie vieler Menschen letzten Augenblick hat es schon begleitet, und seine Farben sind noch nicht verblichen! Es war gegenwärtig in einem der schönsten Augenblicke meines Lebens, da ich verwundet auf der Erde lag, und Ihre hülfreiche Gestalt vor mir erschien, als das Kind mit blutigen Haaren, mit der zärtlichsten Sorgfalt für mein Leben besorgt war, dessen frühzeitigen Tod wir nun beweinen.

Die Freunde hatten nicht lange Zeit, sich über diese traurige Begebenheit zu unterhalten, und Fräulein Theresen über das Kind und über die wahrscheinliche Ursache seines unerwarteten Todes aufzuklären; denn es wurden Fremde gemeldet, die, als sie sich zeigten, keinesweges fremd waren. Lothario, Jarno, der Abbé traten herein. Natalie ging ihrem Bruder entgegen; unter den Übrigen entstand ein augenblickliches Stillschweigen. Therese sagte lächelnd zu Lothario: Sie glaubten wohl kaum mich hier zu finden; wenigstens ist es eben nicht rätlich, daß wir uns in diesem Augenblick aufsuchen; indessen sei'n Sie mir nach einer so langen Abwesenheit herzlich gegrüßt.

Lothario reichte ihr die Hand, und versetzte: Wenn wir einmal leiden und entbehren sollen, so mag es immerhin auch in der Gegenwart des geliebten wünschenswerten Gutes geschehen. Ich verlange keinen Einfluß auf Ihre Entschließung, und mein Vertrauen auf Ihr Herz, auf Ihren Verstand und reinen Sinn ist noch immer so groß, daß ich Ihnen mein Schicksal und das Schicksal meines Freundes gerne in die Hand lege.

Das Gespräch wendete sich sogleich zu allgemeinen, ja, man darf sagen, zu unbedeutenden Gegenständen. Die Gesellschaft trennte sich bald zum Spazierengehen in einzelne Paare. Natalie war mit Lothario, Therese mit dem Abbé gegangen, und Wilhelm war mit Jarno auf dem Schlosse geblieben.

Die Erscheinung der drei Freunde in dem Augenblick, da Wilhelmen ein schwerer Schmerz auf der Brust lag, hatte, statt ihn zu zerstreuen, seine Laune gereizt und verschlimmert; er war verdrießlich und argwöhnisch, und konnte und wollte es nicht verhehlen, als Jarno ihn über sein mürrisches Stillschweigen zur Rede setzte. Was braucht's da weiter? rief Wilhelm aus. Lothario kommt mit seinen Beiständen, und es wäre wunderbar, wenn jene geheimnisvollen Mächte des Turms, die immer so geschäftig sind, jetzt nicht auf uns wirken, und ich weiß nicht was für einen seltsamen Zweck mit und an uns ausführen sollten. So viel ich diese heiligen Männer kenne, scheint es jederzeit ihre löbliche Absicht, das Verbundene zu trennen und das Getrennte zu verbinden. Was daraus für ein Gewebe entstehen kann, mag wohl unsern unheiligen Augen ewig ein Rätsel bleiben.

Sie sind verdrießlich und bitter, sagte Jarno, das ist recht schön und gut. Wenn Sie nur erst einmal recht böse werden, wird es noch besser sein.

Dazu kann auch Rat werden, versetzte Wilhelm, und ich fürchte sehr, daß man Lust hat meine angeborne und angebildete Geduld diesmal auf's äußerste zu reizen.

So möchte ich Ihnen denn doch, sagte Jarno, indessen, bis wir sehen wo unsere Geschichten hinaus wollen, etwas von dem Turme erzählen, gegen den Sie ein so großes Mißtrauen zu hegen scheinen.

Es steht bei Ihnen, versetzte Wilhelm, wenn Sie es auf meine Zerstreuung hin wagen wollen. Mein Gemüt ist so vielfach beschäftigt, daß ich nicht weiß, ob es an diesen würdigen Abenteuern den schuldigen Teil nehmen kann.

Ich lasse mich, sagte Jarno, durch Ihre angenehme Stimmung nicht abschrecken, Sie über diesen Punkt aufzuklären. Sie halten mich für einen gescheiten Kerl, und Sie sollen mich auch noch für einen ehrlichen halten, und, was mehr ist, diesmal hab' ich Auftrag. – Ich wünschte, versetzte Wilhelm, Sie sprächen aus eigner Bewegung und aus gutem Willen mich aufzuklären; und da ich Sie nicht ohne Mißtrauen hören kann, warum soll ich Sie anhören? – Wenn ich jetzt nichts Besseres zu tun habe, sagte Jarno, als Märchen zu erzählen, so haben Sie ja auch wohl Zeit ihnen einige Aufmerksamkeit zu widmen; vielleicht sind Sie dazu geneigter, wenn ich Ihnen gleich anfangs sage: alles, was Sie im Turme gesehen haben, sind eigentlich nur noch Reliquien von einem jugendlichen Unternehmen, bei dem es anfangs den meisten Eingeweihten großer Ernst war, und über das nun alle gelegentlich nur lächeln.

Also mit diesen würdigen Zeichen und Worten spielt man nur, rief Wilhelm aus, man führt uns mit Feierlichkeit an einen Ort, der uns Ehrfurcht einflößt, man läßt uns die wunderlichsten Erscheinungen sehen, man gibt uns Rollen voll herrlicher geheimnisreicher Sprüche, davon wir freilich das Wenigste verstehn, man eröffnet uns, daß wir bisher Lehrlinge waren, man spricht uns los, und wir sind so klug wie vorher. – Haben Sie das Pergament nicht bei der Hand? fragte Jarno, es enthält viel Gutes: denn jene allgemeinen Sprüche sind nicht aus der Luft gegriffen; freilich scheinen sie demjenigen leer und dunkel, der sich keiner Erfahrung dabei erinnert. Geben Sie mir den sogenannten Lehrbrief doch, wenn er in der Nähe ist. – Gewiß ganz nah, versetzte Wilhelm, so ein Amulett sollte man immer auf der Brust tragen. – Nun, sagte Jarno lächelnd: wer weiß ob der Inhalt nicht einmal in Ihrem Kopf und Herzen Platz findet.

Jarno blickte hinein, und überlief die erste Hälfte mit den Augen. Diese, sagte er, bezieht sich auf die Ausbildung des Kunstsinnes, wovon andere sprechen mögen; die zweite handelt vom Leben, und da bin ich besser zu Hause.

Er fing darauf an Stellen zu lesen, sprach dazwischen und knüpfte Anmerkungen und Erzählungen mit ein. Die Neigung der Jugend zum Geheimnis, zu Zeremonien und großen Worten ist außerordentlich, und oft ein Zeichen einer gewissen Tiefe des Charakters. Man will in diesen Jahren sein ganzes Wesen, wenn auch nur dunkel und unbestimmt, ergriffen und berührt fühlen. Der Jüngling, der vieles ahnet, glaubt in einem Geheimnisse viel zu finden, in ein Geheimnis viel legen und durch dasselbe wirken zu müssen. In diesen Gesinnungen bestärkte der Abbé eine junge Gesellschaft, teils nach seinen Grundsätzen, teils aus Neigung und Gewohnheit, da er wohl ehemals mit einer Gesellschaft in Verbindung stand, die selbst viel im Verborgenen gewirkt haben mochte. Ich konnte mich am wenigsten in dieses Wesen finden. Ich war älter als die andern, ich hatte von Jugend auf klar gesehen, und wünschte in allen Dingen nichts als Klarheit; ich hatte kein ander Interesse, als die Welt zu kennen wie sie war, und steckte mit dieser Liebhaberei die übrigen besten Gefährten an, und fast hätte darüber unsere ganze Bildung eine falsche Richtung genommen: denn wir fingen an nur die Fehler der andern und ihre Beschränkung zu sehen, und uns selbst für treffliche Wesen zu halten. Der Abbé kam uns zu Hülfe und lehrte uns, daß man die Menschen nicht beobachten müsse, ohne sich für ihre Bildung zu interessieren, und daß man sich selbst eigentlich nur in der Tätigkeit zu beobachten und zu erlauschen im Stande sei. Er riet uns jene ersten Formen der Gesellschaft beizubehalten; es blieb daher etwas Gesetzliches in unsern Zusammenkünften, man sah wohl die ersten mystischen Eindrücke auf die Einrichtung des Ganzen, nachher nahm es, wie durch ein Gleichnis, die Gestalt eines Handwerks an, das sich bis zur Kunst erhob. Daher kamen die Benennungen von Lehrlingen, Gehülfen und Meistern. Wir wollten mit eigenen Augen sehen und uns ein eigenes Archiv unserer Weltkenntnis bilden; daher entstanden die vielen Konfessionen, die wir teils selbst schrieben, teils wozu wir andere veranlaßten, und aus denen nachher die Lehrjahre zusammengesetzt wurden. Nicht allen Menschen ist es eigentlich um ihre Bildung zu tun; viele wünschen nur so ein Hausmittel zum Wohlbefinden, Rezepte zum Reichtum und zu jeder Art von Glückseligkeit. Alle diese, die nicht auf ihre Füße gestellt sein wollten, wurden mit Mystifikationen und anderm Hokus Pokus teils aufgehalten, teils bei Seite gebracht. Wir sprachen nach unserer Art nur diejenigen los, die lebhaft fühlten und deutlich bekannten, wozu sie geboren seien, und die sich genug geübt hatten, um, mit einer gewissen Fröhlichkeit und Leichtigkeit, ihren Weg zu verfolgen.

So haben Sie sich mit mir sehr übereilt, versetzte Wilhelm: denn was ich kann, will oder soll, weiß ich, gerade seit jenem Augenblick, am allerwenigsten. – Wir sind ohne Schuld in diese Verwirrung geraten, das gute Glück mag uns wieder heraushelfen; indessen hören Sie nur: derjenige, an dem viel zu entwickeln ist, wird später über sich und die Welt aufgeklärt. Es sind nur wenige, die den Sinn haben und zugleich zur Tat fähig sind. Der Sinn erweitert, aber lähmt; die Tat belebt, aber beschränkt.

Ich bitte Sie, fiel Wilhelm ein, lesen Sie mir von diesen

wunderlichen Worten nichts mehr! Diese Phrasen haben mich schon verwirrt genug gemacht. – So will ich bei der Erzählung bleiben, sagte Jarno, indem er die Rolle halb zuwikkelte, und nur manchmal einen Blick hinein tat. Ich selbst habe der Gesellschaft und den Menschen am wenigsten genutzt; ich bin ein sehr schlechter Lehrmeister, es ist mir unerträglich zu sehen, wenn jemand ungeschickte Versuche macht, einem Irrenden muß ich gleich zurufen, und wenn es ein Nachtwandler wäre, den ich in Gefahr sähe geraden Weges den Hals zu brechen. Darüber hatte ich nun immer meine Not mit dem Abbé, der behauptet, der Irrtum könne nur durch das Irren geheilt werden. Auch über Sie haben wir uns oft gestritten; er hatte Sie besonders in Gunst genommen, und es will schon etwas heißen in dem hohen Grade seine Aufmerksamkeit auf sich zu ziehen. Sie müssen mir nachsagen, daß ich Ihnen, wo ich Sie antraf, die reine Wahrheit sagte. – Sie haben mich wenig geschont, sagte Wilhelm, und Sie scheinen Ihren Grundsätzen treu zu bleiben. – Was ist denn da zu schonen, versetzte Jarno, wenn ein junger Mensch von mancherlei guten Anlagen eine ganz falsche Richtung nimmt? – Verzeihen Sie, sagte Wilhelm, Sie haben mir streng genug alle Fähigkeit zum Schauspieler abgesprochen; ich gestehe Ihnen, daß ob ich gleich dieser Kunst ganz entsagt habe, so kann ich mich doch unmöglich bei mir selbst dazu für ganz unfähig erklären. – Und bei mir, sagte Jarno, ist es doch so rein entschieden, daß wer sich nur selbst spielen kann, kein Schauspieler ist. Wer sich nicht dem Sinn und der Gestalt nach in viele Gestalten verwandeln kann, verdient nicht diesen Namen. So haben Sie, zum Beispiel, den Hamlet und einige andere Rollen recht gut gespielt, bei denen Ihr Charakter, Ihre Gestalt und die Stimmung des Augenblicks Ihnen zu Gute kamen. Das wäre nun für ein Liebhabertheater und für einen jeden gut genug, der keinen andern Weg vor sich sähe. Man soll sich, fuhr Jarno fort, indem er auf die Rolle sah, vor einem Talente hüten, das man in Vollkommenheit auszuüben nicht Hoffnung hat. Man mag es darin so weit bringen, als man will, so wird man doch immer zuletzt, wenn uns einmal das Verdienst des Meisters klar wird, den Verlust von Zeit und Kräften, die man auf eine solche Pfuscherei gewendet hat, schmerzlich bedauern.

Lesen Sie nichts! sagte Wilhelm, ich bitte Sie inständig, sprechen Sie fort, erzählen Sie mir, klären Sie mich auf! Und so hat also der Abbé mir zum Hamlet geholfen, indem er einen Geist herbeischaffte? – Ja, denn er versicherte, daß es der einzige Weg sei Sie zu heilen, wenn Sie heilbar wären. – Und darum ließ er mir den Schleier zurück, und hieß mich fliehen? – Ja, er hoffte sogar mit der Vorstellung des Hamlets sollte Ihre ganze Lust gebüßt sein. Sie würden nachher das Theater nicht wieder betreten, behauptete er; ich glaubte das Gegenteil und behielt Recht. Wir stritten noch selbigen Abend nach der Vorstellung darüber. – Und Sie haben mich also spielen sehen? – O gewiß! – Und wer stellte denn den Geist vor? – Das kann ich selbst nicht sagen, entweder der Abbé oder sein Zwillingsbruder, doch glaub' ich dieser, denn er ist um ein weniges größer. – Sie haben also auch Geheimnisse unter einander? – Freunde können und müssen Geheimnisse vor einander haben; sie sind einander doch kein Geheimnis.

Es verwirrt mich schon das Andenken dieser Verworrenheit. Klären Sie mich über den Mann auf, dem ich so viel schuldig bin, und dem ich so viel Vorwürfe zu machen habe.

Was ihn uns so schätzbar macht, versetzte Jarno, was ihm gewissermaßen die Herrschaft über uns alle erhält, ist der freie und scharfe Blick, den ihm die Natur über alle Kräfte, die im Menschen nur wohnen, und wovon sich jede in ihrer Art ausbilden läßt, gegeben hat. Die meisten Menschen, selbst die vorzüglichen, sind nur beschränkt; jeder schätzt gewisse Eigenschaften an sich und andern; nur die begünstigt er, nur die will er ausgebildet wissen. Ganz entgegengesetzt wirkt der Abbé, er hat Sinn für alles, Lust an allem, es zu erkennen und zu befördern. Da muß ich doch wieder in die Rolle sehen! fuhr Jarno fort: Nur alle Menschen machen die

Menschheit aus, nur alle Kräfte zusammengenommen die Welt. Diese sind unter sich oft im Widerstreit, und indem sie sich zu zerstören suchen, hält sie die Natur zusammen und bringt sie wieder hervor. Von dem geringsten tierischen Handwerkstriebe bis zur höchsten Ausübung der geistigsten Kunst, vom Lallen und Jauchzen des Kindes bis zur trefflichsten Äußerung des Redners und Sängers, vom ersten Balgen der Knaben bis zu den ungeheuren Anstalten, wodurch Länder erhalten und erobert werden, vom leichtesten Wohlwollen und der flüchtigsten Liebe bis zur heftigsten Leidenschaft und zum ernstesten Bunde, von dem reinsten Gefühl der sinnlichen Gegenwart bis zu den leisesten Ahnungen und Hoffnungen der entferntesten geistigen Zukunft, alles das und weit mehr liegt im Menschen, und muß ausgebildet werden; aber nicht in einem, sondern in vielen. Jede Anlage ist wichtig, und sie muß entwickelt werden. Wenn einer nur das Schöne, der andere nur das Nützliche befördert, so machen beide zusammen erst einen Menschen aus. Das Nützliche befördert sich selbst, denn die Menge bringt es hervor, und alle können's nicht entbehren; das Schöne muß befördert werden, denn wenige stellen's dar, und viele bedürfen's.

Halten Sie inne! rief Wilhelm, ich habe das alles gelesen. – Nur noch einige Zeilen, versetzte Jarno, hier find' ich den Abbé ganz wieder: eine Kraft beherrscht die andere, aber keine kann die andere bilden; in jeder Anlage liegt auch allein die Kraft sich zu vollenden; das verstehen so wenig Menschen, die doch lehren und wirken wollen. – Und ich verstehe es auch nicht, versetzte Wilhelm. – Sie werden über diesen Text den Abbé noch oft genug hören, und so lassen Sie uns nur immer recht deutlich sehen und festhalten, was an *uns* ist, und was wir an *uns* ausbilden können; lassen Sie uns gegen die andern gerecht sein, denn wir sind nur in so fern zu achten, als wir zu schätzen wissen. – Um Gottes willen! keine Sentenzen weiter! ich fühle sie sind ein schlechtes Heilmittel für ein verwundetes Herz. Sagen Sie mir lieber, mit Ihrer grausamen Bestimmtheit, was Sie von mir erwarten, und wie und auf welche Weise Sie mich aufopfern wollen. – Jeden Verdacht, ich versichere Sie, werden Sie uns künftig abbitten. Es ist Ihre Sache zu prüfen und zu wählen, und die unsere Ihnen beizustehn. Der Mensch ist nicht eher glücklich, als bis sein unbedingtes Streben sich selbst seine Begränzung bestimmt. Nicht an mich halten Sie sich, sondern an den Abbé; nicht an sich denken Sie, sondern an das, was Sie umgibt. Lernen Sie zum Beispiel Lothario's Trefflichkeit einsehen, wie sein Überblick und seine Tätigkeit unzertrennlich mit einander verbunden sind, wie er immer im Fortschreiten ist, wie er sich ausbreitet und jeden mit fortreißt. Er führt, wo er auch sei, eine Welt mit sich, seine Gegenwart belebt und feuert an. Sehen Sie unsern guten Medicus dagegen! Es scheint gerade die entgegengesetzte Natur zu sein. Wenn jener nur in's Ganze und auch in die Ferne wirkt, so richtet dieser seinen hellen Blick nur auf die nächsten Dinge, er verschafft mehr die Mittel zur Tätigkeit, als daß er die Tätigkeit hervorbrächte und belebte; sein Handeln sieht einem guten Wirtschaften vollkommen ähnlich, seine Wirksamkeit ist still, indem er einen jeden in seinem Kreis befördert; sein Wissen ist ein beständiges Sammeln und Ausspenden, ein Nehmen und Mitteilen im Kleinen. Vielleicht könnte Lothario in einem Tage zerstören, woran dieser Jahre lang gebaut hat; aber vielleicht teilt auch Lothario, in einem Augenblick, andern die Kraft mit, das Zerstörte hundertfältig wieder herzustellen. – Es ist ein trauriges Geschäft, sagte Wilhelm, wenn man über die reinen Vorzüge der andern in einem Augenblicke denken soll, da man mit sich selbst uneins ist; solche Betrachtungen stehen dem ruhigen Manne wohl an, nicht dem, der von Leidenschaft und Ungewißheit bewegt ist. – Ruhig und vernünftig zu betrachten ist zu keiner Zeit schädlich, und indem wir uns gewöhnen über die Vorzüge anderer zu denken, stellen sich die unsern unvermerkt selbst an ihren Platz, und jede falsche Tätigkeit, wozu uns die Phantasie lockt, wird alsdann gern von uns aufgegeben. Befreien Sie wo möglich Ihren Geist von allem Argwohn und aller Ängstlichkeit! Dort kommt der Abbé, sein Sie ja freundlich gegen ihn bis Sie noch mehr erfahren, wie viel Dank Sie ihm schuldig sind. Der Schalk! Da geht er zwischen Natalien und Theresen, ich wollte wetten, er denkt sich was aus. So wie er überhaupt gern ein wenig das Schicksal spielt, so läßt er auch nicht von der Liebhaberei, manchmal eine Heirat zu stiften.

Wilhelm, dessen leidenschaftliche und verdrießliche Stimmung durch alle die klugen und guten Worte Jarno's nicht verbessert worden war, fand höchst undelikat, daß sein Freund, gerade in diesem Augenblick, eines solchen Verhältnisses erwähnte, und sagte, zwar lächelnd, doch nicht ohne Bitterkeit: Ich dächte man überließe die Liebhaberei, Heiraten zu stiften, Personen die sich lieb haben.

Sechstes Kapitel

Die Gesellschaft hatte sich eben wieder begegnet, und unsere Freunde sahen sich genötigt, das Gespräch abzubrechen. Nicht lange, so ward ein Kurier gemeldet, der einen Brief in Lothario's eigene Hände übergeben wollte; der Mann ward vorgeführt, er sah rüstig und tüchtig aus, seine Livree war sehr reich und geschmackvoll. Wilhelm glaubte ihn zu kennen, und er irrte sich nicht, es war derselbe Mann, den er damals Philinen und der vermeinten Mariane nachgeschickt hatte, und der nicht wieder zurückgekommen war. Eben wollte er ihn anreden, als Lothario, der den Brief gelesen hatte, ernsthaft und fast verdrießlich fragte: Wie heißt sein Herr?

Das ist unter allen Fragen, versetzte der Kurier mit Bescheidenheit, auf die ich am wenigsten zu antworten weiß; ich hoffe der Brief wird das Nötige vermelden; mündlich ist mir nichts aufgetragen.

Es sei wie ihm sei, versetzte Lothario mit Lächeln, da sein Herr das Zutrauen zu mir hat, mir so hasenfüßig zu schreiben, so soll er uns willkommen sein. Er wird nicht lange auf sich warten lassen, versetzte der Kurier mit einer Verbeugung, und entfernte sich.

Vernehmet nur, sagte Lothario, die tolle abgeschmackte Botschaft. Da unter allen Gästen, so schreibt der Unbekannte, ein guter Humor der angenehmste Gast sein soll, wenn er sich einstellt, und ich denselben als Reisegefährten beständig mit mir herumführe, so bin ich überzeugt, der Besuch, den ich Ew. Gnaden und Liebden zugedacht habe, wird nicht übel vermerkt werden, vielmehr hoffe ich mit der sämtlichen hohen Familie vollkommener Zufriedenheit anzulangen, und gelegentlich mich wieder zu entfernen, der ich mich, und so weiter, Graf von Schneckenfuß.

Das ist eine neue Familie, sagte der Abbé.

Es mag ein Vikariatsgraf sein, versetzte Jarno.

Das Geheimnis ist leicht zu erraten, sagte Natalie; ich wette es ist Bruder Friedrich, der uns schon seit dem Tode des Oheims mit einem Besuche droht.

Getroffen! schöne und weise Schwester, rief jemand aus einem nahen Busche, und zugleich trat ein angenehmer, heiterer, junger Mann hervor; Wilhelm konnte sich kaum eines Schreies enthalten. Wie? rief er, unser blonder Schelm, der soll mir auch hier noch erscheinen? Friedrich ward aufmerksam, sah Wilhelmen an und rief: Wahrlich, weniger erstaunt wär' ich gewesen, die berühmten Pyramiden, die doch in Ägypten so fest stehen, oder das Grab des Königs Mausolus, das, wie man mir versichert hat, gar nicht mehr existiert, hier in dem Garten meines Oheims zu finden, als euch meinen alten Freund und vielfachen Wohltäter. Seid mir besonders und schönstens gegrüßt!

Nachdem er rings herum alles bewillkommt und geküßt hatte, sprang er wieder auf Wilhelmen los, und rief: Haltet mir ihn ja warm diesen Helden, Heerführer und dramatischen Philosophen! Ich habe ihn bei unserer ersten Bekanntschaft schlecht, ja, ich darf wohl sagen, mit der Hechel frisiert, und er hat mir doch nachher eine tüchtige Tracht Schläge erspart. Er ist großmütig wie Scipio, freigebig wie Alexander, gelegentlich auch verliebt, doch ohne seine Nebenbuhler zu hassen. Nicht etwa, daß er seinen Feinden Kohlen auf's Haupt sammelte, welches, wie man sagt, ein schlechter Dienst sein soll, den man jemanden erzeigen kann, nein, er schickt vielmehr den Freunden, die ihm sein Mädchen entführen, gute und treue Diener nach, damit ihr Fuß an keinen Stein stoße.

In diesem Geschmack fuhr er unaufhaltsam fort, ohne daß jemand ihm Einhalt zu tun im Stande gewesen wäre, und da niemand in dieser Art ihm erwidern konnte, so behielt er das Wort ziemlich allein. Verwundert euch nicht, rief er aus, über meine große Belesenheit in heiligen und Profan-Skribenten; ihr sollt erfahren, wie ich zu diesen Kenntnissen gelangt bin. Man wollte von ihm wissen, wie es ihm gehe, wo er herkomme; allein er konnte vor lauter Sittensprüchen und alten Geschichten nicht zur deutlichen Erklärung gelangen.

Natalie sagte leise zu Theresen: Seine Art von Lustigkeit tut mir wehe; ich wollte wetten, daß ihm dabei nicht wohl ist.

Da Friedrich, außer einigen Späßen, die ihm Jarno erwiderte, keinen Anklang für seine Possen in der Gesellschaft fand, sagte er: Es bleibt mir nichts übrig als mit der ernsthaften Familie auch ernsthaft zu werden, und weil mir, unter solchen bedenklichen Umständen, sogleich meine sämtliche Sündenlast schwer auf die Seele fällt, so will ich mich kurz und gut zu einer Generalbeichte entschließen, wovon ihr aber, meine werten Herrn und Damen, nichts vernehmen sollt. Dieser edle Freund hier, dem schon einiges von meinem Leben und Tun bekannt ist, soll es allein erfahren, um so mehr, als er allein darnach zu fragen einige Ursache hat. Wäret ihr nicht neugierig zu wissen, fuhr er gegen Wilhelmen fort, wie und wo? wer? wann und warum? wie sieht's mit der Konjugation des griechischen Verbi Philéo, Philoh? und mit den Derivativis dieses allerliebsten Zeitwortes aus?

Somit nahm er Wilhelmen bei'm Arme, führte ihn fort, indem er ihn auf alle Weise drückte und küßte.

Kaum war Friedrich auf Wilhelms Zimmer gekommen, als er im Fenster ein Pudermesser liegen fand, mit der Inschrift: *Gedenke mein.* Ihr hebt eure werten Sachen gut auf! sagte er;

wahrlich das ist Philinens Pudermesser, das sie euch jenen Tag schenkte, als ich euch so gerauft hatte. Ich hoffe ihr habt des schönen Mädchens fleißig dabei gedacht, und versichere euch, sie hat euch auch nicht vergessen, und wenn ich nicht jede Spur von Eifersucht schon lange aus meinem Herzen verbannt hätte, so würde ich euch nicht ohne Neid ansehen.

Reden Sie nichts mehr von diesem Geschöpfe, versetzte Wilhelm. Ich leugne nicht, daß ich den Eindruck ihrer angenehmen Gegenwart lange nicht los werden konnte, aber das war auch alles.

Pfui! schämt euch, rief Friedrich, wer wird eine Geliebte verleugnen? und ihr habt sie so complet geliebt, als man es nur wünschen konnte. Es verging kein Tag, daß ihr dem Mädchen nicht etwas schenktet, und wenn der Deutsche schenkt, liebt er gewiß. Es blieb mir nichts übrig, als sie euch zuletzt wegzuputzen, und dem roten Offizierchen ist es denn auch endlich geglückt.

Wie? Sie waren der Offizier, den wir bei Philinen antrafen, und mit dem sie wegreis'te?

Ja, versetzte Friedrich, den Sie für Marianen hielten. Wir haben genug über den Irrtum gelacht.

Welche Grausamkeit! rief Wilhelm, mich in einer solchen Ungewißheit zu lassen.

Und noch dazu den Kurier, den Sie uns nachschickten, gleich in Dienste zu nehmen! versetzte Friedrich. Es ist ein tüchtiger Kerl, und ist diese Zeit nicht von unserer Seite gekommen. Und das Mädchen lieb' ich noch immer so rasend, wie jemals. Mir hat sie's ganz eigens angetan, daß ich mich ganz nahezu in einem mythologischen Falle befinde, und alle Tage befürchte verwandelt zu werden.

Sagen Sie mir nur, fragte Wilhelm, wo haben Sie Ihre ausgebreitete Gelehrsamkeit her? Ich höre mit Verwunderung der seltsamen Manier zu, die Sie angenommen haben, immer mit Beziehung auf alte Geschichten und Fabeln zu sprechen.

Auf die lustigste Weise, sagte Friedrich, bin ich gelehrt und zwar sehr gelehrt worden. Philine ist nun bei mir, wir haben einem Pachter das alte Schloß eines Rittergutes abgemietet, worin wir, wie die Kobolde, auf's lustigste leben. Dort haben wir eine zwar kompendiöse, aber doch ausgesuchte Bibliothek gefunden, enthaltend eine Bibel in Folio, Gottfrieds Chronik, zwei Bände Theatrum Europaeum, die Acerra Philologica, Gryphii Schriften und noch einige minder wichtige Bücher. Nun hatten wir denn doch, wenn wir ausgetobt hatten, manchmal lange Weile, wir wollten lesen, und ehe wir's uns versahen, ward unsere Weile noch länger. Endlich hatte Philine den herrlichen Einfall, die sämtlichen Bücher auf einem großen Tisch aufzuschlagen, wir setzten uns gegen einander und lasen gegen einander, und immer nur stellenweise, aus einem Buch wie aus dem andern. Das war nun eine rechte Lust! Wir glaubten wirklich in guter Gesellschaft zu sein, wo man für unschicklich hält, irgend eine Materie zu lange fortsetzen, oder wohl gar gründlich erörtern zu wollen; wir glaubten in lebhafter Gesellschaft zu sein, wo keins das andere zum Wort kommen läßt. Diese Unterhaltung geben wir uns regelmäßig alle Tage und werden dadurch nach und nach so gelehrt, daß wir uns selbst darüber verwundern. Schon finden wir nichts Neues mehr unter der Sonne, zu allem bietet uns unsere Wissenschaft einen Beleg an. Wir variieren diese Art uns zu unterrichten auf gar vielerlei Weise. Manchmal lesen wir nach einer alten verdorbenen Sanduhr, die in einigen Minuten ausgelaufen ist. Schnell dreht sie das andere herum, und fängt aus einem Buche zu lesen an, und kaum ist wieder der Sand im untern Glase, so beginnt das andere schon wieder seinen Spruch, und so studieren wir wirklich auf wahrhaft akademische Weise, nur daß wir kürzere Stunden haben, und unsere Studien äußerst mannichfaltig sind.

Diese Tollheit begreife ich wohl, sagte Wilhelm, wenn einmal so ein lustiges Paar beisammen ist; wie aber das lockere Paar so lange beisammen bleiben kann, das ist mir nicht so bald begreiflich.

Das ist, rief Friedrich, eben das Glück und das Unglück: Philine darf sich nicht sehen lassen, sie mag sich selbst nicht sehen, sie ist guter Hoffnung. Unförmlicher und lächerlicher ist nichts in der Welt als sie. Noch kurz ehe ich wegging, kam sie zufälligerweise vor den Spiegel. Pfui Teufel! sagte sie, und wendete das Gesicht ab, die leibhaftige Frau Melina! das garstige Bild! Man sieht doch ganz niederträchtig aus!

Ich muß gestehen, versetzte Wilhelm lächelnd, daß es ziemlich komisch sein mag, euch als Vater und Mutter beisammen zu sehen.

Es ist ein recht närrischer Streich, sagte Friedrich, daß ich noch zuletzt als Vater gelten soll. Sie behauptet's, und die Zeit trifft auch. Anfangs machte mich der verwünschte Besuch, den Sie euch nach dem Hamlet abgestattet hatte, ein wenig irre.

Was für ein Besuch?

Ihr werdet das Andenken daran doch nicht ganz und gar verschlafen haben? Das allerliebste fühlbare Gespenst jener Nacht, wenn ihr's noch nicht wißt, war Philine. Die Geschichte war mir freilich eine harte Mitgift, doch wenn man sich so etwas nicht mag gefallen lassen, so muß man gar nicht lieben. Die Vaterschaft beruht überhaupt nur auf der Überzeugung; ich bin überzeugt, und also bin ich Vater. Da seht ihr, daß ich die Logik auch am rechten Orte zu brauchen weiß. Und wenn das Kind sich nicht gleich nach der Geburt auf der Stelle zu Tode lacht, so kann es wo nicht ein nützlicher doch angenehmer Weltbürger werden.

Indessen die Freunde sich auf diese lustige Weise von leichtfertigen Gegenständen unterhielten, hatte die übrige Gesellschaft ein ernsthaftes Gespräch angefangen. Kaum hatten Friedrich und Wilhelm sich entfernt, als der Abbé die Freunde unvermerkt in einen Gartensaal führte, und, als sie Platz genommen hatten, seinen Vortrag begann.

Wir haben, sagte er, im Allgemeinen behauptet, daß Fräulein Therese nicht die Tochter ihrer Mutter sei; es ist nötig, daß wir uns hierüber auch nun im Einzelnen erklären. Hier ist die Geschichte, die ich sodann auf alle Weise zu belegen und zu beweisen mich erbiete.

Frau von *** lebte die ersten Jahre ihres Ehestandes mit ihrem Gemahl in dem besten Vernehmen, nur hatten sie das Unglück, daß die Kinder, zu denen einigemal Hoffnung war, tot zur Welt kamen, und bei dem dritten die Ärzte der Mutter beinahe den Tod verkündigten, und ihn bei einem folgenden als ganz unvermeidlich weissagten. Man war genötigt sich zu entschließen, man wollte das Eheband nicht aufheben, man befand sich, bürgerlich genommen, zu wohl. Frau von *** suchte in der Ausbildung ihres Geistes, in einer gewissen Repräsentation, in den Freuden der Eitelkeit, eine Art von Entschädigung für das Mutterglück, das ihr versagt war. Sie sah ihrem Gemahl mit sehr viel Heiterkeit nach, als er Neigung zu einem Frauenzimmer faßte, welche die ganze Haushaltung versah, eine schöne Gestalt und einen sehr soliden Charakter hatte. Frau von *** bot nach kurzer Zeit einer Einrichtung selbst die Hände, nach welcher das gute Mädchen sich Theresens Vater überließ, in der Besorgung des Hauswesens fortfuhr und gegen die Frau vom Hause fast noch mehr Dienstfertigkeit und Ergebung als vorher bezeigte.

Nach einiger Zeit erklärte sie sich guter Hoffnung, und die beiden Eheleute kamen bei dieser Gelegenheit, obwohl aus ganz verschiedenen Anlässen, auf einerlei Gedanken. Herr von *** wünschte das Kind seiner Geliebten als sein rechtmäßiges im Hause einzuführen, und Frau von ***, verdrießlich, daß durch die Indiskretion ihres Arztes ihr Zustand in der Nachbarschaft hatte verlauten wollen, dachte durch ein untergeschobenes Kind sich wieder in Ansehn zu setzen, und durch eine solche Nachgiebigkeit ein Übergewicht im Hause zu erhalten, das sie unter den übrigen Umständen zu verlieren fürchtete. Sie war zurückhaltender als ihr Gemahl, sie merkte ihm seinen Wunsch ab, und wußte, ohne ihm entgegen zu gehn, eine Erklärung zu erleichtern. Sie machte ihre Bedingungen, und erhielt fast alles, was sie verlangte, und so entstand das Testament, worin so wenig für das Kind gesorgt zu sein schien. Der alte Arzt war gestorben, man wendete sich an einen jungen, tätigen, gescheiten Mann, er ward gut belohnt, und er konnte selbst eine Ehre darin suchen, die Unschicklichkeit und Übereilung seines abgeschiedenen Kollegen in's Licht zu setzen und zu verbessern. Die wahre Mutter willigte nicht ungern ein, man spielte die Verstellung sehr gut, Therese kam zur Welt, und wurde einer Stiefmutter zugeeignet, indes ihre wahre Mutter ein Opfer dieser Verstellung ward, indem sie sich zu früh wieder heraus wagte, starb, und den guten Mann trostlos hinterließ.

Frau von *** hatte indessen ganz ihre Absicht erreicht, sie hatte vor den Augen der Welt ein liebenswürdiges Kind, mit dem sie übertrieben paradierte, sie war zugleich eine Nebenbuhlerin los geworden, deren Verhältnis sie denn doch mit neidischen Augen ansah, und deren Einfluß sie, für die Zukunft wenigstens, heimlich fürchtete; sie überhäufte das Kind mit Zärtlichkeit, und wußte ihren Gemahl in vertraulichen Stunden durch eine so lebhafte Teilnahme an seinem Verlust dergestalt an sich zu ziehen, daß er sich ihr, man kann wohl sagen, ganz ergab, sein Glück und das Glück ihres Kindes in ihre Hände legte, und kaum kurze Zeit vor seinem Tode, und noch gewissermaßen nur durch seine erwachsene Tochter, wieder Herr im Hause ward. Das war, schöne Therese, das Geheimnis, das Ihnen Ihr kranker Vater wahrscheinlich so gern entdeckt hätte, das ist's, was ich Ihnen jetzt, eben da der junge Freund, der durch die sonderbarste Verknüpfung von der Welt Ihr Bräutigam geworden ist, in der Gesellschaft fehlt, umständlich vorlegen wollte. Hier sind die Papiere, die auf's strengste beweisen, was ich behauptet habe. Sie werden daraus zugleich erfahren, wie lange ich schon dieser Entdeckung auf der Spur war, und wie ich doch erst jetzt zur Gewißheit kommen konnte; wie ich nicht wagte, meinem Freund etwas von der Möglichkeit des Glücks zu sagen, da es ihn zu tief gekränkt haben würde, wenn diese Hoffnung zum zweitenmale verschwunden wäre. Sie werden Lydiens Argwohn begreifen: denn ich gestehe gern, daß ich die Neigung unseres Freundes zu diesem guten Mädchen keineswegs begünstigte, seitdem ich seiner Verbindung mit Theresen wieder entgegen sah.

Niemand erwiderte etwas auf diese Geschichte. Die Frauenzimmer gaben die Papiere nach einigen Tagen zurück, ohne derselben weiter zu erwähnen.

Man hatte Mittel genug in der Nähe, die Gesellschaft, wenn sie beisammen war, zu beschäftigen, auch bot die Gegend so manche Reize dar, daß man sich gern darin teils einzeln, teils zusammen, zu Pferde, zu Wagen oder zu Fuße umsah. Jarno richtete, bei einer solchen Gelegenheit, seinen Auftrag an Wilhelmen aus, legte ihm die Papiere vor, schien aber weiter keine Entschließung von ihm zu verlangen.

In diesem höchst sonderbaren Zustand, in dem ich mich befinde, sagte Wilhelm darauf, brauche ich Ihnen nur das zu wiederholen, was ich sogleich Anfangs, in Gegenwart Nataliens, und gewiß mit einem reinen Herzen gesagt habe: Lothario und seine Freunde können jede Art von Entsagung von mir fordern, ich lege Ihnen hiermit alle meine Ansprüche an Theresen in die Hand, verschaffen Sie mir dagegen meine förmliche Entlassung. O! es bedarf, mein Freund, keines großen Bedenkens mich zu entschließen. Schon diese Tage hab' ich gefühlt, daß Therese Mühe hat nur einen Schein der Lebhaftigkeit, mit der sie mich zuerst hier begrüßte, zu erhalten. Ihre Neigung ist mir entwendet, oder vielmehr ich habe sie nie besessen.

Solche Fälle möchten sich wohl besser, nach und nach, unter Schweigen und Erwarten aufklären, versetzte Jarno, als durch vieles Reden, wodurch immer eine Art von Verlegenheit und Gährung entsteht.

Ich dächte vielmehr, sagte Wilhelm, daß gerade dieser Fall der ruhigsten und der reinsten Entscheidung fähig sei. Man hat mir so oft den Vorwurf des Zauderns und der Ungewißheit gemacht; warum will man jetzt, da ich entschlossen bin, geradezu einen Fehler, den man an mir tadelte, gegen mich selbst begehn? Gibt sich die Welt nur darum so viel Mühe uns zu bilden, um uns fühlen zu lassen, daß sie sich nicht bilden mag? Ja, gönnen Sie mir recht bald das heitere Gefühl, ein Mißverhältnis los zu werden, in das ich mit den reinsten Gesinnungen von der Welt geraten bin.

Ungeachtet dieser Bitte vergingen einige Tage, in denen er nichts von dieser Sache hörte, noch auch eine weitere Veränderung an seinen Freunden bemerkte; die Unterhaltung war vielmehr bloß allgemein und gleichgültig.

Siebentes Kapitel

Einst saßen Natalie, Jarno und Wilhelm zusammen, und Natalie begann: Sie sind nachdenklich, Jarno, ich kann es Ihnen schon einige Zeit abmerken.

Ich bin es, versetzte der Freund, und ich sehe ein wichtiges Geschäft vor mir, das bei uns schon lange vorbereitet ist, und jetzt notwendig angegriffen werden muß. Sie wissen schon etwas im Allgemeinen davon, und ich darf wohl vor unserm jungen Freunde davon reden, weil es auf ihn ankommen soll, ob er Teil daran zu nehmen Lust hat. Sie werden mich nicht lange mehr sehen, denn ich bin im Begriff nach Amerika überzuschiffen.

Nach Amerika? versetzte Wilhelm lächelnd; ein solches Abenteuer hätte ich nicht von Ihnen erwartet, noch weniger, daß Sie mich zum Gefährten ausersehen würden.

Wenn Sie unsern Plan ganz kennen, versetzte Jarno, so werden Sie ihm einen bessern Namen geben, und vielleicht für ihn eingenommen werden. Hören Sie mich an! Man darf nur ein wenig mit den Welthändeln bekannt sein, um zu bemerken, daß uns große Veränderungen bevorstehn, und daß die Besitztümer beinahe nirgends mehr recht sicher sind.

Ich habe keinen deutlichen Begriff von den Welthändeln, fiel Wilhelm ein, und habe mich erst vor kurzem um meine Besitztümer bekümmert. Vielleicht hätte ich wohl getan, sie mir noch länger aus dem Sinne zu schlagen, da ich bemerken muß, daß die Sorge für ihre Erhaltung so hypochondrisch macht.

Hören Sie mich aus, sagte Jarno, die Sorge geziemt dem Alter, damit die Jugend eine Zeitlang sorglos sein könne. Das Gleichgewicht in den menschlichen Handlungen kann leider nur durch Gegensätze hergestellt werden. Es ist gegenwärtig nichts weniger als rätlich nur an Einem Ort zu besitzen, nur Einem Platze sein Geld anzuvertrauen, und es ist wieder schwer an vielen Orten Aufsicht darüber zu führen; wir haben uns deswegen etwas anders ausgedacht: aus unserm alten Turm soll eine Sozietät ausgehen, die sich in alle Teile der Welt ausbreiten, in die man aus jedem Teile der Welt eintreten kann. Wir assekurieren uns unter einander unsere Existenz, auf den einzigen Fall, daß eine Staatsrevolution den einen oder den andern von seinen Besitztümern völlig vertriebe. Ich gehe nun hinüber nach Amerika, um die guten Verhältnisse zu benutzen, die sich unser Freund bei seinem dortigen Aufenthalt gemacht hat. Der Abbé will nach Rußland gehn, und Sie sollen die Wahl haben, wenn Sie sich an uns anschließen wollen, ob Sie Lothario in Deutschland beistehn, oder mit mir gehen wollen. Ich dächte Sie wählten das letzte: denn eine große Reise zu tun ist für einen jungen Mann äußerst nützlich.

Wilhelm nahm sich zusammen und antwortete: Der Antrag ist aller Überlegungen wert, denn mein Wahlspruch wird doch nächstens sein: je weiter weg, je besser. Sie werden mich, hoffe ich, mit Ihrem Plane näher bekannt machen. Es kann von meiner Unbekanntschaft mit der Welt herrühren, mir scheinen aber einer solchen Verbindung sich unüberwindliche Schwierigkeiten entgegen zu setzen.

Davon sich die meisten nur dadurch heben werden, versetzte Jarno, daß unser bis jetzt nur wenig sind, redliche, gescheite und entschlossene Leute, die einen gewissen allgemeinen Sinn haben, aus dem allein der gesellige Sinn entstehen kann.

Friedrich, der bisher nur zugehört hatte, versetzte darauf: Und wenn ihr mir ein gutes Wort gebt, gehe ich auch mit.

Jarno schüttelte den Kopf.

Nun, was habt ihr an mir auszusetzen? fuhr Friedrich fort. Bei einer neuen Kolonie werden auch junge Kolonisten erfordert, und die bring' ich gleich mit; auch lustige Kolonisten, das versichre ich euch. Und dann wüßte ich noch ein gutes junges Mädchen, das hierhüben nicht mehr am Platz ist, die süße reizende Lydie. Wo soll das arme Kind mit seinem Schmerz und Jammer hin, wenn sie ihn nicht gelegentlich in die Tiefe des Meeres werfen kann, und wenn sich nicht ein braver Mann ihrer annimmt? Ich dächte, mein Jugendfreund, da ihr doch im Gange seid, Verlassene zu trösten, ihr entschlößt euch, jeder nähme sein Mädchen unter den Arm, und wir folgten dem alten Herrn.

Dieser Antrag verdroß Wilhelmen. Er antwortete mit verstellter Ruhe: Weiß ich doch nicht einmal, ob sie frei ist, und da ich überhaupt im Werben nicht glücklich zu sein scheine, so möchte ich einen solchen Versuch nicht machen.

Natalie sagte darauf: Bruder Friedrich, du glaubst, weil du für dich so leichtsinnig handelst, auch für andere gelte deine Gesinnung. Unser Freund verdient ein weibliches Herz, das ihm ganz angehöre, das nicht an seiner Seite von fremden Erinnerungen bewegt werde; nur mit einem höchst vernünftigen und reinen Charakter, wie Theresens, war ein Wagestück dieser Art zu raten.

Was Wagestück! rief Friedrich: in der Liebe ist alles Wagestück. Unter der Laube oder vor dem Altar, mit Umarmungen oder goldenen Ringen, bei'm Gesange der Heimchen oder bei Trompeten und Pauken, es ist alles nur ein Wagestück und der Zufall tut alles.

Ich habe immer gesehen, versetzte Natalie, daß unsere Grundsätze nur ein Supplement zu unsern Existenzen sind. Wir hängen unsern Fehlern gar zu gern das Gewand eines gültigen Gesetzes um. Gib nur Acht, welchen Weg dich die Schöne noch führen wird, die dich auf eine so gewaltsame Weise angezogen hat und festhält.

Sie ist selbst auf einem sehr guten Wege, versetzte Friedrich, auf dem Wege zur Heiligkeit. Es ist freilich ein Umweg, aber desto lustiger und sichrer; Maria von Magdala ist ihn auch gegangen, und wer weiß wie viel andere. Überhaupt, Schwester, wenn von Liebe die Rede ist, solltest du dich gar nicht drein mischen. Ich glaube du heiratest nicht eher, als bis irgendwo eine Braut fehlt, und du gibst dich alsdann, nach deiner gewohnten Gutherzigkeit, auch als Supplement irgend einer Existenz hin. Also laß uns nur jetzt mit diesem Seelenverkäufer da unsern Handel schließen und über unsere Reisegesellschaft einig werden.

Sie kommen mit Ihren Vorschlägen zu spät, sagte Jarno, für Lydien ist gesorgt.

Und wie? fragte Friedrich.

Ich habe ihr selbst meine Hand angeboten, versetzte Jarno.

Alter Herr, sagte Friedrich, da macht ihr einen Streich, zu dem man, wenn man ihn als ein Substantivum betrachtet, verschiedene Adjektiva, und folglich, wenn man ihn als Subjekt betrachtet, verschiedene Prädikate finden könnte.

Ich muß aufrichtig gestehen, versetzte Natalie, es ist ein gefährlicher Versuch, sich ein Mädchen zuzueignen, in dem Augenblicke, da sie aus Liebe zu einem andern verzweifelt.

Ich habe es gewagt, versetzte Jarno, sie wird unter einer gewissen Bedingung mein. Und, glauben Sie mir, es ist in der Welt nichts schätzbarer als ein Herz, das der Liebe und der Leidenschaft fähig ist. Ob es geliebt habe, ob es noch liebe, darauf kommt es nicht an. Die Liebe, mit der ein anderer geliebt wird, ist mir beinahe reizender als die, mit der ich geliebt werden könnte; ich sehe die Kraft, die Gewalt eines schönen Herzens, ohne daß die Eigenliebe mir den reinen Anblick trübt.

Haben Sie Lydien in diesen Tagen schon gesprochen? versetzte Natalie.

Jarno nickte lächelnd; Natalie schüttelte den Kopf und sagte, indem sie aufstand: Ich weiß bald nicht mehr, was ich aus euch machen soll, aber mich sollt ihr gewiß nicht irre machen.

Sie wollte sich eben entfernen, als der Abbé mit einem Brief in der Hand hereintrat, und zu ihr sagte: Bleiben Sie! ich habe hier einen Vorschlag, bei dem Ihr Rat willkommen sein wird. Der Marchese, der Freund Ihres verstorbenen Oheims, den wir seit einiger Zeit erwarten, muß in diesen Tagen hier sein. Er schreibt mir, daß ihm doch die deutsche Sprache nicht so geläufig sei, als er geglaubt, daß er eines Gesellschafters bedürfe, der sie vollkommen nebst einigem andern besitze; da er mehr wünsche in wissenschaftliche als politische Verbindungen zu treten, so sei ihm ein solcher Dolmetscher unentbehrlich. Ich wüßte niemand geschickter dazu als unsern jungen Freund. Er kennt die Sprache, ist sonst in vielem unterrichtet, und es wird für ihn selbst ein großer Vorteil sein, in so guter Gesellschaft und unter so vorteilhaften Umständen Deutschland zu sehen. Wer sein Vaterland nicht kennt, hat keinen Maßstab für fremde Länder. Was sagen Sie, meine Freunde? was sagen Sie, Natalie?

Niemand wußte gegen den Antrag etwas einzuwenden; Jarno schien seinen Vorschlag, nach Amerika zu reisen, selbst als kein Hindernis anzusehn, indem er ohnehin nicht sogleich aufbrechen würde; Natalie schwieg, und Friedrich führte verschiedene Sprichwörter über den Nutzen des Reisens an.

Wilhelm war über diesen neuen Vorschlag im Herzen so entrüstet, daß er es kaum verbergen konnte. Er sah eine Verabredung, ihn baldmöglichst los zu werden, nur gar zu deutlich, und was das Schlimmste war, man ließ sie so offenbar, so ganz ohne Schonung sehen. Auch der Verdacht, den Lydie bei ihm erregt, alles was er selbst erfahren hatte, wurde wieder auf's neue vor seiner Seele lebendig, und die natürliche Art, wie Jarno ihm alles ausgelegt hatte, schien ihm auch nur eine künstliche Darstellung zu sein.

Er nahm sich zusammen und antwortete: Dieser Antrag verdient allerdings eine reifliche Überlegung.

Eine geschwinde Entschließung möchte nötig sein, versetzte der Abbé.

Dazu bin ich jetzt nicht gefaßt, antwortete Wilhelm. Wir

können die Ankunft des Mannes abwarten, und dann sehen, ob wir zusammen passen. Eine Hauptbedingung aber muß man zum voraus eingehen, daß ich meinen Felix mitnehmen und ihn überall mit hinführen darf.

Diese Bedingung wird schwerlich zugestanden werden, versetzte der Abbé.

Und ich sehe nicht, rief Wilhelm aus, warum ich mir von irgend einem Menschen sollte Bedingungen vorschreiben lassen? und warum ich, wenn ich einmal mein Vaterland sehen will, einen Italiäner zur Gesellschaft brauche?

Weil ein junger Mensch, versetzte der Abbé mit einem gewissen imponierenden Ernste, immer Ursache hat sich anzuschließen.

Wilhelm, der wohl merkte, daß er länger an sich zu halten nicht im Stande sei, da sein Zustand nur durch die Gegenwart Nataliens noch einigermaßen gelindert ward, ließ sich hierauf mit einiger Hast vernehmen: Man vergönne mir nur noch kurze Bedenkzeit, und ich vermute, es wird sich geschwind entscheiden, ob ich Ursache habe mich weiter anzuschließen, oder ob nicht vielmehr Herz und Klugheit mir unwiderstehlich gebieten, mich von so mancherlei Banden loszureißen, die mir eine ewige elende Gefangenschaft drohen.

So sprach er mit einem lebhaft bewegten Gemüt. Ein Blick auf Natalien beruhigte ihn einigermaßen, indem sich in diesem leidenschaftlichen Augenblick ihre Gestalt und ihr Wert nur desto tiefer bei ihm eindrückten.

Ja, sagte er zu sich selbst, indem er sich allein fand, gestehe dir nur, du liebst sie, und du fühlst wieder, was es heiße, wenn der Mensch mit allen Kräften lieben kann. So liebte ich Marianen und ward so schrecklich an ihr irre; ich liebte Philinen und mußte sie verachten. Aurelien achtete ich, und konnte sie nicht lieben; ich verehrte Theresen, und die väterliche Liebe nahm die Gestalt einer Neigung zu ihr an; und jetzt da in deinem Herzen alle Empfindungen zusammentreffen, die den Menschen glücklich machen sollten, jetzt bist du genötigt zu fliehen! Ach! warum muß sich zu diesen Empfindungen, zu diesen Erkenntnissen das unüberwindliche Verlangen des Besitzes gesellen? und warum richten, ohne Besitz, eben diese Empfindungen, diese Überzeugungen jede andere Art von Glückseligkeit völlig zu Grunde? Werde ich künftig der Sonne und der Welt, der Gesellschaft oder irgend eines Glücksgutes genießen? wirst du nicht immer zu dir sagen: Natalie ist nicht da! und doch wird leider Natalie dir immer gegenwärtig sein. Schließest du die Augen, so wird sie sich dir darstellen; öffnest du sie, so wird sie vor allen Gegenständen hinschweben, wie die Erscheinung, die ein blendendes Bild im Auge zurück läßt. War nicht schon früher die schnell vorübergegangene Gestalt der Amazone deiner Einbildungskraft immer gegenwärtig? und du hattest sie nur gesehen, du kanntest sie nicht. Nun da du sie kennst, da du ihr so nahe warst, da sie so vielen Anteil an dir gezeigt hat, nun sind ihre Eigenschaften so tief in dein Gemüt geprägt, als ihr Bild jemals in deine Sinne. Ängstlich ist es, immer zu suchen, aber viel ängstlicher, gefunden zu haben und verlassen zu müssen. Wornach soll ich in der Welt nun weiter fragen? wornach soll ich mich weiter umsehen? welche Gegend, welche Stadt verwahrt einen Schatz, der diesem gleich ist? und ich soll reisen, um nur immer das Geringere zu finden? Ist denn das Leben bloß wie eine Rennbahn, wo man sogleich schnell wieder umkehren muß, wenn man das äußerste Ende erreicht hat? Und steht das Gute, das Vortreffliche nur wie ein festes unverrücktes Ziel da, von dem man sich eben so schnell mit raschen Pferden wieder entfernen muß, als man es erreicht zu haben glaubt? anstatt daß jeder andere, der nach irdischen Waren strebt, sie in den verschiedenen Himmelsgegenden, oder wohl gar auf der Messe und dem Jahrmarkt anschaffen kann.

Komm, lieber Knabe! rief er seinem Sohn entgegen, der eben daher gesprungen kam, sei und bleibe du mir alles! Du warst mir zum Ersatz deiner geliebten Mutter gegeben, du solltest mir die zweite Mutter ersetzen, die ich dir bestimmt hatte, und nun hast du noch die größere Lücke auszufüllen. Beschäftige mein Herz, beschäftige meinen Geist mit deiner

Schönheit, deiner Liebenswürdigkeit, deiner Wißbegierde und deinen Fähigkeiten!

Der Knabe war mit einem neuen Spielwerke beschäftigt, der Vater suchte es ihm besser, ordentlicher, zweckmäßiger einzurichten; aber in dem Augenblicke verlor auch das Kind die Lust daran. Du bist ein wahrer Mensch! rief Wilhelm aus; komm, mein Sohn! komm, mein Bruder, laß uns in der Welt zwecklos hinspielen, so gut wir können!

Sein Entschluß sich zu entfernen, das Kind mit sich zu nehmen, und sich an den Gegenständen der Welt zu zerstreuen, war nun sein fester Vorsatz. Er schrieb an Wernern, ersuchte ihn um Geld und Kreditbriefe, und schickte Friedrichs Kurier mit dem geschärften Auftrage weg, bald wieder zu kommen. So sehr er gegen die übrigen Freunde auch verstimmt war, so rein blieb sein Verhältnis zu Natalien. Er vertraute ihr seine Absicht; auch sie nahm für bekannt an, daß er gehen könne und müsse, und wenn ihn auch gleich diese scheinbare Gleichgültigkeit an ihr schmerzte, so beruhigte ihn doch ihre gute Art und ihre Gegenwart vollkommen. Sie riet ihm verschiedene Städte zu besuchen, um dort einige ihrer Freunde und Freundinnen kennen zu lernen. Der Kurier kam zurück, brachte was Wilhelm verlangt hatte, obgleich Werner mit diesem neuen Ausflug nicht zufrieden zu sein schien. Meine Hoffnung, daß du vernünftig werden würdest, schrieb dieser, ist nun wieder eine gute Weile hinaus geschoben. Wo schweift ihr nun alle zusammen herum? und wo bleibt denn das Frauenzimmer, zu dessen wirtschaftlichem Beistande du mir Hoffnung machtest? Auch die übrigen Freunde sind nicht gegenwärtig; dem Gerichtshalter und mir ist das ganze Geschäft aufgewälzt. Ein Glück, daß er eben ein so guter Rechtsmann ist, als ich ein Finanzmann bin, und daß wir beide etwas zu schleppen gewohnt sind. Lebe wohl! Deine Ausschweifungen sollen dir verziehen sein, da doch ohne sie unser Verhältnis in dieser Gegend nicht hätte so gut werden können.

Was das Äußere betraf, hätte er nun immer abreisen können, allein sein Gemüt war noch durch zwei Hindernisse gebunden. Man wollte ihm ein für allemal Mignons Körper nicht zeigen, als bei den Exequien, welche der Abbé zu halten gedachte, zu welcher Feierlichkeit noch nicht alles bereit war. Auch war der Arzt, durch einen sonderbaren Brief des Landgeistlichen, abgerufen worden. Es betraf den Harfenspieler, von dessen Schicksalen Wilhelm näher unterrichtet sein wollte.

In diesem Zustande fand er weder bei Tag noch bei Nacht Ruhe der Seele oder des Körpers. Wenn alles schlief, ging er in dem Hause hin und her. Die Gegenwart der alten bekannten Kunstwerke zog ihn an, und stieß ihn ab. Er konnte nichts, was ihn umgab, weder ergreifen noch lassen, alles erinnerte ihn an alles, er übersah den ganzen Ring seines Lebens, nur lag er leider zerbrochen vor ihm, und schien sich auf ewig nicht schließen zu wollen. Diese Kunstwerke, die sein Vater verkauft hatte, schienen ihm ein Symbol, daß auch er von einem ruhigen und gründlichen Besitz des Wünschenswerten in der Welt teils ausgeschlossen, teils desselben durch eigne oder fremde Schuld beraubt werden sollte. Er verlor sich so weit in diesen sonderbaren und traurigen Betrachtungen, daß er sich selbst manchmal wie ein Geist vorkam, und, selbst wenn er die Dinge außer sich befühlte und betastete, sich kaum des Zweifels erwehren konnte, ob er denn auch wirklich lebe und da sei.

Nur der lebhafte Schmerz, der ihn manchmal ergriff, daß er alles das Gefundene und Wiedergefundene so freventlich und doch so notwendig verlassen müsse, nur seine Tränen gaben ihm das Gefühl seines Daseins wieder. Vergebens rief er sich den glücklichen Zustand, in dem er sich doch eigentlich befand, vor's Gedächtnis. So ist denn alles nichts, rief er aus, wenn das Eine fehlt, das dem Menschen alles Übrige wert ist!

Der Abbé verkündigte der Gesellschaft die Ankunft des Marchese. Sie sind zwar, wie es scheint, sagte er zu Wilhelmen, mit Ihrem Knaben allein abzureisen entschlossen; lernen Sie jedoch wenigstens diesen Mann kennen, der Ihnen, wo Sie ihn auch unterwegs antreffen, auf alle Fälle nützlich sein kann. Der Marchese erschien; es war ein Mann noch nicht hoch in Jahren, eine von den wohlgestalteten, gefälligen lombardischen Figuren. Er hatte als Jüngling mit dem Oheim, der schon um vieles älter war, bei der Armee, dann in Geschäften Bekanntschaft gemacht; sie hatten nachher einen großen Teil von Italien zusammen durchreis't, und die Kunstwerke, die der Marchese hier wieder fand, waren zum großen Teil in seiner Gegenwart und unter manchen glücklichen Umständen, deren er sich noch wohl erinnerte, gekauft und angeschafft worden.

Der Italiäner hat überhaupt ein tieferes Gefühl für die hohe Würde der Kunst als andere Nationen; jeder, der nur irgend etwas treibt, will Künstler, Meister und Professor heißen, und bekennt wenigstens durch diese Titelsucht, daß es nicht genug sei nur etwas durch Überlieferung zu erhaschen, oder durch Übung irgend eine Gewandtheit zu erlangen; er gesteht, daß jeder vielmehr über das, was er tut, auch fähig sein solle zu denken, Grundsätze aufzustellen, und die Ursachen, warum dieses oder jenes zu tun sei, sich selbst und andern deutlich zu machen.

Der Fremde ward gerührt, so schöne Besitztümer ohne den Besitzer wieder zu finden, und erfreut, den Geist seines Freundes aus den vortrefflichen Hinterlassenen sprechen zu hören. Sie gingen die verschiedenen Werke durch und fanden eine große Behaglichkeit sich einander verständlich machen zu können. Der Marchese und der Abbé führten das Wort; Natalie, die sich wieder in die Gegenwart ihres Oheims versetzt fühlte, wußte sich sehr gut in ihre Meinungen und Gesinnungen zu finden; Wilhelm mußte sich's in theatralische Terminologie übersetzen, wenn er etwas davon verstehen wollte. Man hatte Not Friedrichs Scherze in Schranken zu halten. Jarno war selten zugegen.

Bei der Betrachtung, daß vortreffliche Kunstwerke in der neuern Zeit so selten seien, sagte der Marchese: Es läßt sich nicht leicht denken und übersehen, was die Umstände für die Künstler tun müssen, und dann sind bei dem größten Genie, bei dem entschiedensten Talente noch immer die Forderungen unendlich, die er an sich selbst zu machen hat, unsäglich der Fleiß, der zu seiner Ausbildung nötig ist. Wenn nun die Umstände wenig für ihn tun, wenn er bemerkt, daß die Welt sehr leicht zu befriedigen ist und selbst nur einen leichten, gefälligen, behaglichen Schein begehrt, so wäre es zu verwundern, wenn nicht Bequemlichkeit und Eigenliebe ihn bei dem Mittelmäßigen fest hielten; es wäre seltsam, wenn er nicht lieber für Modewaren Geld und Lob eintauschen, als den rechten Weg wählen sollte, der ihn mehr oder weniger zu einem kümmerlichen Märtyrertum führt. Deswegen bieten die Künstler unserer Zeit nur immer an, um niemals zu geben. Sie wollen immer reizen, um niemals zu befriedigen; alles ist nur angedeutet, und man findet nirgends Grund noch Ausführung. Man darf aber auch nur eine Zeitlang ruhig in einer Galerie verweilen, und beobachten, nach welchen Kunstwerken sich die Menge zieht, welche gepriesen und welche vernachlässigt werden, so hat man wenig Lust an der Gegenwart, und für die Zukunft wenig Hoffnung.

Ja, versetzte der Abbé, und so bilden sich Liebhaber und Künstler wechselsweise; der Liebhaber sucht nur einen allgemeinen unbestimmten Genuß; das Kunstwerk soll ihm ungefähr wie ein Naturwerk behagen, und die Menschen glauben, die Organe, ein Kunstwerk zu genießen, bildeten sich eben so von selbst aus, wie die Zunge und der Gaum, man urteile über ein Kunstwerk, wie über eine Speise. Sie begreifen nicht, was für einer andern Kultur es bedarf, um sich zum wahren Kunstgenusse zu erheben. Das Schwerste finde ich die Art von Absonderung, die der Mensch in sich selbst bewirken muß, wenn er sich überhaupt bilden will; deswegen finden wir so viel einseitige Kulturen, wovon doch jede sich anmaßt über das Ganze abzusprechen.

Was Sie da sagen, ist mir nicht ganz deutlich, sagte Jarno, der eben hinzutrat.

Auch ist es schwer, versetzte der Abbé, sich in der Kürze bestimmt hierüber zu erklären. Ich sage nur soviel: sobald der Mensch an mannichfaltige Tätigkeit oder mannichfaltigen Genuß Anspruch macht, so muß er auch fähig sein, mannichfaltige Organe an sich gleichsam unabhängig von einander auszubilden. Wer alles und jedes in seiner ganzen Menschheit tun oder genießen will, wer alles außer sich zu einer solchen Art von Genuß verknüpfen will, der wird seine Zeit nur mit einem ewig unbefriedigten Streben hinbringen. Wie schwer ist es, was so natürlich scheint, eine gute Natur, ein treffliches Gemälde an und für sich zu beschauen, den Gesang um des Gesangs willen zu vernehmen, den Schauspieler im Schauspieler zu bewundern, sich eines Gebäudes um seiner eigenen Harmonie und seiner Dauer willen zu erfreuen. Nun sieht man aber meist die Menschen entschiedene Werke der Kunst geradezu behandeln, als wenn es ein weicher Ton wäre. Nach ihren Neigungen, Meinungen und Grillen soll sich der gebildete Marmor sogleich wieder ummodeln, das festgemauerte Gebäude sich ausdehnen oder zusammenziehen, ein Gemälde soll lehren, ein Schauspiel bessern, und alles soll alles werden. Eigentlich aber weil die meisten Menschen selbst formlos sind, weil sie sich und ihrem Wesen selbst keine Gestalt geben können, so arbeiten sie, den Gegenständen ihre Gestalt zu nehmen, damit ja alles loser und lockrer Stoff werde, wozu sie auch gehören. Alles reduzieren sie zuletzt auf den sogenannten Effekt, alles ist relativ, und so wird auch alles relativ, außer dem Unsinn und der Abgeschmacktheit, die denn auch ganz absolut regiert.

Ich verstehe Sie, versetzte Jarno, oder vielmehr ich sehe wohl ein, wie das, was Sie sagen, mit den Grundsätzen zusammenhängt, an denen Sie so fest halten; ich kann es aber mit den armen Teufeln von Menschen unmöglich so genau nehmen. Ich kenne freilich ihrer genug, die sich bei den größten Werken der Kunst und der Natur sogleich ihres armseligsten Bedürfnisses erinnern, ihr Gewissen und ihre Moral mit in die Oper nehmen, ihre Liebe und Haß vor einem Säulengange nicht ablegen, und das Beste und Größte, was ihnen von außen gebracht werden kann, in ihrer Vorstellungsart erst möglichst verkleinern müssen, um es mit ihrem kümmerlichen Wesen nur einigermaßen verbinden zu können.

Achtes Kapitel

Am Abend lud der Abbé zu den Exequien Mignons ein. Die Gesellschaft begab sich in den Saal der Vergangenheit, und fand denselben auf das sonderbarste erhellt und ausgeschmückt. Mit himmelblauen Teppichen waren die Wände fast von oben bis unten bekleidet, so daß nur Sockel und Fries hervorschienen. Auf den vier Kandelabern in den Ecken brannten große Wachsfackeln, und so nach Verhältnis auf den vier kleinern, die den mittlern Sarkophag umgaben. Neben diesem standen vier Knaben, himmelblau mit Silber gekleidet, und schienen einer Figur, die auf dem Sarkophag ruhte, mit breiten Fächern von Straußenfedern Luft zuzuwehn. Die Gesellschaft setzte sich, und zwei unsichtbare Chöre fingen mit holdem Gesang an zu fragen: Wen bringt ihr uns zur stillen Gesellschaft? Die vier Kinder antworteten mit lieblicher Stimme: Einen müden Gespielen bringen wir euch; laßt ihn unter euch ruhen, bis das Jauchzen himmlischer Geschwister ihn dereinst wieder aufweckt.

Chor

Erstling der Jugend in unserm Kreise, sei willkommen! mit Trauer willkommen! Dir folge kein Knabe, kein Mädchen nach! Nur das Alter nahe sich willig und gelassen der stillen Halle, und in ernster Gesellschaft ruhe das liebe, liebe Kind!

Knaben

Ach! wie ungern brachten wir ihn her! Ach! und er soll hier bleiben! laßt uns auch bleiben, laßt uns weinen, weinen an seinem Sarge!

Chor

Seht die mächtigen Flügel doch an! seht das leichte reine Gewand! wie blinkt die goldene Binde vom Haupt! seht die schöne, die würdige Ruh!

Knaben

Ach! die Flügel heben sie nicht; im leichten Spiele flattert das Gewand nicht mehr; als wir mit Rosen kränzten ihr Haupt, blickte sie hold und freundlich nach uns.

Chor

Schaut mit den Augen des Geistes hinan! in euch lebe die bildende Kraft, die das Schönste, das Höchste hinauf, über die Sterne das Leben trägt.

Knaben

Aber ach! wir vermissen sie hier, in den Gärten wandelt sie nicht, sammelt der Wiese Blumen nicht mehr. Laßt uns weinen, wir lassen sie hier! laßt uns weinen und bei ihr bleiben!

Chor

Kinder! kehret in's Leben zurück! Eure Tränen trockne die frische Luft, die um das schlängelnde Wasser spielt. Entflieht der Nacht! Tag und Lust und Dauer ist das Los der Lebendigen.

Knaben

Auf, wir kehren in's Leben zurück. Gebe der Tag uns Arbeit und Lust, bis der Abend uns Ruhe bringt, und der nächtliche Schlaf uns erquickt.

Chor

Kinder! eilet in's Leben hinan! In der Schönheit reinem Gewande begegn' euch die Liebe mit himmlischem Blick und dem Kranz der Unsterblichkeit!

Die Knaben waren schon fern, der Abbé stand von seinem

Sessel auf, und trat hinter den Sarg. Es ist die Verordnung, sagte er, des Mannes, der diese stille Wohnung bereitet hat, daß jeder neue Ankömmling mit Feierlichkeit empfangen werden soll. Nach ihm, dem Erbauer dieses Hauses, dem Errichter dieser Stätte, haben wir zuerst einen jungen Fremdling hierher gebracht, und so faßt schon dieser kleine Raum zwei ganz verschiedene Opfer der strengen, willkürlichen und unerbittlichen Todesgöttin. Nach bestimmten Gesetzen treten wir in's Leben ein, die Tage sind gezählt, die uns zum Anblicke des Lichts reif machen, aber für die Lebensdauer ist kein Gesetz. Der schwächste Lebensfaden zieht sich in unerwartete Länge, und den stärksten zerschneidet gewaltsam die Schere einer Parze, die sich in Widersprüchen zu gefallen scheint. Von dem Kinde, das wir hier bestatten, wissen wir wenig zu sagen. Noch ist uns unbekannt, woher es kam; seine Eltern kennen wir nicht, und die Zahl seiner Lebensjahre vermuten wir nur. Sein tiefes verschlossenes Herz ließ uns seine innersten Angelegenheiten kaum erraten; nichts war deutlich an ihm, nichts offenbar, als die Liebe zu dem Manne, der es aus den Händen eines Barbaren rettete. Diese zärtliche Neigung, diese lebhafte Dankbarkeit schien die Flamme zu sein, die das Öl ihres Lebens aufzehrte; die Geschicklichkeit des Arztes konnte das schöne Leben nicht erhalten, die sorgfältigste Freundschaft vermochte nicht es zu fristen. Aber wenn die Kunst den scheidenden Geist nicht zu fesseln vermochte, so hat sie alle ihre Mittel angewandt, den Körper zu erhalten und ihn der Vergänglichkeit zu entziehen. Eine balsamische Masse ist durch alle Adern gedrungen, und färbt nun an der Stelle des Bluts die so früh verblichenen Wangen. Treten Sie näher, meine Freunde, und sehen Sie das Wunder der Kunst und Sorgfalt!

Er hob den Schleier auf, und das Kind lag in seinen Engelkleidern, wie schlafend, in der angenehmsten Stellung. Alle traten herbei, und bewunderten diesen Schein des Lebens. Nur Wilhelm blieb in seinem Sessel sitzen, er konnte sich nicht fassen; was er empfand durfte er nicht denken, und jeder Gedanke schien seine Empfindungen zerstören zu wollen.

Die Rede war um des Marchese willen französisch gesprochen worden. Dieser trat mit den andern herbei, und betrachtete die Gestalt mit Aufmerksamkeit. Der Abbé fuhr fort: Mit einem heiligen Vertrauen war auch dieses gute, gegen die Menschen so verschlossene Herz beständig zu seinem Gott gewendet. Die Demut, ja eine Neigung, sich äußerlich zu erniedrigen, schien ihm angeboren. Mit Eifer hing es an der katholischen Religion, in der es geboren und erzogen war. Oft äußerte sie den stillen Wunsch, auf geweihtem Boden zu ruhen, und wir haben, nach den Gebräuchen der Kirche, dieses marmorne Behältnis und die wenige Erde geweihet, die in ihrem Kopfkissen verborgen ist. Mit welcher Inbrunst küßte sie in ihren letzten Augenblicken das Bild des Gekreuzigten, das auf ihren zarten Armen mit vielen hundert Punkten sehr zierlich gebildet steht. Er streifte zugleich, indem er das sagte, ihren rechten Arm auf, und ein Kruzifix, von verschiedenen Buchstaben und Zeichen begleitet, sah man blaulich auf der weißen Haut.

Der Marchese betrachtete diese neue Erscheinung ganz in der Nähe. O Gott! rief er aus, indem er sich aufrichtete, und seine Hände gen Himmel hob, armes Kind! Unglückliche Nichte! Finde ich dich hier wieder! Welche schmerzliche Freude, dich, auf die wir schon lange Verzicht getan hatten, diesen guten lieben Körper, den wir lange im See einen Raub der Fische glaubten, hier wieder zu finden, zwar tot, aber erhalten! Ich wohne deiner Bestattung bei, die so herrlich durch ihr Äußeres, und noch herrlicher durch die guten Menschen wird, die dich zu deiner Ruhestätte begleiten. Und wenn ich werde reden können, sagte er mit gebrochner Stimme, werde ich ihnen danken.

Die Tränen verhinderten ihn, etwas weiter hervorzubringen. Durch den Druck einer Feder versenkte der Abbé den Körper in die Tiefe des Marmors. Vier Jünglinge, bekleidet wie jene Knaben, traten hinter den Teppichen hervor, hoben den schweren schön verzierten Deckel auf den Sarg, und fingen zugleich ihren Gesang an.

Die Jünglinge

Wohl verwahrt ist nun der Schatz, das schöne Gebild der Vergangenheit! hier im Marmor ruht es unverzehrt; auch in euren Herzen lebt es, wirkt es fort. Schreitet, schreitet in's Leben zurück! Nehmet den heiligen Ernst mit hinaus, denn der Ernst, der heilige, macht allein das Leben zur Ewigkeit.

Das unsichtbare Chor fiel in die letzten Worte mit ein, aber niemand von der Gesellschaft vernahm die stärkenden Worte, jedes war zu sehr mit den wunderbaren Entdeckungen und seinen eignen Empfindungen beschäftigt. Der Abbé und Natalie führten den Marchese, Wilhelmen Therese und Lothario hinaus, und erst als der Gesang ihnen völlig verhallte, fielen die Schmerzen, die Betrachtungen, die Gedanken, die Neugierde sie mit aller Gewalt wieder an, und sehnlich wünschten sie sich in jenes Element wieder zurück.

Neuntes Kapitel

Der Marchese vermied von der Sache zu reden, hatte aber heimliche und lange Gespräche mit dem Abbé. Er erbat sich, wenn die Gesellschaft beisammen war, öfters Musik; man sorgte gern dafür, weil jedermann zufrieden war, des Gesprächs überhoben zu sein. So lebte man einige Zeit fort, als man bemerkte, daß er Anstalt zur Abreise mache. Eines Tages sagte er zu Wilhelmen: Ich verlange nicht die Reste des guten Kindes zu beunruhigen; es bleibe an dem Orte zurück, wo es geliebt und gelitten hat, aber seine Freunde müssen mir versprechen, mich in seinem Vaterlande, an dem Platze zu besuchen, wo das arme Geschöpf geboren und erzogen wurde; sie müssen die Säulen und Statuen sehen, von denen ihm noch eine dunkle Idee übrig geblieben ist.

Ich will Sie in die Buchten führen, wo sie so gern die Steinchen zusammenlas. *Sie* werden sich, lieber junger Mann, der Dankbarkeit einer Familie nicht entziehen, die Ihnen so viel schuldig ist. Morgen reise ich weg. Ich habe dem Abbé die ganze Geschichte vertraut, er wird sie Ihnen wieder erzählen; er konnte mir verzeihen, wenn mein Schmerz mich unterbrach, und er wird als ein dritter die Begebenheiten mit mehr Zusammenhang vortragen. Wollen Sie mir noch, wie der Abbé vorschlug, auf meiner Reise durch Deutschland folgen, so sind Sie willkommen. Lassen Sie Ihren Knaben nicht zurück; bei jeder kleinen Unbequemlichkeit, die er uns macht, wollen wir uns Ihrer Vorsorge für meine arme Nichte wieder erinnern.

Noch selbigen Abend ward man durch die Ankunft der Gräfin überrascht. Wilhelm bebte an allen Gliedern, als sie hereintrat, und sie, obgleich vorbereitet, hielt sich an ihrer Schwester, die ihr bald einen Stuhl reichte. Wie sonderbar einfach war ihr Anzug, und wie verändert ihre Gestalt! Wilhelm durfte kaum auf sie hinblicken; sie begrüßte ihn mit Freundlichkeit und einige allgemeine Worte konnten ihre Gesinnung und Empfindungen nicht verbergen. Der Marchese war bei Zeiten zu Bette gegangen und die Gesellschaft hatte noch keine Lust sich zu trennen; der Abbé brachte ein Manuskript hervor. Ich habe, sagte er, sogleich die sonderbare Geschichte, wie sie mir anvertraut wurde, zu Papier gebracht. Wo man am wenigsten Tinte und Feder sparen soll, das ist bei'm Aufzeichnen einzelner Umstände merkwürdiger Begebenheiten. Man unterrichtete die Gräfin, wovon die Rede sei, und der Abbé las:

Meinen Vater, sagte der Marchese, muß ich, so viel Welt ich auch gesehen habe, immer für einen der wunderbarsten Menschen halten. Sein Charakter war edel und gerade, seine Ideen weit, und man darf sagen groß; er war streng gegen sich selbst; in allen seinen Planen fand man eine unbestechliche Folge, an allen seinen Handlungen eine ununterbrochene Schrittmäßigkeit. So gut sich daher von einer Seite mit ihm umgehen und ein Geschäft verhandeln ließ, so wenig konnte er, um eben dieser Eigenschaften willen, sich in die Welt finden, da er vom Staate, von seinen Nachbaren, von Kindern und Gesinde die Beobachtung aller der Gesetze forderte, die er sich selbst auferlegt hatte. Seine mäßigsten Forderungen wurden übertrieben durch seine Strenge, und er konnte nie zum Genuß gelangen, weil nichts auf die Weise entstand, wie er sich's gedacht hatte. Ich habe ihn in dem Augenblicke, da er einen Palast bauete, einen Garten anlegte, ein großes neues Gut in der schönsten Lage erwarb, innerlich mit dem ernstesten Ingrimm überzeugt gesehen, das Schicksal habe ihn verdammt, enthaltsam zu sein und zu dulden. In seinem Äußerlichen beobachtete er die größte Würde; wenn er scherzte, zeigte er nur die Überlegenheit seines Verstandes; es war ihm unerträglich, getadelt zu werden, und ich habe ihn nur einmal in meinem Leben ganz außer aller Fassung gesehen, da er hörte, daß man von einer seiner Anstalten wie von etwas Lächerlichem sprach. In eben diesem Geiste hatte er über seine Kinder und sein Vermögen disponiert. Mein ältester Bruder ward als ein Mann erzogen, der künftig große Güter zu hoffen hatte; ich sollte den geistlichen Stand ergreifen, und der jüngste Soldat werden. Ich war lebhaft, feurig, tätig, schnell, zu allen körperlichen Übungen geschickt. Der jüngste schien zu einer Art von schwärmerischer Ruhe geneigter, den Wissenschaften, der Musik und der Dichtkunst ergeben. Nur nach dem härt'sten Kampf, nach der völligsten Überzeugung der Unmöglichkeit gab der Vater, wiewohl mit Widerwillen, nach, daß wir unsern Beruf umtauschen dürften, und ob er gleich jeden von uns beiden zufrieden sah, so konnte er sich doch nicht drein finden, und versicherte, daß nichts Gutes daraus entstehen werde. Je älter er ward, desto abgeschnittener fühlte er sich von aller Gesellschaft. Er lebte zuletzt fast ganz allein. Nur ein alter Freund, der unter den Deutschen gedient, im Feldzuge seine Frau verloren, und eine Tochter mitgebracht hatte, die ungefähr zehn Jahre alt war, blieb sein einziger Umgang. Dieser kaufte sich ein artiges Gut in der

Nachbarschaft, sah meinen Vater zu bestimmten Tagen und Stunden der Woche, in denen er auch manchmal seine Tochter mitbrachte. Er widersprach meinem Vater niemals, der sich zuletzt völlig an ihn gewöhnte, und ihn als den einzigen erträglichen Gesellschafter duldete. Nach dem Tode unseres Vaters merkten wir wohl, daß dieser Mann von unserm Alten trefflich ausgestattet worden war, und seine Zeit nicht umsonst zugebracht hatte; er erweiterte seine Güter, seine Tochter konnte eine schöne Mitgift erwarten. Das Mädchen wuchs heran, und war von sonderbarer Schönheit; mein älterer Bruder scherzte oft mit mir, daß ich mich um sie bewerben sollte.

Indessen hatte Bruder Augustin im Kloster seine Jahre in dem sonderbarsten Zustande zugebracht; er überließ sich ganz dem Genuß einer heiligen Schwärmerei, jenen halb geistigen halb physischen Empfindungen, die, wie sie ihn eine Zeitlang in den dritten Himmel erhuben, bald darauf in einen Abgrund von Ohnmacht und leeres Elend versinken ließen. Bei meines Vaters Lebzeiten war an keine Veränderung zu denken, und was hätte man wünschen oder vorschlagen sollen? Nach dem Tode unsres Vaters besuchte er uns fleißig; sein Zustand, der uns im Anfang jammerte, ward nach und nach um vieles erträglicher, denn die Vernunft hatte gesiegt. Allein je sichrer sie ihm völlige Zufriedenheit und Heilung auf dem reinen Wege der Natur versprach, desto lebhafter verlangte er von uns, daß wir ihn von seinen Gelübden befreien sollten; er gab zu verstehen, daß seine Absicht auf Sperata, unsere Nachbarin, gerichtet sei.

Mein älterer Bruder hatte zu viel durch die Härte unseres Vaters gelitten, als daß er ungerührt bei dem Zustande des jüngsten hätte bleiben können. Wir sprachen mit dem Beichtvater unserer Familie, einem alten würdigen Manne, entdeckten ihm die doppelte Absicht unseres Bruders, und baten ihn die Sache einzuleiten und zu befördern. Wider seine Gewohnheit zögerte er, und als endlich unser Bruder in uns drang, und wir die Angelegenheit dem Geistlichen lebhafter empfahlen, mußte er sich entschließen uns die sonderbare Geschichte zu entdecken.

Sperata war unsre Schwester, und zwar sowohl von Vater als Mutter; Neigung und Sinnlichkeit hatten den Mann in späteren Jahren nochmals überwältigt, in welchen das Recht der Ehegatten schon verloschen zu sein scheint; über einen ähnlichen Fall hatte man sich kurz vorher in der Gegend lustig gemacht, und mein Vater, um sich nicht gleichfalls dem Lächerlichen auszusetzen, beschloß diese späte gesetzmäßige Frucht der Liebe mit eben der Sorgfalt zu verheimlichen, als man sonst die frühern zufälligen Früchte der Neigung zu verbergen pflegt. Unsere Mutter kam heimlich nieder, das Kind wurde auf's Land gebracht, und der alte Hausfreund, der nebst dem Beichtvater allein um das Geheimnis wußte, ließ sich leicht bereden, sie für seine Tochter auszugeben. Der Beichtvater hatte sich nur ausbedungen, im äußersten Fall das Geheimnis entdecken zu dürfen. Der Vater war gestorben, das zarte Mädchen lebte unter der Aufsicht einer alten Frau; wir wußten, daß Gesang und Musik unsern Bruder schon bei ihr eingeführt hatten, und da er uns wiederholt aufforderte, seine alten Bande zu trennen, um das neue zu knüpfen, so war es nötig, ihn, sobald als möglich, von der Gefahr zu unterrichten, in der er schwebte.

Er sah uns mit wilden verachtenden Blicken an. Spart eure unwahrscheinlichen Märchen, rief er aus, für Kinder und leichtglaubige Toren; mir werdet ihr Speraten nicht vom Herzen reißen, sie ist mein. Verleugnet sogleich euer schreckliches Gespenst, das mich nur vergebens ängstigen würde. Sperata ist nicht meine Schwester, sie ist mein Weib! – Er beschrieb uns mit Entzücken, wie ihn das himmlische Mädchen aus dem Zustande der unnatürlichen Absonderung von den Menschen in das wahre Leben geführt, wie beide Gemüter gleich beiden Kehlen zusammen stimmten, und wie er alle seine Leiden und Verirrungen segnete, weil sie ihn von allen Frauen bis dahin entfernt gehalten, und weil er nun ganz und gar sich dem liebenswürdigsten Mädchen ergeben könne. Wir entsetzten uns über die Entdeckung, uns jammerte sein Zustand, wir wußten uns nicht zu helfen, er versicherte uns mit Heftigkeit, daß Sperata ein Kind von ihm im Busen trage. Unser Beichtvater tat alles, was ihm seine Pflicht eingab, aber dadurch ward das Übel nur schlimmer. Die Verhältnisse der Natur und der Religion, der sittlichen Rechte und der bürgerlichen Gesetze wurden von meinem Bruder auf's heftigste durchgefochten. Nichts schien ihm heilig als das Verhältnis zu Sperata, nichts schien ihm würdig als der Name Vater und Gattin. Diese allein, rief er aus, sind der Natur gemäß, alles andere sind Grillen und Meinungen. Gab es nicht edle Völker, die eine Heirat mit der Schwester billigten? Nennt eure Götter nicht, rief er aus, ihr braucht die Namen nie, als wenn ihr uns betören, uns von dem Wege der Natur abführen, und die edelsten Triebe durch schändlichen Zwang zu Verbrechen entstellen wollt. Zur größten Verwirrung des Geistes, zum schändlichsten Mißbrauche des Körpers nötigt ihr die Schlachtopfer, die ihr lebendig begrabt.

Ich darf reden, denn ich habe gelitten wie keiner, von der höchsten süßesten Fülle der Schwärmerei bis zu den fürchterlichsten Wüsten der Ohnmacht, der Leerheit, der Vernichtung und Verzweiflung, von den höchsten Ahnungen überirdischer Wesen bis zu dem völligsten Unglauben, dem Unglauben an mir selbst. Allen diesen entsetzlichen Bodensatz des am Rande schmeichelnden Kelchs habe ich ausgetrunken, und mein ganzes Wesen war bis in sein Innerstes vergiftet. Nun, da mich die gütige Natur durch ihre größten Gaben, durch die Liebe, wieder geheilt hat, da ich an dem Busen eines himmlischen Mädchens wieder fühle, daß ich bin, daß sie ist, daß wir eins sind, daß aus dieser lebendigen Verbindung ein drittes entstehen und uns entgegenlächeln soll, nun eröffnet ihr die Flammen eurer Höllen, eurer Fegefeuer, die nur eine kranke Einbildungskraft versengen können, und stellt sie dem lebhaften, wahren, unzerstörlichen Genuß der reinen Liebe entgegen! Begegnet uns unter jenen Zypressen, die ihre ernsthaften Gipfel gen Himmel wenden, besucht uns an jenen Spalieren, wo die Zitronen und Pomeranzen neben uns blühn, wo die zierliche Myrte uns ihre zarten Blumen darreicht, und dann wagt es, uns mit euren trüben, grauen, von Menschen gesponnenen Netzen zu ängstigen!

So bestand er lange Zeit auf einem hartnäckigen Unglauben unserer Erzählung, und zuletzt, da wir ihm die Wahrheit derselben beteuerten, da sie ihm der Beichtvater selbst versicherte, ließ er sich doch dadurch nicht irre machen, vielmehr rief er aus: Fragt nicht den Widerhall eurer Kreuzgänge, nicht euer vermodertes Pergament, nicht eure verschränkten Grillen und Verordnungen, fragt die Natur und euer Herz, sie wird euch lehren, vor was ihr zu schaudern habt, sie wird euch mit dem strengsten Finger zeigen, worüber sie ewig und unwiderruflich ihren Fluch ausspricht. Seht die Lilien an: entspringt nicht Gatte und Gattin auf Einem Stengel? Verbindet beide nicht die Blume, die beide gebar, und ist die Lilie nicht das Bild der Unschuld, und ihre geschwisterliche Vereinigung nicht fruchtbar? Wenn die Natur verabscheut, so spricht sie es laut aus; das Geschöpf, das nicht sein soll, kann nicht werden; das Geschöpf, das falsch lebt, wird früh zerstört. Unfruchtbarkeit, kümmerliches Dasein, frühzeitiges Zerfallen, das sind ihre Flüche, die Kennzeichen ihrer Strenge. Nur durch unmittelbare Folgen straft sie. Da seht um euch her, und was verboten, was verflucht ist, wird euch in die Augen fallen. In der Stille des Klosters und im Geräusche der Welt sind tausend Handlungen geheiligt und geehrt, auf denen ihr Fluch ruht. Auf bequemen Müßiggang so gut als überstrengte Arbeit, auf Willkür und Überfluß, wie auf Not und Mangel sieht sie mit traurigen Augen nieder, zur Mäßigkeit ruft sie, wahr sind alle ihre Verhältnisse, und ruhig alle ihre Wirkungen. Wer gelitten hat, wie ich, hat das Recht frei zu sein. Sperata ist mein; nur der Tod soll mir sie nehmen. Wie ich sie behalten kann? wie ich glücklich werden kann? das ist eure Sorge! Jetzt gleich geh' ich zu ihr, um mich nicht wieder von ihr zu trennen.

Er wollte nach dem Schiffe, um zu ihr überzusetzen; wir

hielten ihn ab und baten ihn, daß er keinen Schritt tun möchte, der die schrecklichsten Folgen haben könnte. Er solle überlegen, daß er nicht in der freien Welt seiner Gedanken und Vorstellungen, sondern in einer Verfassung lebe, deren Gesetze und Verhältnisse die Unbezwinglichkeit eines Naturgesetzes angenommen haben. Wir mußten dem Beichtvater versprechen, daß wir den Bruder nicht aus den Augen, noch weniger aus dem Schlosse lassen wollten; darauf ging er weg, und versprach in einigen Tagen wieder zu kommen. Was wir vorausgesehen hatten, traf ein; der Verstand hatte unsern Bruder stark gemacht, aber sein Herz war weich; die frühern Eindrücke der Religion wurden lebhaft, und die entsetzlichsten Zweifel bemächtigten sich seiner. Er brachte zwei fürchterliche Tage und Nächte zu; der Beichtvater kam ihm wieder zu Hülfe, umsonst! Der ungebundene freie Verstand sprach ihn los; sein Gefühl, seine Religion, alle gewohnten Begriffe erklärten ihn für einen Verbrecher.

Eines Morgens fanden wir sein Zimmer leer, ein Blatt lag auf dem Tische, worin er uns erklärte, daß er, da wir ihn mit Gewalt gefangen hielten, berechtigt sei, seine Freiheit zu suchen; er entfliehe, er gehe zu Sperata, er hoffe mit ihr zu entkommen, er sei auf alles gefaßt, wenn man sie trennen wolle.

Wir erschraken nicht wenig, allein der Beichtvater bat uns ruhig zu sein. Unser armer Bruder war nahe genug beobachtet worden; die Schiffer, anstatt ihn überzusetzen, führten ihn in sein Kloster. Ermüdet von einem vierzigstündigen Wachen schlief er ein, sobald ihn der Kahn im Mondenscheine schaukelte, und erwachte nicht früher, als bis er sich in den Händen seiner geistlichen Brüder sah; er erholte sich nicht eher, als bis er die Klosterpforte hinter sich zuschlagen hörte.

Schmerzlich gerührt von dem Schicksal unseres Bruders machten wir unserm Beichtvater die lebhaftesten Vorwürfe; allein dieser ehrwürdige Mann wußte uns bald mit den Gründen des Wundarztes zu überreden, daß unser Mitleid für den armen Kranken tödlich sei. Er handle nicht aus eigner Willkür, sondern auf Befehl des Bischofs und des hohen Rates.

Die Absicht war: alles öffentliche Ärgernis zu vermeiden, und den traurigen Fall mit dem Schleier einer geheimen Kirchenzucht zu verdecken. Sperata sollte geschont werden, sie sollte nicht erfahren, daß ihr Geliebter zugleich ihr Bruder sei. Sie ward einem Geistlichen anempfohlen, dem sie vorher schon ihren Zustand vertraut hatte. Man wußte ihre Schwangerschaft und Niederkunft zu verbergen. Sie war als Mutter in dem kleinen Geschöpfe ganz glücklich. So wie die meisten unserer Mädchen konnte sie weder schreiben, noch Geschriebenes lesen; sie gab daher dem Pater Aufträge, was er ihrem Geliebten sagen sollte. Dieser glaubte den frommen Betrug einer säugenden Mutter schuldig zu sein, er brachte ihr Nachrichten von unserm Bruder, den er niemals sah, ermahnte sie in seinem Namen zur Ruhe, bat sie für sich und das Kind zu sorgen und wegen der Zukunft Gott zu vertrauen.

Sperata war von Natur zur Religiösität geneigt. Ihr Zustand, ihre Einsamkeit vermehrten diesen Zug, der Geistliche unterhielt ihn, um sie nach und nach auf eine ewige Trennung vorzubereiten. Kaum war das Kind entwöhnt, kaum glaubte er ihren Körper stark genug, die ängstlichsten Seelenleiden zu ertragen, so fing er an, das Vergehen ihr mit schrecklichen Farben vorzumalen, das Vergehen sich einem Geistlichen ergeben zu haben, das er als eine Art von Sünde gegen die Natur, als einen Inzest behandelte. Denn er hatte den sonderbaren Gedanken, ihre Reue jener Reue gleich zu machen, die sie empfunden haben würde, wenn sie das wahre Verhältnis ihres Fehltritts erfahren hätte. Er brachte dadurch so viel Jammer und Kummer in ihr Gemüt, er erhöhte die Idee der Kirche und ihres Oberhauptes so sehr vor ihr, er zeigte ihr die schrecklichen Folgen für das Heil aller Seelen, wenn man in solchen Fällen nachgeben, und die Straffälligen durch eine rechtmäßige Verbindung noch gar belohnen wolle; er zeigte ihr, wie heilsam es sei, einen solchen Fehler in der Zeit abzubüßen, und dafür dereinst die Krone der Herrlichkeit zu erwerben, daß sie endlich wie eine arme Sünderin ihren Nacken dem Beil willig darreichte, und inständig bat, daß man sie auf ewig von unserm Bruder entfernen möchte. Als man so viel von ihr erlangt hatte, ließ man ihr, doch unter einer gewissen Aufsicht, die Freiheit, bald in ihrer Wohnung, bald in dem Kloster zu sein, je nachdem sie es für gut hielte.

Ihr Kind wuchs heran, und zeigte bald eine sonderbare Natur. Es konnte sehr früh laufen, und sich mit aller Geschicklichkeit bewegen, es sang bald sehr artig, und lernte die Zither gleichsam von sich selbst. Nur mit Worten konnte es sich nicht ausdrücken, und es schien das Hindernis mehr in seiner Denkungsart als in den Sprachwerkzeugen zu liegen. Die arme Mutter fühlte indessen ein trauriges Verhältnis zu dem Kinde; die Behandlung des Geistlichen hatte ihre Vorstellungsart so verwirrt, daß sie, ohne wahnsinnig zu sein, sich in den seltsamsten Zuständen befand. Ihr Vergehen schien ihr immer schrecklicher und straffälliger zu werden; das oft wiederholte Gleichnis des Geistlichen vom Inzest hatte sich so tief bei ihr eingeprägt, daß sie einen solchen Abscheu empfand, als wenn ihr das Verhältnis selbst bekannt gewesen wäre. Der Beichtvater dünkte sich nicht wenig über das Kunststück, wodurch er das Herz eines unglücklichen Geschöpfes zerriß. Jämmerlich war es anzusehen, wie die Mutterliebe, die über das Dasein des Kindes sich so herzlich zu erfreuen geneigt war, mit dem schrecklichen Gedanken stritt, daß dieses Kind nicht da sein sollte.

Bald stritten diese beiden Gefühle zusammen, bald war der Abscheu über die Liebe gewaltig.

Man hatte das Kind schon lange von ihr weggenommen, und zu guten Leuten unten am See gegeben, und in der mehrern Freiheit, die es hatte, zeigte sich bald seine besondre Lust zum Klettern. Die höchsten Gipfel zu ersteigen, auf den Rändern der Schiffe wegzulaufen, und den Seiltänzern, die sich manchmal in dem Orte sehen ließen, die wunderlichsten Kunststücke nachzumachen, war ein natürlicher Trieb.

Um das alles leichter zu üben, liebte sie mit den Knaben die Kleider zu wechseln, und ob es gleich von ihren Pflegeltern höchst unanständig und unzulässig gehalten wurde, so ließen wir ihr doch so viel als möglich nachsehen. Ihre wunderlichen Wege und Sprünge führten sie manchmal weit, sie verirrte sich, sie blieb aus, und kam immer wieder. Meistenteils wenn sie zurückkehrte, setzte sie sich unter die Säulen des Portals vor einem Landhause in der Nachbarschaft; man suchte sie nicht mehr, man erwartete sie. Dort schien sie auf den Stufen auszuruhen, dann lief sie in den großen Saal, besah die Statuen, und wenn man sie nicht besonders aufhielt, eilte sie nach Hause.

Zuletzt ward dann doch unser Hoffen getäuscht, und unsere Nachsicht bestraft. Das Kind blieb aus, man fand seinen Hut auf dem Wasser schwimmen, nicht weit von dem Orte, wo ein Gießbach sich in den See stürzt. Man vermutete, daß es bei seinem Klettern zwischen den Felsen verunglückt sei; bei allem Nachforschen konnte man den Körper nicht finden.

Durch das unvorsichtige Geschwätz ihrer Gesellschafterinnen erfuhr Sperata bald den Tod ihres Kindes; sie schien ruhig und heiter, und gab nicht undeutlich zu verstehen, sie freue sich, daß Gott das arme Geschöpf zu sich genommen und so bewahrt habe, ein größeres Unglück zu erdulden oder zu stiften.

Bei dieser Gelegenheit kamen alle Märchen zur Sprache, die man von unsern Wassern zu erzählen pflegt. Es hieß: der See müsse alle Jahre ein unschuldiges Kind haben; er leide keinen toten Körper, und werfe ihn früh oder spät an's Ufer, ja sogar das letzte Knöchelchen, wenn es zu Grunde gesunken sei, müsse wieder heraus. Man erzählte die Geschichte einer untröstlichen Mutter, deren Kind im See ertrunken sei, und die Gott und seine Heiligen angerufen habe, ihr nur wenigstens die Gebeine zum Begräbnis zu gönnen; der nächste Sturm habe den Schädel, der folgende den Rumpf an's Ufer gebracht, und nachdem alles beisammen gewesen, habe sie sämtliche Gebeine in einem Tuch zur Kirche getragen, aber, o Wunder! als sie in den Tempel getreten, sei das Paket immer schwerer geworden, und endlich als sie es auf die Stufen des Altars gelegt, habe das Kind zu schreien angefangen, und sich zu jedermanns Erstaunen aus dem Tuche losgemacht; nur ein Knöchelchen des kleinen Fingers an der rechten Hand habe gefehlt, welches denn die Mutter nachher noch sorgfältig aufgesucht und gefunden, das denn auch noch zum Gedächtnis unter andern Reliquien in der Kirche aufgehoben werde.

Auf die arme Mutter machten diese Geschichten großen Eindruck; ihre Einbildungskraft fühlte einen neuen Schwung, und begünstigte die Empfindung ihres Herzens. Sie nahm an, daß das Kind nunmehr für sich und seine Eltern abgebüßt habe, daß Fluch und Strafe, die bisher auf ihnen geruht, nunmehr gänzlich gehoben sei; daß es nur darauf ankomme, die Gebeine des Kindes wiederzufinden, um sie nach Rom zu bringen, so würde das Kind auf den Stufen des großen Altars der Peterskirche wieder, mit seiner schönen frischen Haut umgeben, vor dem Volke dastehn. Es werde mit seinen eignen Augen wieder Vater und Mutter schauen, und der Papst, von der Einstimmung Gottes und seiner Heiligen überzeugt, werde unter dem lauten Zuruf des Volks, den Eltern die Sünde vergeben, sie lossprechen und sie verbinden.

Nun waren ihre Augen und ihre Sorgfalt immer nach dem See und dem Ufer gerichtet. Wenn Nachts im Mondglanz sich die Wellen umschlugen, glaubte sie, jeder blinkende Saum treibe ihr Kind hervor; es mußte zum Scheine jemand hinablaufen, um es am Ufer aufzufangen.

So war sie auch des Tages unermüdet an den Stellen, wo das kiesige Ufer flach in die See ging; sie sammelte in ein Körbchen alle Knochen, die sie fand. Niemand durfte ihr sagen, daß es Tierknochen seien; die großen begrub sie, die kleinen hub sie auf. In dieser Beschäftigung lebte sie unablässig fort. Der Geistliche, der durch die unerläßliche Ausübung seiner Pflicht ihren Zustand verursacht hatte, nahm sich auch ihrer nun aus allen Kräften an. Durch seinen Einfluß ward sie in der Gegend für eine Entzückte, nicht für eine Verrückte gehalten; man stand mit gefalteten Händen, wenn sie vorbeiging, und die Kinder küßten ihr die Hand.

Ihrer alten Freundin und Begleiterin war von dem Beichtvater die Schuld, die sie bei der unglücklichen Verbindung beider Personen gehabt haben mochte, nur unter der Bedingung erlassen, daß sie unablässig treu ihr ganzes künftiges Leben die Unglückliche begleiten solle, und sie hat mit einer bewundernswürdigen Geduld und Gewissenhaftigkeit ihre Pflichten bis zuletzt ausgeübt.

Wir hatten unterdessen unsern Bruder nicht aus den Augen verloren; weder die Ärzte noch die Geistlichkeit seines Klosters wollten uns erlauben, vor ihm zu erscheinen; allein um uns zu überzeugen, daß es ihm nach seiner Art wohl gehe, konnten wir ihn, so oft wir wollten, in dem Garten, in den Kreuzgängen, ja durch ein Fenster an der Decke seines Zimmers belauschen.

Nach vielen schrecklichen und sonderbaren Epochen, die ich übergehe, war er in einen seltsamen Zustand der Ruhe des Geistes und der Unruhe des Körpers geraten. Er saß fast niemals, als wenn er seine Harfe nahm und darauf spielte, da er sie denn meistens mit Gesang begleitete. Übrigens war er immer in Bewegung, und in allem äußerst lenksam und folgsam, denn alle seine Leidenschaften schienen sich in der einzigen Furcht des Todes aufgelös't zu haben. Man konnte ihn zu allem in der Welt bewegen, wenn man ihm mit einer gefährlichen Krankheit oder mit dem Tode drohte.

Außer dieser Sonderbarkeit, daß er unermüdet im Kloster hin und her ging, und nicht undeutlich zu verstehen gab, daß es noch besser sein würde, über Berg und Täler so zu wandeln, sprach er auch von einer Erscheinung, die ihn gewöhnlich ängstigte. Er behauptete nämlich, daß bei seinem Erwachen, zu jeder Stunde der Nacht, ein schöner Knabe unten an seinem Bette stehe, und ihm mit einem blanken Messer drohe. Man versetzte ihn in ein anderes Zimmer, allein er behauptete, auch da, und zuletzt sogar an andern Stellen des Klosters, stehe der Knabe im Hinterhalt. Sein Auf- und Abwandeln ward unruhiger, ja man erinnerte sich nachher, daß er in der Zeit öfter als sonst an dem Fenster gestanden und über den See hinüber gesehen habe.

Unsere arme Schwester indessen schien von dem einzigen Gedanken, von der beschränkten Beschäftigung nach und nach aufgerieben zu werden, und unser Arzt schlug vor, man sollte ihr nach und nach unter ihre übrigen Gebeine die Knochen eines Kinderskeletts mischen, um dadurch ihre Hoffnung zu vermehren. Der Versuch war zweifelhaft, doch schien wenigstens so viel dabei gewonnen, daß man sie, wenn alle Teile beisammen wären, von dem ewigen Suchen abbringen, und ihr zu einer Reise nach Rom Hoffnung machen könnte.

Es geschah, und ihre Begleiterin vertauschte unmerklich die ihr anvertrauten kleinen Reste mit den gefundenen, und eine unglaubliche Wonne verbreitete sich über die arme Kranke, als die Teile sich nach und nach zusammen fanden, und man diejenigen bezeichnen konnte, die noch fehlten. Sie hatte mit großer Sorgfalt jeden Teil, wo er hingehörte, mit Fäden und Bändern befestigt; sie hatte, wie man die Körper der Heiligen zu ehren pflegt, mit Seide und Stickerei die Zwischenräume ausgefüllt.

So hatte man die Glieder zusammen kommen lassen, es fehlten nur wenige der äußeren Enden. Eines Morgens, als sie noch schlief, und der Medicus gekommen war, nach ihrem Befinden zu fragen, nahm die Alte die verehrten Reste aus dem Kästchen weg, das in der Schlafkammer stand, um dem Arzte zu zeigen, wie sich die gute Kranke beschäftige. Kurz darauf hörte man sie aus dem Bette springen, sie hob das Tuch auf, und fand das Kästchen leer. Sie warf sich auf ihre Knie; man kam und hörte ihr freudiges inbrünstiges Gebet. Ja! es ist wahr, rief sie aus, es war kein Traum, es ist wirklich! Freuet euch, meine Freunde, mit mir! Ich habe das gute schöne Geschöpf wieder lebendig gesehen. Es stand auf, und warf den Schleier von sich, sein Glanz erleuchtete das Zimmer, seine Schönheit war verklärt, es konnte den Boden nicht betreten, ob es gleich wollte. Leicht ward es empor gehoben, und konnte mir nicht einmal seine Hand reichen. Da rief es mich zu sich, und zeigte mir den Weg, den ich gehen soll. Ich werde ihm folgen, und bald folgen, ich fühl' es, und es wird mir so leicht um's Herz. Mein Kummer ist verschwunden, und schon das Anschauen meines wieder Auferstandenen hat mir einen Vorgeschmack der himmlischen Freude gegeben.

Von der Zeit an war ihr ganzes Gemüt mit den heitersten Aussichten beschäftigt, auf keinen irdischen Gegenstand richtete sie ihre Aufmerksamkeit mehr, sie genoß nur wenige Speisen, und ihr Geist machte sich nach und nach von den Banden des Körpers los. Auch fand man sie zuletzt unvermutet erblaßt und ohne Empfindung, sie öffnete die Augen nicht wieder, sie war, was wir tot nennen.

Der Ruf ihrer Vision hatte sich bald unter das Volk verbreitet, und das ehrwürdige Ansehn, das sie in ihrem Leben genoß, verwandelte sich nach ihrem Tode schnell in den Gedanken, daß man sie sogleich für selig, ja für heilig halten müsse.

Als man sie zu Grabe bestatten wollte, drängten sich viele Menschen mit unglaublicher Heftigkeit hinzu, man wollte ihre Hand, man wollte wenigstens ihr Kleid berühren. In dieser leidenschaftlichen Erhöhung fühlten verschiedene Kranke die Übel nicht, von denen sie sonst gequält wurden; sie hielten sich für geheilt, sie bekannten's, sie priesen Gott und seine neue Heilige. Die Geistlichkeit war genötigt, den Körper in eine Kapelle zu stellen, das Volk verlangte Gelegenheit seine Andacht zu verrichten, der Zudrang war unglaublich; die Bergbewohner, die ohnedies zu lebhaften religiösen Gefühlen gestimmt sind, drangen aus ihren Tälern herbei; die Andacht, die Wunder, die Anbetung vermehrten sich mit jedem Tage. Die bischöflichen Verordnungen, die einen solchen neuen Dienst einschränken und nach und nach niederschlagen sollten, konnten nicht zur Ausführung gebracht werden; bei jedem Widerstand war das Volk heftig, und gegen jeden Ungläubigen bereit in Tätlichkeiten auszubrechen. Wandelte nicht auch, riefen sie, der heilige Borromäus unter unsern Vorfahren? Erlebte seine Mutter nicht die Wonne seiner Seligsprechung? Hat man nicht durch jenes große Bildnis auf dem Felsen bei Arona uns seine geistige Größe sinnlich vergegenwärtigen wollen? Leben die Seinigen nicht noch unter uns? Und hat Gott nicht zugesagt unter einem gläubigen Volke seine Wunder stets zu erneuern?

Als der Körper nach einigen Tagen keine Zeichen der Fäulnis von sich gab, und eher weißer und gleichsam durchsichtig ward, erhöhte sich das Zutrauen der Menschen immer mehr, und es zeigten sich unter der Menge verschiedene Kuren, die der aufmerksame Beobachter selbst nicht erklären, und auch nicht geradezu als Betrug ansprechen konnte. Die ganze Gegend war in Bewegung, und wer nicht selbst kam, hörte wenigstens eine Zeitlang von nichts anderem reden.

Das Kloster, worin mein Bruder sich befand, erscholl so gut als die übrige Gegend von diesen Wundern, und man nahm sich um so weniger in Acht, in seiner Gegenwart davon zu sprechen, als er sonst auf nichts aufzumerken pflegte, und sein Verhältnis niemanden bekannt war. Diesmal schien er aber mit großer Genauigkeit gehört zu haben; er führte seine Flucht mit solcher Schlauheit aus, daß niemals jemand hat begreifen können, wie er aus dem Kloster herausgekommen sei. Man erfuhr nachher, daß er sich mit einer Anzahl Wallfahrer übersetzen lassen, und daß er die Schiffer, die weiter nichts Verkehrtes an ihm wahrnahmen, nur um die größte Sorgfalt gebeten, daß das Schiff nicht umschlagen möchte. Tief in der Nacht kam er in jene Kapelle, wo seine unglückliche Geliebte von ihrem Leiden ausruhte; nur wenig Andächtige knieten in den Winkeln, ihre alte Freundin saß zu ihren Häupten, er trat hinzu und grüßte sie, und fragte: wie sich ihre Gebieterin befände? Ihr seht es, versetzte diese nicht ohne Verlegenheit. Er blickte den Leichnam nur von der Seite an. Nach einigem Zaudern nahm er ihre Hand. Erschreckt vor der Kälte, ließ er sie sogleich wieder fahren, er sah sich unruhig um und sagte zu der Alten: Ich kann jetzt nicht bei ihr bleiben, ich habe noch einen sehr weiten Weg zu machen, ich will aber zur rechten Zeit schon wieder da sein; sag' ihr das, wenn sie aufwacht.

So ging er hinweg, wir wurden nur spät von diesem Vorgange benachrichtigt, man forschte nach, wo er hingekommen sei, aber vergebens! Wie er sich durch Berge und Täler durchgearbeitet haben mag, ist unbegreiflich. Endlich nach langer Zeit fanden wir in Graubündten eine Spur von ihm wieder, allein zu spät, und sie verlor sich bald. Wir vermuteten, daß er nach Deutschland sei, allein der Krieg hatte solche schwache Fußtapfen gänzlich verwischt.

Zehntes Kapitel

Der Abbé hörte zu lesen auf, und niemand hatte ohne Tränen zugehört. Die Gräfin brachte ihr Tuch nicht von den Augen; zuletzt stand sie auf und verließ mit Natalien das Zimmer. Die Übrigen schwiegen, und der Abbé sprach: Es entsteht nun die Frage, ob man den guten Marchese soll abreisen lassen, ohne ihm unser Geheimnis zu entdecken. Denn wer zweifelt wohl einen Augenblick daran, daß Augustin und unser Harfenspieler Eine Person sei. Es ist zu überlegen, was wir tun, sowohl um des unglücklichen Mannes als der Familie willen. Mein Rat wäre, nichts zu übereilen, abzuwarten, was uns der Arzt, den wir eben von dort zurückerwarten, für Nachrichten bringt.

Jedermann war derselben Meinung, und der Abbé fuhr fort: Eine andere Frage, die vielleicht schneller abzutun ist, entsteht zu gleicher Zeit. Der Marchese ist unglaublich gerührt über die Gastfreundschaft, die seine arme Nichte bei uns, besonders bei unserm jungen Freunde gefunden hat. Ich habe ihm die ganze Geschichte umständlich, ja wiederholt erzählen müssen, und er zeigte seine lebhafteste Dankbarkeit. Der junge Mann, sagte er, hat ausgeschlagen mit mir zu reisen, ehe er das Verhältnis kannte, das unter uns besteht. Ich bin ihm nun kein Fremder mehr, von dessen Art zu sein und von dessen Laune er etwa nicht gewiß wäre; ich bin sein Verbundener, wenn Sie wollen sein Verwandter, und da sein Knabe, den er nicht zurücklassen wollte, erst das Hindernis war, das ihn abhielt sich zu mir zu gesellen, so lassen Sie jetzt dieses Kind zum schönern Bande werden, das uns nur desto fester an einander knüpft. Über die Verbindlichkeit, die ich nun schon habe, sei er mir noch auf der Reise nützlich, er kehre mit mir zurück, mein älterer Bruder wird ihn mit Freuden empfangen, er verschmähe die Erbschaft seines Pflegekindes nicht: denn nach einer geheimen Abrede unseres Vaters mit seinem Freunde ist das Vermögen, das er seiner Tochter zugewendet hatte, wieder an uns zurückgefallen, und wir wollen dem Wohltäter unserer Nichte gewiß das nicht vorenthalten, was er verdient hat.

Therese nahm Wilhelmen bei der Hand, und sagte: Wir erleben abermals hier so einen schönen Fall, daß uneigennütziges Wohltun die höchsten und schönsten Zinsen bringt. Folgen Sie diesem sonderbaren Ruf, und indem Sie sich um den Marchese doppelt verdient machen, eilen Sie einem schönen Land entgegen, das Ihre Einbildungskraft und Ihr Herz mehr als Einmal an sich gezogen hat.

Ich überlasse mich ganz meinen Freunden und ihrer Führung, sagte Wilhelm; es ist vergebens in dieser Welt nach eigenem Willen zu streben. Was ich fest zu halten wünschte, muß ich fahren lassen, und eine unverdiente Wohltat drängt sich mir auf.

Mit einem Druck auf Theresens Hand machte Wilhelm die seinige los. Ich überlasse Ihnen ganz, sagte er zu dem Abbé, was Sie über mich beschließen; wenn ich meinen Felix nicht von mir zu lassen brauche, so bin ich zufrieden überall hinzugehn, und alles, was man für recht hält, zu unternehmen.

Auf diese Erklärung entwarf der Abbé sogleich seinen Plan: man solle, sagte er, den Marchese abreisen lassen, Wilhelm solle die Nachricht des Arztes abwarten, und alsdann, wenn man überlegt habe, was zu tun sei, könne Wilhelm mit Felix nachreisen. So bedeutete er auch den Marchese, unter einem Vorwand, daß die Einrichtungen des jungen Freundes zur Reise ihn nicht abhalten müßten, die Merkwürdigkeiten der Stadt indessen zu besehn. Der Marchese ging ab, nicht ohne wiederholte lebhafte Versicherung seiner Dankbarkeit, wovon die Geschenke, die er zurückließ, und die aus Juwelen, geschnittenen Steinen und gestickten Stoffen bestanden, einen genugsamen Beweis gaben.

Wilhelm war nun auch völlig reisefertig, und man war um so mehr verlegen, daß keine Nachrichten von dem Arzt kommen wollten; man befürchtete dem armen Harfenspieler möchte ein Unglück begegnet sein, zu eben der Zeit als man hoffen konnte, ihn durchaus in einen bessern Zustand zu versetzen. Man schickte den Kurier fort, der kaum weggeritten war, als am Abend der Arzt mit einem Fremden hereintrat, dessen Gestalt und Wesen bedeutend, ernsthaft und auffallend war, und den niemand kannte. Beide Ankömmlinge schwiegen eine Zeitlang still; endlich ging der Fremde auf Wilhelmen zu, reichte ihm die Hand und sagte: Kennen Sie Ihren alten Freund nicht mehr? Es war die Stimme des Harfenspielers, aber von seiner Gestalt schien keine Spur übrig geblieben zu sein. Er war in der gewöhnlichen Tracht eines Reisenden, reinlich und anständig gekleidet, sein Bart war verschwunden, seinen Locken sah man einige Kunst an, und was ihn eigentlich ganz unkenntlich machte, war, daß an seinem bedeutenden Gesichte die Züge des Alters nicht mehr erschienen. Wilhelm umarmte ihn mit der lebhaftesten Freude; er ward den andern vorgestellt, und betrug sich sehr vernünftig, und wußte nicht, wie bekannt er der Gesellschaft noch vor kurzem geworden war. Sie werden Geduld mit einem Menschen haben, fuhr er mit großer Gelassenheit fort, der, so erwachsen er auch aussieht, nach einem langen Leiden erst wie ein unerfahrnes Kind in die Welt tritt. Diesem wackren Mann bin ich schuldig, daß ich wieder in einer menschlichen Gesellschaft erscheinen kann.

Man hieß ihn willkommen, und der Arzt veranlaßte sogleich einen Spaziergang, um das Gespräch abzubrechen, und in's Gleichgültige zu lenken.

Als man allein war, gab der Arzt folgende Erklärung: Die Genesung dieses Mannes ist uns durch den sonderbarsten Zufall geglückt. Wir hatten ihn lange nach unserer Überzeugung moralisch und physisch behandelt, es ging auch bis auf einen gewissen Grad ganz gut, allein die Todesfurcht war noch immer groß bei ihm, und sein Bart und sein langes Kleid wollte er uns nicht aufopfern; übrigens nahm er mehr Teil an den weltlichen Dingen, und seine Gesänge schienen wie seine Vorstellungsart wieder dem Leben sich zu nähern. Sie wissen, welch ein sonderbarer Brief des Geistlichen mich von hier abrief. Ich kam, ich fand unsern Mann ganz verändert, er hatte freiwillig seinen Bart hergegeben, er hatte erlaubt seine Lokken in eine hergebrachte Form zuzuschneiden, er verlangte gewöhnliche Kleider, und schien auf einmal ein anderer Mensch geworden zu sein. Wir waren neugierig die Ursache dieser Verwandlung zu ergründen, und wagten doch nicht uns mit ihm selbst darüber einzulassen; endlich entdeckten wir zufällig die sonderbare Bewandtnis. Ein Glas flüssiges Opium fehlte in der Hausapotheke des Geistlichen, man hielt für nötig die strengste Untersuchung anzustellen, jedermann suchte sich des Verdachtes zu erwehren, es gab unter den Hausgenossen heftige Szenen. Endlich trat dieser Mann auf, und gestand, daß er es besitze; man fragte ihn, ob er davon genommen habe? er sagte Nein! fuhr aber fort: Ich danke diesem Besitz die Wiederkehr meiner Vernunft. Es hängt von euch ab mir dieses Fläschchen zu nehmen, und ihr werdet mich ohne Hoffnung in meinen alten Zustand wieder zurückfallen sehen. Das Gefühl, daß es wünschenswert sei die Leiden dieser Erde durch den Tod geendigt zu sehen, brachte mich zuerst auf den Weg der Genesung; bald darauf entstand der Gedanke, sie durch einen freiwilligen Tod zu endigen, und ich nahm in dieser Absicht das Glas hinweg; die Möglichkeit, sogleich die großen Schmerzen auf ewig aufzuheben, gab mir Kraft die Schmerzen zu ertragen, und so habe ich, seitdem ich den Talisman besitze, mich durch die Nähe des Todes wieder in das Leben zurückgedrängt. Sorgt nicht, sagte er, daß ich Gebrauch davon mache, sondern entschließt euch, als Kenner des menschlichen Herzens, mich, indem ihr mir die Unabhängigkeit vom Leben zugesteht, erst vom Leben recht abhängig zu machen. Nach reiflicher Überlegung drangen wir nicht weiter in ihn, und er führt nun in einem festen geschliffnen Glasfläschchen dieses Gift als das sonderbarste Gegengift bei sich.

Man unterrichtete den Arzt von allem, was indessen entdeckt worden war, und man beschloß gegen Augustin das tiefste Stillschweigen zu beobachten. Der Abbé nahm sich vor, ihn nicht von seiner Seite zu lassen, und ihn auf dem guten Wege, den er betreten hatte, fortzuführen.

Indessen sollte Wilhelm die Reise durch Deutschland mit dem Marchese vollenden. Schien es möglich Augustinen eine Neigung zu seinem Vaterlande wieder einzuflößen, so wollte man seinen Verwandten den Zustand entdecken, und Wilhelm sollte ihn den Seinigen wieder zuführen.

Dieser hatte nun alle Anstalten zu seiner Reise gemacht, und wenn es im Anfang wunderbar schien, daß Augustin sich freute, als er vernahm, wie sein alter Freund und Wohltäter sich sogleich wieder entfernen sollte, so entdeckte doch der Abbé bald den Grund dieser seltsamen Gemütsbewegung. Augustin konnte seine alte Furcht, die er vor Felix hatte, nicht überwinden, und wünschte den Knaben je eher je lieber entfernt zu sehen.

Nun waren nach und nach so viele Menschen angekommen, daß man sie im Schloß und in den Seitengebäuden kaum alle unterbringen konnte, um so mehr als man nicht gleich anfangs auf den Empfang so vieler Gäste die Einrichtung gemacht hatte. Man frühstückte, man speis'te zusammen, und hätte sich gern beredet, man lebe in einer vergnüglichen Übereinstimmung, wenn schon in der Stille die Gemüter sich gewissermaßen aus einander sehnten. Therese war manchmal mit Lothario, noch öfter allein ausgeritten, sie hatte in der Nachbarschaft schon alle Landwirte und Landwirtinnen kennen lernen; es war ihr Haushaltungsprinzip, und sie mochte nicht Unrecht haben, daß man mit Nachbarn und Nachbarinnen im besten Vernehmen und immer in einem ewigen Gefälligkeitswechsel stehen müsse. Von einer Verbindung zwischen ihr und Lothario schien gar die Rede nicht zu sein, die beiden Schwestern hatten sich viel zu sagen, der Abbé schien den Umgang des Harfenspielers zu suchen, Jarno hatte mit dem Arzt öftere Konferenzen, Friedrich hielt sich an Wilhelmen, und Felix war überall, wo es ihm gut ging. So vereinigten sich auch meistenteils die Paare auf dem Spaziergang, indem die Gesellschaft sich trennte, und wenn sie zusammen sein mußten, so nahm man geschwind seine Zuflucht zur Musik, um alle zu verbinden, indem man jeden sich selbst wiedergab.

Unversehens vermehrte der Graf die Gesellschaft, seine Gemahlin abzuholen, und, wie es schien, einen feierlichen Abschied von seinen weltlichen Verwandten zu nehmen. Jarno eilte ihm bis an den Wagen entgegen, und als der Ankommende fragte, was er für Gesellschaft finde? so sagte jener in einem Anfall von toller Laune, die ihn immer ergriff, sobald er den Grafen gewahr ward: Sie finden den ganzen Adel der Welt beisammen, Marchesen, Marquis, Mylords und Baronen, es hat nur noch an einem Grafen gefehlt. So ging man die Treppe hinauf, und Wilhelm war die erste Person, die ihm im Vorsaal entgegen kam. Mylord! sagte der Graf zu ihm auf französisch, nachdem er ihn einen Augenblick betrachtet hatte, ich freue mich sehr, Ihre Bekanntschaft unvermutet zu erneuern; denn ich müßte mich sehr irren, wenn ich Sie nicht im Gefolge des Prinzen sollte in meinem Schlosse gesehen haben. – Ich hatte das Glück Ew. Exzellenz damals aufzuwarten, versetzte Wilhelm, nur erzeigen Sie mir zuviel Ehre, wenn Sie mich für einen Engländer und zwar vom ersten Range halten, ich bin ein Deutscher, und – zwar ein sehr braver junger Mann, fiel Jarno sogleich ein. Der Graf sah Wilhelmen lächelnd an, und wollte eben etwas erwidern, als die übrige Gesellschaft herbei kam, und ihn auf's freundlichste begrüßte. Man entschuldigte sich, daß man ihm nicht sogleich ein anständiges Zimmer anweisen könne, und versprach den nötigen Raum ungesäumt zu verschaffen.

Ei ei! sagte er lächelnd, ich sehe wohl, daß man dem Zufalle überlassen hat, den Fourierzettel zu machen; mit Vorsicht und Einrichtung, wie viel ist da nicht möglich! Jetzt bitte ich euch, rührt mir keinen Pantoffel vom Platze, denn sonst, seh' ich wohl, gibt es eine große Unordnung. Jedermann wird unbequem wohnen, und das soll niemand um meinetwillen wo möglich auch nur eine Stunde. Sie waren Zeuge, sagte er zu Jarno, und auch Sie, Mister, indem er sich zu Wilhelmen wandte, wie viele Menschen ich damals auf meinem Schlosse bequem untergebracht habe. Man gebe mir die Liste der Personen und Bedienten, man zeige mir an, wie jedermann gegenwärtig einquartiert ist, ich will einen Dislokationsplan machen, daß mit der wenigsten Bemühung jedermann eine geräumige Wohnung finde, und daß noch Platz für einen Gast bleiben soll, der sich zufälligerweise bei uns einstellen könnte.

Jarno machte sogleich den Adjutanten des Grafen, verschaffte ihm alle nötigen Notizen, und hatte nach seiner Art den größten Spaß, wenn er den alten Herrn mitunter irre machen konnte. Dieser gewann aber bald einen großen Triumph. Die Einrichtung war fertig, er ließ in seiner Gegenwart die Namen über alle Türen schreiben, und man konnte nicht leugnen, daß mit wenig Umständen und Veränderungen der Zweck völlig erreicht war. Auch hatte es Jarno unter anderm so geleitet, daß die Personen, die in dem gegenwärtigen Augenblick ein Interesse an einander nahmen, zusammen wohnten.

Nachdem alles eingerichtet war, sagte der Graf zu Jarno: Helfen Sie mir auf die Spur wegen des jungen Mannes, den Sie da Meister nennen, und der ein Deutscher sein soll. Jarno schwieg still, denn er wußte recht gut, daß der Graf einer von denen Leuten war, die, wenn sie fragen, eigentlich belehren wollen; auch fuhr dieser, ohne Antwort abzuwarten, in seiner Rede fort: Sie hatten mir ihn damals vorgestellt, und im Namen des Prinzen bestens empfohlen. Wenn seine Mutter auch eine Deutsche war, so hafte ich dafür, daß sein Vater ein Engländer ist, und zwar von Stande; wer wollte das englische Blut alles berechnen, das seit dreißig Jahren in deutschen Adern herum fließt! Ich will weiter nicht darauf dringen, ihr habt immer solche Familiengeheimnisse; doch mir wird man in solchen Fällen nichts aufbinden. Darauf erzählte er noch verschiedenes, was damals mit Wilhelmen auf seinem Schloß vorgegangen sein sollte, wozu Jarno gleichfalls schwieg, obgleich der Graf ganz irrig war, und Wilhelmen mit einem jungen Engländer in des Prinzen Gefolge mehr als einmal verwechselte. Der gute Herr hatte in frühern Zeiten ein vortreffliches Gedächtnis gehabt, und war noch immer stolz darauf, sich der geringsten Umstände seiner Jugend erinnern zu können; nun bestimmte er aber mit eben der Gewißheit wunderbare Kombinationen und Fabeln als wahr, die ihm bei zunehmender Schwäche seines Gedächtnisses seine Einbildungskraft einmal vorgespiegelt hatte. Übrigens war er sehr mild und gefällig geworden, und seine Gegenwart wirkte recht günstig auf die Gesellschaft. Er verlangte, daß man etwas Nützliches zusammen lesen sollte, ja sogar gab er manchmal kleine Spiele an, die er wo nicht mitspielte doch mit großer Sorgfalt dirigierte, und da man sich über seine Herablassung verwunderte, sagte er: es sei die Pflicht eines jeden, der sich in Hauptsachen von der Welt entferne, daß er in gleichgültigen Dingen sich ihr destomehr gleich stelle.

Wilhelm hatte unter diesen Spielen mehr als Einen bänglichen und verdrießlichen Augenblick; der leichtsinnige Friedrich ergriff manche Gelegenheit, um auf eine Neigung Wilhelms gegen Natalien zu deuten. Wie konnte er darauf fallen? wodurch war er dazu berechtigt? und mußte nicht die Gesellschaft glauben, daß, weil beide viel mit einander umgingen, Wilhelm ihm eine so unvorsichtige und unglückliche Konfidenz gemacht habe?

Eines Tages waren sie bei einem solchen Scherze heiterer als gewöhnlich, als Augustin auf einmal zur Türe, die er aufriß, mit gräßlicher Gebärde herein stürzte; sein Angesicht war blaß, sein Auge wild, er schien reden zu wollen, die Sprache versagte ihm. Die Gesellschaft entsetzte sich, Lothario und Jarno, die eine Rückkehr des Wahnsinns vermuteten, sprangen auf ihn los, und hielten ihn fest. Stotternd und dumpf, dann heftig und gewaltsam sprach und rief er: Nicht mich haltet, eilt! helft! rettet das Kind! Felix ist vergiftet!

Sie ließen ihn los, er eilte zur Türe hinaus, und voll Entsetzen drängte sich die Gesellschaft ihm nach. Man rief nach dem Arzte, Augustin richtete seine Schritte nach dem Zimmer des Abbés, man fand das Kind, das erschrocken und verlegen schien, als man ihm schon von weitem zurief: Was hast du angefangen?

Lieber Vater! rief Felix, ich habe nicht aus der Flasche, ich habe aus dem Glase getrunken, ich war so durstig.

Augustin schlug die Hände zusammen, rief: Er ist verloren! drängte sich durch die Umstehenden, und eilte davon.

Sie fanden ein Glas Mandelmilch auf dem Tische stehen, und eine Caravine darneben, die über die Hälfte leer war; der Arzt kam, er erfuhr, was man wußte, und sah mit Entsetzen das wohlbekannte Fläschchen, worin sich das flüssige Opium befunden hatte, leer auf dem Tische liegen; er ließ Essig herbei schaffen, und rief alle Mittel seiner Kunst zu Hülfe.

Natalie ließ den Knaben in ein Zimmer bringen, sie bemühte sich ängstlich um ihn. Der Abbé war fortgerannt, Augustinen aufzusuchen, und einige Aufklärungen von ihm zu erdringen. Eben so hatte sich der unglückliche Vater vergebens bemüht und fand, als er zurückkam, auf allen Gesichtern Bangigkeit und Sorge. Der Arzt hatte indessen die Mandelmilch im Glase untersucht, es entdeckte sich die stärkste Beimischung von Opium, das Kind lag auf dem Ruhebette und schien sehr krank, es bat den Vater, daß man ihm nur nichts mehr einschütten, daß man es nur nicht mehr quälen möchte. Lothar hatte seine Leute ausgeschickt und war selbst weggeritten, um der Flucht Augustins auf die Spur zu kommen. Natalie saß bei dem Kinde, es flüchtete auf ihren Schoß, und bat sie flehentlich um Schutz, flehentlich um ein Stückchen Zucker, der Essig sei gar zu sauer! Der Arzt gab es zu; man müsse das Kind, das in der entsetzlichsten Bewegung war, einen Augenblick ruhen lassen, sagte er: es sei alles Rätliche geschehen, er wolle das Mögliche tun. Der Graf trat mit einigem Unwillen, wie es schien, herbei, er sah ernst, ja feierlich aus, legte die Hände auf das Kind, blickte gen Himmel, und blieb einige Augenblicke in dieser Stellung. Wilhelm, der trostlos in einem Sessel lag, sprang auf, warf einen Blick voll Verzweiflung auf Natalien und ging zur Türe hinaus.

Kurz darauf verließ auch der Graf das Zimmer.

Ich begreife nicht, sagte der Arzt nach einiger Pause, daß sich auch nicht die geringste Spur eines gefährlichen Zustandes am Kinde zeigt. Auch nur mit einem Schluck muß es eine ungeheure Dosis Opium zu sich genommen haben, und nun finde ich an seinem Pulse keine weitere Bewegung, als die ich meinen Mitteln und der Furcht zuschreiben kann, in die wir das Kind versetzt haben.

Bald darauf trat Jarno mit der Nachricht herein, daß man Augustin auf dem Oberboden in seinem Blute gefunden habe, ein Schermesser habe neben ihm gelegen, wahrscheinlich habe er sich die Kehle abgeschnitten. Der Arzt eilte fort und begegnete den Leuten, welche den Körper die Treppe herunterbrachten. Er ward auf ein Bett gelegt und genau untersucht, der Schnitt war in die Luftröhre gegangen, auf einen starken Blutverlust war eine Ohnmacht gefolgt, doch ließ sich bald bemerken, daß noch Leben, daß noch Hoffnung übrig sei. Der Arzt brachte den Körper in die rechte Lage, fügte die getrennten Teile zusammen, und legte den Verband an. Die Nacht ging allen schlaflos und sorgenvoll vorüber. Das Kind wollte sich nicht von Natalien trennen lassen. Wilhelm saß vor ihr auf einem Schemel; er hatte die Füße des Knaben auf seinem Schoße, Kopf und Brust lagen auf dem ihrigen, so teilten sie die angenehme Last und die schmerzliche Sorge, und verharrten, bis der Tag anbrach, in der unbequemen und traurigen Lage; Natalie hatte Wilhelmen ihre Hand gegeben, sie sprachen kein Wort, sahen auf das Kind, und sahen einander an. Lothario und Jarno saßen am andern Ende des Zimmers, und führten ein sehr bedeutendes Gespräch, das wir gern, wenn uns die Begebenheiten nicht zu sehr drängten, unsern Lesern hier mitteilen würden. Der Knabe schlief sanft, erwachte am frühen Morgen ganz heiter, sprang auf und verlangte ein Butterbrot.

Sobald Augustin sich einigermaßen erholt hatte, suchte man einige Aufklärung von ihm zu erhalten. Man erfuhr nicht ohne Mühe, und nur nach und nach: daß, als er bei der unglücklichen Dislokation des Grafen in Ein Zimmer mit dem Abbé versetzt worden, er das Manuskript und darin seine Geschichte gefunden habe; sein Entsetzen sei ohne gleichen gewesen, und er habe sich nun überzeugt, daß er nicht länger leben dürfe; sogleich habe er seine gewöhnliche Zuflucht zum Opium genommen, habe es in ein Glas Mandelmilch geschüttet, und habe doch, als er es an den Mund gesetzt, geschaudert; darauf habe er es stehen lassen, um nochmals durch den Garten zu laufen und die Welt zu sehen, bei seiner Zurückkunft habe er das Kind gefunden, eben beschäftigt, das Glas, woraus es getrunken, wieder voll zu gießen.

Man bat den Unglücklichen ruhig zu sein, er faßte Wilhelmen krampfhaft bei der Hand: Ach! sagte er, warum habe ich dich nicht längst verlassen, ich wußte wohl, daß ich den Knaben töten würde, und er mich. Der Knabe lebt! sagte Wilhelm. Der Arzt, der aufmerksam zugehört hatte, fragte Augustinen, ob alles Getränke vergiftet gewesen? Nein! versetzte er, nur das Glas. So hat durch den glücklichsten Zufall, rief der Arzt, das Kind aus der Flasche getrunken! Ein guter Genius hat seine Hand geführt, daß es nicht nach dem Tode griff, der so nahe zubereitet stand! Nein! nein! rief Wilhelm mit einem Schrei, indem er die Hände vor die Augen hielt, wie fürchterlich ist diese Aussage! Ausdrücklich sagte das Kind, daß es nicht aus der Flasche, sondern aus dem Glase getrunken habe. Seine Gesundheit ist nur ein Schein, es wird uns unter den Händen wegsterben. Er eilte fort, der Arzt ging hinunter und fragte, indem er das Kind liebkos'te: Nicht wahr, Felix, du hast aus der Flasche getrunken und nicht aus dem Glase? Das Kind fing an zu weinen. Der Arzt erzählte Natalien im Stillen, wie sich die Sache verhalte; auch sie bemühte sich vergebens, die Wahrheit von dem Kinde zu erfahren, es weinte nur heftiger, und so lange bis es einschlief.

Wilhelm wachte bei ihm, die Nacht verging ruhig. Den andern Morgen fand man Augustinen tot in seinem Bette; er hatte die Aufmerksamkeit seiner Wärter durch eine scheinbare Ruhe betrogen, den Verband still aufgelös't, und sich verblutet. Natalie ging mit dem Kinde spazieren, es war munter wie in seinen glücklichsten Tagen. Du bist doch gut, sagte Felix zu ihr, du zankst nicht, du schlägst mich nicht, ich will dir's nur sagen, ich habe aus der Flasche getrunken; Mutter Aurelie schlug mich immer auf die Finger, wenn ich nach der Caravine griff, der Vater sah so bös aus, ich dachte, er würde mich schlagen.

Mit beflügelten Schritten eilte Natalie zu dem Schlosse, Wilhelm kam ihr, noch voller Sorgen, entgegen. Glücklicher Vater! rief sie laut, indem sie das Kind aufhob und es ihm in die Arme warf, da hast du deinen Sohn! Er hat aus der Flasche getrunken, seine Unart hat ihn gerettet.

Man erzählte den glücklichen Ausgang dem Grafen, der aber nur mit lächelnder, stiller, bescheidner Gewißheit zuhörte, mit der man den Irrtum guter Menschen ertragen mag. Jarno, aufmerksam auf alles, konnte diesmal eine solche hohe Selbstgenügsamkeit nicht erklären, bis er endlich nach manchen Umschweifen erfuhr: der Graf sei überzeugt, das Kind habe wirklich Gift genommen, er habe es aber durch sein Gebet und durch das Auflegen seiner Hände wunderbar am Leben erhalten. Nun beschloß er auch sogleich wegzugehn; gepackt war bei ihm alles wie gewöhnlich in Einem Augenblicke, und bei'm Abschiede faßte die schöne Gräfin Wilhelms Hand, ehe sie noch die Hand der Schwester los ließ, drückte alle vier Hände zusammen, kehrte sich schnell um, und stieg in den Wagen.

So viel schreckliche und wunderbare Begebenheiten, die sich eine über die andere drängten, zu einer ungewohnten Lebensart nötigten, und alles in Unordnung und Verwirrung setzten, hatten eine Art von fieberhafter Schwingung in das Haus gebracht. Die Stunden des Schlafens und Wachens, des Essens, Trinkens und geselligen Zusammenseins waren verrückt und umgekehrt. Außer Theresen war niemand in seinem Gleise geblieben; die Männer suchten durch geistige Getränke ihre gute Laune wieder herzustellen, und, indem sie sich eine künstliche Stimmung gaben, entfernten sie die natürliche, die allein uns wahre Heiterkeit und Tätigkeit gewährt.

Wilhelm war durch die heftigsten Leidenschaften bewegt und zerrüttet, die unvermuteten und schreckhaften Anfälle hatten sein Innerstes ganz aus aller Fassung gebracht, einer Leidenschaft zu widerstehn, die sich des Herzens so gewaltsam bemächtigt hatte. Felix war ihm wiedergegeben, und doch schien ihm alles zu fehlen; die Briefe von Wernern mit den Anweisungen waren da, ihm mangelte nichts zu seiner Reise, als der Mut sich zu entfernen. Alles drängte ihn zu dieser Reise. Er konnte vermuten, daß Lothario und Therese nur auf seine Entfernung warteten, um sich trauen zu lassen. Jarno war wider seine Gewohnheit still, und man hätte beinahe sagen können, er habe etwas von seiner gewöhnlichen Heiterkeit verloren. Glücklicherweise half der Arzt unserm Freunde einigermaßen aus der Verlegenheit, indem er ihn für krank erklärte, und ihm Arznei gab.

Die Gesellschaft kam immer Abends zusammen, und Friedrich, der ausgelassene Mensch, der gewöhnlich mehr Wein als billig trank, bemächtigte sich des Gesprächs, und brachte nach seiner Art, mit hundert Zitaten und eulenspiegelhaften Anspielungen, die Gesellschaft zum Lachen, und setzte sie auch nicht selten in Verlegenheit, indem er laut zu denken sich erlaubte.

An die Krankheit seines Freundes schien er gar nicht zu glauben. Einst, als sie alle beisammen waren, rief er aus: Wie nennt ihr das Übel, Doktor, das unsern Freund angefallen hat? Paßt hier keiner von den dreitausend Namen, mit denen ihr eure Unwissenheit ausputzt? An ähnlichen Beispielen wenigstens hat es nicht gefehlt. Es kommt, fuhr er mit einem emphatischen Tone fort, ein solcher Kasus in der ägyptischen oder babylonischen Geschichte vor.

Die Gesellschaft sah einander an und lächelte.

Wie hieß der König? rief er aus und hielt einen Augenblick inne. Wenn ihr mir nicht einhelfen wollt, fuhr er fort, so werde ich mir selbst zu helfen wissen. Er riß die Türflügel auf, und wies nach dem großen Bilde im Vorsaal. Wie heißt der Ziegenbart mit der Krone dort, der sich am Fuße des Bettes um seinen kranken Sohn abhärmt? Wie heißt die Schöne, die hereintritt, und in ihren sittsamen Schelmenaugen Gift und Gegengift zugleich führt? Wie heißt der Pfuscher von Arzt, dem erst in diesem Augenblicke ein Licht aufgeht, der das erstemal in seinem Leben Gelegenheit findet, ein vernünftiges Rezept zu verordnen, eine Arznei zu reichen, die aus dem Grunde kuriert, und die eben so wohlschmeckend als heilsam ist?

In diesem Tone fuhr er fort zu schwadronieren. Die Gesellschaft nahm sich so gut als möglich zusammen, und verbarg ihre Verlegenheit hinter einem gezwungenen Lächeln. Eine leichte Röte überzog Nataliens Wangen, und verriet die Bewegungen ihres Herzens. Glücklicherweise ging sie mit Jarno auf und nieder; als sie an die Türe kamen, schritt sie mit einer klugen Bewegung hinaus, einigemal in dem Vorsaale hin und wieder, und ging sodann auf ihr Zimmer.

Die Gesellschaft war still. Friedrich fing an zu tanzen und zu singen.

O, ihr werdet Wunder sehn!
Was geschehn ist, ist geschehn,
Was gesagt ist, ist gesagt.
Eh' es tagt,
Sollt ihr Wunder sehn.

Therese war Natalien nachgegangen, Friedrich zog den Arzt vor das große Gemälde, hielt eine lächerliche Lobrede auf die Medizin, und schlich davon.

Lothario hatte bisher in einer Fenstervertiefung gestanden, und sah, ohne sich zu rühren, in den Garten hinunter. Wilhelm war in der schrecklichsten Lage. Selbst da er sich nun mit seinem Freunde allein sah, blieb er eine Zeitlang still; er überlief mit flüchtigem Blick seine Geschichte, und sah zuletzt mit Schaudern auf seinen gegenwärtigen Zustand; endlich sprang er auf und rief: Bin ich Schuld an dem, was vorgeht, an dem, was mir und Ihnen begegnet, so strafen Sie mich! Zu meinen übrigen Leiden entziehen Sie mir Ihre Freundschaft, und lassen Sie mich ohne Trost in die weite Welt hinaus gehen, in der ich mich lange hätte verlieren sollen. Sehen Sie aber in mir das Opfer einer grausamen zufälligen Verwicklung, aus der ich mich heraus zu winden unfähig war, so geben Sie mir die Versicherung Ihrer Liebe, Ihrer Freundschaft auf eine Reise mit, die ich nicht länger verschieben darf. Es wird eine Zeit kommen, wo ich Ihnen werde sagen können, was diese Tage in mir vorgegangen ist. Vielleicht leide ich eben jetzt diese Strafe, weil ich mich Ihnen nicht früh genug entdeckte, weil ich gezaudert habe, mich Ihnen ganz zu zeigen, wie ich bin; Sie hätten mir beigestanden, Sie hätten mir zur rechten Zeit los geholfen. Aber und abermal gehen mir die Augen über mich selbst auf, immer zu spät und immer umsonst. Wie sehr verdiente ich die Strafrede Jarno's! Wie glaubte ich sie gefaßt zu haben, wie hoffte ich sie zu nutzen, ein neues Leben zu gewinnen! Konnte ich's? Sollte ich's? Vergebens klagen wir Menschen uns selbst, vergebens das Schicksal an! Wir sind elend und zum Elend bestimmt, und ist es nicht völlig einerlei, ob eigene Schuld, höherer Einfluß oder Zufall, Tugend oder Laster, Weisheit oder Wahnsinn uns in's Verderben stürzen? Leben Sie wohl! ich werde keinen Augenblick länger in dem Hause verweilen, in welchem ich das Gastrecht, wider meinen Willen, so schrecklich verletzt habe. Die Indiskretion Ihres Bruders ist unverzeihlich, sie treibt mein Unglück auf den höchsten Grad, sie macht mich verzweifeln.

Und wenn nun, versetzte Lothario, indem er ihn bei der Hand nahm, Ihre Verbindung mit meiner Schwester die geheime Bedingung wäre, unter welcher sich Therese entschlossen hat, mir ihre Hand zu geben? Eine solche Entschädigung hat Ihnen das edle Mädchen zugedacht; sie schwur, daß dieses doppelte Paar an Einem Tage zum Altare gehen sollte. Sein Verstand hat mich gewählt, sagte sie, sein Herz fordert Natalien, und mein Verstand wird seinem Herzen zu Hülfe kommen. Wir wurden einig, Natalien und Sie zu beobachten, wir machten den Abbé zu unserm Vertrauten, dem wir versprechen mußten, keinen Schritt zu dieser Verbindung zu tun, sondern alles seinen Gang gehen zu lassen. Wir haben es getan. Die Natur hat gewirkt, und der tolle Bruder hat nur die reife Frucht abgeschüttelt. Lassen Sie uns, da wir einmal so wunderbar zusammen kommen, nicht ein gemeines Leben führen; lassen Sie uns zusammen auf eine würdige Weise tätig sein! Unglaublich ist es, was ein gebildeter Mensch für sich und andere tun kann, wenn er, ohne herrschen zu wollen, das Gemüt hat, Vormund von vielen zu sein, sie leitet dasjenige zur rechten Zeit zu tun, was sie doch alle gerne tun möchten, und sie zu ihren Zwecken führt, die sie meist recht gut im Auge haben, und nur die Wege dazu verfehlen. Lassen Sie uns hierauf einen Bund schließen; es ist keine Schwärmerei, es ist eine Idee, die recht gut ausführbar ist, und die öfters, nur nicht immer mit klarem Bewußtsein, von guten Menschen ausgeführt wird. Meine Schwester Natalie ist hiervon ein lebhaftes Beispiel. Unerreichbar wird immer die Handlungsweise bleiben, welche die Natur dieser schönen

Seele vorgeschrieben hat. Ja sie verdient diesen Ehrennamen vor vielen andern, mehr, wenn ich sagen darf, als unsre edle Tante selbst, die zu der Zeit, als unser guter Arzt jenes Manuskript so rubrizierte, die schönste Natur war, die wir in unserm Kreise kannten. Indes hat Natalie sich entwickelt, und die Menschheit freut sich einer solchen Erscheinung.

Er wollte weiter reden, aber Friedrich sprang mit großem Geschrei herein. Welch einen Kranz verdien' ich? rief er aus, und wie werdet ihr mich belohnen? Myrten, Lorbeer, Efeu, Eichenlaub, das frischeste, das ihr finden könnt, windet zusammen; soviel Verdienste habt ihr in mir zu krönen. Natalie ist dein! Ich bin der Zauberer, der diesen Schatz gehoben hat.

Er schwärmt, sagte Wilhelm, und ich gehe.

Hast du Auftrag? sagte der Baron, indem er Wilhelmen fest hielt.

Aus eigner Macht und Gewalt, versetzte Friedrich, auch von Gottes Gnaden, wenn ihr wollt; *so* war ich Freiersmann, *so* bin ich jetzt Gesandter, ich habe an der Türe gehorcht, sie hat sich ganz dem Abbé entdeckt.

Unverschämter! sagte Lothario, wer heißt dich horchen.

Wer heißt sie sich einschließen! versetzte Friedrich; ich hörte alles ganz genau, Natalie war sehr bewegt. In der Nacht, da das Kind so krank schien, und halb auf ihrem Schoße ruhte, als du trostlos vor ihr saßest, und die geliebte Bürde mit ihr teiltest, tat sie das Gelübde, wenn das Kind stürbe, dir ihre Liebe zu bekennen, und dir selbst die Hand anzubieten; jetzt, da das Kind lebt, warum soll sie ihre Gesinnung verändern? Was man einmal so verspricht, hält man unter jeder Bedingung. Nun wird der Pfaffe kommen, und Wunder denken, was er für Neuigkeiten bringt.

Der Abbé trat in's Zimmer. Wir wissen alles, rief Friedrich ihm entgegen, macht es kurz, denn ihr kommt bloß um der Formalität willen; zu weiter nichts werden die Herren verlangt.

Er hat gehorcht, sagte der Baron. – Wie ungezogen! rief der Abbé.

Nun geschwind, versetzte Friedrich, wie sieht's mit den Zeremonien aus? Die lassen sich an den Fingern herzählen, ihr müßt reisen, die Einladung des Marchese kommt euch herrlich zu statten. Seid ihr nur einmal über die Alpen, so findet sich zu Hause alles, die Menschen wissen's euch Dank, wenn ihr etwas Wunderliches unternehmt, ihr verschafft ihnen eine Unterhaltung, die sie nicht zu bezahlen brauchen. Es ist eben, als wenn ihr eine Freiredoute gäbt; es können alle Stände daran Teil nehmen.

Ihr habt euch freilich mit solchen Volksfesten schon sehr um's Publikum verdient gemacht, versetzte der Abbé, und ich komme, so scheint es, heute nicht mehr zum Wort.

Ist nicht alles wie ich's sage, versetzte Friedrich, so belehrt uns eines Bessern. Kommt herüber, kommt herüber! wir müssen sie sehen und uns freuen.

Lothario umarmte seinen Freund und führte ihn zu der Schwester, sie kam mit Theresen ihm entgegen, alles schwieg.

Nicht gezaudert! rief Friedrich, in zwei Tagen könnt ihr reisefertig sein. Wie meint ihr, Freund, fuhr er fort, indem er sich zu Wilhelmen wendete, als wir Bekanntschaft machten, als ich euch den schönen Strauß abforderte, wer konnte denken, daß ihr jemals eine solche Blume aus meiner Hand empfangen würdet?

Erinnern Sie mich nicht in diesem Augenblicke des höchsten Glücks an jene Zeiten!

Deren ihr euch nicht schämen sollet, so wenig man sich seiner Abkunft zu schämen hat. Die Zeiten waren gut, und ich muß lachen, wenn ich dich ansehe: du kommst mir vor wie Saul, der Sohn Kis, der ausging, seines Vaters Eselinnen zu suchen, und ein Königreich fand.

Ich kenne den Wert eines Königreichs nicht, versetzte Wilhelm, aber ich weiß, daß ich ein Glück erlangt habe, das ich nicht verdiene, und das ich mit nichts in der Welt vertauschen möchte.

ZU LEBEN UND WERK
ZEITTAFEL
Johann Wolfgang Goethe
1749–1832

Johann Wolfgang Goethe, aus dem wohlhabenden Großbürgertum der Freien Reichsstadt Frankfurt, bereits mit 27 Jahren hoher, 1782 geadelter Staatsbeamter im kleinen Fürstentum Sachsen-Weimar-Eisenach, ist durch die Vielgestalt seines Werks sowie durch dessen weit über den deutschen Sprachraum hinausgehende Wirkung der bedeutendste deutsche Autor. Seine Universalität der Interessen und Bestrebungen ließen in mehr als sechzig Jahren tätigen Schaffens ein außergewöhnlich umfangreiches und vielschichtiges Werk entstehen: Goethe ist nicht nur Lyriker, Epiker, Romanautor und Dramatiker von höchstem Rang, er ist darüber hinaus Verfasser einer Reihe von biographischen und autobiographischen Schriften, ist Literatur- und Kunstkritiker, ist Naturwissenschaftler mit einer beeindruckenden Breite der Forschungsrichtungen von der Mineralogie über die Meteorologie und Botanik bis zur Anatomie, er ist zudem bildender Künstler, ferner Leiter des Weimarer Hoftheaters und nicht zuletzt seit 1776 leitender Staatsbeamter, aufgestiegen schließlich in den Rang eines Ministers.
Es ist üblich, drei Großphasen seines Schaffens zu unterscheiden: den jungen Goethe, den Goethe der Weimarer Zeit bis zu Schillers Tod und den späten Goethe. Der junge Goethe, der der „Geniezeit", findet einen neuen Ton in der Lyrik („Willkommen und Abschied", „Mailied"), entdeckt unter dem Einfluß Herders die Vorbilder Homer, Pindar und Shakespeare für sich und schreibt nach Abschluß des Studiums in relativ kurzer Zeit die frühen Werke, die ihn berühmt machten: den „Götz von Berlichingen" (1773), den empfindsamen Briefroman „Die Leiden des jungen Werther" (1774), die großen Hymnen „Schwager

Kronos", „Prometheus", „Wanderers Sturmlied".
Das erste Jahrzehnt in Weimar ist vor allem mit Verwaltungsaufgaben ausgefüllt; das dichterische Werk tritt zurück. Erst das Italien-Erlebnis (1786–1788) und die Freundschaft mit Schiller haben dem Autor neue produktive Kräfte verliehen: „Iphigenie auf Tauris" wird fertiggestellt (1787), „Egmont" (1788), das „Faust"-Fragment und „Torquato Tasso" erscheinen (beide 1790). Die intensiven naturwissenschaftlichen Forschungen dieser Zeit gipfeln in der Entdeckung des menschlichen Zwischenkieferknochens (1784), der die Verbindung von Mensch und Tierreich belegt. Im klassischen Jahrzehnt beendet Goethe auf Drängen des Freundes Schiller den Bildungsroman „Wilhelm Meisters Lehrjahre" (1795/96), dessen erste Fassung „Wilhelm Meisters theatralische Sendung" bereits zwischen 1777 und 1785 entstanden war, aber erst im Jahr 1910 bekannt wurde. Er schreibt ferner die berühmten Balladen wie „Der Zauberlehrling", „Die Braut von Korinth" u.a. und schließt im Jahr 1806 den ersten Teil der „Faust"-Tragödie ab. Im Alter vollendet Goethe im wesentlichen Werke, die schon früher angelegt waren: 1810 erscheint endlich die „Farbenlehre", an der er seit 1790 gearbeitet hatte, und er führt die Erinnerungen an die Vor-Weimarer Zeit („Aus meinem Leben, Dichtung und Wahrheit") und an die „Italienische Reise" (1816/17) aus. Schließlich vollendet er 1829 „Wilhelm Meisters Wanderjahre", deren erste Fassung 1821 erschienen war, sowie den zweiten Teil des „Faust". Einzig der schmale Roman „Die Wahlverwandtschaften" (1809) nimmt in dieser letzten Phase von Goethes Schaffen einen neuen Stoff auf.
Goethe hat mit seiner Dichtung die deutsche Literatur gleichberechtigt neben den anderen Literaturen in die „Weltliteratur" eingeführt – ein Begriff, den er 1817 selbst prägte.
„Wilhelm Meisters Lehrjahre" ist der Roman eines jungen Mannes, der sich in der Auseinandersetzung mit den verschiedensten Lebenssphären entwickelt und bildet; die in ihm keimhaft vorhandenen Anlagen

und Fähigkeiten werden zu umfassender und harmonischer Ausbildung gebracht. Am Ende des Wegs steht ein Mensch, der tätiges Glied der Gemeinschaft ist. Diese Einbindung des Individuums in die Gemeinschaft hat Goethe dann in den „Wanderjahren" noch wesentlich verschärft: Der einzelne tritt hinter dem Ganzen zurück.

Goethes Roman hat die deutsche Tradition des Erziehungs- und Bildungsromans, auf Wielands „Agathon" fußend, entscheidend geprägt. Ohne ihn sind der „Heinrich von Ofterdingen" von Novalis, Kellers „Der grüne Heinrich" und Stifters „Nachsommer" undenkbar.

Friedrich Schlegel schrieb zwei Jahre nach Erscheinen: „Die Französische Revolution, Fichtes Wissenschaftslehre und Goethes ‚Meister' sind die größten Tendenzen des Zeitalters."

Zeittafel zu Leben und Werk

1749 28. August Geburt in Frankfurt am Main. Vater: Johann Caspar Goethe, Kaiserlicher Rat. Mutter: Katharina Elisabeth Goethe, geb. Textor.

1750 Geburt der Schwester Cornelia.

1765 Studium in Leipzig.

1770 Studium in Straßburg. Liebe zur Pfarrerstochter Friederike Brion.

1771 Promotion zum Lizentiaten der Rechte. Rückkehr nach Frankfurt.

1772 Praktikant am Reichskammergericht in Wetzlar.

1773 „Götz von Berlichingen mit der eisernen Hand".

1774 Begegnung mit Erbprinz Karl August von Sachsen-Weimar-Eisenach. „Clavigo". „Die Leiden des jungen Werthers".

1775 Kurze Verlobung mit Lili Schönemann. Abreise nach Weimar. Begegnung mit Charlotte von Stein.

1776 Eintritt in den weimarischen Staatsdienst; Ernennung zum Geheimen Legationsrat. „Stella" (Schauspiel).

1777 Tod der Schwester Cornelia. Beginn der Arbeit an „Wilhelm Meisters theatralische Sendung". Harzreise.

1779 Reise in die Schweiz.

1782 Tod des Vaters. Erhebung in den Adelsstand.

1785 Abschluß der „theatralischen Sendung". Beginn der botanischen Studien.

1786 Italienische Reise.

1787 „Iphigenie auf Tauris" (die klassische Versfassung).

1788 Rückkehr nach Weimar. Entlastung von allen Regierungsgeschäften. Liebe zu Christiane Vulpius und Lösung des Verhältnisses zu Charlotte von Stein. Begegnung mit Schiller. „Egmont".

1789 Geburt des Sohnes August.
1790 „Faust, ein Fragment". „Torquato Tasso". „Versuch, die Metamorphose der Pflanzen zu erklären".
1791 Leitung des Weimarer Hoftheaters.
1792 Teilnahme am Feldzug gegen Frankreich.
1793 Teilnahme an der Belagerung von Mainz.
1794 Beginn der Freundschaft mit Schiller.
1795 „Wilhelm Meisters Lehrjahre" (2 Bände).
1796 „Wilhelm Meisters Lehrjahre" (2 Bände).
1798 „Hermann und Dorothea".
1806 Heirat mit Christiane Vulpius.
1807 Bekanntschaft mit Minna Herzlieb.
1808 Tod der Mutter. Begegnungen mit Napoleon. „Faust".
1809 „Die Wahlverwandtschaften".
1811 „Aus meinem Leben, Dichtung und Wahrheit" (4 Teile bis 1831).
1814 Begegnung mit Marianne von Willemer.
1816 Tod Christianes. „Italienische Reise" (2 Teile bis 1817)
1819 „West-östlicher Diwan".
1821 „Wilhelm Meisters Wanderjahre oder die Entsagenden" (erste Fassung).
1829 Uraufführung des „Faust" in Braunschweig. „Wilhelm Meisters Wanderjahre" (erweiterte Fassung).
1831 Vollendung von „Faust II" (Druck 1833).
1832 22. März Tod in Weimar. Begräbnis in der dortigen Fürstengruft.

DEUTSCHE KLASSIKER
Bibliothek
der literarischen
Meisterwerke

Clemens Brentano
Band 1: Gedichte, Geschichte vom braven Kasperl und dem schönen Annerl
Band 2: Das Märchen vom Gockel, Hinkel und Gackeleia

Georg Büchner
Woyzeck und andere Werke

Adelbert von Chamisso
Peter Schlemihls wundersame Geschichte
und ausgewählte Gedichte

Annette von Droste-Hülshoff
Die Judenbuche und andere Werke

Joseph von Eichendorff
Band 1: Aus dem Leben eines Taugenichts,
Das Marmorbild, Eine Meerfahrt, Das Schloß Dürande
Band 2: Gedichte

Theodor Fontane
Band 1: Effi Briest
Band 2: Frau Jenny Treibel, Unterm Birnbaum
Band 3: Der Stechlin
Band 4: Schach von Wuthenow, Irrungen Wirrungen
Band 5: Unwiederbringlich

Johann Wolfgang Goethe
Band 1: Die Leiden des jungen Werther, Novelle,
West-östlicher Diwan
Band 2: Egmont, Iphigenie auf Tauris, Torquato Tasso
Band 3: Götz von Berlichingen, Prometheus, Clavigo,
Hermann und Dorothea
Band 4: Gedichte, Maximen und Reflexionen
Band 5: Faust
Band 6: Die Wahlverwandtschaften
Band 7: Wilhelm Meisters Lehrjahre
Erstes bis viertes Buch
Band 8: Wilhelm Meisters Lehrjahre
Fünftes bis achtes Buch

Christian Dietrich Grabbe
Scherz, Satire, Ironie und tiefere Bedeutung,
Napoleon oder die hundert Tage,
Die Hermannsschlacht